21世纪普通高等学校
涉外秘书专业系列教材

外事工作实务

Foreign Affairs Practice

李惠娟　主编

暨南大學出版社
JINAN UNIVERSITY PRESS

中国・广州

图书在版编目（CIP）数据

外事工作实务/李惠娟主编．—广州：暨南大学出版社，2014.12
（21世纪普通高等学校涉外秘书专业系列教材）
ISBN 978－7－5668－1273－5

Ⅰ.①外… Ⅱ.①李… Ⅲ.①外交事务—高等学校—教材 Ⅳ.①D802.5

中国版本图书馆 CIP 数据核字(2014)第 263258 号

出版发行：暨南大学出版社

地　址：中国广州暨南大学
电　话：总编室（8620）85221601
营销部（8620）85225284　85228291　85228292（邮购）
传　真：（8620）85221583（办公室）　85223774（营销部）
邮　编：510630
网　址：http：//www.jnupress.com　http：//press.jnu.edu.cn

排　版：广州市天河星辰文化发展部照排中心
印　刷：湛江日报社印刷厂

开　本：787mm×1092mm　1/16
印　张：17
字　数：420 千
版　次：2014 年 12 月第 1 版
印　次：2014 年 12 月第 1 次

定　价：39.80 元

21 世纪普通高等学校
涉外秘书专业系列教材编委会

总序一

20 世纪 80 年代中期，在改革开放形势的呼唤下，广东得风气之先。广东外语外贸大学的前身广州外国语学院以前瞻性的战略眼光，凭着自身的优势，抓住机遇，于 1986 年开办了中英文秘书专业（专科），这在全国范围来说是名列前茅的。1989 年，该专业升级为本科，并改称涉外秘书专业。1999 年改称汉语言专业（涉外秘书）。2005 年 5 月，中国语言文化学院成立，汉语言专业（涉外秘书）更改为汉语言专业（高级涉外文秘），是校级名牌专业。2010 年 8 月，汉语言专业（高级涉外文秘）获批为广东省高等学校本科特色专业。二十多年过去了，广东外语外贸大学中国语言文化学院的汉语言专业（高级涉外文秘）获得了长足的发展，一批又一批的学生走向社会，活跃在全国各个层次、各个领域的涉外机构，得到了社会的广泛认可，赢得了很好的社会声誉。汉语言专业（高级涉外文秘）在二十多年的稳健发展过程中，也培养和造就了一支优秀的专业师资队伍。汉语言专业（高级涉外文秘）被评为广东省高等学校本科特色专业，这既是对我校过去人才培养成绩的肯定，也是我校继续做好专业建设的新契机。为此，中国语言文化学院组织了一批教学经验丰富的优秀教师，编写了这套“21 世纪普通高等学校涉外秘书专业系列教材”。

这套教材是专业建设的新成果，有两个很明显的特点：

一是涉外性。我校是一所具有鲜明国际化特色的教学研究型大学，是华南地区国际化人才培养和外国语言文化、对外经济贸易、国际战略研究的重要基地。国际化是我校最重要的特色，我校践行“明德尚行，学贯中西”的校训，以培养全球化的高素质公民为使命，着力推进专业教学与外语教学的深度融合，培养“双高”（思想素质高、专业水平高）、“两强”（跨文化交际能力强、实践创新能力强），具有国际视野，通晓国际规则，能直接参与国际合作与竞争，有社会责任感的国际化人才。这套教材从选题遴选、内容安排、案例选择、练习设计等方面均体现了鲜明的涉外特色。

二是实践性。教育部《关于全面提高高等教育质量的若干意见》文件要求，强化实践育人环节，结合专业特点和人才培养要求，分类制定实践教学标准，增加实践教学比重，组织编写一批优秀实验教材。我校重视学生实践环节的培养，成立了实验教学中心，在教学计划中专门设立了实践教学模块，并建设有一大批校外实践教学基地。这套教材即从秘书职业的实际需要出发，精心安排教学内容。编委会在我校十几届涉外秘书专业毕业生中进行了广泛调研，以了解职业需求。故这套教材的教学内容，可立即运用于秘书职业实践。

2012 年 9 月，教育部颁布了新的《普通高等学校本科专业目录》，在中国语言文学一级学科下特设了独立的秘书学专业。这是专业发展的又一次新契机。希望这套教材能为秘书学专业建设作出贡献。

是为序。

广东外语外贸大学校长、教授、博士生导师

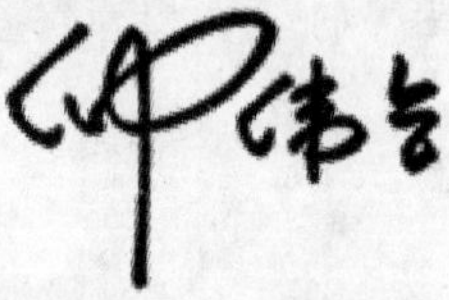

2014 年 12 月于广州

总序二

作为长期从事涉外秘书专业一线教学工作，积累了一些教学经验的教师，我们感到，教材建设的滞后在一定程度上影响了专业的建设和教学水平的提高。因为就目前来看，专门针对涉外秘书专业的教材寥寥无几，更遑论系列性的教材了。因此，借助于我校特色专业获批的契机，经过充分的筹划和准备，我们组织编写“21 世纪普通高等学校涉外秘书专业系列教材”。本系列教材的突出特点是：

（一）针对性

在策划过程中，本系列教材的指导思想就很明确，主要用于涉外秘书专业。涉外秘书与传统的秘书相比，其知识技能的复合性要求更高，除了要懂写外，还要能说会干。也就是说涉外秘书很多时候必须是个“全才”。不但要熟悉各种文案的写作和制作，还要有很强的沟通表达能力和各种各样的办事能力，包括办公自动化技能等。本系列教材正是围绕着学生的这些必备能力来精心选择相关的教学内容的。

（二）前沿性

社会的飞速发展，要求作为辅助管理的秘书工作必须与时俱进。本系列教材在编写过程中注意吸收一些前沿性的学术成果，如写作的最新规范，用办公自动化手段处理各种各样的涉外秘书实务工作等，尽可能地缩短教材理论知识与实践的距离，让学生“学即能用”、“学即可用”。

（三）实际操作性

秘书专业是一门应用学科，它所涉及的有关程序、方法和措施等，其实际操作性都是很强的。有鉴于此，我们在教材的编写过程中注意避免坐而论道、纸上谈兵的做法，通过案例分析、情景模拟、实训练习等方法，强化学生对基本技能的操作能力，为学生就业、从业打下扎实的基础。

本系列教材既适用于高等院校本、专科涉外秘书学专业的学生，也适用于广大在职或准备入职的涉外秘书人员以及对涉外秘书工作有兴趣的各类人员。

本系列教材的编写和出版得到了暨南大学出版社的大力支持，我们对编审人员所付出的辛勤劳动表示衷心的感谢！

“看似寻常最奇崛，成如容易却艰辛。”由于我们水平有限，书中难免有错漏、欠妥之处，恳请专家、行家和广大读者不吝赐教。

21世纪普通高等学校涉外秘书专业系列教材编委会

2014年12月

目录

第一章

外事工作概述

【学习重点】

- 外事工作的含义
- 外事和外交的关系
- 我国外事工作的特点
- 政府外事部门的职能

21 世纪是全球化的时代，各国之间的联系和交往日益频繁，外事工作的外延与内涵与时俱进得到了拓展与延伸。外事工作服从国家外交利益，服务社会与经济发展整体“大外事”工作格局。围绕服务外交、经济文化等重点工作，外事工作迎来更多新机遇。随着高层往来、工作访问、专题考察、理论探讨、干部培训、经贸合作、文化交流活动的持续开展，外事工作成为开放型经济发展的重要推动力，它的重要性日益凸显出来。

第一节　外事工作简介

一、外事工作的含义

我国的外事工作由我国总体外交和地方外事组成，有狭义和广义之分。狭义的外事工作就是外交事务工作。

外事工作是中国发展对外关系、处理国际问题、与国际交往联系，并依据国家的方针政策指导、规范、处理对外领域的事务和问题，服务于国家外交与社会经济发展的工作。

中国使用“外事”这个概念由来已久，尽管“外交”一词直到近代才具有今天的含义，但是“外事”一词却从一开始就是指国家的对外事务。《左传》中说：“中行桓子曰：‘请复贸季，能外事。’”中行桓子建议重新起用贸季，因为他善于处理对外事务。内事和外事，一内一外，指的就是内部事务和对外事务。所以，中国古代称外交为外事。即使到了现在，狭义的外事也通常是指外交事务，如《现代汉语词典》中的解释是：外事即外交事务，如外事活动、外事机关。但是，随着对外关系的发展，特别是我国对外开放的扩大，人们倾向于对外事作更广泛的理解。《新编实用汉语词典》认为，外事即外交事务，涉外事务，如外事活动、外事部门等。近几年出版的《对外交流大百科》也指出：狭义的外事主要指外交部门、外交代表机构同外国政府及其机构、国际组织和国际机构所从事的活动；广义的外事则指国家机关与外国政府、国际组织、国际机构、外国企业、团体、外宾、华侨所进行的政治、经济、文化、法律、军事、旅游等一切交涉、会谈和活动。在今天，采取广义的外事概念更能适应日益广泛的外事实践。

“外事（foreign affairs）”在汉语中既可以广义地表示外交事务，又可狭义地专指地方外事工作。在世界其他国家也存在着地方外事，但西方政府和学者大都没有使用“地方外事”一词，他们更多使用的是“次国家外交”（sub-national diplomacy）一词。因为近年来西方国际关系学界有一种理论强调团体行为体的巨大作用，所谓的团体行为体就包括了国际的（international）、超国家的（supernational）、跨国家的（transnational）以及次国家的（subnational）行为体，还把它们看作是国际舞台上潜在的共同行为体（co-actor）。这些理论阐述地方外事（次国家外交）的作用，简单地说，地方外事的行为体包括了各类地方政府（州、省、市等）。中国地方政府在对外交往中不能把地方利益凌驾于国家利益之上，要为中国的总体外交服务，地方外事活动和中央外事活动不是竞争关系，而是上下级合作的关系。我国的对外交往形成了全方位、多渠道、宽领域、深层次的新格局，呈现出“知交尽四海，万里有亲朋”的局面。

二、外事和外交的关系

外事和外交同属国家的涉外工作，它们的基本要求是一样的，只是规格不同而已。所以，我们认为：外事，是相对于内事而言的，其本意指涉外事务，是国家、地方、部门涉及国外、境外事务的总称。

所谓外交就是一个国家为执行其外交政策而在国际关系方面所进行的活动，例如参加国际组织和会议，跟别的国家互派使节，进行访问、谈判、交涉，签订条约和协定等。外交是以主权国家为主体，通过正式代表国家的机构与人员的官方行为，使用交涉、谈判和其他和平方式对外行使主权，以处理国家关系和参与国际事务，是一国维护本国利益及实施其对外政策的重要手段；不同的对外政策形成不同形态和类别的外交。简而言之，外交指任何以主权国家为主体，通过和平方式，对国家间关系和国际事务的处理。

外交的主要功能在于和平、文明和理性地维护国家利益与实现国家对外战略和对外政策的目的、目标，发展国家对外关系，弥合国际社会冲突，加强和促进国际合作。在国与国交往过程中，外交的重要功能还具体体现在沟通、信息情报收集与评估以及调处和影响功能。外交是国家实现其对外政策的重要手段。

外交是最高层次的外事，是国家处理对外关系的重要形式，主要由国家元首、政府首脑和外交机构与各国政府、外交机构和国际组织发生交往，是官方按一定原则、政策、方式、礼遇和程序进行的外事活动。因此，外交工作主要是以国家、中央政府名义进行的，涉及国家主权问题时，地方政府无权开展外交事务；而外事工作在我国的外事实践中，则指有别于外交的一般性涉外工作，主要是指地方政府和国务院有关部门所属范围内的外事活动。代表国家对外并主管外交的职能机构是外交部；代表国家正式开展外交的机构叫做外交机构，如驻外使领馆；其他各种对外机构则统称为外事机构或涉外单位，如中共中央对外联络部，就是党的外事机构。

外事工作由我国总体外交和地方外事组成，分为国家外事、区域外事（省、部）与基层外事（县）三个工作层次，主要以服务国家总体外交为目的。外事工作主要是服务性工作，从宏观上讲，它为国家总体外交和地方经济社会发展服务；从微观来讲，服务贯穿了全国各个级别、各个行业对外交往的方方面面。面对复杂多变的国际国内环境，外事工作统筹国际国内两个大局，坚持和平、发展、合作的原则，与时俱进，服务于国家发展大局。例如，中国云南腾冲与缅甸有历史悠久的民间往来，是中国历史上最悠久的民间对外交往之一，但“二战”后基本停滞。20 世纪 90 年代，云南省腾冲县政府以侨搭桥，1992 年与缅甸 7 个部的部长在甘稗地签署了翻修腾密国际公路的协议，1993 年 5 月建成通车；2003 年重新修路谈判开始后，缅甸的总理、国家主席、国防部长都表示积极支持；2004 年腾冲县政府再次与缅甸密支那政府达成协议，投资五亿八千万重修这条路；2007 年 4 月，翻修腾密公路正式开通。中国一个不大的边境县以民间方式与另一个国家沟通，主导了一条国际公路的修建，并且在谈判过程中，腾冲县政府一直与缅甸政府、人民军、独立军三个政府都保持着良好的关系，公路修建中也与缅甸各方政府通力合作。腾密国际公路的成功合作，可谓中国地方行政机构在改革开放后创造的一个民间对外交往的奇迹。①

外事工作谋全局，不仅体现在对宏观局势的把握上，还体现在对工作思维、行为趋向和工作的导向上。只有站得高、把握得准，才能看得远、谋得深，才能出成果，才能宣传我国，展示我国良好的国际形象，开阔国际眼光和全球视野，扩大我国对外开放，促进经济社会发展，实现中国梦。

外事和外交的区别在于外交是最高层次的外事，因此，外事是指包括外交在内的所有涉外事务，外事工作是包括外交在内的所有对外交往工作。如果说外交、外事和涉外工作像一座金字塔，那么，严格意义上的外交即处在塔尖，不同的外事和涉外工作则处在金字塔的不同层次和方位，而对外总政策则是把金字塔结为一体的黏结剂。

三、我国外事制度的构建历史

我国外事制度有一个发展过程，不同时期有不同的特点。新中国成立后，中国共产党领导下的中国政府不承认国民党政府同其他国家建立的外交关系，新中国的外交从“零”起步。随着地方新生政权的建立，中共中央实行“另起炉灶”、“打扫干净屋子再请客”和“一边倒”的对外政策，确立了“党政合一”的外事体制，完全站在以苏联为首的社会主义国家一边，争取社会主义国家的承认和支持。毛泽东等中共领导人虽然在理论上开始区别党际关系与国家关系，但由于当时国际形势的制约和外交任务的需要，在实践中还难以将二者真正区别开来。我国与苏联等社会主义国家的关系基本上等同于党际关系，党际关系的亲疏直接决定国家关系的好坏。大体而言，我国外事的发展经历了三个重要阶段，其主要特点是文化外事的职能从服务于国家外交的单一职能向服务于国家外交与经济社会发展的多元化职能转变。

（1）20 世纪 50 年代，新中国外事制度确立，由政府外事机构管理涉外事务，国际活

① 肖佳灵．当代中国外交研究“中国化”：问题与思考．国际观察，2008（2）：14.

动指导委员会诞生后，它与政府外事机构分工协作。

1956年，中共中央和国务院下发《关于中央设立外事小组和国务院设立外事办公室的联合通知》①，对党和国家的外事工作体制进行了改进。党内成立外事小组，全盘领导外事工作；政府设立外事办公室，外事办公室既是国务院管理外事工作的总口子，又是中共中央外事小组的办事机构，我国由此确立了“党政合一”的外事体制。地方外事实现归口管理，这有利于地方外事协调、统一发展。政府外事部门，包括外经贸部门没有直接的对外谈判权，也缺乏系统的管理，主要任务是为中央部门和外贸公司服务。除了上海、广州等重要口岸城市设有外事处（直属外交部），处理涉外事务外，非开放城市政府没有专职的外事机构。在省（区）市党委设有国际活动指导委员会，承办中央交办的涉外事务，而外事接待任务一般由政府交际处负责。“文化大革命”开始后，国务院和省（自治区、直辖市）的外事办公室都被撤销，地方外事基本处于停顿或半停顿状态。

70年代开始，我国与西方国家的关系逐步解冻，实现了关系正常化，这一时期随着国家对外工作的展开，很多省份建立了专职外事机构，归国务院直属领导。由于当时的国内外环境，我国的外事管理较为严格，外事高度集中，出访和邀请外国人来访等外事事项基本由中央统一管理。

（2）1978年后，随着改革开放不断深入，中央陆续放宽政策，对各省区市、计划单列市、经济特区和沿海开放城市的党政领导和外办、外经贸委、科委等部门授予了一定的审批权。譬如，通过开展对外交流，可以广泛吸引外商投资、扩大地方的对外经贸合作，把以地方自主为特征的外事活动拓展到政治、经济、文化、社会等各个领域，而且地方各相关部门和基层单位也参与到了对外工作中。另外对外交往工作已不再受到“两大阵营”、“三个世界划分”等政治外交的限制，而是显示出更加开放的、多元化的对外交往格局，这也为各级的外事提供了一个更广阔的国际交往舞台，使地方对外合作空间更加开阔。对外交往工作一个首要准则就是要坚持党对外事工作的统一领导，确保地方和部门利益与国家利益的根本一致，实现中央对国内国际两个大局的统筹。

对外交往工作的基本观点是：对外交往服从和服务于国家利益，围绕和平与发展这一主题，为中国改革开放和社会主义现代化建设服务；国际交往发挥形式灵活、内容多样的独特优势，促进国家关系的建立与发展。

（3）进入21世纪，随着我国综合国力的不断提升，全方位、宽领域和多层次对外开放格局的形成，国际影响的日益扩大，国际地位的不断提高，外事工作的性质和特点发生了重大变化。政府发挥民间外交优势，利用友城及各类民间渠道，主动加强同国外地方政府、议会及知名人士的交流与合作。特别是沿海沿边地区从地缘优势出发，结合本地外事工作的特点，不断加强与周边国家、地区城市的交流与合作，为维护睦邻友好、促进周边区域发展和战略合作，政府各部门乃至企业、院校都先后设置了专职外事机构；文化外事的覆盖范围扩大到政治、经济、文化和社会等各方面；外事活动的参与者也从专职部门扩大到各行各业的基层单位。同时外事主体多元化。全球化实际上已使意识形态的对立转变为民族国家间综合实力或软实力的竞争，主权国家的文化利益彰显，文化外交已成为国家

① 中共中央组织部等编．中国共产党组织史资料（第9卷）．北京：中共党史出版社，2000. 628.

外交和文化软实力建设的根本，民众逐步成为外事的重要主体。

随着世界经济全球化进程的加快，各国之间的联系更加密切。中国强调必须善于正确认识和把握国际因素对中国国内事业可能产生的影响，必须善于统筹国内和国际两个大局，更加注重从国际国内形势的相互关系中把握发展方向，更加注重从国际国内条件的相互转换中把握发展机遇，更加注重从国际国内资源的优势互补中创造发展条件，更加注重从国际国内因素的综合作用中掌握发展全局，明确将政府的对外交往工作列为加强政府的执政能力建设的重要内容。

第二节　我国外事工作的特点和基本原则

一、我国外事工作的特点

随着经济全球化和新形势下国家的进一步对外开放，我国经济和社会更加全面发展，外事工作从内容到形式、从广度到深度都有自身的特色。

（一）内容的多元化

改革开放之后，我国形成了把维护国家主权放在第一位的全方位、多层次、宽领域的对外开放格局，构成了经济、政治、文化、社会、安全等方面的多元外交。具体内容如下：

1. 政治目标

维护国家的独立、主权和领土完整，始终把维护国家主权放在第一位。在国际事务中，对关乎我国核心利益的问题，保持坚定立场，毫不妥协。对涉及我国重大利益的问题，要态度鲜明，积极参与，力争主动。

2. 互利共赢的经贸战略目标

充分利用国际国内两个市场、两种资源，充分运用经济全球化和区域合作提供的各种有利条件，促进国家现代化建设，争取和维护我国的正当经济权益；发展对外贸易和加强经济技术合作，转变对外贸易增长方式，优化吸引外资的产业结构和地区布局，推进区域和次区域经济合作，优化进出口商品结构，扩大服务贸易比例，促进进出口贸易协调发展。

3. 文化战略

向国际社会宣传我国创建和谐世界的理念，以此形成有利于我国发展的国际舆论，营造和平稳定的国际环境、睦邻友好的周边环境、平等互利的合作环境、互信协作的安全环境、客观友善的舆论环境，以合作谋和平，以合作促发展，以合作解争端，展示负责任的大国形象；开展对外文化交流，与世界各种民族文化相互融合和协调，兼收并蓄。

4. 区域与城市之间

从地方社会领域方面的对外交流来看，通过各国地方政府之间的友好交往，在文化教育、体育、艺术、卫生等诸多领域进行交流与合作，互相学习先进有效的经验和方法，活跃当地在这些领域的活动，增进城市人民之间的了解，宣传和提升城市形象。

5. 安全环境

维护国家主权和安全始终是第一安全目标。防范国际国内因素交互作用产生的涉外安全威胁，是我国外交在安全方面的主题。

6. 外事服务与保护

保护我国公民在海外的安全和合法权益，为公民服务，依法维护我国海外机构和人员的安全和合法权益，依法维护华侨华人及香港特别行政区同胞、澳门特别行政区同胞、台湾同胞的正当权益。

（二）格局多层次

按照统一领导、归口管理、分级负责、协调配合的原则，建立健全外事工作管理体制机制，国家层面的利用重点主要集中在政治、经济、安全、意识形态等关系到国家整体利益、整体安全、整体形象，以及整体国际地位的目标上，地方政府的利用重点集中在经济目标上，如吸引外资、促进出口、促进旅游等，并与文化、科技、卫生、教育结合在一起。这两个层面的国际资源利用更多地表现为一种互补、互促与互动关系，是在中央主导之下的合作共赢关系。

国家外事主要集中在国家主权、国家形象、国家地位、国家话语权、国际援助、国际影响力上。与此相关的外事主要有经济、科技、国防、交通、通信、信息、能源实力等硬实力、文化软实力以及与国家外交相关的各项外交资源，驻外机构的组织资源，经济、贸易体制和政策资源等。改革开放以后，我国开始逐步融入全球化发展历程。所以，地方政府的外事活动迅速增加。地方政府外事拥有自然地理特色、历史文化形成的地域品牌、教育科技创造的人力资源、政府体系延伸的行政资源，尤其是拥有由自然资源、经济实力带来的市场容量资源和合作机会资源等等，因此，地方外事比国家外事表现得更丰富、更具体，而且各地区之间的表现不同。

（三）形式多样化

为适应政治、经济、文化、社会、安全、环境等不同目标的需要，外事方式越来越多样。外事利益的多方化使多方利益代表者以不同的身份参与外事活动，形成了外事活动参与者的介入多样化。外事形式的多样化主要表现在地方层面，而不是国家层面。各省区市对外缔结友好城市关系，扩大国际友好城市网络，拓展地方对外文化交流和在其他领域中的国际合作。我国地方政府与国外地方政府之间的官方来往和友好城市之间的民间来往大大增加，构成了地方政府外事多层次、多渠道、多形式、全方位开放、立体的地方政府外事局面。

外事部门分为政府和民间。政府主要是为完成某一涉外工作所能调动和整合的人、财、物力量，按其范围可分为中央政府部门和地方政府部门，包括中央外事部门、地方政府外事部门、我驻外使领馆、新闻机构。另外还有侨务、旅游、公安、外宣等。民间力量可分为社会团体、企业、学校、科研院所、文艺团体、体育团队。另外还有世界各地的华侨华人社团等非政府组织和新闻媒体、外国驻华使领馆、跨国公司驻华机构、外国专家、国际友好城市中间组织等。从以上的分布可以看出，外事的统领集中在中央，主要负责外交外事战略，外事工作指导思想、原则、政策、规范的制定，以及对地方政府外事工作的指导。外事的执行和操作力量主要分布在各地。

二、政府外事工作

外事工作在党中央的统一领导下，以政府为主导，人大、政协、党派、社会团体、民间组织共同参与，形成了一个相互配合、互为补充的有机整体。外事部门的职能是贯彻执行我国的对外方针政策、涉外法规以及党委、政府关于外事工作的指示和决定，提出制定本地区外事工作的规章制度和工作规划建议；审核本地区各部门、各单位报请政府审批的外事文件；检查本地区有关部门和单位贯彻执行对外方针政策和涉外法规的情况；协调本地区的重大外事工作和涉外活动；负责处理或协助处理重大涉外事务；归口管理本地区因公出国事务；审核、承办本地区因公出国团体、人员的组团和在国外的活动情况；管理并承办本地区邀请（除旅游、经贸外）外国相应人员来访的具体报批事宜；负责组织接待来本地区访问的国宾和其他重要外宾；接待来本地区进行公务活动的外国驻华外交人员；统筹安排本地区党委、人大、政府和政协领导人的外事活动；管理本地区与外国友好城市及其他结好单位的交往活动，办理对外结好的报批手续；指导本地区民间对外交往工作；管理到本地区采访的外国记者，指导本地区有关部门和单位做好外国记者采访活动安排。

三、地方外事工作

地方外事是国家对外事务的组成部分。外事工作大权在中央，地方外事工作服从国家外交大局，为地区改革开放、经济社会发展、社会和谐承担重要职责。地方涉外事务的主体、客体、内容三因素中任何一种涉及海外关系的都属地方外事。地方外事具有官方和民间双重属性，又具有掌握政策、信息灵通、手段和资源多样化等优势，可以采用“以民促官”、“以地方促中央”、“以官便民”等方式，在推动地方经济社会可持续发展、促进区域协调发展方面发挥越来越重要的作用，成为构建社会主义和谐社会不可或缺的重要力量。随着我国国际地位和影响力的提高，地方外事工作日益活跃，范围不断扩大，任务明显加重：①为全社会提供一个对外交往、交流、合作的空间和舞台，并提供优质高效的服务。②建立地方、政府间高层双边或多边的磋商机制，加强沟通和对话，达到友城间行为和利益的一致，推动政治、经济、文化、科技等各个领域的全面合作。③建立对外交流合作的长效机制，通过会议约定或协议，研究讨论实质性合作与交流项目，推动合作的具体落实。

国家外事多层格局的地方实现，主要体现在地方外事的职能、任务的完善和加强，这使地方外事优势得到更大发挥，更好地服务国家总体外交。地方外事在服务中央总体外交大局的同时，兼顾当地经济社会发展的综合需要，积累了具有中国特色的地方外事经验，取得了巨大的成就。尤其是改革开放以来，中国地方外事更加活跃，形式更为多样，发挥作用更为显著，已经成为中国总体外交的一个重要组成部分。

四、我国外事工作的基本原则

目前，我国的外事管理遵循“统一领导、归口管理、分级负责、协调配合”的原则。“统一领导”，是指外交大权在中央，外事工作授权有限，这是外事管理的基本原则。各地区、各部门外事工作必须服从中央、国务院统一领导，服从中央对外工作总体部署。“归口管理”，是指需要统一安排和综合平衡的外事事项，按业务内容和性质，分别由有外事权的各地区、各部门负责指导、监督和综合管理，重大或规定需报中央、国务院的事项由中央和国务院有关部门归口管理和审批。“分级负责”，是指对外交往按其重要性和业务分工由各地区、各部门负责，由有外事权的部门指导、管理、监督本地区、本部门业务范围内的涉外事务，实行上级管下级，“谁审批，谁负责”的原则。“协调配合”，是指各地区、各部门间加强横向协调与配合，整合各种外事资源，对外形成合力，更好实现政策目标。“统一领导”是核心和前提，“归口管理”和“分级负责”是基本途径和方法，“协调配合”是必要保障。

多年实践表明，现行外事管理体制和模式总体是行之有效的，基本可以保证我国各项对外工作健康有序进行。

1. 统一领导原则

外事工作无论大小，都关系到国家的利益、民族的尊严、国家的形象，事关重大，各个单位必须服从国家的统一领导，统一口径对外表态。各个单位的外事工作，都是国家外交事务的一个组成部分，都是国家外交关系、外交方针政策的体现。所以，各个单位在处理外事工作时，必须按照国家有关部门统一的路线、方针、政策、法规，在外交部门的领导下，统一部署，统一步调进行，不允许各自为政，自定“土政策”，自搞一套。“党管外事”的原则，是地方人大外事工作沿着正确方向发展的根本保证，要始终不渝地坚持。地方人大外事工作必须自觉坚持和接受地方党委的统一领导，要有大局和全局意识，既要加强对本地区人大外事工作的统筹协调和归口管理，也要把本地区人大外事工作放在地方外事甚至全国外事大局中来认识和部署。做好外事工作，最根本的是坚持党的领导，这是原则问题、政治问题、方向问题，不能有半点含糊，不能有丝毫动摇。

2. 为对外开放服务原则

要坚持原则，服务中心，有大局意识。按照中央关于外事工作“依靠发展、服务发展、促进发展”的方针，依靠国内国外两个市场、两种资源，立足当前，着眼长远，统筹推进对外交往、经贸合作和人文交流，切实把外事工作融入国家对外开放大格局中，融入通关、通道、开放平台、发展环境建设中，拓展国际经贸合作平台，积极“走出去”、“引进来”，提高对外开放水平和国际竞争力，为实施国家发展战略、建设内陆开放高地助力，把握经济建设这个中心，服务于国家和地方的经济发展和社会进步。

3. 平等对待原则

我国提倡并坚持以和平共处五项原则处理各国争端。在对外交往与合作中，要体现无论国家大小、强弱都一律平等的原则，对各个国家都应该以礼相待。尊重各国、各地区的风俗习惯，不强加于人，既要反对大国沙文主义，又要反对崇洋媚外，卑躬屈膝。不做任何有损于国格人格的事。

4. 内外有别原则

对外交往要严于律己，宽以待人。对外宾无论身份高低，不分国籍与民族，都要热情友好，文明礼貌，体现我国精神文明和道德风范；但又要注意内外有别，尤其是机密事项和不宜对外宣传的问题，未经批准，不得向任何外宾泄露。外交部等中央有关部委和地方外事部门应加强涉外工作协调与联动机制、应急工作机制，完善中央、省级、地级和县级四级外事体制建设。

5. 注重实效原则

所谓注重实效，是指在对外交往的接待工作中，要热情友好，照顾周到，讲究文明与礼仪，注重实效，不搞花架子，不做表面文章，不过分注重排场，不铺张浪费。随着我国对外开放程度的日益加深，外事的内涵和外延不断扩大，外事工作已不是传统意义上简单的迎来送往，也不为外事部门所独有。各个地方、各个部委、各个机构、科研院所、大型企业、社团协会等都通过自己的渠道开展对外交流合作，并多设有专门的涉外部门和人员。管理是手段，服务是目的，坚持寓管理于服务之中，在服务中实现管理，不断提高外事部门服务本地区改革发展、服务国家对外关系大局的能力，围绕中心，急政府和上级部门之所急，将外事工作的“软”成绩转化为“硬”实力，通过“有为才有位”提高自身话语权，展示外事部门的价值和作用，从而更好地实现涉外统筹协调和归口管理职能，在外事活动中率先垂范，严格执行中央“八项规定”的要求，精简工作人员，压缩出访天数，高效、节俭地完成各项外事工作。

本着勤俭办外事的原则，一是规范接待来访的住宿标准；二是严格控制宴会标准，宴请时不上高档菜肴，尽可能根据来访国家饮食文化有针对性地安排饮食；三是打破常规思维，增强外宾访华日程设计的时效性和针对性，充分利用现有资源安排外事活动。

五、学习外事工作实务的意义

外事工作政治性、政策性强，涉及面广。要做好这项工作，首先要从思想上认识它的重大意义。

（1）外事的发展进程与深刻变化，既是国家外交战略的体现，也反映着国家的发展和软实力建设的客观诉求，外事工作在对外开放进程中发挥了重要作用，为国家经济社会发展作出了积极贡献。随着全球化浪潮的加剧，意识形态的对立转变为民族国家间综合实力或软实力的竞争，主权国家的文化利益彰显，文化外交已成为国家外交和文化软实力建设的根本。通过国际交往，加强文明对话，让世界了解中国的改革与发展，增进理解与共识，为我们党的伟大事业和国家总体外交贡献力量。

开放、转型、变革、调整是世界形势的主基调。国际体系深刻变革，如何加强全球治理成为各个大国愈加重视的重大课题；世界格局深刻调整，多极化进程进一步加快。在这样的时代背景下，为实现中华民族伟大复兴营造更为有利的国际环境和外部环境，应充分发挥作为国家总体外交重要组成部分的全国各级各地对外交往工作的特点和优势，各级各地对外交往工作应按照中央外交工作的总思路和总布局，把握并服从服务于党和国家工作大局。我国应通过开展互访、举行机制交流、运用多边政治舞台等方式，宣传介绍我国发展道路、阐述我国方针政策和立场观点、交流治国理政和立法监督等方面的成功经验，全方位开展与国外的交流与合作。

随着中国对外政策的调整，为中国的改革开放和社会主义现代化建设服务、为中国经济建设争取有利的国际环境，成为新时期中国对外交往工作的主要目标。随着国际形势的发展变化，国际和双边关系等领域都面临许多新的重大理论问题。我们应探讨应对方式，顺应时代发展要求和国内外形势变化，进一步提高对外交往的能力，立足于国内，正确把握世界发展脉搏，准确判断国际形势和时代特征，紧跟世界进步潮流，吸收人类社会创造的各种有益于建设中国特色社会主义的优秀文明成果，实现理论创新和实践创新。

（2）学习外事工作实务可以掌握规范的外事管理工作，可以推进外事工作制度化、科学化。在国际化的大背景下，外事工作应不仅仅局限于外事部门，而应全体参与到外事活动中，“外事”为“内事”服务。外事部门要定位自己的部门职能，界定工作重点，以适应国家的战略发展需要。新时期对地方外事服务产生了新需求，外事部门应转变传统职能定位和服务理念，借鉴成功经验，不仅注重政治目标，而且还要重视经济和社会目标，以实现中央和地方的双赢。开展外交战略和方针政策研究，为中央决策提供意见和建议，统筹协调处理全局性、跨部门重大涉外问题。加强对外事工作全局性、战略性、前瞻性重大问题的系统研究和整体规划，加强外事工作的统筹协调和科学管理。研究外事服务工作是当今一个重要课题，具有重要意义。

（3）传统的各部门外事机构是外事活动的唯一主体，是外事工作的归口部门，在国际化的大背景下，外事工作不再仅仅是“迎来送往”，外事部门由传统的服务部门向职能部门转变，各个层级的国际化当是日常工作和职责的必要组成部分。外事渗透各个单位，不仅仅停留在高层，要营造“全国办外事”的氛围。外事部门由服务部门变为“外事归口管理部门”，协调、策划、督办各个层级的外事活动，从过去单纯的办事服务职能，逐渐转变为组织协调管理职能。我国外事机构只有在国际交流中确立自身的优势地位，化被动为主动，逐步调整国际交流模式，才能把合作伙伴升级，把合作范围拓宽，把合作项目变多。外事服务能力的强大，不仅有利于我国大国地位的巩固，而且有利于地方的能动发展；实现专业与分工，充分利用外事资源，有效推动中央和地方社会经济的良性发展。

（4）外事工作当然是领导亲自出面的，例如外事接待、商务洽谈或签订等等，但许多组织联系工作、准备文件等具体事务，则是由涉外秘书部门负责的，即使机关、企事业单位设有外事部门，涉外秘书也要辅助领导做好外事工作，当好领导的助手，按照统一领导、归口管理、分级负责、协调配合的原则，对于涉及国家战略利益和跨部门、跨地区的重大涉外问题，应加强统筹协调，避免政出多门、多头对外和相互矛盾、力量抵消。从这个意义上说，学习好外事工作实务，对做好外事工作也是很有意义的。

（5）进入新的世纪，外事工作日趋重要。本课程是了解中国特色对外交往、认识世界的窗口，能帮助我们进一步了解中国对外交流合作平台，为涉外工作人才队伍培养提供理论指导，为外事工作建设储备力量。

总之，外事工作对开阔国际视野，把握内政外交的联系，以及提高应对复杂国际形势和处理国际事务的能力，具有十分重要的意义。

思考与练习

1. 谈谈你对外事工作概念的认识。
2. 做好外事工作有什么意义？
3. 以你所在的省的外事办为例，说明地方外事工作的特点。
4. 做好外事工作应坚持哪些原则？

第二章
外事人员与外事机构

【学习重点】

- 新时期外事工作者的综合素质
- 我国外事机构的原则
- 我国外事机构的分类

第一节　外事人员

周恩来同志生前提出，外事干部必须做到“站稳立场，掌握政策，熟悉业务，遵守纪律”。这16个字要求外事工作者从立场、政策、业务、纪律等4个方面加强自己的修养，这样才能做好涉外工作。“站稳立场”是做好涉外工作的前提，“掌握政策”是做好涉外工作的基础，“熟悉业务”是做好涉外工作的基本功，“严守纪律”是做好涉外工作的保证。缺少任何一种修养，都做不好涉外工作。当代外事交往中，个人素质起着重要的作用，而当代外事交往的活动又对个人提出了更高的素质要求。提高个人素质，促进外事交往的成功是个值得关注的问题。

一、外事人员的概念

在不同的国家，人们对“外事交往”有不同的理解，在我国的实践中，外事交往主要是指一切涉及外国的交往活动。所谓外事人员是指包括外交人员在内的所有从事外事工作的人员，它是一个泛指的概念。外事交往不同于国内的往来，它有自己的特点，如主权国家是外事交往的主体，所有的外事交往，最直接和最终的交往都是以人为活动载体来实现的；“外事无小事”，外事工作具有很强的政策性、敏感性、专业性和严谨度，这决定了从业者必须具备较高的政策水平、语言能力和专业素养。

二、外事人员的素质

在全球化和知识经济时代的背景下，个人素质直接或间接地影响着外事交往活动。随着我国改革开放向纵深发展，我国的外事交往活动日益频繁，提高外事交往人员的素质，具有越来越重要的现实意义和世界意义。

有志投身外事工作的年轻人，要学会表达，要开阔视野，但更重要的是要认识到在外事部门工作，不只是一份职业，更是一份使命。个人在跨国跨地区的交往中发挥着不可替代的作用，而个人素质决定着个人能力的发挥，因此，必须提高符合当代社会发展的各种素质，从而在外事交往中更好地展现个人魅力，以维护国家的长远利益。

（一）政治规范

政治规范包含着丰富的内容要素，对外事人员政治行为来讲，它是指对外事人员在政治上所提出的基本要求。在从事外事工作时，外事人员无论如何都不能够对与己有关的政治行为规范漠然视之，在当前日益复杂多变的国际局势和改革开放进入关键期的前提下，任何外事人员必须具备合格的政治素质。“政治第一”或“立场第一”是所有外事人员都应具备的首要素质。

政治素质主要指树立正确的世界观、人生观和价值观，主要包括：

1. 以捍卫国家和国家所代表的制度及实现国家利益和对外政策为最高目的

任何外事工作人员必须明白，没有强大国家作为后盾，任何外事工作都难以顺利完成，因此，必须对我们的祖国怀有深厚的情感，以热爱自己的祖国为荣，以损害自己祖国的利益为耻。气节就是坚持正义不屈服，民族气节就是要忠于自己的民族，为中华民族的繁荣富强而努力奋斗；阶级气节就是要维护自己的阶级，我国是社会主义国家，任何党员必须维护自己的无产阶级利益。

在对外交往中时时处处都要维护国家的利益和祖国的尊严。不管是在我国的外事机关、涉外事业单位或涉外企业工作，还是在外国驻华机构、外商投资企业工作，都应该热爱我们的祖国，国兴则我兴，国衰则我辱。在处理对外事务中要维护国家的统一，民族的尊严，要与一切损害国家利益和民族尊严的言行作斗争，绝不能以任何借口，站在敌对势力的立场上反对我们的国家，做一些亲者痛仇者快的事情。

2. 坚持原则

要做到富贵不能淫，贫贱不能移，威武不能屈，就不能有个人打算，丧失立场，丧失国格，做一些有损于国家利益与民族荣誉的事情。要做到祖国的利益高于一切，不利于祖国的事不做，不利于祖国的话不说。外事工作者的任务是为国家服务，必须律己从公，为国家和集体的利益着想。因此外事工作者必须先公后私，避免私人利益与其所服务的组织的利益发生冲突，要将组织利益置于个人利益之上。

3. 依靠组织

这一点是外事人员在对外交往实践中永远不能够忘记的，离开了组织的领导，离开了全体人员的上下一心、齐心协力，外事工作便难以取得长足的发展。要求外事人员在外交工作中依靠组织，通常具有其特定的含义。具体来讲是外事工作必须有组织、有领导；外事人员所遇到的重要情况、重要问题以及所参加的重要活动，必须依照组织的要求和相关的规定进行；参与外事活动时，外事人员必须服从安排。组织从大的方面来讲，指的是国家，或者是政府；从小的方面来讲，则是指外事人员参与外事活动时所在的集体。

4. 保守秘密，注意内外有别

在外事活动中，对待外国友人应当尽量提供帮助，但是这并不等于对对方有求必应。

对于事关国家机密之事理当守口如瓶，绝对不允许内事外扬，和盘托出，口无遮拦，有问必答。

（二）知识业务

外事工作不仅具有高度的政治性，还具有很强的事务性，所以具备良好的业务知识，也是外事人员必备的素质。外事人员不仅应是个“专家”，同时也应该是“杂家”，这要求外事人员具有扎实的双语功底和广博的基础知识。“专家”是指外事人员应具备与自己从事的外事工作相关的足够的专业行业知识。“杂家”原是指战国末期至汉初糅合各个学派思想的一部分学者，在这里，指外事人员什么知识都应该懂一点，应是个通才；外事工作者的业务知识面很广，例如外交政策、法规，国际条约、礼宾知识、对外管理法规，各地的经济发展情况等等。此外，各行各业还有自己的专门业务知识。只有掌握各种业务知识，熟悉业务，才能做好本职工作。例如，从事经济贸易工作的如果没有丰富的经贸知识，不懂得国内（地方）经济发展的方向、薄弱环节，外国有什么先进设备、先进技术可以引进等等，就不能给有关行业、单位穿针引线，铺路搭桥，提供信息。总而言之，外事人员既要有足够的“纵向”知识，也应有足够的“横向”知识；“纵向”知识指本专业内的纵深知识，“横向”知识是指围绕本专业的各类必要知识。

1. 熟悉中外文化

与外国人打交道是一种文化交往。文化背景不同，风俗习惯、交往礼仪等就不相同。在对外交往中如不注意，往往会造成误解，引起矛盾，甚至影响双方的合作与友谊。涉外工作者是中国人，生于中国，长于中国，从小就受到中国文化的熏陶，对中国文化比较熟悉，但并不是就什么都懂了，还要根据工作的需要不断学习。外事工作人员具备了深厚的文化修养，有助于更好地与来访人员进行沟通和交流，正确全面地理解其传递的各项信息，在尊重文化差异性的基础上，利用文化积淀的优势来弥补沟通鸿沟，为做好外事工作打下坚实的基础。

2. 掌握一门以上外语

一个合格的涉外工作者应熟练地掌握经常与之交往的国家的语言，听、说、读、写、译都要过关，能与之自由交流，独立进行业务谈判与处理各种公务文书。在掌握一门外语的基础上，最好再懂另一门外语，比如在掌握德、俄、日或法语的基础上，再懂英语，那就更好了。多懂一门外语就是多一种交际工具，对涉外工作是大有好处的。

要掌握一门外语并不是一件容易的事情，精通更加困难。这就要求涉外工作者刻苦学习，精益求精。尤其是外交、外经贸谈判的译员（干部），更要精通汉语与外语，才能准确无误地进行翻译。如果翻译失误，会造成严重后果，甚至使国家利益蒙受损失，所以外事工作者一定要学好外语。

3. 良好的写作能力

外事工作者还应有较强的中文的和外文的写作能力。作为一名外事工作者，常常要写作行政公文及涉外文书。写作时要做到简明扼要，条理清楚，结构严谨，文从字顺。尤其是写作经济合同、各种协议等等，更应字字推敲，做到准确无误，无懈可击。没有很好的文字修养是万万不行的。

4. 精通所从事业务

业务知识的掌握与业务水平的不断提高，是做好涉外工作的基础。涉外业务的范围很广，例如外事接待、友城友协工作、出国签证、对外贸易、对外文化交流、银行涉外业务、利用外资、技术引进、国际劳务合作、国际旅游、涉外广告、涉外邮电等等，当代国际政治、经济、文化、外交方面的基础知识，中国的国情，对外交往史，中国的对外政策法律，外交理论。同时对外交往工作中又涉及各行各业的知识，如涉外礼仪，各国的文化、历史、科技、政治、经济等。并非每种业务都要懂得，但必须了解所从事的业务以及与此相关的业务，精通自己所从事的业务，工作才能出色。

5. 遵纪守法，廉洁奉公

在执行外交公务时，既要想方设法完成好任务，又必须增强法制观念，坚持遵纪守法。这主要体现在外事人员首先要严格地遵守本国的法纪，另外，还应当在外事活动中遵守所在国的法律。外事人员应当勤俭办事，吃苦在前，毫不利己。

（三）个人素质

外事人员需要特别培养的素质有：

1. 协同对外

由于外事工作是国家背景的团队工作，因此外事人员在履行自己的使命时应顾全大局，相互配合，彼此支持，协同对外，应倾听各方意见和看法，有责任在相互尊重的基础上建立一个和谐的工作场所。例如，安排好外事活动日程，为了充分利用有限的访问时间和保证绝对的安全，排程必须精确，这也是非常重要的一种能力。在任何情况下，外事人员只有协同对外，才能使工作得到充分的贯彻落实。

2. 交际能力

交际能力表现在传播信息，获取信息，广交朋友，建立联系的能力上。外事人员对外交往，所从事的是一种交际工作，而且是以国际舞台为活动背景的工作，重视交际、积极交际，对外事人员来讲，都是为了建立良好的人际关系，便于开展工作。在人际交往中，没有良性的沟通，往往难以获得他人的准确认知，而缺少准确认知，人际交往便难有真正的互动，甚至会劳而无功。

对于外事人员来说，善于沟通，应当是其具备的一项基本能力。不掌握沟通技巧，就难以实现双向沟通；而不积极进行实践，就难以提高沟通能力。外事人员要真正做到善于沟通，除了要在思想上对其高度重视之外，还应当努力学习有关沟通的技巧，并且在工作中积极培养沟通的能力。

3. 待人友善

待人友善，通常都会作为对外事人员的主要要求之一，即尊重他人和遵行不同文化模式，要求无偏见地与不同国籍、不同宗教和文化背景的人士交往，避免思维成见，真正做到待人热情、友好、平和、宽容。善于和谐人际关系，在相互沟通的同时，能加深彼此的了解，增进友谊。

三、如何全面提高新时期外事工作者的综合素质

为了应对新时期我国外事工作发展的新趋势，必须在巩固既有的外事工作者基本素质的基础上，全面提高自身的素质，适应新形势新要求。

（1）要具备更为广阔的国际化视野，具备国际化的战略眼光，将外事工作作为展示国

家形象和发展成果的重要途径，增强对外事工作重要性的认识。步入21世纪，国际形势更加复杂多变，政治多极化、经济全球化、科技信息化深入发展，上至国家，下至每个公民，对外交往日益频繁，外事不再局限于政府间的交往，而是涉及每个人的切身利益，深入百姓日常生活中。在外事工作内涵、外延不断扩大的新形势下，外事工作者被赋予了更重要的历史责任、更繁重的工作任务。

（2）要更加善于学习，特别是掌握国际国内各领域的新知识、新理论和新观念，并善于将这些新知识应用于外事工作实践之中。国家间的竞争以综合实力为后盾，以人才、智力为根本，外事工作者代表国家形象，一言一行、一举一动，都体现着中国这个发展中大国的形象。

（3）要具有良好稳定的心理素质，善于应对更加复杂的外事工作局面，并能够及时有效地处理外事交流工作中的各种突发性问题。在对外交往的过程中，热爱祖国，忠于人民，绝非空洞的口号，而是要将其化作坚定的信念，铸成外事工作者们的拳拳报国之心。外事工作没有时差之分，没有地域之分，国家需要就义无反顾，欣然赴任，不辱使命。

（4）外事工作任务日益繁重，国内外人员往来数量直线上升，驻外领事机构不断增设，中国对外交往进入大发展时期，需要更多外事人才。外事工作者应及时更新更多的实践技能，开阔视野，积累知识，包括计算机技术、外语能力等等，以满足日新月异的时代需要。外事工作者既是事务型、智囊型人才，又是国际合作规则执行者、制定者，面临从开放参与者到引领者的转型，应全面提升工作素质和服务水平。

随着外事工作的日益繁重，各地区各部门全方位开展对外交流合作，外事任务日趋多元化，外事队伍在人员结构、能力素质、思想观念等方面要求更高。我们要建立一支政治过硬，专业优秀，知识全面，能力具备，善于协作，身心健康，有服务意识和大局意识的精锐外事队伍。

第二节　外事机构

一、外事机构的概念

外事制度是指外事管理的具体制度，是一个国家政治体制的重要组成部分。外事管理体系涉及外事工作的组织形式、权限划分、工作方法等具体制度和规范。狭义的外事机构指国家外事行政机构，广义的外事机构则包括国家立法、司法等机构中管理涉外行政事务的机构，也包括企事业单位及社会团体中管理涉外行政事务的机构。

外事工作由我国总体外交和地方外事组成，分为国家外事、区域外事（省）与基层外事（县）的外事工作层次，以服务国家总体外交为目的，形成了外交部等中央有关部委和地方外事部门涉外工作协调与联动机制、应急工作机制，建设了中央、省级、地级和县级四级外事体制。

企事业单位及社会团体中管理涉外行政事务的机构设置没有统一称谓，名称各异，如“外事委员会”、“外事工作委员会”、“民宗侨外委员会”、“对外联络部”、“外侨委员会”、“侨外委员会”、“对外交流部”、“办公厅外事办”、“办公厅外事处”、“办公厅外事接待处”、“国际交流处” 等。

外事主体的多层化，包括中央和各级地方政府外事实现的行为能力的多层化，构成了与我国外事多层结构的完整对应。在国内政治的国际化和国际政治的国内化这双重趋势的影响下，地方政治、国家政治和国际政治日益结合为一个多层政治舞台。

二、外事机构的历史变迁

我国的传统外事管理体系受苏联的影响，苏联的影响主要体现在党对外事工作的绝对领导、管理权限过分集中、人民外交、“另起炉灶” 以及存在党和国家两套外事执行系统等方面。

但具有中国特色的外事制度主要源于中国革命战争年代的体制，革命战争年代的影响是决定性的。南方局成立于抗战初期，其下设的对外宣传组作为中国共产党最早建立的外事机构，广泛开展对外联络工作，开启了中国共产党外事工作的进程。随后“延安交际处”、“北平军事协调处执行部” 相继成立，分别负责接待美军军事观察组以及国共和平谈判的工作。北平军事协调处执行部和中央外事组是新中国成立前中国共产党主要的外事机构，为新中国外交制度机构的建立和人才培养奠定了重要基础。抗日战争初期，中共中央设外事小组，在延安、武汉和重庆以及解放区都有一批从事外事工作的干部，当时中央的外事机构叫外事小组，地方的叫外事处。新中国成立后，我国的外事管理体系基本上沿袭了革命战争时期的做法。

从 20 世纪 70 年代开始，各省、市、自治区陆续恢复了外事办公室的机构，党的十一届三中全会以后，除地方政府外，许多地方经济、文化部门和企事业单位也建立了外事办公室或外事处、科等，地方外事空前活跃。

1990—1991 年全国外事工作会议决定实行分权改革，中央主要管大政方针和一些涉及国家根本利益的事，其他则交地方办理。具体就是：中央要管外交，即制定和执行统一的外交政策，以及处理涉及国家根本利益的涉外事件，如边界、海关和武器的进出口问题等。在实行分权改革的同时，还要求外事干部做到革命化、年轻化、知识化和专业化，以及实行外交官衔制。外事工作还应为党的基本路线和现代化建设服务。

三、我国外事机构的原则

按照“统一领导、归口管理、分级负责、协调配合”的外事管理体制，中国外事机构原则的主要内容如下：

（1）统一领导。外事工作是中央总体外交和各地各级对外交往工作的组成部分，外事的特点决定了外事工作应高度集中，切忌多头领导、政出多门、各行其是。坚持党的领导，是原则问题、政治问题、方向问题，不能有半点含糊，不能有丝毫动摇，但“统”的范围不能过宽，统不起来等于不统。统一领导主要是抓“四统一”，即统一外事政策方针、统一行动部署、统一对外表态（口径）和统一规章制度。党中央对外事工作集中统一领导，制定总体外交战略，外事工作领导小组统筹和协调外事工作，各级各部门外事管理工作纳入各级党委重要议事日程，遵循外事“一盘棋”的原则，积极参与，密切配合，通力合作，构建“大外事”工作格局，统筹兼顾，以“依靠发展、服务发展、促进发展”为方针，立足当前，着眼长远，统筹推进对外交往、经贸合作和人文交流，提高对外开放水平和国际竞争力，为实施国家发展战略助力。

（2）归口管理。归口管理是我国外事管理的重要方针。外事办公室是外事工作领导小组的工作机构，是主管各级外事工作的部门，是外事工作综合归口管理部门，负责重要外事工作的统筹、协调和管理。归口管理又分为大归口和小归口。大归口是指按照分工协作的原则，把外事工作分成几个大的系统，然后再由各系统的党委统一管理。根据此项原则，国家关系归外交部；党际、人民外交归中联部；对外文化交流归文化部；对外教育交流归教育部；军事外交归国防部；对外经济贸易归商务部；对外司法工作归司法部等等。在大归口下，又作出一些具体分工，就是小归口，如团中央国际部主管全国青年对外交流工作，但在对外青年交流工作中，涉及多边外交的问题要请示外交部，涉及双边外交的问题则请示中联部。各级党委、政府各部门，人大办公室、政协办公室、人民法院、人民检察院按业务内容和性质，根据其授权来管理本部门、本系统的外事事项；各民主党派、工商联、台联、侨联等团体的重要外事事项，由同级党委统战部管理；涉及上述部门的重大涉外事项须与同级外事办协商处理。例如有关国际司法协助条约的草拟、谈判工作；被判刑人移管条约的缔结，国际司法协助条约和被判刑人移管条约执行的有关事宜；国（境）外司法机关处理的重要涉华案件司法协助事项；联合国预防犯罪和刑事司法领域的活动、有关司法领域的多边或双边交流与合作的组织参与；司法行政涉港澳台的具体事务；司法行政系统出国（境）项目的审核归司法部司法协助外事司管理。

（3）分级负责。这主要是一个分权的原则。中央和国务院负责制定大政方针和处理涉及国家利益的重大问题，地方外事办公室除了承办中央交办的涉外事务外，主要负责地方外事工作的归口管理。地方外事是指地方上发生的一切涉外事务，是国家对外事务的组成部分。地方涉外事务的主体、客体、内容三因素中任何一种涉及海外关系者都属地方外事，它具有官方和民间的双重属性，同时又具有掌握政策、信息灵通、手段和资源多样化等优势，它运用“以民促官”、“以地方促中央”、“以官便民”等方式，在推动地方经济社会可持续发展、促进区域协调发展方面发挥着越来越重要的作用，成为构建社会主义和谐社会不可或缺的重要力量。围绕国家外事中心任务，地方外事主要有三个方面的任务：正确贯彻落实国家的外交政策；积极开展对外友好活动，为本地的国民经济和社会发展创造有利的外部条件；积极开展对外文化交流，批判吸收国际文化遗产，促进本地的精神文明建设。

各级政府外事办是主管外事工作的同级政府组成部门，有的人民政府增挂港澳事务办公室牌子，并与人民对外友好协会合署办公。改革开放以后，地方外事逐步成为一个相对独立的外事运行系统，其对于宣传我国，展示我国良好的国际形象，开阔国际眼光和全球视野，扩大我国对外开放，促进经济社会发展，实现现代化具有重要作用。

（4）协调配合。在改革开放的新形势下，外事工作已不再是外事部门一家的事情，必须依靠各部门、各单位齐抓共管，重大外事、涉外任务由外事部门负责牵头，其他部门分工协作，各司其职，积极配合，形成上下联动、部门互动的工作格局。

四、外事机构的分类

从不同标准出发，可以从多种角度来划分外事机构。例如，以是否处理国家关系把外事机构划分为外交机构和非外交机构；以外事机构的活动范围来划分，则可将外事机构分为驻外的外事机构和国内的外事机构，或者中央的外事机构和地方的外事机构；以外事机构设置的时间作为标准，还可以把外事机构分为常设机构和临时机构等等。

我国习惯按照活动范围来划分，分为中央的外事机构和地方的外事机构两种。

（一）外事领导机构

外交事务是国家对外的重要事务，外交部门是政府管理外交事务的机要部门，国家间发生的事件，无论大小都关系到国家的信誉、威望，甚至战争与和平问题，所以国家的外交大权无一例外都由统治者直接掌握。

中国的外事领导机构由中共中央政治局及其常务委员会、全国人民代表大会外事委员会、国家主席和国务院等组成。

1. 中国共产党中央政治局及其常务委员会

中国共产党中央政治局简称中共中央政治局或中央政治局，由中国共产党中央委员会全体会议选举产生，任期与中国共产党中央委员会一致。其常务委员会成员（委员）简称“中共中央政治局常委”，是中国共产党中央领导集体的重要成员，也是中华人民共和国和中国共产党的重要领导人。《中国共产党章程》规定中央政治局和它的常务委员会在中央委员会全体会议闭会期间行使中央委员会的职权，政治局常务委员会在中央政治局会议闭幕期间行使其职权。

在两次中央全会之间，中央政治局担负领导整个党的工作的责任，有权决定一切重大问题。中央政治局是中国共产党在全国的最高领导机构，党政军各机构则是它的办事机构和执行部门。

中央政治局和中央书记处成员均在全国人大、国务院、全国政协、中央军委等国家机构，中共中央各部门及各地担任主要职务。

2. 全国人民代表大会外事委员会

全国人民代表大会外事委员会简称全国人大外事委员会，受全国人民代表大会领导；在全国人民代表大会闭会期间，受全国人民代表大会常务委员会领导。全国人大外事委员会由主任委员、副主任委员若干人、委员若干人组成。全国人大外事委员会在全国人大及其常委会的领导下，研究、审议和拟订有关议案。具体职责是：

（1）审议全国人大主席团或全国人大常委会交付的议案，包括有关涉外法律以及我国同外国签订或废除条约、协定等议案，提出审议报告。

（2）向全国人大主席团或全国人大常委会提出属于全国人大及其常委会职权范围内同外事委员会有关的议案和与全国人大及其常委会外事活动有关的建议。

（3）审议全国人大常委会交付的国务院的涉外行政法规、决定和命令，国务院有关部门的涉外命令、指示和规章，省、自治区、直辖市人大及其常委会的地方性涉外法规和决议，以及省、自治区、直辖市人民政府的涉外决定、命令和规章，提出审议报告。

（4）审议全国人大主席团或全国人大常委会交付的涉外质询案，听取受质询机关对质询案的答复，向全国人大主席团或全国人大常委会提出报告。

（5）听取涉外法律起草部门有关法律草案起草工作的汇报，进行涉外立法的调查研究，提出建议。

（6）听取有关部门关于涉外法律实施情况的汇报；对涉外法律、法规的执行情况进行监督检查，并提出报告。

（7）与外国议会对口委员会开展交流。具体落实全国人大与重点国家议会和地区议会组织定期交流机制的建立、完善和实质性交流；承担全国人大常委会交办的外事工作。

（8）以外事委的名义或其他适当形式，就涉华重大问题对外表态。

（9）听取有关部门关于重要问题和国际问题的情况介绍。研究外国议会有关情况，密切跟踪重点国家议会的涉华动向，及时向全国人大常委会反映情况并提供咨询。

（10）承担全国人大及其常委会交办的其他任务。

3. 国家主席

《中华人民共和国宪法》第三章第二节规定：中华人民共和国主席代表中华人民共和国，进行国事活动，接受外国使节；根据全国人民代表大会常务委员会的决定，派遣和召回驻外全权代表，批准和废除同外国缔结的条约和重要协定。根据全国人大和全国人大常委会的决定宣布战争状态。

4. 国务院

国务院是我国外交行政管理的最高机关。国务院原名政务院，1954 年 9 月第一届全国人大召开后改称国务院。在领导体制上，国务院实行集体领导和总理负责制相结合的制度。我国现行宪法规定："中华人民共和国国务院，即中央人民政府，是最高国家权力机关的执行机关，是最高国家行政机关。"根据宪法第 89 条第 9 点规定国务院行使职权之一：管理对外事务，同外国缔结条约和协定。

国务院在对外关系方面的职权，包括管理对外事务，同外国缔结条约和协定；对必须由全国人大和全国人大常委会决定批准和废除的同外国缔结的条约和重要协定事项向全国人大和全国人大常委会提出议案等。

过去国务院设有外事办公室，1998 年撤销后，组建了中央外事办公室。中央外事办公室是中央外事工作领导小组办事机构。中央外事工作领导小组是中共中央政治局、国务院负责领导国家安全、外事工作的议事协调机构，由中共中央、国务院、中央军委的多个部门的主要负责人组成。现在由中共中央总书记担任组长，成员一般包括负责涉外事务的国务院副总理或国务委员，外交部、国防部、公安部、国家安全部、商务部、港澳办、侨办、新闻办的负责人，以及中宣部、中联部的部长，总参谋部的高级将领等。

（二）中央外事职能机构

1. 中华人民共和国外交部

中华人民共和国外交部是中国政府主管外交事务的部门，其主要职责如下：

（1）贯彻执行国家外交方针政策和有关法律法规，代表国家维护国家主权、安全和利益，代表国家和政府办理外交事务，承办党和国家领导人与外国领导人的外交往来事务。

（2）调查研究国际形势和国际关系中的全局性、战略性问题，研究分析政治、经济、文化、安全等领域外交工作的重大问题，为党中央、国务院制定外交战略和方针政策提出建议。

（3）按照外交总体布局，就对外贸易、经济合作、经援、文化、军援、军贸、侨务、教育、科技、外宣等重大问题，负责与有关单位协调，向党中央、国务院报告情况，提出建议。

（4）起草外交工作领域相关法律法规草案和政策规划。

（5）负责处理联合国等多边领域中有关全球和地区安全以及政治、经济、人权、社会、难民等外交事务。

（6）负责国际军控、裁军、防扩散等领域工作，研究有关国际安全问题，组织军控方面有关条约、协定的谈判。

（7）负责办理国家对外缔结双边、多边条约事务，负责国际司法合作有关事项，负责或参与处理涉及国家和政府的重大涉外法律案件，协助审核涉外法律法规草案，组织协调有关我国履行国际公约、协定的工作。

（8）牵头或参与拟订陆地、海洋边界相关政策，指导协调海洋对外工作，组织有关边界划界、勘界和联合检查等管理工作并处理有关涉外案件，承担海洋划界、共同开发等相关外交谈判工作。

（9）发布重要外交活动信息，阐述对外政策，负责国家重要外事活动新闻工作，组织公共外交活动，主管在华外国记者和外国常驻新闻机构事务。

（10）负责国家对外礼仪和典礼事务，负责国家重要外事活动礼宾事宜，负责驻华外交机构在华礼遇、外交特权和豁免事宜。

（11）负责领事工作。管理外国驻华外交、领事机构；负责海外侨务工作；参与和办理境内涉外案件的对外交涉工作；负责领事保护和协助工作，协调有关部门、地方政府并指导驻外外交机构处理领事保护和协助案件，发布领事保护和协助的预警信息。

（12）负责协调处置境外涉我突发事件，保护境外中国公民和机构的合法权益，参与处置境内涉外突发事件。

（13）依法管理香港、澳门特别行政区外交、领事事务，处理涉台事务。

（14）指导、协调地方和国务院各部门外事工作，审核地方和国务院各单位的重要外事规定和上报国务院的外事请示，会同有关部门研究提出对重大外事违规违纪事件的处理意见。

（15）处理和协调关系国家安全问题的有关涉外事宜。

（16）负责国家重要外事活动、外交文件和文书翻译工作。

（17）领导驻外外交机构及驻香港、澳门特派员公署工作，负责驻外外交机构干部队伍建设，指导、监督驻外外交机构及驻香港、澳门特派员公署信息化及财务和馆舍建设工作，负责驻华外交机构房地产使用管理工作。

（18）代管中国人民对外友好协会，归口管理中国红十字会总会、中国宋庆龄基金会的外事工作。

（19）承办党中央、国务院交办的其他事项。

2. 中共中央对外联络部

中共中央对外联络部是中国共产党中央委员会负责对外工作的职能部门。其主要职责是贯彻落实中央对外工作的方针、政策，跟踪研究国际形势和重大国际问题的发展变化，向党中央提供有关情况和对策性建议；受党中央委托，负责中国共产党同外国政党、政治组织的交往和联络工作；协调、归口管理中央直属机构和各省、自治区、直辖市党委的有关对外交往工作。

3. 国务院港澳事务办公室

国务院港澳事务办公室是中国政府负责港澳事务的职能部门。其主要职责是贯彻执行“一国两制”方针和中央对香港、澳门的政策规定，执行香港特别行政区基本法、澳门特别行政区基本法，了解香港、澳门的有关情况，提出政策建议，负责与香港、澳门特别行政区政府的有关工作联系，归口管理内地与香港、澳门因公往来的有关事务，协同有关部门和地方推动与香港、澳门在经济、科技、文化等领域的交流与合作。

4. 中国人民对外友好协会

中国人民对外友好协会是中华人民共和国从事民间外交事业的全国性人民团体，以增进人民友谊、推动国际合作、维护世界和平、促进共同发展为工作宗旨，代表中国人民在国际社会和世界各国广交深交朋友，奠定和扩大中国与世界各国友好关系的社会基础，致力于全人类团结进步的事业。中国人民对外友好协会贯彻执行中国独立自主的和平外交政策，遵循和平共处五项原则，开展全方位、多层次、宽领域的民间友好工作，服务中国的和平发展与和平统一大业，共建持久和平、共同繁荣的和谐世界。

（三）地方的外事机构

1. 地方政府外事机构

省、市、区、县级的外事办公室是各级政府组成部门，是同级外事工作领导小组的工作机构，是同级政府外事工作的职能部门，是同级政府执行国家对外政策，负责接待来访的国宾、党宾等重要外宾，统筹安排和管理与外国领事机构、外国友好城市、外国记者的交往活动，管理因公出国（境）事务和邀请外国人来访工作事宜，处理重要外事工作的综合归口管理部门，是各地政府对外交往的一个重要“窗口”部门。

我国地方外事工作有一个逐步发展的过程。在新中国成立初期，地方外事缺乏系统管理，且基本局限于沿海主要城市。当时地方外事的主要内容是承接中央交办的外事接待任务。中央为此在上海、广州等大城市设有直属外交部的外事处，在省、市、区党委设有国际活动指导委员会，但没有专门管理地方外事的机构。后来，由于外事工作需要，开始在省、市、区设立外事办，由国务院外事办公室归口领导。“文革”中，国务院外事办被撤销，地方外事工作也受到影响。党的十一届三中全会以后，我国实行对外开放的政策，从20 世纪 70 年代开始，省一级的地方外事办逐渐恢复。不久，地市级政府也设立了外事办。随着对外开放取得巨大成绩和涉外事务的扩展，一些县市政府也成立了外事办，甚至有些基层厂矿、学校和公司也相继建立外事办公室或外事处、科。地方外事工作得到了蓬勃发展。各级外事办是改革开放的产物，其发展始终伴随着经济发展的浪潮，是中国改革开放的一个缩影，说明来中国进行友好访问、参观考察或从事经贸洽谈、开展交流的外国友人大量增加，对外交往规模不断扩大。

2. 各部门、行业、企事业的对外机构

伴随着全球化进程的加快，全国各部门、各行业对外交往活动日益活跃，相应的外事机构也建立起来，在国务院所属的各部委，通常都设有外事司（局），负责办理本部的日常涉外事务，如教育部的国际合作与交流司。

（四）我国驻外机构

1. 我国政府的驻外机构

我国政府的驻外机构主要是派驻各国的大使馆和领事馆，负责与驻在国的经济、贸易、文化、卫生及军事交流事务。除此之外，还有一些机构：中华人民共和国常驻联合国代表团、中华人民共和国常驻联合国日内瓦办事处和瑞士其他国际组织代表团、中华人民共和国驻维也纳联合国和其他国际组织代表团、中华人民共和国驻欧盟使团、中华人民共和国驻海地贸易发展办事处、中华人民共和国常驻国际海底管理局代表处、中华人民共和国常驻世界贸易组织代表团、中华人民共和国国家旅游局驻外旅游办事处、中国国际贸易促进委员会驻外代表处、中华人民共和国常驻联合国粮农机构代表处。

2. 企事业单位在境外设立的办事机构

全球化战略过程中的一个最显著特点就是地理、业务拓展的全球化。通常情况下，我国的企事业单位根据不同的需要和国际形势的变化，在世界各地设置规模大小不等的分支机构，我们通常将这些机构称为驻外办事机构。例如驻外记者站是各大传媒机构总体发展规划的重要组成部分，不仅中央新闻单位在海外设有驻外记者站，很多地方媒体也开始在境外设有驻外机构，以适应我国改革开放和地方经济、文化、外贸等方面的发展需要。

驻外机构为我国各地和经济部门发展对外经济联系牵线搭桥，引进外资、技术和人才，开拓新途径、新形式，充实对外交往的内容。它的设立有利于我们学习国外相关行业的先进管理经验，为国内建设提供参考，提升为企业服务、创造效益的实力。驻外机构成为当代企业特别是大型集团的重要组成部分，是参与到世界竞争的重要渠道，也是形成大外事格局的重要途径，是我国企业“走出去”工程的根本要素。

思考与练习

1. 外事人员的基本素质是什么？
2. 外事人员的业务能力指的是什么？
3. 外事机构的基本内容是什么？
4. 我国外事机构是怎样构成的？

第三章 对外交往中的礼仪

【学习重点】

- 外事礼仪的基本准则
- 外事礼仪基本常识

中国古有礼仪之邦的美誉。春秋时代周公制礼作乐，一部《礼记》规范了中国人的行为举止。在公众场合，适当的穿着、得体的礼仪、温文儒雅的风度，总是引人注目，受人欢迎。优雅出众的礼节风范，使外事工作者更具魅力及竞争力，有利于良好的个人、集体、国家、民族的形象的树立。

第一节 外事礼仪简述

一、外事礼仪的概念

礼貌是人们在交往中相互表示谦虚、恭敬、友好的行为规范。我国早有古训："人无礼则不立，事无礼则不成，国无礼则不宁。"它是一个国家、民族的风格和道德品质的体现，是社会文明的标志。它具体体现在各种各样的礼节中。礼节则是人们在日常交际中相互表示尊敬、祝颂或哀悼等的各种惯用形式。礼仪是为表示礼貌和尊重所举行的礼宾仪式，通常是指国家政府机构或人民团体在正式的外事活动中所采用的一种行为、语言规范，即对不同规格的宾客实施不同的必要的礼节形式。

外事礼仪是指从事对外交往活动要遵守的一系列行为规范，包括言行和仪式的规范等。它的特点如下：

（1）在对外交往活动中需要遵守的规定和要求带有格式化的特点，且违反规范可能会引发争议，甚至冲突。

（2）外事礼仪又是个性和共性的结合，由国际惯例和各国各民族不同的习惯结合组成，表现为入乡随俗和客随主便，但必须共同遵守、约定俗成。外事礼仪既是个人言行举止的规范体现，又是国家形象的具体仪式表现。

（3）外事礼仪几乎等于国际礼仪，它来源于欧美礼仪传统，因此受西方文化影响很大。

二、外事礼仪的基本准则

联合国宪章在“序言”中阐述了“大小各国平等权利”的信念，“主权平等”含两方面的意义：一方面，每个国家都享有平等主权，不受他人侵犯；另一方面，每个国家都有尊重别国主权的义务，不得借口行使自己的主权而侵犯他国的主权。

“主权平等”是现代国际关系的基本准则，作为国际交往中的一种行为规范的外事礼仪，也必须遵循这一准则。

“主权平等”的原则在国际礼仪的实践中，体现在以下方面：

(1) 国家的尊严受到尊重，国家元首、国旗、国徽不受侮辱。这里说的“国家尊严”一词虽然比较抽象，但在礼仪活动中却十分重要。礼仪活动有不少是为了表现有关各方的友好关系。如果有一方的尊严受到损害，丢了面子甚至感到难堪，就必然会损害相互关系。对于国家元首、国旗、国徽等国家主权的代表或象征，不但不应当受到侮辱（这是最起码的要求），而且应当对其表现出应有的尊敬。所以，在一切正式场合，如果遇到升国旗、奏国歌，都应当肃穆致敬。

(2) 国家的外交代表，按照国际公约的规定，享有外交特权和豁免。这种外交特权和豁免，不但是工作上的需要，而且也体现了相互的尊重。所以，有关各方既不应当滥用外交特权，也不应当侵犯外交特权，而应当遵照有关国际公约的规定，享用外交特权和豁免。

(3) 不以任何方式强制他国接受自己的意志；不以任何借口，干涉别国的内部事务。例如，在礼宾活动的安排中，常常采取相互协商的方法，既不要强加于人，也要避免“强人所难”。不论是“客随主便”，还是“主随客便”，实际上都是要尊重对方的风俗习惯。社会政治制度的选择，是各国人民自己的事；宗教信仰也有各自的自由，不应当加以干涉，对于宗教习俗更应尊重。

(4) 在相互交往中，实行“对等”和大体上的“平衡”。所谓“对等”，实际上就是“礼尚往来”。例如，相互交往的双方人员，其身份要大体相当；派代表团互访时，双方的接待规格应相差不多。“投之以桃，报之以李”是“对等”原则的正面引用，而在国际交往中，有时也从负面运用这一原则。例如，你赶走了我的武官，我就驱逐你的参赞；你有意怠慢了我，我也请你坐一坐“冷板凳”等等。

所谓“平衡”，也可以理解为“一视同仁”或“不歧视”的原则。例如，驻在国外交部邀请所有国家的使节参加某项社交活动，就不应单独不请某一个国家的使节。所有来访的各国外交部部长都由总理接见一次，如果唯独不见某个国家的外长，那也会被理解为有意给予冷遇。曾经有两个非洲国家的部长级代表团同时来我国访问，由于接待单位不同，一个部长住在国宾馆，另一个住在旅馆里，被周总理发现，总理严肃批评这是“搞上下铺”的做法，肯定会影响接待效果。

但是，所谓“对等”、“平衡”都是相对的，不是绝对的。在国际交往中，在礼仪上给予“破格接待”的，也有诸多先例。各国为了体现自己的外交政策，往往打破对“对等”、“平衡”的机械理解，作出某些特殊的安排。例如，1984 年，英国首相撒切尔夫人来华访问，中英双方签署了关于香港问题的联合公报。在她访华的短短 36 个小时中，中方为她安排了 14 场活动。邓小平、胡耀邦、李先念等在同一天会见了她，这被认为是一次“破格”的接待。可见，礼仪规则不应当是机械的条条框框，其巧妙应用还在于结合实际情况善于安排。从这个意义上说，国际礼仪程序的运用也是一种外交艺术。

（5）“主权平等”的原则，在国际组织中和在国际会议上，表现为每一个参加国都有同等的“代表权”和“投票权”，每一个国家所投的票在法律上具有同等效力。联合国安理会的常任理事国享有“否决权”，是在这方面的一个例外，是根据宪章规定被国际公认的一种特别安排。某些国际金融机构采取“加重票”的做法也是一种例外。

（6）在“礼宾序列”问题上，也应当体现各国“主权平等”的原则。在国际会议上，各国代表的位次，不是按国家大小强弱的原则来排列，而一般是按会议所用文字的国名字母顺序来排列。在签订条约协定时，应遵守“轮换制”，即每个缔约国在其保存的一份文本上名列首位，它的代表在这份文本上首先签字。在国际活动中，各国代表的序列，应以代表的职务高低或就职时间的先后作为排列的依据。例如，驻在某国首都的各国大使，即应以到任递交国书的时间先后为序，并由最先到任的大使担任外交团长。只有在少数信奉天主教的国家里，由于宗教原因，外交团长总是由梵蒂冈派驻当地的“圣使”担任，而副团长由最先到任的大使担任。

（7）在文字的使用上，每个国家都有使用本国文字的权利。在签订国际条约协定时，本国文字与别国文字具有同等效力，而经过和有关国家的协议，也可以只使用某一种国际通用的文字。

以上这些方面，只是根据国际交往中常见的做法，加以大体上的概括。国际交往日益频繁，国际生活日趋复杂多样，我们应该按照“主权平等”、“相互尊重”的基本准则，结合当时当地的实际情况，恰当地加以运用。

在礼宾实践中，除了已有国际公约作出规定的礼仪做法，公约签字国均有遵行的义务外，国际惯例也是十分重要的依据。所谓国际惯例，是在国际交往中逐渐形成，最初被某些国家长期使用，后来为各国接受并承认其法律效力的习惯做法和先例，一般包括国际外交惯例和国际商业惯例。国际惯例有 5 个特点：一是能用性，即为大多数国家和地区通用；二是稳定性，不受政策调整和经济波动的影响；三是重复性，一般都是反复运用；四是准强制性，受到各国法律的保护，具有一定的法律约束力；五是效益性，被国际交往活动验证是成功的。我国民法通则规定：“中华人民共和国缔结或者参加的国际条约没有规定的，可以适用国际惯例。”因此我们应当十分注意对国际惯例的研究和运用。

人们在长期的生活实践中，形成了一些日常的礼貌、礼节、礼仪规范。为了使彼此的交往愉快、融洽，就应对日常交往中的一些礼仪加以改善和讲究。国际交往日益频繁，国际生活日趋复杂多样，我们应该按照“主权平等”、“相互尊重”的基本准则，结合当时当地的实际情况，恰当地加以运用。

在公共场合的仪表体态、言谈举止，反映一个人的内在素质和修养。作为国家、政府、政党、团体、企业的代表进行对外活动的时候，在这方面给人的印象往往成为相互间进一步了解和交往的重要依据。作为个人，可以有各自的风格，但是在国际礼仪活动和社会、社交场合，就应当讲究必要的礼节，规范自己的行为。

外事人员参与涉外交往时应高度重视自己所留给外方人士的第一印象。因为第一印象的好坏直接与中方人员的形象相关，而且其一旦形成便往往难以改变。涉外交往中，入乡随俗、客随主便是涉外礼仪的一项重要原则。

其中，尤其要注意下列两点：

（1）对于外事人员而言，维护自己伟大祖国的形象，在任何时间、任何地点、任何情况下，都是第一位的、最基本的要求。那么，怎么做才是真正维护国家形象呢？这主要体现在三个方面，即热爱祖国、热爱人民、拥护政府。

（2）公民在涉外活动中维护形象，首先要从维护好自身形象着手。要做到仪表堂堂，落落大方。在涉外场合，必须注意修饰仪表，检点举止，使自己形象上乘，风度翩翩。

例如：国家领导人在国际舞台上展现出的外交形象，一方面是领导人气质的自然流露；而另一方面，外事工作人员的悉心准备和服务也功不可没。2013 年 3 月底刚从刚果共和国结束访问后，4 月 6 日至 8 日，国家主席习近平又在博鳌论坛上迎来众多与会并来访的外国国家领导人和首脑，外界为习主席及其夫人彭丽媛在国际舞台上大方亮相齐声喝彩。

按照国际上的礼仪标准，“第一夫人”随同领导人在国外参加外事活动时，通常要和领导人并行或者稍退后；跟外国领导人会见时，要先让领导人跟对方握手，然后才轮到夫人上前握手；检阅仪仗队时，夫人要站到人群中，不能和领导人站在一起；领导人致辞和发表演讲时，夫人也不能站在旁边，而要到台下就座聆听。

第二节　外事礼仪基本常识

一、礼宾次序

所谓礼宾次序，是指国际交往中对出席活动的国家、团体、各国人士的位次按某些规则和惯例进行排列的先后次序（在某些出版物中也有排列次序的问题）。一般来说，礼宾次序体现东道主对各国宾客所给予的礼遇；在一些国际性的集会上则表示各国主权平等的地位。礼宾次序安排不当或不符合国际惯例，则会引起不必要的争执与交涉，甚至影响国家关系。因此在组织涉外活动时，对礼宾次序应给予一定的重视。礼宾次序的排列，尽管国际上已有一些惯例，但各国有各国的具体做法。有些排列顺序和做法已由国际法或国内法所肯定，如外交代表位次的排列，在《维也纳外交关系公约》中就有专门的规定。很多国家对本国各级官员的排列常用法律形式固定下来，如法国 1907 年 7 月 16 日公布的“关于位次排列的命令”明确规定中央与地方的官方机构、团体和个人参加公共活动的排列顺序。现仅就对外工作中礼宾次序的几种排列方法作一简介。

（1）按身份与职务的高低排列。

这是礼宾次序排列的主要根据。一般的官方活动，经常是按身份与职务的高低安排礼宾次序。如按国家元首、副元首、政府总理（首相）、副总理（副首相）、部长、副部长等顺序排列。各国提供的正式名单或正式通知是确定职务的依据。由于各国的国家体制不同，部门之间的职务高低不尽一致，则要根据各国的规定，按相当的级别和官衔进行安排。在多边活动中，有时按其他方法排列。但无论按何种方法排列，都要考虑身份与职务的高低问题。

（2）按字母顺序排列。

多边活动中的礼宾次序有时按参加国国名字母顺序排列，一般以英文字母排列居多，也有少数情况是按其他语种的字母顺序排列。这种排列方法多见于国际会议、体育比赛等。在国际会议上，公布与会者名单、悬挂与会国国旗、座位安排等均按各国国名的英文拼写字母的顺序排列。在联合国召开联合国大会，各专门机构的会议和悬挂会员国旗等均按此法。联合国大会的席次也按英文字母排列，但为了避免一些国家总是占据前排席位，每年抽签一次，决定本年度大会席位以哪一具体字母打头，以便让各国都有均等机会排在前列。

在国际体育比赛中，体育代表队名称的排列、开幕式出场的顺序一般也按国名字母顺序排列（东道国一般排在最后），代表团观礼或召开理事会、委员会等，则按出席代表团的团长身份高低排列。

（3）其他排列方法。

在实际工作中，遇到的情况往往是复杂的，如有的国家不管以上种种惯例，把关系密切的国家排在最前列。所以礼宾次序的排列常常不能按一种排列方法，而是几种方法的交叉，并考虑其他的因素。如在某一多边国际活动中，对与会代表团礼宾次序的排列，首先是按正式代表团的规格，即代表团团长的身份高低来确定，这是最基本的。在同级代表团中则按派遣国通知代表团组成日期先后来确定，对同级和同时收到通知的代表团则按国名英文字母顺序排列。

在安排礼宾次序时所考虑的其他因素还包括国家之间的关系，地区所在，活动的性质、内容和对活动的贡献大小，以及参加活动人的威望、资历等等。诸如，常把同一国家集团的、同一地区的、同一宗教信仰的，或关系特殊的国家的代表团排在前面或排在一起。对同一级别的人员，常把威望高、资历深、年龄大者排在前面。有时还考虑业务性质、相互关系、语言交流等因素。如在观礼、观看演出和比赛，特别是在大型宴请时，在考虑身份、职务的前提下，将业务性质对口的、语言相通的、宗教信仰一致的、风俗习惯相近的安排在一起。

总之，在具体工作中，要耐心、细致、反复考虑研究、设想多种方案，以避免因礼宾次序方面的问题引起一些不愉快。

二、国旗的悬挂

国旗是国家的一种标志，是国家的象征。人们往往通过悬挂国旗，表示对本国的热爱或对他国的尊重。但是，在一个主权国家领土上，一般不得随意悬挂他国国旗。不少国家对悬挂外国国旗都有专门的规定。在国际交往中，还形成了悬挂国旗的一些惯例，为各国所公认。

按国际关系准则，一国元首、政府首脑在他国领土上访问，在其住所及交通工具上悬挂国旗（有的是元首旗）是一种外交特权。东道国接待来访的外国元首、政府首脑时，在隆重的场合，在贵宾下榻的宾馆、乘坐的汽车上悬挂对方（或双方）的国旗（或元首旗），这是一种礼遇。此外国际上公认，一个国家的外交代表在接受国境内有权在其办公处和官邸，以及交通工具上悬挂本国国旗。

在国际会议上，除在会场悬挂与会国国旗外，各国政府代表团团长亦按会议组织有关规定在一些场所或车辆上悬挂本国国旗（也有不挂国旗的）。有些展览会、体育比赛等国际性活动上，也往往悬挂有关国家的国旗。

在建筑物上，或在室外悬挂国旗，一般应日出升旗，日落降旗。遇需悬旗致哀，通常的做法是降半旗，即先将旗升至杆顶，再下降至离杆顶相当于杆长三分之一的地方。也有的国家不降半旗，而是在国旗上方挂黑纱致哀。升降国旗时，服装要整齐，要立正脱帽行注目礼。不能使用破损和污损的国旗。国旗一定要升至杆顶。

悬挂双方国旗，按国际惯例，以右为上，左为下。两国国旗并挂，以旗本身面向为准，右挂客方国旗，左挂本国国旗。汽车上挂旗，则以汽车行进方向为准，驾驶员左手为主方，右手为客方。所谓主客，不以活动举行所在国为依据，而以举办活动的主人为依据。例如，外国代表团来访，东道国举行欢迎宴会，东道国为主人；答谢宴会，来访者是主人。也有个别国家，把本国国旗挂在上首。

几种挂旗法：①两面国旗并挂；②三面以上国旗并挂（注：多面并列，主方在最后。如系国际会议，无主客之分，则按会议规定之礼宾顺序排列）；③并列悬挂；④交叉悬挂；⑤交叉挂；⑥竖挂（客方为反面，主方为正面）；⑦竖挂（双方均为正面）。

国旗不能倒挂，一些国家的国旗由于文字和图案的原因，也不能竖挂或反挂。例如，美国总统奥巴马于2010年9月24日在纽约与东南亚国家领导人会晤，相关照片发布在一些国家的政府网站。照片显示，与会领导人身后依照惯例升挂着各国国旗。有人注意到，菲律宾总统阿基诺三世身后的菲律宾国旗红条在上、蓝条在下，属于倒挂。而根据菲律宾法律，倒挂国旗表示国家处于战争状态。普通民众或机构若违反相关规定，将面临罚款和最多1年监禁。美国驻菲律宾使馆女发言人丽贝卡·汤普森26日说，倒挂菲律宾国旗之举纯属失误。有的国家明确规定，竖挂需另制旗，将图案转正。有的国家则无明确规定。因此，正式场合悬挂国旗宜以正面（即旗套在旗的右方）面向观众，不用反面。如果旗是挂在墙壁上，应避免交叉挂法和竖挂法。如果悬空挂旗，则不成问题。

各国国旗图案、式样、颜色、比例均由本国宪法规定。不同国家的国旗，如果比例不同，用同样尺寸制作，两面旗帜放在一起，就会显得大小不一。例如，同样六尺宽的旗，三比二的就显得较二比一的大。因此，并排悬挂不同比例的国旗，应将其中一面略放大或缩小，以使旗的面积大致相同。

三、常见的仪式

除各种礼仪活动之外，国际上还根据实际需要，举行一些其他仪式，常见的有签字仪式、谒墓、开幕式及授勋仪式等等。

1. 签字仪式

国家间通过谈判，就政治、军事、经济、科技文化等某一领域内的相互关系达成协议，缔结条约、协定或公约时，一般都会举行签字仪式。签字人视文件的性质由缔约各方确定，有由国家领导人签的，也有由政府有关部门负责人签的，但双方签字人的身份应大体相当。一国领导人访问他国，经双方商定发表联合公报（或联合声明），有时也举行签字仪式。各国业务部门之间签订专业性协议，一般不举行这类签字仪式。

安排签字仪式，首先应做好文本的准备工作，有关单位应及早做好文本的定稿、翻译、校对、印刷、装订、盖火漆印等工作，同时准备好签字用的文具、国旗等物品，与对方商定助签人员，并安排双方助签人员洽谈有关细节。

参加签字仪式的，基本上是双方参加会谈的全体人员。如一方要求让某些未参加会谈的人员出席，另一方应予同意，但双方人数最好大体相等。不少国家为了对签订的协议表示重视，往往安排更高或更多的领导人出席签字仪式。

我国举行的签字仪式，一般在签字厅内设置长方桌一张，作为签字桌。桌面覆盖深绿色台呢，桌后放两把椅子，为双方签字人员的座位，主左客右。座前摆的是各自保存的文本，上端分别放置各自的签字文具，中间摆一旗架，悬挂签字双方的国旗。

双方参加人员进入签字厅，签字人员入座时，其他人员分主客各一方按身份顺序排列于各自的签字人员座位之后。双方的助签人员分别站立在各自签字人员的外侧，协助翻揭文本，指明签字处。在本国保存的文本上签毕后，由助签人员互相传递文本，相互握手。有时备有香槟酒，在签字后共同举杯庆贺。

各国举行的签字仪式的安排不尽相同。有的国家安排的仪式设置两张方桌为签字桌，双方签字人员各坐一桌，双方的小国旗分别悬挂在各自的签字桌上，参加仪式的人员坐在签字桌的对面。有的国家安排一张长方桌为签字桌，双方参加仪式的人员坐在签字桌前方两旁，双方国旗挂在签字桌的后面。

如有三四个国家缔结条约，其签字仪式大体如上所述，只是相应增添签字人员座位、签字用具和国旗等物。至于签订多边公约，通常仅设一个座位，一般由公约保存国代表先签字，然后由各国代表依一定次序轮流在公约上签字。

2. 谒墓

许多国家首都建有已故领导人陵墓或无名英雄（革命烈士）纪念碑。谒墓、献花圈，是对被访国人民友好亲善的表示，也是对该国先烈的敬意，所以各国领导人出国正式访问期间，都按各国习惯做法，谒墓或向纪念碑献花圈。

各国安排的领导人谒墓（或向纪念碑献花圈）仪式大同小异。一般的做法是，现场安排仪仗队、军乐队，并派高级官员陪同。仪式开始时，乐队奏乐，花圈由东道国礼兵（或谒墓者的随行人员）抬着走在前列，仪仗队分列两旁，向来宾致意，谒墓人随行于后。搁置花圈时，谒墓人往往要上前扶一下，有的还整理一下花圈上的飘带，然后稍退几步，肃立默哀，绕陵墓（纪念碑）一周。有的信仰宗教的谒墓人，还会为死者祈祷。

我国领导人出国访问时，也往往按对方的习惯谒墓或向无名英雄纪念碑献花圈。前来我国访问的国宾和其他重要的外国宾客，根据其意愿，安排向天安门人民英雄纪念碑献花圈或瞻仰毛主席遗容。

来访国宾向人民英雄纪念碑献花圈，由我国驻来访国大使陪同。花圈由来访代表团或来访国驻华使馆准备。献花圈仪式程序为：

国宾乘车抵达纪念碑前，由中国人民解放军两名礼兵抬扶花圈走在前列。国宾及其随行人员缓步走向纪念碑，军乐团奏乐，陆海空三军礼兵持枪向国宾致敬，国宾安放花圈后，军乐团奏致敬曲，全体肃立。礼毕，绕纪念碑一周。

国际上，有时出于某种原因，特别是由于墓（碑）的政治背景等因素，不宜参加这类活动。所以在国外访问，如欲谒墓或向某纪念碑献花圈，应先将其政治历史背景了解清楚。

谒墓的整个过程充满庄严肃穆的气氛，参加仪式人员应穿着素色服装（有的国家要求着礼服），谒墓时应脱帽（军人若不脱帽应行举手礼）。

谒墓式和程序应事先扼要地通告对方。在国外谒墓（碑）应事先向对方了解谒墓程序和其他习惯做法；花圈、飘带等物须早做准备，飘带上的题词要书写恰当。

有些国家的陵墓建在寺院内，谒墓有其独特的宗教仪式，不信教者前往谒墓，对于宗教仪式中的一些动作，可不仿效，但应遵守对方的风俗习惯。如进入清真寺要脱鞋。

四、谈话时的礼节

谈话的表情要自然，语气和气亲切，表达得体。说话时可适当做些手势，但动作不要过大，更不要手舞足蹈，不要用手指指人。与人谈话时，不宜与对方离得太远，但也不要离得过近，不要拉拉扯扯，拍拍打打。谈话时不要唾沫四溅。

参加别人谈话要先打招呼，别人在个别谈话时，不要凑前旁听。若有事需与某人说话，应待别人说完。有人与自己主动说话，应乐于交谈。第三者参与说话，应以握手、点头或微笑表示欢迎。发现有人欲与自己谈话，可主动询问。谈话中遇有急事需要处理或需要离开，应向谈话对方打招呼，表示歉意。

谈话现场超过三人时，应不时地与在场的所有人攀谈几句。不要只与一两个人说话，不理会在场的其他人。也不要与个别人只谈两个人知道的事而冷落第三者。如所谈问题不便让旁人知道，则应另找场合。

在交际场合，自己讲话要给别人发表意见的机会，别人说话，也应适时发表个人看法。要善于聆听对方谈话，不轻易打断别人的发言。一般不提与谈话内容无关的问题。如对方谈到一些不便谈论的问题，不应对此轻易表态，可转移话题。在相互交谈时，应目光注视对方，以示专心。对方发言时，不左顾右盼、心不在焉，或注视别处，显出不耐烦的样子，也不要老看手表，或做出伸懒腰、玩东西等漫不经心的动作。

谈话的内容一般不要涉及疾病、死亡等不愉快的事情，不谈荒诞离奇、耸人听闻、黄色淫秽的事情。一般不询问妇女的年龄、婚否，不径直询问对方履历、工资收入、家庭财产、衣饰价格等私人生活方面的问题。与妇女谈话不说妇女长得胖、身体壮、保养得好等话语。对方不愿回答的问题不要追问，不究根问底。对方反感的问题应表示歉意，或立即转移话题。一般谈话不批评长辈、身份高的人员，不议论当事国的内政。不讥笑、讽刺他人，也不要随便议论宗教问题。

男子一般不参与妇女圈内的议论，也不要与妇女无休止地攀谈而引起旁人的反感侧目。与妇女谈话更要谦让、谨慎，不与之开玩笑，争论问题要有节制。

谈话中要使用礼貌语言，如：你好、请、谢谢、对不起、打搅了、再见等等。在我国，人们相见习惯说“你吃饭了吗”、“你到哪里去”等，有些国家不用这些话，甚至习惯上认为这样说不礼貌。在西方，一般见面时先说“早安”、“晚安”、“你好”、“身体好吗”、“最近如何”、“一切都顺利吗”、“好久不见了，你好吗”、“夫人（丈夫）好吗”、“孩子们都好吗”、“最近休假去了吗”。对新结识的人常问：“你这是第一次来我国吗”、“到我国来多久了”、

"这是你在国外第一次任职吗"、"你喜欢这里的气候吗"、"你喜欢我们的城市吗"；分别时常说"很高兴与你相识，希望再有见面的机会"、"再见，祝你周末愉快"、"晚安，请向朋友们致意"、"请代问全家好"。

在社交场合，还可谈论涉及天气、新闻、工作、业务等事情。

在社交场合中谈话，一般不过多纠缠，不高声辩论，更不能恶语伤人，出言不逊，即便争吵起来，也不要斥责，不讥讽辱骂，最后还要握手而别。

五、日常交往中的礼节

1. 遵守时间、不得失约

这是国际交往中极为重要的礼貌。参加各种活动，应按约定时间到达。过早抵达，会使主人因准备未毕而难堪；迟迟不到，则让主人和其他客人等候过久而失礼。因故迟到，要向主人和其他客人表示歉意。万一因故不能应邀赴约，要有礼貌地尽早通知主人，并以适当方式表示歉意。失约是很失礼的行为。

2. 尊重老人和妇女

这是一种美德。在很多国家的社交场合，经常会看到这样的情景：上下楼梯、进出电梯，让老人、妇女先行，主动予以照顾。对同行的老人、妇女，男子帮助提较重物品。进出大门主动帮助老人、妇女开门和关门，帮助他们穿脱大衣外套。同桌用餐，两旁若是老人或妇女，男子应主动照顾，帮助他们入离座位等。

3. 尊重各国风俗习惯

不同的国家、民族，由于不同的历史、宗教等因素，各有特殊的风俗习惯和礼节，均应予以尊重。例如，伊斯兰教徒不吃猪肉，也忌谈猪，在斋月里日出之后、日落之前不能吃喝；佛教徒不吃荤；印度教徒不吃牛肉；某些国家如印度、印度尼西亚、马里、阿拉伯国家等，不能用左手与他人接触或用左手传递东西；在佛教国家不能随便摸小孩头顶；天主教徒忌讳"十三"这个数字，尤其是"十三日星期五"，遇上这种日子，一般不举行宴请活动；使用筷子进食的东方国家，用餐时不可来回传递一双筷子，也不能把筷子插在饭碗中间；东南亚一些国家忌讳坐着跷大腿；伊朗称好不伸大拇指；保加利亚、尼泊尔等一些国家，摇头表示赞赏，点头表示不同意等。这些风俗习惯若不注意，会使人误以为对他们不尊重或闹出笑话。新到一个国家或初次参加活动，应多了解，多观察，不懂或不会做的事，可仿效别人。

4. 举止

举止应落落大方，端庄稳重，表情自然诚恳，蔼然可亲。站立时，身子不要歪靠在一旁，不半坐在桌子或椅子背上。坐时，腿不摇，脚不跷。坐在沙发上不要摆出懒散的姿态。在公共场所不要趴在桌子上、躺在沙发上。走路脚步要轻，遇急事可加快步伐，不可慌张奔跑。谈话时，手势不要过多，不要放声大笑或高声喊人。在图书馆、博物馆、医院、教堂等公共场所，都应保持安静。在隆重的场合，如举行仪式、听讲演、看演出等，要保持肃静。

5. 吸烟

在一些地方、场合，是不允许吸烟的。例如在剧场、商店、教堂、博物馆、会议厅等地不得吸烟。在火车、轮船、飞机上往往分吸烟与不吸烟的座位、车厢等。在工作、参观、谈判和进餐中，一般不吸烟或很少吸烟。不要边走边吸烟。进入会客室或是私人住宅、办公室等，不知道是否允许吸烟时，可询问一下主人。如有妇女在座，应征得她的同意。主人不吸烟，又未请吸烟时，则最好不吸烟。在场人多或同座身份高的人士都不吸烟时，则一般不吸烟。

六、见面时的礼节

1. 介绍

在交际场合结识朋友，可由第三者介绍，也可自我介绍相识。为他人介绍，要先了解双方是否有结识的愿望，不要贸然行事。无论自我介绍或为他人介绍，都要自然。例如，正在交谈的人中，有你所熟识的，便可趋前打招呼，这位熟人会顺便将你介绍给其他客人。在这些场合亦可主动自我介绍，讲清姓名、身份、单位（国家），对方则会随后自行介绍。为他人介绍时还可说明与自己的关系，便于新结识的人相互了解与信任。介绍具体人时，要有礼貌地以手示意，而不要用手指点。

介绍也有先后之别，应把身份低、年纪轻的介绍给身份高、年纪大的，把男子介绍给妇女。介绍时，除妇女和年长者外，一般应起立；但在宴会桌上、会谈桌上可不必起立，被介绍者只要微笑点头有所表示即可。

2. 握手

握手是大多数国家相互见面和离别时的礼节。在交际场合中，握手是司空见惯的事情。一般在相互介绍和会面时握手。遇见朋友先打招呼，然后相互握手，寒暄致意。关系亲近的则边握手边问候，甚至两人双手长时间地握在一起。在一般情况下，握一下即可，不必用力。年轻者对年长者，身份低者对身份高者则应稍稍欠身，双手握住对方的手，以示尊敬。男子与妇女握手时，往往只握一下妇女的手指部分。

握手也有先后顺序，应由主人、年长者、身份高者、妇女先伸手，客人、年轻者、身份低者见面先问候，待对方伸手再握。多人同时握手致意不要交叉，待别人握完再伸手。男子在握手前应先脱下手套、摘下帽子。握手时，双目注视对方微笑致意，不要看着第三者握手。

主人主动、热情、适时握手是很必要的，这样做会增加亲切感。

握手不仅是见面的一种礼节，还是祝贺、感谢或相互鼓励的表示。如对方取得某些成绩与进步时，对方赠送礼品时以及发放奖品、奖状，发表祝词讲话后等，均可以握手来表示祝贺、感谢、鼓励等。

军人戴军帽与对方握手时，应先行举手礼，然后再握手。

此外，有些国家还有一些传统的见面礼节，如东南亚佛教国家是双手合十致意，日本人是行鞠躬礼，我国旧时传统是抱拳。对这些礼节应有所了解，在一定场合也可使用。

在西方，亲人、熟人之间见面多是拥抱、亲脸、贴面颊等。夫妻之间是拥抱亲吻，父母子女之间是亲脸、亲额头，兄弟姐妹平辈的亲友都是贴面颊。一般在公共场合，关系亲近的妇女之间是亲脸，男子之间是抱肩拥抱，男女之间是贴面颊，晚辈对长辈一般亲额头，男子对尊贵的女宾往往亲一下手背（手指）以示尊敬。在一些欢迎宾客的场合，或祝贺、感谢的隆重场合，也有拥抱的礼节，有时是热情友好的拥抱，有时则纯属礼节性的。这种礼节，一般是两人相对而立，右肩偏下，右手扶在对方左后肩，左手扶在对方右后腰，按各自的方位，两人头部及上身向左相互拥抱，然后头部及上身向右拥抱，再次向左拥抱后，礼毕。

3. 致意

公共场合远距离遇到相识的人，一般是举右手打招呼并点头致意。在西方，男子戴礼帽时，还可施脱帽礼，即两人相遇可摘帽点头致意，离别时再戴上帽子。有时与相遇者侧身而过，从礼节上讲，也应回身说声“你好”，手将帽子掀一下即可。

与相识者在同一场合多次见面，只点头致意即可。对一面之交的朋友或不相识者在社交场合均可点头或微笑致意。

在外交场合遇见身份高的领导人，应有礼貌地点头致意或表示欢迎，不要主动上前握手问候。只有在领导人主动伸手时，才向前握手问候。如遇到身份高的熟人，一般也不要径直去问候，而应在对方应酬活动告一段落之后，再前去问候致意。

七、参加宴请的礼节

1. 应邀

接到宴会邀请（无论是请柬或邀请信），能否出席要尽早答复对方，以便主人安排。一般来说，对注有“R. S. V. P.”（请答复）字样的，无论出席与否，均应迅速答复。注有“Regrets only”（不能出席请复）字样的，则不能出席时才回复，但也应及时回复。经口头约妥再发来的请柬，上面一般都注有“To remind”（备忘）字样，只起提醒作用，可不必答复。答复对方，可打电话或复以便函。

在接受邀请之后，不要随意改动。万一遇到不得已的特殊情况不能出席，尤其是主宾，应尽早向主人解释、道歉，甚至亲自登门表示歉意。

应邀出席一项活动之前，要核实宴请的主人，活动举办的时间地点，是否邀请了配偶，以及主人对服装的要求。活动时尤应注意，以免走错地方，或主人未请配偶却双双出席。

2. 掌握出席时间

出席宴请活动，抵达时间迟早，逗留时间长短，在一定程度上反映对主人的尊重。应根据活动的性质和当地的习惯掌握。迟到、早退、逗留时间过短会被视为失礼或有意冷落。身份高者可略晚到达，一般客人宜略早到达，主宾退席后再陆续告辞。出席宴会，根据各地习惯，正点或晚一两分钟抵达；在我国则正点或提前两三分钟或按主人的要求到达。出席酒会，在请柬上注明的时间内到达。确实有事需提前退席，应向主人说明后悄悄离去，也可事前打招呼，届时离席。

3. 抵达

抵达宴请地点，先到衣帽间脱下大衣和帽子，然后前往主人迎宾处，主动向主人问好。如果是节庆活动，应表示祝贺。

4. 赠花

参加他国庆祝活动，可以按当地习惯以及两国关系，赠送花束或花篮。参加家庭宴会，可酌情给女主人赠少量鲜花。

5. 入座

应邀出席宴请活动，应听从主人安排。如果是宴会，进入宴会厅之前，先了解自己的桌次和座位，入座时注意桌上座位卡是否写着自己的名字，不要随意乱坐。如邻座是年长者或妇女，应主动协助他们先坐下。

6. 进餐

入座后，主人招呼，即开始进餐。

取菜时，不要盛得过多。盘中食物吃完后，如不够，可以再取。如由招待员分菜，需增添时，待招待员送上时再取。如遇本人不能吃或不爱吃的菜肴，当招待员上菜或主人夹菜时，不要拒绝，可取少量放在盘内，并表示“谢谢，够了”。对不合口味的菜，勿显露出难堪的表情。

吃东西要文雅。闭嘴咀嚼，喝汤不要啜，吃东西不要发出声音。如汤、菜太热，可稍待凉后再吃，切勿用嘴吹。嘴内的鱼刺、骨头不要直接外吐，用餐巾掩嘴，用手（吃中餐可用筷子）取出，或轻轻吐在叉上，放在菜盘内。

吃剩的菜，用过的餐具牙签，都应放在盘内，勿置桌上；嘴内有食物时，切勿说话；剔牙时，用手或餐巾遮口。

7. 交谈

无论是做主人、陪客或宾客，都应与同桌的人交谈，特别是左右邻座。不要只同几个熟人或只同一两个人说话。邻座如不相识，可先自我介绍。

8. 祝酒

作为主宾参加外国举行的宴请，应了解对方祝酒习惯，即为何人祝酒、何时祝酒等等，以便做必要的准备。碰杯时，主人和主宾先碰，人多可同时举杯示意，不一定碰杯。祝酒时注意不要交叉碰杯。在主人和主宾致辞、祝酒时，应暂停进餐，停止交谈，注意倾听，也不要借此机会抽烟。奏国歌时应肃立。主人和主宾讲完话与贵宾席人员碰杯后，往往到其他各桌敬酒，遇此情况应起立举杯。碰杯时，要目视对方致意。

宴会上相互敬酒表示友好，活跃气氛，但切忌喝酒过量。喝酒过量容易失言，甚至失态，因此必须控制在本人酒量的三分之一以内。

9. 宽衣

在社交场合，无论天气如何炎热，不能当众解开纽扣脱下衣服。小型便宴，如主人请客人宽衣，男宾可脱下外衣搭在椅背上。

10. 喝茶（或咖啡）

喝茶、喝咖啡，如要加牛奶、白糖，可自取加入杯中，用小茶匙搅拌后，茶匙仍放回小碟内，通常牛奶、白糖均用单独器皿盛放。喝时右手拿杯把，左手端小碟。

11. 水果

吃梨、苹果，不要整个拿着咬，应先用水果刀切成四、六瓣，再用刀去皮、核，然后用手拿着吃，削皮时刀口朝内，从外往里削。香蕉先剥皮，用刀切成小块吃。橙子用刀切成块吃，橘子、荔枝、龙眼等则可剥了皮吃。其余如西瓜、菠萝等，通常都去皮切成块，吃时可用水果刀切成小块用叉取食。

12. 水盂

在宴席上，上鸡、龙虾、水果时，有时送上一个小水盂（铜盆、瓷碗或水晶玻璃缸），水上漂有玫瑰花瓣或柠檬片，供洗手用（曾有人误以为饮料，以致成为笑话）。洗时两手轮流沾湿指头，轻轻涮洗，然后用餐巾或小毛巾擦干。

13. 纪念物品

有的主人会为每位出席者备有小纪念品或一朵鲜花。宴会结束时，主人招呼客人带上。遇此，可说一两句赞扬这小礼品的话，但不必郑重表示感谢。有时，外国访问者会把宴会菜单作为纪念品带走，有时还请同席者在菜单上签名留念。除主人特别示意作为纪念品的东西外，各种招待用品，包括糖果、水果、香烟等，都不要拿走。

14. 致谢

在出席私人宴请活动之后，往往致以便函或名片表示感谢。

15. 冷餐会、酒会取菜

冷餐会、酒会，招待员上菜时，不要抢着去取，待送至本人面前再拿。周围的人未拿到第一份时，自己不要急于去取第二份。勿围在菜桌旁边，取完即退开，以便让别人去取。

16. 餐具的使用

中餐的餐具主要是碗、筷，西餐则是刀、叉、盘子。通常宴请外国人吃中餐，亦以中餐西吃为多，既摆碗筷，又设刀叉。刀叉的使用是右手持刀，左手持叉，将食物切成小块，然后用叉送入嘴内。欧洲人使用时不换手，即从切割到送食均以左手持叉。美国人则在切割后，把刀放下，右手持叉送食入口。就餐时按刀叉顺序由外往里取用。每道菜吃完后，将刀叉并拢排放盘内，以示吃完。如未吃完，则摆成八字或交叉摆，刀口应向内。吃鸡、龙虾时，经主人示意，可以用手撕开吃，否则可用刀叉把肉割下，切成小块吃。切带骨头或硬壳的肉食，叉子一定要把肉叉牢，刀紧贴叉边下切，以免滑开。切菜时，注意不要用力过猛撞击盘子而发出声音。不容易叉的食品，或不易上叉的食品，可用刀把它轻轻推上叉。除喝汤外，不用匙进食。汤用深盘或小碗盛放，喝时用汤匙由内往外舀起送入嘴，即将喝尽，可将盘向外略托起 。吃带有腥味的食品，如鱼、虾、野味等，均配有柠檬，可用手将汁挤出滴在食品上，以去腥味。

17. 遇到意外情况

宴会进行中，由于不慎，发生异常情况，例如用力过猛，使刀叉撞击盘子，发出声响，或餐具摔落地上，或打翻酒水等等，应沉着不必着急。餐具碰出声音，可轻轻向邻座（或向主人）说一声“对不起”。餐具掉落可由招待员送一副。酒水打翻溅到邻座身上，应表示歉意，协助擦干；如对方是妇女，只要把干净餐巾或手帕递上即可，由她自己擦干。

八、出席文艺演出的礼节

1. 应邀

接到晚会请柬，能否出席，应及早回复主人，以免剧场空缺，影响气氛。如不能出席，已送来的戏票按主人意见处理。

2. 入座

请柬如附有座位号码，应对号入座。如无座次，到现场按本人身份地位了解座位分配情况，然后入座，勿贸然坐到贵宾席。

入座应脱帽。妇女可带披肩或大衣入场。

3. 遵守秩序

演出进行中应保持肃静，不要谈话，不要大声咳嗽或打哈欠，更不要打瞌睡。观看节目，主人可略作介绍，以让客人自己欣赏。即席翻译声音要轻。在国外看戏，如非专场，最好事前了解节目内容，情节梗概，现场大略译几句，尽量不要说话，否则会引起周围观众不满。

演出场所禁止吸烟，更不能嗑瓜子、吃零食。

4. 鼓掌

节目在演出进行中不要鼓掌，不要叫好，更不要吹口哨。节目终了，报以掌声。切忌对节目表示不满或失望。除有政治问题外，一般都鼓掌。

观看体育比赛，要发扬优良的道德传统，尊重客队。不起哄，不吹口哨，不鼓倒掌、喝倒彩。对客队的成绩，应热烈鼓掌。

九、进入外国人的办公室或住所的礼节

到外国人办公室或住所，均应预先约定、通知，并按时抵达。如无人迎候，进门先按铃或敲门，经主人应允后方得进入。如无人应声，可稍等片刻后再次按铃或敲门（但按铃时间不要过长）。无人或未经主人允许，则不得擅自进入。

因事急或事先并无约定，但又须前往时，则应尽量避免在深夜打搅对方；如万不得已，非得在休息时间约见对方时，则应在见到约见人后立即致歉意，说“对不起，打搅了”，并说明打搅的原因。

经主人允许或应主人邀请，可进入室内。尽管有时洽谈的事情所需时间很短，也应进入室内，不要站在门口进行谈话。有时，主人未邀请进入室内，则可退到门外，在室外进行谈话。

进入室内，如说话所需时间较短，则可不必坐下，事毕也不要逗留；如所需时间较长，则要在主人邀请之下方可入座。在预先并没有约定的情况下，谈话的时间尽量不要过长。

应邀到外国人家里拜访、做客，应按主人提议或同意的时间抵达，早到或迟到都是不礼貌的。如发生迟到的情况，应致歉意。进行拜访，一般安排在上午十时或下午四时左右。西方习惯备有小吃和饮料招待，客人不要拒绝，应品尝一下，接受的饮料应喝掉（但实在不习惯时，也不必勉强）。

不经主人的邀请或没有获得主人的同意，不得要求参观主人的庭院和住房。在主人的带领下可参观住宅，但即使是较熟悉的朋友也不要去触动除书籍、花草以外的个人物品和室内的其他陈设。

对主人家中的人都应问候，尤其应问候夫人（丈夫）和子女。有小孩在场，应主动与孩子握手、亲抱表示喜欢。家中养有猫狗的，不应表示出害怕、讨厌，不要去踢它、轰它。

离开时，应有礼貌地向主人告别，感谢主人的接待。

十、会见、会谈

涉外会见与会谈是外事交往中的重要内容之一，礼节礼仪也颇有讲究。

会见，国际上一般称接见或拜会。凡身份高的人士会见身份低的，或是主人会见客人，这种会见，一般称为接见或召见。凡身份低的人士会见身份高的，或是客人会见主人，这种会见，一般称为拜会或拜见。拜见君主，又称谒见、觐见。我国不作上述区分，一律统称会见。接见和拜会后的回访，称回拜。

会见就其内容来说，有礼节性的、政治性的和事务性的，或兼而有之。礼节性的会见时间较短，话题较为广泛。政治性会见一般涉及双边关系、国际局势等重大问题。事务性会见则有一般外交交涉、业务商谈等等。

会谈是指双方或多方就某些重大的政治、经济、文化、军事问题，以及其他共同关心的问题交换意见。会谈也可以是指洽谈公务，或就具体业务进行谈判。会谈，一般说来内容较为正式，政治性或专业性较强。

东道国对来访者（包括外国常驻外交使节到任和离任），从礼节及两国关系上考虑，一般均根据对方身份及来访目的，安排相应领导人和部门负责人会见。来访者及外交使节，亦可根据国家关系和本人身份，以及业务性质，主动提出拜会东道国某些领导人和部门负责人。一般说来，礼节性拜会，身份低者往见身份高者，来访者往见东道主。如果是正式访问或专业访问，则应考虑安排相应的会谈。外交使节到任后和离任前，还应对与本国有外交关系的国家驻当地使节作礼节性拜会。外交团间对同等级别者的到任礼节性拜会，按惯例均应回拜，身份高者对身份低者可以回拜，也可以不回拜。

1. 会见座位的安排

会见通常安排在会客室或办公室。宾主各坐一边。某些国家元首会见还有其独特礼仪程序，如双方简短致辞、赠礼、合影等。我国习惯在会客室会见，客人坐在主人的右边，译员、记录员安排坐在主人和主宾的后面。其他客人按礼宾顺序在主宾一侧就座，主方陪见人在主人一侧就座。座位不够可在后排加座。

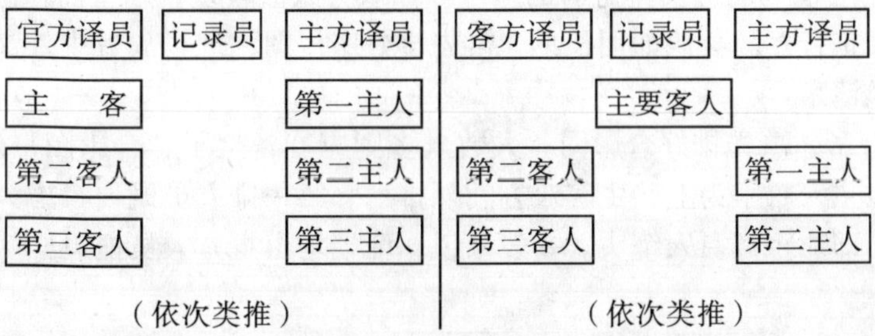

图 3－1　会见座位安排

2. 会谈座位的安排

双边会谈通常用长方形、椭圆形或圆形桌子，宾主相对而坐，以正门为准，主人占背门一侧，客人面向正门。主谈人居中。我国习惯把译员安排在主谈人右侧，但有的国家亦让译员坐在后面，一般应尊重主人的安排。其他人按礼宾顺序左右排列。记录员可安排在后面，如参加会谈人数少，也可安排在会谈桌就座。

小范围的会谈，也有不用长桌，只设沙发，双方座位按会见座位安排。

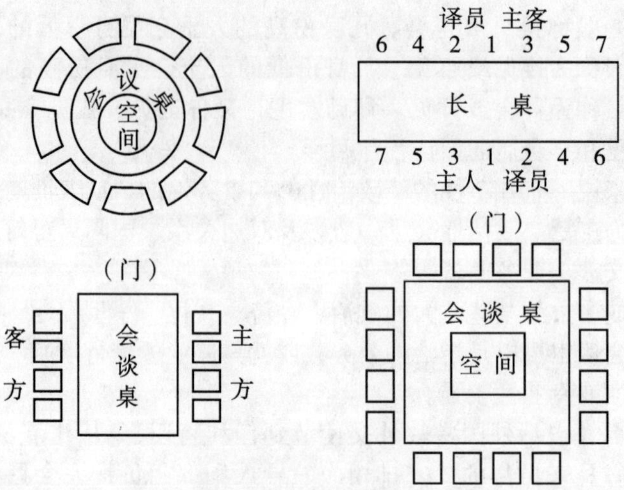

图 3－2　会谈座位安排

3. 会见和会谈中的几项具体要求

（1）提出会见要求，应将要求会见人的姓名、职务以及会见什么人、会见的目的告知对方。接见一方应尽早给予回复，约妥时间。如因故不能接见，应婉言解释。

（2）作为接见一方的安排者，应主动将会见（会谈）时间、地点，主方出席人，具体安排及有关注意事项通知对方。作为前往会见一方的安排者，则应主动了解上述情况，并通知有关的出席人员。

（3）准确掌握会见、会谈的时间、地点和双方参加人员的名单，及早通知有关人员和有关单位做好必要安排。主人应提前到达。

（4）会见、会谈场所应安排足够的座位。如双方人数较多，厅室面积大，主谈人说话声音低，宜安装扩音器。会谈如用长桌，事先排好座位图，现场放置中外文座位卡，卡片上的字体应工整清晰。

（5）如要合影，事先排好合影图，人数众多则应准备架子。合影图一般由主人居中，按礼宾次序，以主人右手为上，主客双方间隔排列。第一排人员既要考虑人员身份，也要考虑场地大小，即能否都摄入镜头。一般来说，两端均由主方人员把边。

第三排

第二排

9 7 5 3 1 主人 2 4 6 8 10

摄影师位置

图 3－3　合影位置安排

（6）客人到达时，主人在门口迎候，可以在大楼正门迎候，也可以在会客厅门口。如果主人不到大楼门口迎候，则应由工作人员在大楼门口迎接，引入会客厅。如有合影，宜安排在宾主握手之后，合影后再入座。

（7）领导人之间的会见，或是会谈，除陪见人和必要的译员、记录员外，其他工作人员安排就绪后均应退出。如允许记者采访，也只能是在正式谈话开始前采访几分钟，然后统统离开。谈话过程中，旁人不要随意进出。

（8）会见时招待用的饮料，各国不一。我国一般只备茶水。夏天加冷饮。如会谈时间过长，可适当上咖啡或红茶。

会见、会谈结束时，主人应将客人送至门口或车前，握手话别（客人则应予以致谢），目送客人离去后方可离开。

一般官员、民间人士的会见，安排大体上相同，也要事先申明来意，约妥时间、地点，通知来人身份和人数，准时赴约。礼节性的会见，一般不要逗留过久，半小时左右即可告辞，除非主人特意挽留。日常交往，客人来访，相隔一段时间后，应予回访。如果客人为祝贺节日、生日等喜庆日来访，则可不必回访，而在对方节日、生日时前往拜望，表示祝贺。

十一、迎送

迎来送往是常见的社交礼节。在国际交往中，对外国来访的客人，通常视其身份和访问性质，以及两国关系等因素，安排相应的迎送活动。

各国对外国国家元首、政府首脑的正式访问，往往都举行隆重的迎送仪式。对军方领导人的访问，也举行一定的欢迎仪式，如安排检阅仪仗队等。对其他人员的访问，一般不举行欢迎仪式。然而，对应邀前来访问者，无论是官方人士、专业代表团，还是民间团体、知名人士，在他们抵离时，均安排相应身份人员前往机场（车站、码头）迎送。对长期在本国工作的外国人士和外交使节、专家等，他们到离任时，有关方面亦安排相应人员迎送。

1. 确定迎送规格

对来宾的迎送规格，各国不尽一致。确定迎送规格，主要依据来访者的身份和访问目的，适当考虑两国关系，同时要注意国际惯例，综合平衡。主要迎送人通常都要同来宾的身份相当，但由于各种原因（例如国家体制不同，当事人年高不便出面，临时身体不适或不在当地等等），不可能完全对等。遇此情况，可灵活变通，由职位相当的人士，或由副职出面。总之，主人身份总要与客人相差不大，同客人对口、对等为宜。当事人不能出面时，无论作何种处理，应从礼貌出发，向对方作出解释。其他迎送人员不宜过多。也有从发展两国关系或当前政治需要出发，破格接待，安排较大的迎送场面。然而，为避免造成厚此薄彼的印象，非有特殊需要，一般都按常规办理。

2. 掌握抵达和离开的时间

必须准确掌握来宾乘坐飞机（火车、船舶）抵离时间，及早通知全体迎送人员和有关单位。如有变化，应及时周知。由于天气变化等意外原因，飞机、火车、船舶都可能不准时。一般大城市，机场离市区又较远，因此，既要顺利地接送客人，又不过多耽误迎送人员的时间，就要准确掌握抵离时间。

迎接人员应在飞机（火车、船舶）抵达之前到达机场（车站、码头）。送行则应在客人登机之前抵达（离去时如有欢送仪式，则应在仪式开始之前到达）。如客人乘坐班机离开，应通知其按航空公司规定时间抵达机场办理有关手续（身份高的客人，可由接待人员提前前往代办手续）。

3. 献花

如安排献花，须用鲜花，并注意保持花束整洁、鲜艳，忌用菊花、杜鹃花、石竹花、黄色花朵。有的国家习惯送花环，或者送一两枝名贵的兰花、玫瑰花等。通常由儿童或女青年在主要领导人与客人握手之后，将花献上。有的国家由女主人向女宾献花。

4. 介绍

客人与迎接人员见面时，互相介绍。通常先将前来欢迎的人员介绍给来宾，可由礼宾交际工作人员或其他接待人员介绍，也可以由欢迎人员中身份最高者介绍。客人初到，一般较拘谨，主人宜主动与客人寒暄。

5. 陪车

客人抵达后，从机场到住地，以及访问结束，由住地到机场，有的安排主人陪同乘车，也有不陪同乘车的。如果主人陪车，应请客人坐在主人的右侧。如是三排座的轿车，译员坐在主人前面的加座上；如是二排座，译员坐在司机旁边。上车时，最好客人从右侧门上车，主人从左侧门上车，避免从客人座前穿过。遇客人先上车，坐到了主人的位置上，则不必请客人挪动位置。

6. 对一般客人的迎接

迎接一般客人，无官方正式仪式，主要是做好各项安排。如果客人是熟人，则可不必介绍，仅向前握手，互致问候；如果客人是首次前来，又不认识，接待人员应主动打听，主动自我介绍；如果迎接大批客人，也可以事先准备特定的标志，如小旗或牌子等，让客人从远处就能看到，以便客人主动前来接洽。

7. 迎送工作中的几项具体事务

（1）迎送身份高的客人，事先在机场（车站、码头）安排贵宾休息室，准备饮料。

（2）安排汽车，预定住房。如有条件，在客人到达之前将住房和乘车号码通知客人。如果做不到，可印好住房、乘车表，或打好卡片，在客人刚到达时，及时发到每个人手中，或通过对方的联络秘书转达。这既可避免混乱，又可以使客人心中有数，主动配合。

（3）指派专人协助办理入出境手续及机票（车、船票）和行李提取或托运手续等事宜。重要代表团，人数众多，行李也多，应将主要客人的行李先取出（最好请对方派人配合），及时送往住地，以便更衣。

（4）客人抵达住处后，一般不要马上安排活动，应稍作休息，起码给对方留下更衣时间。

十二、称呼与姓名

由于各国、各民族语言不同，风俗习惯各异，社会制度不一，因而在称呼与姓名上差别很大，如果称呼错了，姓名不对，不但会使对方不高兴，引起反感，甚至还会闹出笑话，出现误会。

1. 称呼

在国际交往中，一般对男子称“先生”，对女子称“夫人”、“小姐”、“女士”。已婚女子称“夫人”，未婚女子统称“小姐”。不了解婚姻情况的女子可称“女士”，对戴结婚戒指的年纪稍大的可称“夫人”。这些称呼可冠以姓名、职称、衔称等。如“布莱克先生”、“议员先生”、“市长先生”、“上校先生”、“玛丽小姐”、“秘书小姐、”“护士小姐”、“怀特夫人”等。

对地位高的官方人士，一般为部长以上的高级官员，按国家情况称“阁下”、职衔或“先生”。如“部长阁下”、“总统阁下”、“主席先生阁下”、“总理阁下”、“总理先生阁下”、“大使先生阁下”等。但美国、墨西哥、德国等国没有称“阁下”的习惯，因此在这些国家可称“先生”。对有地位的女士可称“夫人”，对有高级官衔的妇女，也可称“阁下”。

君主制国家，按习惯称国王、皇后为“陛下”，称王子、公主、亲王等为“殿下”。对有公、侯、伯、子、男等爵位的人士既可称爵位，也可称“阁下”，一般也称“先生”。

对医生、教授、法官、律师以及有博士等学位的人士，均可单独称“医生”、“教授”、“法官”、“律师”、“博士”等，同时可以加上姓氏，也可加“先生”。如“卡特教授”、“法官先生”、“律师先生”、“博士先生”、“马丁博士先生”等。

对军人一般称军衔，或军衔加“先生”，知道姓名的可冠以姓与名。如“上校先生”、“莫利少校”、“维尔斯中尉先生”等。有的国家对将军、元帅等高级军官称“阁下”。

对服务人员一般可称服务员，如知道姓名的可单独称名字。但现在很多国家越来越多地称服务员为“先生”、“夫人”、“小姐”。

对教会中的神职人员，一般可称教会的职称，或姓名加职称，或职称加“先生”。如“福特神父”、“传教士先生”、“牧师先生”等。有时主教以上的神职人员也可称“阁下”。

凡与我有同志相称的国家，对各种人员均可称“同志”，有职衔的可加职衔。如“主席同志”、“议长同志”、“大使同志”、“秘书同志”、“上校同志”、“司机同志”、“服务员同志”等，或姓名加“同志”。有的国家还有习惯称呼，如称“公民”等。在日本对妇女一般称“女士”、“小姐”，对身份高的也称“先生”，如“中岛京子先生”。

2. 姓名

外国人的姓名与我国汉族人的姓名大不相同，除文字的区别之外，姓名的组成、排列顺序都不一样，还常带有冠词、缀词等。对我们来说难以掌握，而且不易区分。这里只对较常遇见的外国人姓名分别作一简单介绍。

（1）英美人姓名 。

英美人姓名的排列是名在前姓在后。如 John Wilson 译为约翰·威尔逊；John 是名，Wilson 是姓。又如 Edward Adam Davis 译为爱德华·亚当·戴维斯，Edward 是教名，Adam 是本人名，Davis 为姓。也有的人把母姓或与家庭关系密切者的姓作为第二个名字。在西方，还有人沿袭用父名或父辈名，在名后缀以小（Junior）或罗马数字以示区别。如 John Wilson，Junior，译为小约翰·威尔逊；George Smith，Ⅲ，译为乔治·史密斯三世。

妇女在结婚前都有自己的姓名，结婚后一般是自己的名加丈夫的姓。如玛丽·怀特（Marie White）女士与约翰·戴维斯（John Davis）先生结婚，婚后女方姓名为玛丽·戴维斯（Marie Davis）。

书写时常把名字缩写为一个字头，但姓不能缩写，如 G. W. Thomson，D. C. Sullivan 等。

口头称呼一般称姓，如“怀特先生”、“史密斯先生”。正式场合一般要全称，但关系密切的常称本人名。家里人、亲友之间除称本人名外，还常用昵称（爱称）。

以英文为本国文字的国家，姓名组成称呼基本与英美人一样。

（2）法国人姓名。

法国人姓名也是名在前姓在后，一般由两节或三节组成。前一、二节为个人名，最后一节为姓。有时姓名可达五节，多是教名和长辈起的名字，但现在长名字越来越少。如 Henri Rene Albert Guy de Maupassant 译为：亨利·勒内·阿贝尔·居伊·德·莫泊桑，一般简称 Guy de Maupassant 居伊·德·莫泊桑。

法文名字中常常有 Le、La 等冠词，de 等介词，译成中文时，应与姓连译，如 La Fantaine 拉方丹，Le Goff 勒戈夫，de Gaulle 戴高乐等。

妇女姓名，口头称呼基本同英文姓名。如姓名叫雅克琳·布尔热瓦（Jacqueline Bourgeois）的小姐与名为弗朗索瓦·马丹的先生结为夫妇，婚后该女士称马丹夫人，姓名为雅克琳·马丹（Jacqueline Martin）。

（3）西班牙人和葡萄牙人姓名。

西班牙人姓名常有三四节，前一、二节为本人名字，倒数第二节为父姓，最后一节为母姓。一般以父姓为自己的姓，但少数人也有以母姓为本人的姓。如：Diego Rodriguez de Silva y Velasquez 译为迭戈·罗德里格斯·德席尔瓦—委拉斯贵支，de 是介词，Silva 是父姓，y 是连接词“和”，Velasquez 是母姓。已结婚妇女常把母姓去掉而加上丈夫的姓。口头称呼常称父姓，或第一节名字加父姓。如西班牙前首脑弗朗西斯科·佛朗哥（Francisco Franco），其全名是：弗朗西斯科·保利诺·埃梅内希尔多·特奥杜洛·佛朗哥·巴蒙德（Francisco Pauolino Hermenegildo Teodulo Franco Bahamonde）。前四节为个人名字，倒数第二节为父姓，最后一节为母姓。简称时，用第一节名字加父姓。

葡萄牙人姓名也多由三节或四节组成，前一、二节是个人名字，接着是母姓，最后为父姓。简称时个人名一般加父姓。

西文与葡文中男性的姓名多以“o”结尾，女性的姓名多以“a”结尾。冠词、介词与姓连译。

（4）俄罗斯人和匈牙利人姓名。

俄罗斯人姓名一般由三节组成。如伊万·伊万诺维奇·伊万诺夫（Иван Иванович Иванов），伊万为本人名字，伊万诺维奇为父名，意为伊万之子，伊万诺夫为姓。妇女姓名多以娃、娅结尾。妇女婚前用父亲的姓，婚后多用丈夫的姓，但本人名字和父名不变。如尼娜·伊万诺夫娜·伊万诺娃（Иина Ивановна Иванова），尼娜为本人名，伊万诺夫娜为父名，伊万诺娃为父姓。假如她与罗果夫（Poгов）结婚，婚后姓改为罗果娃（Poгова），其全名为尼娜·伊万诺夫娜·罗果娃。俄罗斯人姓名排列通常是名字、父名、姓，但也可以把姓放在最前面，特别是在正式文件中，即上述伊万和尼娜的姓名可写成伊万诺夫·伊万·伊万诺维奇，伊万诺娃·尼娜·伊万诺夫娜。名字和父名都可缩写，只写第一个字母。

俄罗斯人一般口头称姓，或只称名。为表示客气和尊敬时称名字与父名，如对伊万·伊万诺维奇·伊万诺夫尊称伊万·伊万诺维奇，对尼娜·伊万诺夫娜·伊万诺娃尊称尼娜·伊万诺夫娜。特别表示对长者尊敬，也有只称父名的，如人们常称列宁为伊里奇（Ильич），列宁的全名为符拉基米尔·伊里奇·列宁。家人和关系较密切者之间常用爱称，如伊万爱称万尼亚（Ваня）、瓦纽沙（Ванюша）。谢尔盖（Сергей）爱称谢廖沙（Селеша）等等。

匈牙利人的姓名，排列与我国人名相似，姓在前名在后，都由两节组成。如纳吉·山多尔（Nagy Sndor），简称纳吉。有的妇女结婚后改用丈夫的姓名，只是在丈夫姓名后再加词尾“ne”，译为“妮”，是夫人的意思。姓名连用时加在名字之后，只用姓时加在姓之后。如瓦什·伊斯特万妮（Vass），或瓦什妮，是瓦什·伊斯特万的夫人。妇女也可保留自己的姓和名。

（5）阿拉伯人姓名。

阿拉伯人姓名一般由三或四节组成。第一节为本人名字，第二节为父名，第三节为祖父名，第四节为姓，如沙特阿拉伯前国王费萨尔的姓名是：Faisal Ibn Abdul Aziz Ibn Abdul Rahman al Saud 译为：费萨尔·伊本·阿卜杜勒·阿齐兹·伊本·阿卜杜勒·拉赫曼·沙特。其中费萨尔为本人名，阿卜杜勒·阿齐兹为父名，阿卜杜勒·拉赫曼为祖父名，沙特为姓。正式场合应用全名，但有时可省略祖父名，有时还可以省略父名，简称时只称本人名字。但事实上很多阿拉伯人，特别是有社会地位的上层人士都简称其姓。如：穆罕默德·阿贝德·阿鲁夫·阿拉法特（Mohammed Abed Ar'ouf Arafat），简称阿拉法特。加麦尔·阿卜杜勒·纳赛尔（Gamal Abdul Nasser），简称纳赛尔。

阿拉伯人名字前头常带有一些称号，如：埃米尔（Amir 或 Emir）为王子、亲王、酋长之意；伊玛姆（Imam）是清真寺领拜人之意；赛义德（Sayed）是先生、老爷之意；谢赫（Sheikh）是长老、酋长、村长、族长之意。这些称号有的已转为人名。

在阿文中 al 或 el 是冠词，Ibn（伊本）、Ben（本）或 Ould（乌尔德）表示是“某人之子”，Abu（阿布）或 Um（乌姆）表示是“某人之父”、“某人之母”。称呼中这些词均不能省略。如 Ahmed Ben Bella 译为艾哈迈德·本·贝拉，简称为本·贝拉。

阿文姓名用词，常具有一定含义。如：穆罕默德（Mohammed）是借用伊斯兰教创始人的名字；马哈茂德（Mahamoud）是受赞扬的意思；哈桑（Hassan）是好的意思；阿明（Amin）意为忠诚的；萨利赫（Saleh）意为正直的等。

（6）日本人姓名。

日本人姓名顺序与我国相同，即姓前名后，但姓名字数常常比我国汉族姓名字数多。最常见的由四字组成，如小坂正雄、吉田正一、福田英夫等。一般前两个字为姓，后两个字为名。但又由于姓与名的字数并不固定，二者往往不易区分，因而事先一定要向来访者了解清楚，在正式场合中应把姓与名分开书写，如“二阶堂　进”、“藤田　茂”等。

一般口头都称呼姓，正式场合称全名。日本人姓名常用汉字书写，但读音则完全不同。如：“山本”应读作 Yamamoto，“三岛”应读作 Mishima，“日下”应读作 Kusaka。

（7）缅甸人姓名。

缅甸人仅有名而无姓。我们常见缅甸人名前的“吴”不是姓而是一种尊称，意为“先生”。常用的尊称还有：“杜”是对女子的尊称，意为“女士”；“貌”意为“弟弟”；

“玛”意为“姐妹”；“哥”意为“兄长”；“波”意为“军官”；“塞耶”意为“老师”；“道达”是英语 Dr. 的译音，即“博士”；“德钦”意为“主人”；“耶博”意为“同志”等。例如一男子名“刚”，长辈称他为“貌刚”，同辈称他为“哥刚”。如该男子有一定社会地位，则被称为“吴刚”，如果是军官则被称为“波刚”。如一女子名“刚”，有社会地位的女士则称为“杜刚”，女青年则称为“玛刚”。

（8）泰国人姓名。

泰国人的姓名是名在前姓在后，如巴颂·乍仑蓬，巴颂是名，乍仑蓬是姓。未婚妇女用父姓，已婚妇女用丈夫姓。

口头尊称无论男子或妇女，一般只叫名字不叫姓，并在名字前加一冠称“坤”（意为您）。如称巴颂·乍仑蓬，口头称巴颂即可。

泰国人姓名按照习惯都有冠称。

平民的冠称有：成年男子为“乃”（Nai，先生），如乃威猜·沙旺素西；已婚妇女为“娘”（Nang，女士），如娘颂西·沙旺素西；未婚妇女为“娘少”（Nangsao，小姐）；男孩为“德猜”（Dekchai，男童）；女孩为“德英”（Dekying，女童）等。

十三、服饰礼仪

国际社交场合，服装大致分为便服与礼服。服装的种类、样式、花色千差万别，外事人员因场合不同、季节变化、个人爱好而在穿着上有所差异。从原则上讲，正式的、隆重的、严肃的场合多着深色礼服，一般场合则可着便服。以下介绍几种服装的穿着。

1. 西方国家的服装

各国男士日常穿着的服装，如各式外衣、衬衣、港衫和西装等均为便服。参加各种隆重的典礼仪式则应穿礼服或深色西服。西方传统的礼服有：

（1）晨礼服（Morning Coat or Cutaway）。上装为灰、黑色，后摆为圆尾形，下衣为深灰色底、黑条子裤。系灰领带，穿黑皮鞋，戴黑礼帽等。这种礼服在参加典礼、星期日教堂礼拜以及婚礼等场合穿。

（2）小礼服，也称晚餐礼服或便礼服（Tuxedo，Smoking Dinner Jacket or Black Tie）。全白色或全黑色西装上衣，衣领镶有缎面，腰间仅一纽扣，下衣为配有缎带或丝腰带的黑裤。系黑色领结，穿黑皮鞋。穿着这种礼服一般为参加晚六时以后举行的晚宴、音乐会、剧院演出等活动。

（3）大礼服（或称燕尾服）（Full Evening Dress or Tail Coat）。黑色或深蓝色上装，前摆齐腰剪平，后摆剪成燕尾样子。翻领上镶有缎面。下衣为黑或蓝色配有缎带、裤腿外面有黑丝带的长裤，系白色领结。配黑色皮鞋、黑丝袜、白色手套。

妇女的服装种类、样式花色繁多，日常均穿着便服。礼服也可分为常礼服、小礼服和大礼服等。常礼服为质料、颜色相同的上衣与裙子，可戴帽子与手套。小礼服为长至脚背而不拖地的露背式单色连衣裙式服装。大礼服则为一种袒胸露背的单色拖地或不拖地的连衣裙式服装，并戴颜色相同的帽子、长纱手套及各种头饰、耳环、项链等首饰。

事实上，除极少数国家在个别场合还有些规定（如在隆重的典礼活动中，禁止妇女穿长裤和超短裙）外，大多数国家在穿着方面均趋于简化。很少有人穿着上述传统的男士礼服参加涉外活动，而穿着燕尾服的人更是微乎其微。目前外事人员着装除样式花色繁多的便服外，很多隆重场合只是穿着深色质料好的西装。

相当数量的国家规定民族服装为礼服，在国庆、民族节日等重大庆典和最隆重场合穿着，其他正式场合着西装。

2. 我国的服装

我国没有礼服、便服之分，但一般来说，男士的礼服为上下同色同质的毛料中山装，配黑色皮鞋。便服则为各种样式的外衣与长西裤，配颜色相宜的皮鞋或布鞋。着西装参加正式活动应系领带。总之，应朴素、大方、整洁。

在国内参加对外活动时，男士可穿中山装、西装或各民族的服装。参观游览时，可穿便服，穿西装亦可不打领带。夏季出席庆典仪式（包括吊唁活动）、正式宴会、领导人会见国宾等隆重的外交活动时，除穿中山装、民族服装、西装外，还可穿两用衫。

女士按季节与活动性质的不同可穿西装（下身为西裤或裙）、民族服装、中式上衣配长裙或长裤、旗袍和连衣裙等。夏季也可穿长、短袖衫配裙子或长裤。

3. 几种特殊场合的服装

最隆重的场合应穿着严肃、大方的礼服。如国家庆典仪式、国宴、国家最高领导人接见、国王登基、国家元首任职、元旦国家领导人团拜、大使递交国书、授勋等等，这些场合，我国男士一般着深色中山装，女士着西装或长裙（最好是单色连衣长裙）。

在国外名剧院看剧，听音乐会，一般穿礼服。我国男士可穿深色中山装，女士着西装或长裙。

参加葬礼和吊唁活动，我国男士一般可着黑色或深色中山装，女士着深色服装，内穿白色或暗色衬衣，不用花手帕、不抹口红、不戴装饰品。

参加婚礼、到朋友家做客、参加联欢会等，则尽可能穿得美观大方一些，女士应适当装饰打扮。

郊游、远足，可穿上下装不同颜色的便装。

乘汽车、火车、轮船、飞机旅行，可穿便装。但如在登机、上车以前，或下机、下车以后，有迎送仪式，则应考虑更换服装。迎送仪式应着礼服。

平整洁净的布衣、布鞋，可作便装穿着。

4. 有关穿着方面应注意的事项

任何服装均应注意清洁、整齐、挺直。衣服应烫平整，裤子烫出裤线。衣领袖口要干净，皮鞋要上油擦亮。穿中山装要扣好领扣、领钩、裤扣。穿长袖衫衣要将前后摆塞在裤内，袖口不要卷起。穿短袖衫（港衫），下摆不要塞在裤内。长裤不要卷起。任何情况下不应穿短裤参加涉外活动。女士除军人、学生外，衣着尽量不要千篇一律，样式花色应有所差别。女士夏天可光脚穿凉鞋。穿袜子时，袜口不能露在衣、裙之外。

参加各种活动，进入室内场所均应摘帽，脱掉大衣、风雨衣、套鞋等，并送存衣处。男士任何时候在室内不得戴帽子、手套。西方妇女的纱手套、纱面罩、帽子、披肩、短外套等，作为服装的一部分则允许在室内穿戴。

在室内一般不要戴黑色眼镜。就是在室外，遇有隆重仪式或迎送仪式等礼节性场合，也不应戴黑眼镜。有眼疾须戴有色眼镜时，应向客人或主人说明，或在握手、说话时将眼镜摘下，离别时再戴上。

在家中或旅馆房间内接待临时来访的外国客人时，如来不及更衣，应请客人稍坐，立即换上服装，穿上鞋袜。不得赤脚或只穿着内衣、睡衣、短裤接待客人。

十四、日常卫生

1. 注意个人卫生

适时理发，经常梳理，胡须要刮净，指甲要修剪，鼻毛应剪短，头皮屑太多应洗干净。内衣、外衣经常保持整洁，特别是衣领袖口要干净。皮鞋要打油擦亮，布鞋要刷洗干净。参加涉外活动前应梳理打扮。总之，要保持外貌整洁美观。

不要当着别人的面擤鼻涕，掏鼻孔，搓泥垢，挖眼屎，打哈欠，修指甲，剔牙齿，挖耳朵等。咳嗽、打喷嚏时，应用手帕捂住口鼻，面向一旁，避免发出大声。

在参加活动前，不要吃葱、蒜、韭菜等辛辣食品，必要时可含上一点茶叶，以除臭味。

患病时不要参加外事活动。如感冒，在我国不算什么大病，但西欧、北美等地区的人很讨厌感冒。脸部、手、臂等外露皮肤有病的人也应避免对外接触，以免引起别人的反感。有口臭的人应注意口腔卫生。

2. 保持环境卫生

不准随地吐痰，不得随地丢果皮纸屑。一定要注意保持地毯、地板的清洁。吸烟时，把烟灰搕入烟缸。吃食品时把骨、刺、牙签、口纸等物，放到盘中或桌上，不得随手丢到地上。个人的不洁物品，应丢入垃圾桶，或放入自己的手帕或口袋中。吐痰应吐在口纸、手帕中装入衣袋。保持桌椅、沙发的清洁，不用脚蹬踏。进入地面干净的室内，应先在门口踏擦鞋底再进入。雨、雪天应把雨具放在门外或前厅，不要把雨水、雪水、泥巴等带入室内。还应注意不要弄脏主人的器皿、家具、门窗、玻璃、窗帘、墙壁等。

3. 陈设布置应保持整洁

客厅、房间要通风，不要有怪味，要保持清洁。沙发套和垫布要勤洗换，灯、衣架、玻璃要擦拭，特别是各种样式的灯罩及其装饰品等要擦拭干净。地板、地毯要定期清扫、吸尘，地板要打蜡。

十五、宴请

宴请是国际交往中最常见的交际活动之一。各国宴请都有自己国家或民族的特点与习惯。国际上通用的宴请形式有宴会、招待会、茶会、工作进餐等。举办宴请活动采用何种形式，通常根据活动目的、邀请对象以及经费开支等各种因素而定。

1. 常见的几种宴请形式

（1）宴会（Banquet，Dinner）。

宴会为正餐，坐下进食，由招待员顺次上菜。宴会有国宴、正式宴会、便宴之分。按举行的时间，又有早宴（早餐）、午宴、晚宴之分。其隆重程度，出席规格以及菜肴的品种与质量等均有区别。一般来说，晚上举行的宴会较白天举行的更为隆重。

国宴（State Banquet）是国家元首或政府首脑为国家的庆典，或为外国元首、政府首脑来访而举行的正式宴会，因而规格最高。宴会厅内悬挂国旗，安排乐队演奏国歌及席间乐。席间致辞或祝酒。

正式宴会（Banquet，Dinner）除不挂国旗、不奏国歌以及出席规格不同外，其余安排大体与国宴相同。有时亦安排乐队奏席间乐。宾主均按身份排位就座。许多国家正式宴会十分讲究排场，在请柬上注明对客人服饰的要求。外国人对宴会服饰比较讲究，往往从服饰规定体现宴会的隆重程度。对餐具、酒水、菜肴道数、陈设，以及服务员的装束、仪态都要求很严格。通常菜肴包括汤和几道热菜（中餐一般用四道，西餐用两三道），另有冷盘、甜食、水果。外国宴会餐前上开胃酒。常用的开胃酒有：雪利酒、白葡萄酒、马丁尼酒、金酒加汽水（冰块）、苏格兰威士忌加冰水（苏打水），另上啤酒、水果汁、番茄汁、矿泉水等。席间佐餐用酒，一般多用红、白葡萄酒，很少用烈性酒，尤其是白酒。餐后在休息室上一小杯烈性酒，通常为白兰地。我国在这方面做法较简单，餐前如有条件，在休息室稍事叙谈，通常上茶和汽水、啤酒等饮料。如无休息室也可直接入席。席间一般用两种酒，一种甜酒，一种烈性酒。餐后不再回休息室座谈，亦不再上饭后酒。

便宴，即非正式宴会，常见的有午宴（Lunch）、晚宴（Supper），有时亦有在早上举行的早宴（Breakfast）。这类宴会形式简便，可以不排席位，不作正式讲话，菜肴道数亦可酌减。西方人的午宴有时不上汤，不上烈性酒。便宴较随便、亲切，宜用于日常友好交往。

家宴，即在家中设便宴招待客人。西方人喜欢采用这种形式，以示亲切友好。家宴往往由主妇亲自下厨烹调，家人共同招待。

（2）招待会（Reception）。

招待会是指各种不备正餐、较为灵活的宴请形式，备有食品、酒水饮料，通常都不排席位，可以自由活动。常见的有冷餐会和酒会。

冷餐会（自助餐）（Buffet，Buffet - dinner），这种宴请形式的特点，是不排席位，菜肴以冷食为主，也可用热菜，连同餐具陈设在菜桌上，供客人自取。客人可自由活动，可以多次取食。酒水可陈放在桌上，也可由招待员端送。冷餐会在室内或在院子里、花园里举行，可设小桌、椅子，自由入座，也可以不设座椅，站立进餐。根据主、客双方身份，招待会规格隆重程度可高可低，举办时间一般在中午十二时至下午二时、下午五时至七时。这种形式常用于官方正式活动，以宴请人数众多的宾客。

我国举行的大型冷餐招待会，往往用大圆桌，设座椅，主宾席排座位，其余各席不固定座位，食品与饮料均事先放置桌上，招待会开始后，自行进餐。

酒会，又称鸡尾酒会（Cocktail）。这种招待会形式较活泼，便于广泛接触交谈。招待品以酒水为主，略备小吃。不设座椅，仅置小桌或茶几，以便客人随意走动。酒会举行的时间亦较灵活，中午、下午、晚上均可，请柬上往往注明整个活动延续的时间，客人可在其间任何时候到达和退席，来去自由，不受约束。

鸡尾酒是用多种酒配成的混合饮料。酒会上不一定都用鸡尾酒，但通常用的酒类品种较多，并配以各种果汁，不用或少用烈性酒。食品多为三明治、面包托、小香肠、炸春卷等各种小吃，以牙签取食。饮料和食品由招待员用托盘端送，或部分放置小桌上。

近年国际上举办大型活动采用酒会形式日渐普遍。庆祝各种节日、欢迎代表团访问，以及各种开幕、闭幕典礼，文艺、体育招待演出前后往往举行酒会。自1980年起，我国国庆招待会也改用酒会形式。

(3) 茶会 (Tea Party)。

茶会是一种简便的招待形式。举行的时间一般在下午四时左右，亦有上午十时举行的。茶会通常设在客厅，不用餐厅。厅内设茶几、座椅，不排席位，但如果是为某贵宾举行的活动，入座时，有意识地将主宾同主人安排坐到一起，其他人随意就座。茶会顾名思义是请客人品茶。因此，茶叶、茶具的选择要有所讲究，或具有地方特色。一般用陶瓷器皿，不用玻璃杯，也不用热水瓶代替茶壶。外国人一般用红茶，略备点心和地方风味小吃。亦有不用茶而用咖啡者，其组织安排与茶会相同。

(4) 工作进餐。

工作进餐，按用餐时间分为工作早餐、工作午餐、工作晚餐 (Working Breakfast, Working Lunch, Working Dinner)，是现代国际交往中经常采用的一种非正式宴请形式（有的时候由参加者各自付费），利用进餐时间，边吃边谈问题。在代表团访问中，往往因日程安排不开而采用这种形式。此类活动一般只请与工作有关的人员，不请配偶。双边工作进餐往往排席位，尤以用长桌更便于谈话。如用长桌，其座位排法与会谈桌席位安排相仿。

2. 有关宴请活动的几项组织工作

(1) 确定宴请目的、名义、对象、范围与形式。

宴请的目的是多种多样的，可以是为某一个人，也可以为某一事件。例如：为代表团来访（作为驻外机构，可以为本国代表团前来访问，也可以为驻在国的代表团前往自己的国家访问），为庆祝某一节日、纪念日，为外交使节或外交官员的到离任，为展览会的开幕、闭幕，某项工程动工、竣工等等。在国际交往中，还根据需要举办一些日常的宴请活动。

确定邀请名义和对象的主要根据是主、客双方的身份，也就是说，主客身份应该对等。例如，东道国宴请来访的外国代表团，出面主人的职务和专业一般同代表团团长对口、对等，身份低使人感到冷淡，规格过高亦无必要。又如外国使馆宴请驻在国部长级以上官员，一般由大使（临时代办）出面邀请，低级官员请对方高级人士，就不礼貌。如请主宾偕夫人出席，主人若已婚，一般以夫妇名义发出邀请。我国大型正式活动以一人名义发出邀请。日常交往小型宴请则根据具体情况以个人名义或以夫妇名义出面邀请。

邀请范围是指请哪方面人士，请到哪一级别，请多少人，主人一方请什么人出来作陪。这都要考虑多方因素，如宴请的性质、主宾的身份、国际惯例、对方对我方的做法，乃至当前政治气候等等。各方面都要想到，不能只顾一面。

邀请范围与规模确定之后，即可草拟具体邀请名单。被邀请人的姓名、职务、称呼，乃至对方是否有配偶都要准确。多边活动尤其要考虑政治关系，对政治上相互对立的国家是否邀请其人员出席同一活动，要慎重考虑。

宴请采取何种形式，在很大程度上取决于当地的习惯做法。一般来说，正式、规格高、人数少的以宴会为宜，人数多则以冷餐会或酒会更为合适，妇女界活动多用茶会。

目前各国礼宾工作都在简化，宴请范围趋向缩小，形式也更为简便。酒会、冷餐会被广泛采用，而且中午举行的酒会往往不请配偶，不少国家招待国宾宴会只请身份较高的陪同人员，不请随行人员。我国也在进行改革，提倡多举办冷餐会和酒会以代替宴会。

（2）确定宴请时间、地点。

宴请的时间应对主、客双方都合适。驻外机构举行较大规模的活动，应与驻在国主管部门商定时间。注意不要选择对方的重大节假日、有重要活动或有禁忌的日子和时间。例如，对信奉基督教的人士不要选十三号，更不要选十三号星期五。伊斯兰教在斋月内白天禁食，宴请宜在日落后举行。小型宴请应首先征询主宾意见，最好相机口头当面约请，也可用电话联系。主宾同意后，时间即被认为最后确定，可以按此约请其他宾客。关于宴请地点的选择，官方正式隆重的活动，一般安排在政府、议会大厦或宾馆内举行，其余则按活动性质、规模大小、形式、主人意愿及实际可能而定。选定的场所要能容纳全体人员。举行小型正式宴会，在可能条件下，宴会厅外另设休息厅（又称等候厅），供宴会前简短交谈用，待主宾到达后一起进宴会厅入席。

（3）发出邀请和请柬格式。

各种宴请活动，一般均发请柬，这既是礼貌，亦对客人起提醒、备忘之用。便宴经约妥后，可发亦可不发请柬。工作进餐一般不发请柬。有些国家，邀请最高领导人作为主宾参加活动，需单独发邀请信，其他宾客发请柬。

请柬一般提前一周至两周发出（有的地方须提前一个月），以便被邀请人及早安排。已经口头约妥的活动，仍应补送请柬，在请柬右上方或下方注上“To remind”（备忘）字样。需安排座位的宴请活动，为确切掌握出席情况，往往要求被邀者答复能否出席。遇此，请柬上一般用法文缩写注上“R . S. V. P. ”（请答复）字样，如只需不出席者答复，则可注上“Regrets only”（因故不能出席请答复），并注明电话号码。也可以在请柬发出后，用电话询问能否出席。

请柬内容包括活动形式、举行的时间及地点、主人的姓名（如以单位名义邀请，则用单位名称）。请柬行文不用标点符号，所提到的人名、单位名、节日名称都应用全称。中文请柬行文中不提被邀请人姓名（其姓名写在请柬信封上），主人姓名放在落款处。请柬格式与行文，中外文本差异较大，注意不能生硬照译。请柬可以印刷也可以手写，但手写字迹要美观、清晰。

请柬信封上被邀请人姓名、职务书写要准确。国际上习惯对夫妇两人发一张请柬，我国遇需凭请柬入场的场合每人一张。正式宴会，最好能在发请柬之前排好席次，并在信封下角注上席次号。请柬发出后，应及时落实出席情况，准确记载，以便安排并调整席位。即使是不安排席位的活动，也应对出席率有所估计。

（4）订菜。

宴请的酒菜根据活动形式和规格，在规定的预算标准以内安排。选菜不以主人的爱好为准，主要考虑主宾的喜好与禁忌，例如，伊斯兰教徒用清真席，不用酒，甚至不用任何带酒精的饮料；印度教徒不能用牛肉；佛教僧侣和一些教徒吃素；也有因身体原因不能吃某种食品的。如果宴会上有个别人有特殊需要，也可以单独为其上菜。大型宴请，则应照顾到各个方面。菜肴道数和分量都要适宜，不要简单地认为海味是名贵菜而泛用，其实不少外国人并不喜欢，特别是海参。在地方上，宜用有地方特色的食品招待，用本地产的名酒。无论哪一种宴请，事先均应开列菜单，并征求主管负责人的同意。获准后，如是宴会，即可印制菜单，菜单一桌两三份，至少一份，讲究的也可每人一份。

（5）席位安排。

正式宴会一般均排席位，也可只排部分客人的席位，其他人只排桌次或自由入座。无论采用哪种做法，都要在入席前通知到每一个出席者，使大家心中有数，现场还要有人引导。大型的宴会，最好是排席位，以免混乱。

国际上的习惯，桌次高低以离主桌位置远近而定，右高左低。桌数较多时，要摆桌次牌。同一桌上，席位高低以离主人的座位远近而定。外国习惯，男女掺插安排，以女主人为准，主宾在女主人右上方，主宾夫人在男主人右上方。我国习惯按各人本身职务排列以便于谈话，如夫人出席，通常把女方排在一起，即主宾坐男主人右上方，其夫人坐女主人右上方。两桌以上的宴会，其他各桌第一主人的位置可以与主桌主人位置同向，也可以以面对主桌的位置为主位。

礼宾次序是排席位的主要依据。在排席位之前，要把经落实出席的主、客双方出席名单分别按礼宾次序开列出来。除了礼宾顺序之外，在具体安排席位时，还需要考虑其他一些因素。多边的活动需要注意客人之间的政治关系，政见分歧大，两国关系紧张者，尽量避免排到一起。此外，适当照顾各种实际情况。例如，身份大体相同，使用同一语言者，或属同一专业者，可以排在一起。译员一般安排在主宾右侧。在以长桌作主宾席时，译员也可以考虑安排在对面，便于交谈。但一些国家忌讳以背向人，译员的座位则不能作此安排。在这些国家用长桌作主宾席时，主宾席背向群众的一边和下面第一排桌子背向主宾席的座位均不安排坐人。在许多国家，译员不上席，为便于交谈，译员坐在主人和主宾背后。

以上是国际上安排席位的一些常规。遇特殊情况，可灵活处理。如遇主宾身份高于主人，为表示对他的尊重，可以把主宾摆在主人的位置上，而主人则坐在主宾位置上，第二主人坐在主宾的左侧，但也可按常规安排。如果本国出席人员中有身份高于主人者，譬如部长请客，总理或副总理出席，可以由身份高者坐主位，主人坐身份高者左侧，但少数国家亦有将身份高者安排到其他席位上。主宾有夫人，而主人的夫人又不能出席，通常可以请其他身份相当的妇女作第二主人。如无适当身份的妇女出席，也可以把主宾夫妇安排在主人的左右两侧。

席位排妥后着手写座位卡。我方举行的宴会，中文写在上面，外文写在下面。卡片用钢笔或毛笔书写，字应尽量写得大些，以便于辨认。便宴、家宴可以不放座位卡，但主人对客人的座位也要有大致安排。

（6）现场布置。

宴会厅和休息厅的布置取决于活动的性质和形式。官方正式活动场所的布置应该严肃、庄重、大方。不要用红绿灯、霓虹灯装饰，可以少量点缀鲜花、刻花等。

宴会可以用圆桌也可以用长桌或方桌。一桌以上的宴会，桌子之间的距离要适当，各个座位之间也要距离相等。如安排有乐队演奏席间乐，不要离得太近，乐声宜轻。宴会休息厅通常放小茶几或小圆桌，与酒会布置类同，如人数少，也可按客厅布置。

冷餐会的菜台用长方桌，通常靠四周陈设，也可根据宴会厅情况，摆在中间。如坐下用餐，可摆四五人一桌的方桌或圆桌。座位要略多于全体宾客人数，以便客人自由就座。

酒会一般摆小圆桌或茶几，以便放花瓶、烟缸、干果、小吃等。也可在四周放些椅子，供妇女和年老体弱者就座。

（7）餐具的准备。

根据宴请人数和酒、菜的道数准备足够的餐具。餐桌上的一切用品都要十分清洁卫生。桌布、餐巾都应浆洗洁白、熨平。玻璃杯、酒杯、筷子、刀叉、碗碟，在宴会之前都应洗净擦亮。如果是宴会，应该准备每道菜撤换用的菜盘。

中餐用筷子、盘、碗、匙、小碟、酱油碟等。水杯放在菜盘上方，右上方放酒杯，酒杯数目和种类应与所上酒品种相同。餐巾叠成花插在水杯中，或平放在菜盘上。我国宴请外国宾客，除筷子外，还摆上刀叉。酱油、醋、辣油等佐料，通常一桌数份。公筷、公勺应备有筷、勺座。其中一套摆在主人面前。餐桌上应备有烟灰缸、牙签。

西餐具的摆设与中餐不同。西餐具有刀、叉、匙、盘、杯等。刀分食用刀、鱼刀、肉刀（刀口有锯齿，用以切牛排、猪排）、奶油刀、水果刀；叉分食用叉、鱼叉、龙虾叉；匙有汤匙、茶匙等；杯的种类更多，茶杯、咖啡杯均为瓷器，并配小碟，水杯、酒杯多为玻璃制品，不同的酒使用的酒杯规格亦不相同。宴会上几道酒，就配有几种酒杯。公用刀叉规格一般大于食用刀叉。西餐具的摆法是：正面放食盘（汤盘），左手放叉右手放刀。食盘上方放匙（汤匙及甜食匙），再上方放酒杯，右起烈酒杯或开胃酒杯、葡萄酒杯、香槟酒杯、啤酒杯（水杯）。餐巾插在水杯内或摆在食盘上。面包奶油盘在左上方。吃正餐，刀叉数目应与菜的道数相同，按上菜顺序由外至里排列，刀口向内。用餐时应按此顺序取用。撤盘时，一并撤去使用过的刀叉。

3. 宴请程序及现场工作

（1）主人一般在门口迎接客人。

官方活动，除男女主人外，还有少数其他主要官员陪同主人排列成行迎宾，通常称为迎宾线。其位置宜在客人进门存衣以后进入休息厅之前。客人握手后，由工作人员引进休息厅。如无休息厅则直接进入宴会厅，但不入座。

有些国家官方隆重场合，客人（包括本国客人）到达时，有专责人员唱名。

休息厅内有相应身份的人员照料客人。由招待员送饮料。

主宾到达后，由主人陪同进入休息厅与其他客人见面。如其他客人尚未到齐，由迎宾线上其他官员代表主人在门口迎接。

主人陪同主宾进入宴会厅，全体客人就座，宴会即开始。如休息厅较小，或宴会规模大，也可以请主桌以外的客人先入座，贵宾席最后入座。

如有正式讲话，各国安排讲话的时间不尽一致。一般正式宴会可在热菜之后甜食之前由主人讲话，接着由客人讲。也有一入席双方即讲话的。冷餐会和酒会讲话时间则更灵活。

吃完水果，主人与主宾起立，宴会即告结束。

外国人的日常宴请在女主人为第一主人时，往往以她的行动为准。入席时女主人先坐下，并由女主人招呼客人开始就餐。餐毕，女主人起立，邀请全体女宾与之共同退出宴会厅，然后男宾起立，尾随进入休息厅或留下抽烟（吃饭过程中一般是不能抽烟的）。男女宾客在休息厅会齐，即上茶（咖啡）。

主宾告辞，主人送至门口，主宾离去后，原迎宾人员按顺序排列，与其他客人握别。

家庭便宴则较随便，没有迎宾线。客人到达，主人主动趋前握手。如主人正与其他客人周旋，未发觉客人到来，则客人应前去握手问好。饭后如无余兴，即可陆续告辞。通常男宾先与男主人告别，女宾与女主人告别，然后交叉，再与家庭其他成员握别。

（2）工作人员应提前到现场检查准备工作。

如是宴会，事先将座位卡及菜单摆上。座位卡置于酒杯或平摆于餐具上方，勿置于餐盘内。菜单一般放在餐具右侧。

席位的通知，除请柬上注明外，现场还可：①在宴会厅前陈列宴会简图，图上注明每人的位置；②用卡片写上出席者姓名和席次，发给本人；③印出全场席位示意图，标出出席者姓名和席次，发予本人；④印出全场席位图，包括全体出席者位置，给每人发一张。这些做法各有特点，人多的宴会宜采用后者，便于通知。各种通知卡片，可利用客人在休息厅时分发。有的国家是在客人从衣帽间出来时，由服务员用托盘将其卡片递上。如果是口头通知，则由交际工作人员在休息厅通知每位客人。

如有讲话，要落实讲稿。通常双方事先交换讲话稿，举办宴会的一方先提供。代表团访问，欢迎宴会东道国先提供；答谢宴会则由代表团先提供。双方讲话由何人翻译，一般事先谈妥。

（3）服务员的工作。

服务员的工作直接关系到宴请活动的顺利进行。因此，国际上对服务人员的礼节、服务水平，乃至服饰要求都很高，隆重的官方活动，要求尤为严格。服务人员都受过正规训练。

宴请中，服务员的工作大体应注意以下几个方面：

服饰整洁、熨平，头发梳理平整、指甲修剪干净。

讲礼貌，待人和气谦逊，面带笑容。说话声音要轻，语言亲切，用词得当，多带“请”、“您”、“谢谢”、“对不起”、“请原谅”等用语。熟悉宴请礼节。客人入座，协助挪动椅子。熟悉菜单，掌握上菜速度。正餐上菜，先客人，后主人，先女宾，后男宾，先主要客人，后其他客人。如一人上菜，也可以从主人右侧的客人开始，按顺序上菜。隆重的宴会，也有要求严格按礼宾顺序上菜的。上菜时，左手托盘，右手夹菜，从客人左边上菜。倒酒水则应右手持瓶，从客人右侧倒。每道菜上完第一轮后，待一些客人吃完，再上第二轮，先问问客人：“是否给您添一点？”如客人拒绝则不要勉强。如不上第二轮，可将余下的菜稍作整理放置桌上，供客人自取，待上下道菜后再撤下。往桌中上菜与撤盘，宜选在两位主方陪客之间进行，并先打招呼，以免不慎碰洒菜汁。

客人吃完，应从右侧撤换餐具。但撤前一定要注意客人是否已吃完（西餐可看刀叉是否已合拢并列，如八字或交叉摆开，则表示尚未吃完，不能撤）。如无把握，可轻声询问。切忌客人正吃时撤换，这是很不礼貌的。撤换餐具，动作要轻，还需用的餐具如正好放在盘上，可轻轻拿开，再把盘子取走。

工作时不吃东西，不抽烟，不饮酒，工作前不吃葱、蒜。在一旁侍立时，姿势要端正，不要歪身倚在墙上或服务台上，更不要互相聊天、谈笑。多人侍立，应排列成行。正式宴请，主人或客人发表讲话，应立即肃静，停止上菜、斟酒，在附近备餐间亦应安静，不要发出声音。演奏国歌时要肃立，停止走动。

在宴会厅内走动，脚步要轻快，动作要敏捷，轻拿轻放。

遇招待人员或客人不慎打翻酒水，应马上处理，撤去杯子，用干净餐巾临时垫上。如溅在客人身上，要协助递送毛巾或餐巾，帮助擦干（如对方是妇女，男招待员不要动手帮助擦），表示歉意。

十六、外事拜访礼仪

在外事交际中，拜访外国人时，需要严格遵守的外国人的礼仪习惯，主要有以下六个方面：

（1）有约在先。拜访外国人时，切勿不邀而至。尽量避免前往其私人居所进行拜访。约定具体时间时通常应当避开节日、假日、用餐时间、过早或过晚的时间，以及其他一切对对方造成不便的时间。

（2）守时践约。这不只是为了讲究个人信用，提高办事效率，而且也是对交往对象尊重友好的表现。万一因故不能准时抵达，务必要及时通知对方，必要的话，还可将拜访另行改期。在这种情况下，一定要记住向对方郑重其事地道歉。

（3）进行通报。进行拜访时，倘若抵达约定的地点之后，未与拜访对象直接见面，或是对方没有派员在此迎候，则有必要在进入对方的办公室或私人居所的正门之前，先向对方通报一下。

（4）登门有礼。切忌不拘小节，失礼失仪。当主人开门迎客时，务必主动向对方问好，互行见面礼节。倘若主人一方不止一人之时，则对对方的问候与行礼在先后顺序上应合乎礼仪惯例。标准的做法有二：其一，是先尊后卑。其二，是由近而远。在此之后，在主人的引导下，进入指定的房间，切勿擅自闯入，在就座之时，要与主人同时入座。倘若自己到达后，主人这处尚有其他客人在座，应当先问一下主人，自己的到来会不会影响对方。为了不失礼仪，在拜访外国友人之前，应随身携带一些备用的物品，主要是纸巾、擦鞋器、袜子与爽口液等，简称为“涉外拜访四必备”。“入室后的四除去”是指帽子、墨镜、手套和外套。

（5）适可而止。在拜访他人时，一定要注意在对方的办公室或私人居所里停留的时间长度。从总体上讲，应当具有良好的时间观念。不要因为自己停留的时间过长，从而打乱对方既定的其他日程。在一般情况下，礼节性的拜访，尤其是初次登门拜访，应控制在一刻钟至半小时之内。最长的拜访，通常也不宜超过两个小时。有些重要的拜访，往往需由宾主双方提前议定拜访的时间和长度。在这种情况下，务必严守约定，绝不单方面延长拜访时间。自己提出告辞时，虽主人表示挽留，仍须执意离去，但要向对方道谢，并请主人留步，不必远送。在拜访期间，若遇到其他重要的客人来访，或主人一方表现出厌客之意，应当机立断，知趣地告退。

（6）举止有方。在拜访外国友人时要注意自尊自爱，并且时刻以礼待人。与主人或其家人进行交谈时，要慎择话题。切勿信口开河，出言无忌。与异性交谈时，要讲究分寸。对于在主人家里遇到的其他客人要表示尊重，友好相待。不要无意间冷落对方，置之不理。若遇到其他客人较多的情况，既要以礼相待，也要一视同仁。切勿明显地表现出厚此薄彼，而本末倒置地将主人抛在一旁。在主人家里，不要随意脱衣、脱鞋、脱袜，也不要大手大脚，动作嚣张放肆。未经主人允许，不要在主人家中四处乱闯，随意乱翻、乱动、乱拿主人家中的物品。

十七、外事社交中的一些禁忌

在外事社交场合，有许多礼仪、礼节、习俗是需要我们特别注意的，其中的一些事项甚至是禁忌，最好不要触犯，否则会被认为不懂礼貌，有时甚至会导致辛苦建立的关系的破裂。所以我们在外事交际及国际商业交往中，需特别注意以下这些禁忌：

（1）交往的忌讳。在一些场合，衣着要合适。与欧美人打交道时，应少涉及私人性质的问题。交往中的举止要得体，与人交谈时不要跷“二郎腿”。在一些国家，不要摸小孩头顶。在印度、印度尼西亚、阿拉伯国家，用左手与人接触或传送东西是不合适的。此外，在一些地方，笑有不同的含义，如在沙特阿拉伯一个地区，笑被看作是不友好的象征。

（2）颜色的忌讳。在欧美国家，尽量少用黑色，比利时人忌讳蓝色，而巴西人则忌讳棕黄色。

（3）数字的忌讳。西方人把“十三”视为不吉利的数字，在许多场合尽量避免使用这个数字。我国南方许多生意人非常喜欢选用“八”这个数字，而忌讳用“四”这个数字。此外，“星期五”这一天也被一些基督徒视为凶日。

（4）选用选送某种物品、图案的禁忌。例如，法国人视核桃花为不祥之物，伊斯兰教民忌讳用猪作为某种图案，瑞士人视猫头鹰为死人的象征。

除以上四项外还需注意其他方面的一些社交禁忌，如男女之间交往，避免谈论女人的年龄；与阿拉伯人交往，须尊重他们的习俗等等。

十八、美国接待外国元首的外事礼仪

在人们的普遍印象中，似乎所有外国首脑访问美国，美国都以“国事访问”（State Visit）规格接待。但是，其实美国对外国领导人来访的接待规格并非固定不变，也不是把所有元首来访都称为“国事访问”。真正被美国冠以“国事访问”名义的外国来访很少。

有时政府首脑所受到的待遇甚至高于元首。元首来访也不一定都享受“国宴”招待。

美国对外国元首的所谓“国事访问”或“正式访问”的接待规格，通常由四个重要部分组成：第一，白宫南草坪的迎宾仪式，包括宾主双方及其随行人员互相见面结识，检阅仪仗队和鸣礼炮21响；第二，两国元首会谈；第三，举行联合记者招待会或发表联合声明，是否如此要依据来访国家和相互需要而定；第四，白宫国宴。

从外事礼仪规格来看，第一与第四项最为壮观。

而从实质意义上看，则是第二与第三项最重要。

美国总统并非每次都为来访外国元首举行国宴。国宴主要是排场大，实际只有四道菜。

2001年俄国总统普京访美与布什会谈，只有午宴没有国宴。参加午宴的主方除了布什夫妇、白宫与内阁高级官员之外，还有总统特意从德州请来的9名至交。俄方除普京夫妇之外，还有他的随行官员与俄国驻美大使9人，只摆了三四桌，离国宴的规格差得很远。

十九、照会（Diplomatic Note）

照会是国际交往的书信形式，是对外交涉和礼仪往来的一种重要手段。照会的使用及其内容体现国家的立场，涉及国家关系，必须慎重对待。即使是一件纯属事务性的照会，如果格式、行文不符合常规，也可能会引起收件人误解，产生不良后果。此外，照会处理要及时，签收或拒收、答复或不予置理、及时办理或拖延，都能体现一种政治态度。一般情况下，除了某些纯属周知性的照会，均应以相应的方式答复、答谢对方。

1. 照会的种类

照会分为正式照会和普通照会两种。正式照会是由国家元首、政府首脑、外交部部长、大使代办签发，行文用第一人称，一般不加盖机关印章，应用于国家间重要通知、交涉。如国家元首任命大使，外长写给外长的代办介绍信，大使写给大使的信件等。普通照会是由外交部及外交代表机关发出，行文用第三人称，加盖机关印章，一般不需签名，应用于外交代表机关之间的行政性、事务性通知，交际往来等，例如通知大使、外交官到任或离任，节日期间使馆放假等。

需要说明的是，上述两种照会都是外交机关使用的，其他单位或个人不得使用。

2. 照会的人称

正式照会的发文及受文者是人对人，发文者应以单数第一人称，即“我”称呼自己，一般不用复数第一人称“我们”；受文者应为“你或您”，尊称为“阁下”、“陛下”或“先生”。正式照会讲究身份对等，如元首对元首、总理对总理、外长对外长。不过，大使作为国家的全权代表，可以向外长、总理甚至元首发照会，代办发文对象最高至外长。

普通照会的发文者及受文者均是机关，称呼自己和受文者均用第三人称，即××机关对××机关。不可在行文中出现“我们”、“你们”、“贵方”、“贵馆”等词汇。另外在行文中第一次出现己方、对方称呼以及行文中所涉及的机关、人物等，均应使用全称，如中华人民共和国外交部、美利坚合众国驻中华人民共和国大使馆等，第二次及以后再出现时可简化为“外交部”、“大使馆”等。

3. 照会的套语

照会有一套固定的敬语和客套用语，这在其他文书中是见不到的。如普通照会开头必须为“×××（机关）向×××（机关）致意”，这项敬语不能用在非外交机关及个人函件中。照会结尾使用的致敬语要与双方地位、关系和场合适应，如大使馆致代办处的照会，一般用“顺致敬意”或“顺致崇高敬意”；而大使馆给外交部的照会，则常用“顺致最崇高敬意”。另外，即使照会内容是向对方表示不满或抗议，“致意”、“敬意”这套敬语也是不可缺少的。

正式照会开头不必写“致意”，但结尾的“顺致最崇高敬意”不可或缺。另外落款要亲自签名，还要印上自己的职务全称。英国等西方国家，常常在签名前加上“您忠诚的”或“您忠诚的仆人”等。结尾的敬语要另起一行，独立成段，作为结束语，但不能自成一页。

4. 照会的译文

照会一般以本国文字为正本，但是为了使受照人能够及时了解文件的内容，常常需要附上受照国文字或国际通用文字的译文。这种译文有时会注明“非正式译文”字样，意思是说应以照会正本为准，翻译可能不够准确，仅供参考。

5. 其他

对外函件是一种应用范围更为广泛的对外文书，国家领导人、外交人员以及政府各部门、社会各机构写给外国相应人员、机构的书信，均可采用这种形式。视内容重要程度，分为正式函件和便函。国家领导人、外交代表之间的函件，又称外交函件。

备忘录是一种非正式的外交文书，用于说明事实、立场、法律细节，或重申谈话内容。无客套话和致敬语，只叙述事实或陈述、驳复对方观点，可预先写好，或在谈话后将其要点用备忘录形式送交对方，也可作为照会的附件。

电报多用于祝贺、吊唁、慰问及其他事务性联系。抬头应写明受电人国名、地名、职衔、姓名并冠以尊称以及发电人的职衔、姓名或机构，这些均要使用全称。

思考与练习

1. 在对外交往活动中，应注意哪些日常生活礼仪？
2. 简述礼宾的次序。
3. 外事迎送的基本礼仪有哪些？
4. 外事社交中有哪些禁忌？
5. 试述宴请的礼仪内容。
6. 拜访礼仪有哪些？

第四章

外事纪律与保密工作

【学习重点】

- 外事纪律的含义
- 外事纪律和保密工作的关系

第一节 外事纪律

纪律是做好各项工作的保障，严肃外事纪律对加强和改进外事工作将起到重要的保障作用。外事纪律涉及方方面面，凡是参与涉外活动的各级领导干部和从事外事工作的人员，都应注意遵守外事纪律。但什么是外事纪律？外事纪律的内容和要求是什么？怎样遵守外事纪律？这是所有从事外事工作的人员有必要了解和掌握的。

一、外事纪律的概念

纪律是基本准则，是对所作所为的基本规定和基本要求。凡是参与涉外活动的各级领导干部和从事外事工作的人员，都应注意遵守外事纪律。周恩来总理早在 20 世纪 50 年代初就一再强调，外事工作者必须“严守纪律”。1987 年根据新的形势，邓小平也指出：“看来重申外事纪律，又是时候了。”事实证明，纪律是做好工作的保证。外事工作更是这样，只有严守纪律，才能保证外事工作更好地为对外开放政策服务，为贯彻我国外交路线和促进世界和平服务。

（一）什么是外事纪律

外事纪律就是涉外人员在国际交往中要遵守的基本准则、基本要求，是对我们参与国际交往有所为、有所不为的明确的界定和限制。外事纪律是指党和国家为正确处理与其他政党、国家、地区的关系，保障对外政策的实施和涉外活动的顺利进行而制定的纪律规范，是外事工作者在对外交往中应该遵守的基本须知和行为规范。

外事纪律调整的是涉外活动者与党和国家及所牵涉国家的利益关系，它要求涉外人员必须维护党和国家的根本利益。同时，也要求尊重被涉及国家和政党的利益。遵守外事纪律，能更好地维护国家利益和民族利益，能更加有效地履行职责、开展工作。外事纪律涉及国家、部门和个人三者之间的利益关系，必须是个人利益服从国家利益。

（二）外事纪律的内容和要求

1. 政治立场坚定，维护国家主权

在任何情况下，忠于党、忠于祖国、忠于人民。坚决维护国家主权和民族尊严，不做不利于祖国的事，不说不利于祖国的话。

2. 国家利益至上，严守国家机密，执行党和国家的方针政策，自觉遵纪守法

在对外宣传和对外交往中严格按照中央和省委、省政府的统一口径表态，站稳立场，坚持原则，提高警惕，自觉抵制敌对势力的渗透策变。

保守国家秘密，严格执行保密法规，不得泄露党和国家政治、经济、军事、科技机密以及本省、本单位内部的涉密事项。坚持内外有别，内部文件、规定和要求以及敏感信息，应按规定严格限制接触范围。进一步规范重要涉密人员的对外交流活动。出国（境）人员不得携带秘级文件出访，不得携带涉密资料、重大涉密项目情况和记录有涉密内容的便携式电脑或移动存储介质出国（境）。如确因工作需要必须携带，须按规定报批，并做好相关保密工作。出国（境）人员要注意通讯保密，防止失密或泄密。

3. 严格履行审核审批职责，落实出国（境）计划报批制度

在出国任务申报审批中，坚持原则，严格把关，按照中央和省有关规定和要求，建立因公出国（境）计划量化管理机制，严格审查出访事由、出访人资格和外方邀请函，严格控制参团人数、收费标准、出访时间和路线，严禁以不正当方式谋求本人或者其他人出国（境）批件。

4. 加强组织观念，遵守出访纪律

严格遵守因公出国（境）管理规定，自觉遵守各项制度和纪律。在国外服从我驻外使领馆的领导，遵守驻在国的法律，尊重驻在国的风俗习惯，不得擅自延长在外期限、变更路线和行程，不得擅自离开驻地，一般情况下不得单独行动，注意防范反华敌对势力的破坏和干扰，避免与可疑人员接触。遇有突发事件，行程、时间等发生改变的，要如实反映情况，严格执行请示报告制度。严禁公款旅游，严禁参与赌博、色情活动，增强应急应变意识。在对外交往中，由于经办人计划不周，组织不严密，责任心不强造成不良后果及经济损失的，要追究经办人的责任。任何人不得利用职权和工作关系营私牟利或从事与谋取个人名利有关的活动，严禁索贿受贿，不得违反国家规定收受各种名义的回扣归个人所有，严格执行授受礼品的规定。

因公出国（境）组团，不得安排亲属子女搭车出访；接待外宾时，不得安排与代表团无关的人员随团活动、赴宴、用餐、住宾馆等。不得在国（境）外友人、团体、组织资助建立的希望小学或扶贫地区纪念物上署个人姓名，如确有必要，须按规定报批。

5. 发扬艰苦奋斗和勤俭节约的优良传统

廉洁奉公，严格遵守财务制度，严格经费预算、核销、使用、管理、监督和检查；在对外交往、办理出国手续、选考驻外使领馆干部和工勤人员、选派出国留学生工作中，不得收受礼金、礼品或有价证券。

6. 注意自身形象，遵守外事礼仪

谦虚谨慎，不卑不亢，严于律己，宽以待人；严格遵守外事礼仪、个人仪表仪容和外事着装的有关规定，讲文明、讲礼貌，尊重对方，不得损害我国外事人员的形象；严格执

行“四菜（含冷盘）一汤”宴请标准，严禁劝酒、酗酒，在外事活动中饮酒不得超过本人酒量的三分之一；顾全大局，发扬风格，协调配合，协同对外。

外事工作是党和政府的一项重要工作，对违反外事纪律者，按照有关规定给予党纪政纪处分，同时，视情节轻重，按照党风廉政建设责任制的规定，追究单位领导的责任。

二、怎样遵守外事纪律

遵守外事纪律，是对每位参与涉外活动的领导干部、工作人员的职责要求。遵守好外事纪律，关键要解决好以下三个问题：一是要树立一个观念——外事无小事的观念。外事都涉及国与国之间的安全、利益、双边关系等重大方面，处理不好就会引起涉外纠纷。所以，外事工作必须严格遵守外事纪律，遇事要请示报告。外交大权在中央，地方授权有限。因此，凡属涉外的事项，都不能自作主张，要按归口管理的原则办理。二是克服一种心态——侥幸、铤而走险的心态。凡是发生违反外事纪律的案件，当事人大都存在侥幸心理。如在审批签证工作中，由于个别人员抱着“天知、地知、你知、我知”的心态，采取伪造、涂改、复制等手段，为不符合条件的申办对象办理出国、出境证照，并从中牟利，最后将自己送进监狱。又如在出访过程中，有的人员及团组成员抱着“心照不宣，守口如瓶”的心态，擅改出访路线、增加出访国，延长在境外的期限，最后受到处理和通报。再如在外事活动中，有的人员认为违反外事纪律是小事一桩，大不了写个检查完事，抱着“无所谓”的心态，最后丢掉党籍。上述三种表现，是遵守外事纪律的大忌，千万不要犯。三是牢记一个标准——廉洁自律，干净干外事的标准。遵守外事纪律，要有组织的监督，更重要的是靠个人自律。在外事工作中，涉外工作者接触的人多面广，情况复杂，稍有不慎，就会步入陷阱。因此，要时刻保持高度警惕。第一是要警惕国外间谍机构用金钱美色所实施的种种诱惑；第二是要警惕资产阶级腐朽思想和生活方式的侵蚀和腐蚀；第三是要警惕敌对势力的“西化、分化”图谋。做到不说不利于祖国的话，不做有损国格、人格的事。树立起富贵不能淫、贫贱不能移、威武不能屈的中国人形象。

外事纪律的核心是最大限度地维护国家利益；不泄密；不受贿。记住这 3 句，外事无大错。

三、外事纪律的相关规定

为了做好外事工作，党和政府制定了一系列外事纪律，主要有：

（一）《关于在对外活动中不赠礼、不受礼的决定》

1980 年 11 月 7 日，国务院常务会议讨论通过了《关于在对外活动中不赠礼、不受礼的决定》。该决定的主要内容有：

（1）我国各级政府、军事机关、人民团体、企业事业单位及其成员，在国外单位和个人的交往中，除确有必要，并经授权机关批准外，一律不向对方赠送礼品，也不接受对方的礼品。

（2）在对外交往中，严禁公开示意或暗示对方赠予礼品，或以托对方代购物品为名变相敲诈勒索，违者从严处分。

（3）在对外交往中，由于难于谢绝而接受的礼品，一律交公，不得自行处理。

（4）国际上交换科研资料、技术资料、图书期刊，相互提供贸易样品，在特定的国际友好活动（体育比赛、艺术演出、经济文化展览、人民团体友好往来、友好城市交往等）中交换非消费品性质的纪念品，有关国家赠予我援外人员和劳务人员的奖品，个人亲友之间的馈赠，不属于本决定范围。

(二)《涉外人员守则》

1992 年外交部对《涉外人员守则》作了修改，全文如下：

一、忠于祖国，忠于人民。坚决维护国家主权和民族尊严，不说不利于祖国的话，不做有损国格、人格的事。

二、站稳立场，坚持原则，警惕和抵制敌对势力推行和平演变的图谋，自觉抵制资产阶级腐朽思想和生活方式的侵蚀，做到“富贵不能淫，贫贱不能移，威武不能屈”。

三、坚决执行党和国家的方针政策，自觉遵守法律法规。如实反映情况，严格执行请示、报告制度。

四、保守国家秘密，严格执行保密法规。坚持内外有别，不泄露内部情况。

五、忠于职守，尽职尽责。提高警惕，防奸、反谍、反策反。

六、加强组织观念，自觉遵守纪律。在国外服从驻外使领馆领导，遵守驻在国的法律，尊重驻在国的风俗习惯，不搞大国沙文主义，不搞种族歧视。

七、不同外国机构和外国人私自交往，不利用职权和工作关系营私牟利。严禁索贿行贿，严禁违反国家规定收受各种名义的回扣归个人所有，严格执行授受礼品的规定。

八、勤俭节约，廉洁奉公，分清公私界限，严格遵守财务制度。

九、谦虚谨慎，不卑不亢。讲究文明、礼貌，注意服饰、仪容。严禁酗酒。

十、顾全大局，发扬风格，协调配合，协同对外。

(三)《共产党员在涉外活动中违犯纪律党纪处分的暂行规定》

为了同涉外活动中一切违犯纪律的行为和腐败现象作斗争，维护党和国家的利益，1988 年，中共中央纪律检查委员会根据党章和国家的有关法律法规，制定并颁布了《共产党员在涉外活动中违犯纪律党纪处分的暂行规定》（以下简称《暂行规定》）。《暂行规定》要求共产党员在外事工作中应自觉遵守外事组织纪律，起模范带头作用。它指出：“在涉外活动中，共产党员必须模范地遵守纪律。一切严重违反纪律的行为，必须受到党的纪律处分。”其主要内容有：

（1）为外国情报机关或敌特机关服务的；出卖党和国家秘密的；叛逃的；参加敌视我国的反动组织的；对外发表反对四项基本原则言论的，给予开除党籍处分。

（2）在涉外活动中，其行为在政治上造成恶劣影响，损害党和国家尊严和利益的，给予撤销党内职务或留党察看处分。情节严重的，给予开除党籍处分。

（3）在国外、境外期间，触犯驻在国家、地区法律、法令，或不尊重驻在国家、地区宗教习俗，造成不良影响，损害我国利益的，给予党内警告或严重警告处分。情节严重的，给予撤销党内职务处分。

（4）在涉外活动或国际通讯中，泄露党和国家秘密的；丢失秘密、机密级文件，造成或可能造成严重后果的，给予党内警告、严重警告或撤销党内职务处分；泄露绝密级党和国家秘密的，丢失绝密级文件，造成或可能造成特别严重后果的，给予撤销党内职务直至开除党籍处分。

（5）以不正当的方式和手段，谋求个人或亲友出国、出境的，给予党内警告或严重警告处分。为谋求个人或亲友出国、出境，弄虚作假，伪造证件，或利用工作、职务之便，在经济或其他方面损害国家利益的，给予留党察看或开除党籍处分。拒不服从组织决定，擅自临时或短期出国、出境的，给予党内严重警告或撤销党内职务处分。

（6）在出国、出境审批工作中，由于失职造成严重后果的，对主要责任者，给予党内警告或严重警告处分。情节严重的，给予撤销党内职务处分。

（7）临时出国、出境团（组）或人员擅自提前出国、出境，延长在国外、境外期限或变更路线，造成不良影响或经济损失的，给予主要责任者党内警告或严重警告处分。情节严重的，给予撤销党内职务处分。

（8）驻外机构或临时出国、出境团（组）中的共产党员，擅自脱离组织、行动失控的；从事外事、机要军事等工作的党员，违犯规定，擅自同外国机构、外国人联系和交往的，给予党内警告或严重警告处分。在国外、境外失控期间以及在国内与外国人、外国机构交往中，犯有其他错误的，按照有关条款，给予党纪处分。

（9）在涉外活动中，参与嫖娼卖淫、吸毒贩毒的，给予开除党籍处分。在国外、境外淫秽下流场所寻欢作乐的；与外国人搞不正当两性关系的，给予撤销党内职务或留党察看处分。情节严重的，给予开除党籍处分。

（10）在国外、境外期间，多次观看淫秽影视书画的，给予党内警告或严重警告处分。对批准或组织观看者，从重处理。携带（包括托他人携带）淫秽影视书画及其他淫秽物品入境，以及进行复制、传播的，给予撤销党内职务以上的处分。

（11）在涉外活动中，有索贿受贿、贪污、盗窃、投机倒把、走私贩私、逃汇套汇、挪用外汇等行为的；为了谋取个人私利行贿的；在对外经济活动中，损害国家利益的，按《关于共产党员在经济领域中违法犯罪的党纪处理暂行办法》的有关条款从重处理。

依照国家规定应交公的礼品不交公的，以贪污论处。

（四）《中共中央关于同外宾接触中要维护国家荣誉和民族尊严的通知》

1981 年，针对一些地方一些人中出现的卑躬屈节、违法乱纪、有损国格人格的行为，中央发出了《中共中央关于同外宾接触中要维护国家荣誉和民族尊严的通知》，特别强调：

> 一、要在国家工作人员、共产党员、共青团员和人民群众中进行深入的爱国主义和国际主义教育，提高民族自尊心和自信心。既要反对闭关自守、盲目排外，又要反对奴颜婢膝、卑躬屈节。在同外宾接触中，不要冷淡回避，也不要围观尾随，应自觉做到：热情友好，平等相待，文明礼貌，不卑不亢。
>
> 二、要加强对外开放场所的治安管理，整顿好社会秩序。对小商小贩要指定经营地点，不准随地摆摊、到处叫卖。严禁向外宾强行兜售商品或私自向外宾出售文物。不准向外宾乞讨钱物、索取礼品、强求照相、兑换外币外汇券。对起哄闹事，盗窃外宾财物，以

及向外国人投递非法报刊、反动信件文稿和出卖国家机密的人，必须依法制裁，对那些和外国人鬼混伤风败俗、腐朽堕落的，应依法严肃处理。

三、对侮辱外宾和寻衅闹事的，任何人都有权制止，不听劝阻的，治安部门要严加处置。对外国人蓄意侮辱中国人的，陪同人员和人民群众据理批评，触犯我国法律的，应交政府部门处理。

四、任何个人、社队、机关、团体和企事业单位，不准巧立名目，向外籍华人和爱国华侨、港澳台湾同胞募捐。对确属出于爱国热情，主动向国家和地方捐赠者，要尊重捐赠人的意愿，保证他们捐赠的财物使用得当。

五、有关部门为外宾组织文化娱乐活动，内容要健康，同时，要注意安排一些富有我国民族特点、体现社会主义精神文明的节目。

六、要教育接待外宾的工作人员严格遵守外事纪律，严守国家机密，不许利用工作之便营私牟利、索礼受贿、套取外汇、走私逃税和做有损国格人格的事。对思想作风不好，不适宜做接待外宾工作的，应立即调离。对违法乱纪的，要绳之以党纪国法。

七、各级党、政领导部门都要重视和加强对涉外工作的领导，改变一些地区和单位领导软弱无力的状态。在党委统一领导下，外事、旅游、公安、工商行政等部门，都要建立健全有关制度，做好本职工作。各部门要协调工作，主动配合。工、青、妇等人民团体要对自己联系的群众加强教育。大中小学都要把爱国主义和国际主义的教育列为政治课教学内容。

（五）中央对党员干部违反外事纪律的处分作出明确规定

中共中央颁布了《中国共产党纪律处分条例》（2004 年），其中涉及党员干部违反外事纪律的处分规定有九条：

第四十七条　从国（境）外携带反动书刊、音像制品、电子读物等入境的，给予批评教育；情节较重的，给予警告或者严重警告处分；情节严重的，给予撤销党内职务、留党察看或者开除党籍处分。

第五十四条　在国（境）外、外国驻华使（领）馆申请政治避难，或者违纪违法后逃往国（境）外、外国驻华使（领）馆的，给予开除党籍处分。

在国（境）外公开发表反对党和政府的言论的，依照前款规定处理。

故意为上述行为提供方便条件的，给予留党察看或者开除党籍处分。

第六十八条　以不正当方式谋求本人或者其他人用公款出国（境），情节较轻的，给予警告处分；情节较重的，给予严重警告处分；情节严重的，给予撤销党内职务处分。

第六十九条　临时出国（境）团（组）或者人员中的党员，擅自延长在国（境）外期限，或者擅自变更路线，造成不良影响或者经济损失的，对主要责任者，给予警告或者严重警告处分；情节严重的，给予撤销党内职务处分。

第七十条　驻外机构或者临时出国（境）团（组）中的党员擅自脱离组织，或者从事外事、机要、军事等工作的党员违反有关规定同国（境）外机构、人员联系和交往的，给予警告、严重警告或者撤销党内职务处分。

第七十一条　驻外机构或者临时出国（境）团（组）中的党员，脱离组织出走时间不满六个月又自动回归的，给予严重警告、撤销党内职务或者留党察看处分；脱离组织出走时间超过六个月的，按照自行脱党处理，党内予以除名。

故意为他人脱离组织出走提供方便条件的，给予警告、严重警告或者撤销党内职务处分；情节较轻并认真检讨的，可以免予处分。

第七十四条　党和国家工作人员或者其他从事公务的人员，接受可能影响公正执行公务的礼品馈赠，不登记交公，情节较轻的，给予警告或者严重警告处分；情节较重的，给予撤销党内职务或者留党察看处分；情节严重的，给予开除党籍处分。

前款所列人员接受其他礼品，按照规定应当登记交公而不登记交公，情节较轻的，给予警告或者严重警告处分；情节较重的，给予撤销党内职务或者留党察看处分；情节严重的，给予开除党籍处分。

在国内公务活动或者对外交往中接受礼品，按照规定应当交公而不交公的，依照本条例第八十三条规定处理。

第七十八条　挥霍浪费公共财产，有下列行为之一，情节较轻的，给予警告或者严重警告处分；情节较重的，给予撤销党内职务或者留党察看处分；情节严重的，给予开除党籍处分。

（一）用公款旅游或者以考察、学习、培训、研讨、招商、参展等名义用公款出国（境）旅游的。

（二）违反规定参与用公款支付的高消费娱乐、健身活动的；

（三）购买、更换超过规定标准的小轿车或者对所乘坐的小轿车进行豪华装修的；

（四）有其他挥霍浪费公共财产行为的。

第八十三条　党和国家工作人员或者受委托管理、经营国有财产的人员，利用职务上的便利，侵吞、窃取、骗取或者以其他手段非法占有公共财物，情节较轻的，给予警告或者严重警告处分；情节较重的，给予撤销党内职务或者留党察看处分；情节严重的，给予开除党籍处分。

贪污党费、社保基金和救灾、抢险、防汛、优抚、扶贫、移民、救济、防疫款物的，依照前款规定从重或者加重处分，直至开除党籍。

（六）涉外人员的十三个提防

（1）携带秘密文件、内部资料、贵重物品和外币要提防被抢被偷。

（2）经办或携带秘级文件资料、贵重物品要提防遗忘丢失或送错。

（3）注意提防外国情报机关对我搞窃听、窃照。

（4）要提防外国雇员刺探或偷窃我内部秘密。

（5）提防敌特工人员腐蚀策反。

（6）提防密码通讯泄密，严格遵守密码密电保密规定。

（7）提防在对外交往中上当受骗。

（8）要有应变准备，随时提防被突然袭击和搜查。

（9）在外活动要提防被跟踪、监视，让人抓把柄。

（10）提防口头、电话和写信泄密，切勿随意对外表态，抢发重要外事新闻。

（11）提防有人专门偷窃文件、电报及内部文件。

（12）提防各种在华常驻机构，特别是新闻记者收集和窃取我国机密。

（13）加强现代化保密技术的学习，提防计算机办公自动化设备电磁辐射和联网泄密。

（七）《关于进一步加强因公出国（境）管理的若干规定》

中共中央办公厅、国务院办公厅《关于进一步加强因公出国（境）管理的若干规定》（中办发〔008〕9号）是对出国管理工作的具体工作要求，是进一步加强因公出国（境）管理工作的实施意见和细则。

总之，“外事无小事”。中央历来就强调，外交大权在中央，外事工作授权有限，因此，涉外人员在外事工作中必须要有高度的组织纪律性，高度集中执行中央政策，严格按照国家的方针办事，绝不允许擅自违反政策，滥用职权，背离原则。

第二节　保密工作

保守秘密是外事纪律中的一个重要组成部分，而保密工作又是关系到党和国家的安全和利益，关系到有中国特色的社会主义建设的一件大事。我们党和政府历来都十分重视。《中国共产党章程》就明确规定，“严格保守党和国家的秘密”是共产党员必须履行的义务。《中华人民共和国宪法》也规定，每个公民都必须保守国家的秘密。在对外交往中，外事工作者更应该克服“无密可保”、“有密难保”等错误思想，根据外事保密工作更加复杂、更加容易泄密的特点，坚持“内外有别”的基本原则，以维护国家的安全和利益为己任，增强保密观念，自觉地做好涉外保密工作。随着《中华人民共和国保守国家秘密法》（简称《保密法》）的贯彻实施，国家已经基本形成了完善的保密法规体系。

一、保密范围

保密工作有广义、狭义之分。广义的保密工作是指一切组织和个人为保守秘密所开展的一切活动，包括国家秘密、工作秘密或商业秘密。狭义的保密工作仅指以保守国家秘密为目的，由一定的组织机构和人员遵循一定的行为规则，凭借一定的手段，所开展的有组织有计划的活动。保密工作作为进行政治斗争、军事较量、科技竞争，维护国家安全和利益的重要手段，对于巩固国家政权、保持社会稳定和发展经济具有重要作用。

1. 什么是秘密

秘密指关系国家的安全和利益，并且规定在一定时期内只限于一定范围的人员才能知道的事项。《中华人民共和国保守国家秘密法》是我国的保密大法。它对保密工作的宗旨、方针、管理体制、国家机密的含义和范围、密级和保密期限、国家机密的产生、变更和解密的法定程序，以及保密制度和法律责任等，都作了明确规定。

保密工作就是指从维护国家的安全和利益出发，在一定时间内将国家秘密控制在一定的范围，防止其被非法泄露和利用，并且使其自身价值得到充分有效的实现所采取的一系列手段、措施和行为。至于国家机密的具体范围，则由国家有关主管部门另作规定。

2. 国家秘密的概念

国家秘密涉及国家安全和利益事项，泄露后可能损害国家在政治、经济、国防、外交等领域的安全和利益。根据《保密法》第九条，我国的国家秘密基本范围包括以下七个方面：

（1）国家事务重大决策中的秘密事项；

（2）国防建设和武装力量活动中的秘密事项；

（3）外交和外事活动中的秘密事项以及对外承担保密义务的秘密事项；

（4）国民经济和社会发展中的秘密事项；

（5）科学技术中的秘密事项；

（6）维护国家安全活动和追查刑事犯罪中的秘密事项；

（7）经国家保密行政管理部门确定的其他秘密事项。

3. 国家秘密的密级和期限

国家秘密分为绝密、机密、秘密三级。绝密——最重要的国家秘密，一旦泄露，将使国家的安全和利益遭受到特别严重的损失。机密级国家秘密是重要的国家秘密，泄露会使国家安全和利益遭受严重的损害。秘密级国家秘密是一般的国家秘密，泄露会使国家安全和利益遭受损害。国家秘密的保密期限，除另有规定外，绝密级不超过三十年，机密级不超过二十年，秘密级不超过十年。

国家秘密及其密级的具体范围，由国家保密行政管理部门分别会同外交、公安、国家安全和其他中央有关机关规定。军事方面的国家秘密及其密级的具体范围，由中央军事委员会规定。

确定国家秘密的密级，应当遵守定密权限。根据规定，县级机关、单位不再拥有定密权，必须通过上级授权才拥有定密权。保密期限已满的国家秘密事项，自行解密；在保密期限内保密事项范围调整不再作为国家秘密事项，或者公开后不会损害国家安全和利益，不需要继续保密的，应当及时解密。

为适应透明度原则，《中华人民共和国政府信息公开条例》于2008年实施，规范各级国家机关政务信息公开的主体、原则、范围、例外、形式、争议解决办法、法律责任等内容，使信息公开有法可依。这既可纠正保密过度的弊端，又从另一角度为保守国家秘密增加了一道有效的屏障。保守国家秘密需要将知悉秘密信息的人员控制在最小范围，而政府信息公开则要最大限度地保障公民知情权。二者看似矛盾，实则辩证统一，犹如一个硬币的两面。公开是一般原则，保密是例外。

二、保密守则和涉外保密的规定

为了更进一步做好涉外活动中的保密工作，1979 年 8 月，中共中央、国务院在批转中央保密办公室、外交部、公安部《关于对外活动中加强保密工作的请示报告》的通知中，对国家工作人员规定了 10 条保密守则：

（1）不该说的话，绝对不说；

（2）不该问的机密，绝对不问；

（3）不该看的机密，绝对不看；

（4）不该记录的机密，绝对不记录；

（5）不在非保密本上记录机密；

（6）不在私人通信中涉及机密；

（7）不在公共场所和家属、子女、亲友面前谈论秘密；

（8）不在不利于保密的地方存放机密文件、资料；

（9）不在普通电话、明码电报、普通邮局传达机密事项；

（10）不携带机密材料游览、参观、探亲访友和出入公共场所。

1988 年 9 月 5 日第七届全国人民代表大会常务委员会第三次会议通过《中华人民共和国保守国家秘密法》，2010 年 4 月 29 日第十一届全国人民代表大会常务委员会第十四次会议修订。《中华人民共和国保守国家秘密法实施条例》自 2014 年 3 月 1 日起施行。

《保密法》对国家工作人员和公民的保密规定，也是外事工作者必须遵守的：

（1）不得非法获取、持有国家秘密载体；

（2）不得买卖、转送或者私自销毁国家秘密载体；

（3）不得通过普通邮政、快递等无保密措施的渠道传递国家秘密载体；

（4）不得邮寄、托运国家秘密载体出境，或者未经有关主管部门批准，携带、传递国家秘密载体出境；

（5）不得非法复制、记录、存储国家秘密；

（6）不得在私人交往和通信中涉及国家秘密；

（7）不得在互联网及其他公共信息网络或者未采取保密措施的有线和无线通信中传递国家秘密；

（8）不得将涉密计算机、涉密存储设备接入互联网及其他公共信息网络；

（9）不得在未采取防护措施的情况下，在涉密信息系统与互联网及其他公共信息网络之间进行信息交换；

（10）不得使用非涉密计算机、非涉密存储设备存储、处理国家秘密信息；

（11）不得擅自卸载、修改涉密信息系统的安全技术程序、管理程序；

（12）不得将未经安全技术处理的退出使用的涉密计算机、涉密存储设备赠送、出售、丢弃或者改作其他用途。

三、保密工作基本原则

“内外有别”是许多国家保密工作的一个基本原则。我国实行对外开放，与世界一些国家（地区）进行经济、技术等的合作与交流，也应在平等互利原则的前提下，坚持保密工作“内外有别”这一基本原则。

坚持“内外有别”原则，实质上就是要根据保密内容及时间、实质等，区分保密对象。

所谓“内外有别”是指在特定时间内，机关内可以传知（阅）的事项资料，机关外不得谈论；党内的事，在党外就不得谈论；国内的事，在国外就不得谈论。

而在涉外保密工作中的“内外有别”，主要是针对国外而言。它要求外事工作者在涉外通信联系、接待接洽等对外交往中对于涉及党和国家秘密的事项，包括政治的、经济的、军事的等等，一定要严加保守，做到友好归友好，保密归保密，正确处理好与外国人及其他外来人员交往时的保密与友好的关系。当今世界，竞争激烈，科学技术的发展突飞猛进，窃密手段也越来越高明，因此，我们一方面要在确保国家安全和利益、保障改革开放和现代化建设顺利进行的前提下，有领导、有组织地适当放宽秘密的控制范围，加强世界合作；另一方面又要建立健全保密组织、保密制度等，加速保密技术的现代化，绝对保住国家的核心秘密，确保现代化建设顺利进行。

在这个基本原则上，还有保密工作归口管理、分级负责的原则，属地管理与系统管理相结合的原则，依法行政、依法管理保密工作的原则，保密管理与业务管理结合的原则，管理与服务相结合的原则。

四、做好对外开放中的保密工作

保密工作事关国家安全和利益，对国家政权的巩固、社会的稳定、国家竞争力的提高有重大影响，同时也在一定程度上涉及或影响相关公众的权利（如公众的知情权）。我国已加入世贸组织，在保密工作中也要落实世贸组织的基本原则，做到既确保国家安全和利益，又使相关公众的知情权等权利得到满足，使信息资源得到充分的利用，从而产生较好的社会效益和经济效益。因此，在世贸组织规则的框架下，我国保密工作要有新的观念和制度。涉外保密工作坚持既严格保守秘密，又利于开展涉外工作的原则。当今世界是信息时代，“公开为原则，保密为例外”已成为各国必须接受的观念和必须以制度加以确认的规则，切实做好涉外活动中的保密工作，突出重点，积极防范，便于工作又保守秘密。

（1）涉及国家秘密的事项，在涉外活动中均须严格保守秘密。有关国家政治、经济等方面的政策、数据等，均须严格按照国家公开的口径对外表态。需要保密的事项包括：内部掌握的关于国际问题和处理对外活动事项的原则、方针、政策和决策底盘；按照上级保密要求接待的国外团组和人员的计划、日程、资料、简报；国防军事秘密；处理涉外问题时供内部掌握的原则和规定；我国特有的珍贵资源、传统工艺、技术诀窍和配方；外国人、外籍华人、华侨和港澳台同胞秘密向我们提供的情况；不能公开的投资、科技资料、样品或通过秘密途径进口的仪器设备等；国家尚未公开或不准公开的事项；其他部门规定的秘密事项。

（2）接待人员应严格掌握保密范围和密级划分。在涉外活动中正确把握对外宣传口径，严格遵守保密纪律。

（3）凡属接待的外宾，均应安排在规定的宾馆、饭店或者经批准允许的接待家庭住宿，并按《中华人民共和国外国人入境出境管理办法》办理住宿登记。严防外国人利用各种方式向我国公民进行系统的“社会调查”，或征集带有社会调查性质的文章。任何单位和个人均不得为外国人提供这种条件。发现此类情况，要予以制止，并将情况通知外事或公安部门。

（4）对外交换书刊资料，必须进行保密审查，未经批准，不得私自提供。

（5）向境外拍发电报不得密电明复，密明混用；任何单位和个人在对外普通电话、书信往来、互联网中均不得涉及国家秘密。

（6）不在出国访问、考察、洽谈贸易、学术交流等外事活动中携带秘密文件、资料；

确需携带的，应按有关规定办理审批手续，并采取严密的防范措施。

(7) 在中外（包括与港澳）合作项目或合营企业中，应采取切实措施做好我方内部保密工作。上级主管部门要对我方人员看文件、听报告的办法作出规定。不得让外方人员参加我方召开的政治性会议，不得在外方人员面前谈论我内部秘密。对聘请的外国专家、顾问以及合作项目中的外方人员，经过批准可以有控制地提供工作范围之内必需的保密资料，并与对方签订保密协议，允许他们订阅与业务有直接关系的本市不对国外公开发行的报刊。

(8) 我出国人员携带的秘密文件、资料，向国外专家、顾问提供工作必需的秘密文件、资料，审批权限为：属于地方管理的事项，秘密级由主管区县局审批；机密级由主管部委审批；涉及核心秘密的，经主管部委审核后，报请市主管领导同志签批。属于中央各部门管理的事项，报请中央主管部门审批。涉及军事秘密的，须报请上级军事领导机关审批。

(9) 新闻单位发表涉外稿件，要按中央有关规定办理。本市重要涉外活动的报道，要征求外事部门的意见。

(10) 所有涉外人员必须忠于祖国，提高警惕，增强保密观念，严守各项保密规定，坚决维护国家主权、利益和民族尊严，与一切危害党和国家秘密安全的行为作斗争。

(11) 保密工作不能只是事后“找茬子”，而是应当事前“找茬子”。因为事后处理，造成的损失也无法挽回。所以保密工作绝不能满足于“亡羊补牢”，要及时查找隐患，堵塞漏洞，防微杜渐，要正确处理“防”与“保”的关系，做到以“防”促“保”，

(12) 打好主动仗。在外事活动中，先审批、后开展，既要主动服务，又要指导到位。此外，日常工作中的重要方案也要注意阶段性保密，否则就有可能造成工作的被动。涉外保密工作十分复杂，各单位要根据自己的特点制定具体的保密制度和措施，对于保密工作做得好的单位和个人，予以表彰，对于违反保密规定，发生泄密事件者，视情节严肃处理。

思考与练习

1. 结合当前形势，谈谈你对外事纪律的认识。
2. 《保密法》规定我国国家秘密的基本范围有哪几个方面？如何划分保密事项的保密程度？
3. 保密工作应遵循什么样的原则？
4. 如何做好对外交往中的保密工作？

第五章 外事接待与涉外谈判工作

【学习重点】

- 外事接待工作的原则
- 外事接待工作的特点
- 涉外谈判的概念
- 涉外谈判的程序

第一节 外事接待

外事接待工作在现代对外交往中发挥着重要的作用，外事接待工作的好坏，对外交工作有着不可忽视的影响。在外事工作中，特别是在正式的对外场合中，接待工作是十分重要的，我方具体的接待工作做得好，让外宾乘兴而来，满意而归，是各级对外部门力求达到的目标，是衡量外事工作成功的标志。本章主要探究新形势下，外事接待如何扮演举足轻重的角色，外事接待质量的好坏怎样直接决定了对外交往的深度与广度。

外事接待及谈判工作对一些人来说，似乎简单易做、司空见惯，实际上学问很多，细微敏感，作用巨大。要全过程细心观察、学习和积累，从而熟练掌握和驾驭，在遵守各项法规制度的基础上，规范有序、合理合情、灵活有效地开展，并充分体现出中国特色。

一、我国外事接待工作的原则

外事接待一般是指接待有约而至的、预先安排的、正式来访的外国友人。外事接待工作，要以客人满意为目标，接待工作不但要讲艺术、讲技术，更要讲政策、讲原则。只有掌握了涉外接待场合的相关事项，才能做好接待工作，使问题最小化，使效益最大化。有了这些基本原则作为指南，处理具体问题时便会游刃有余，比较顺利。

我国外事接待工作的主要原则有：

（一）遵循有关的法规及政策的原则

坚持遵循有关的法律、法规及有关的方针、政策，就是要求接待外宾时，给予外宾一种什么样的礼遇规格，不能随意草率，应按有关的法规政策执行。主要有：

1. 国际法规

国际法规是国家之间的法律，它得到联合国通过并为世界各国所公认，因而对世界各国都有法律约束力，各国相应地也就具有法律的权利和义务，如《维也纳外交关系公约》。

一些地区性国际组织，如欧洲联盟等，通常也有一些多边条约或协议，这些也应视为法规性文件，但其法律约束力只限于组织内部的成员国。同样道理，在两国之间签订的双边条约或协议，也只对双方有效。

国际法规里所涉及的有关外宾礼遇条文，接待外宾时都应予以遵守。

2. 国际惯例

世界各国在长期的国际交往中，形成了不少虽无法律条文明确规定，但各国已约定俗成，没有异议的礼遇惯例。如礼炮 21 响为国际最高礼，被定为国家礼炮，用于迎接国家元首来访，现已被各国海军列入国际交往的条例或条令里，但对于各国内部来说，最高礼炮不一定是 21 响（如 1999 年我国庆祝新中国成立 50 周年礼炮是 50 响）。又如，国际会议或国际体育比赛，一般都是按照与会国国家名字的英文字母顺序来公布与会国名单、悬挂与会国国旗、安排与会国代表的座位顺序，但这就不可避免地出现了一些国家总是排在前面的现象，所以有的国际组织便通过每年抽签一次决定本年度大会席位以哪个字母打头，以便让各国均有排前的机会，联合国大会的席位安排就是这样。

更有一些国际惯例，如以右为上，以左为下，这与我国的传统习惯不同，在接待外宾时，我们应注意与国际接轨，以避免不必要的摩擦。

3. 国内法规

世界各国为了统一对外礼遇，大都制定了有关的法令法规，以规范外宾接待工作，使其有法可依。如 1986 年 9 月 5 日我国第六届全国人民代表大会常务委员会第 17 次会议通过了《中华人民共和国外交特权与豁免条例》，以国内法规的形式肯定了《维也纳外交关系公约》。

除国家最高权力机关外，其他的国家权力机关、政府及政府的外事部门等，可以根据自己的职权范围和形势的变化，在外宾接待问题上作出一些政策性和纪律性的规定。如 1980 年 11 月 7 日国务院常务会议通过的《关于在对外活动中不赠礼、不受礼的决定》，由国务院转发的外交部《涉外人员守则》等，在外宾接待工作中都必须予以遵照执行。

4. 外交政策

外宾接待还应遵循国家有关的外交政策。一个国家对另一个国家外交政策的调整变化，必然会反映到外交礼遇中来，如 20 世纪 50 年代，我国实行“一边倒”的外交政策，在中、美、苏三角外交礼遇上也就出现了“一边倒”的倾向。到了 70 年代乃至 80 年代，随着世界格局的重大变化，我国不断调整对美、苏的外交政策，彼此的外交礼遇也出现了明显的变化。虽然礼宾规格仅仅涉及具体的外宾接待标准，但它直接或间接地与我国和有关交往国家及其政府之间的关系相关。不论在任何时候，在具体确定礼宾规格或操作礼宾规格时均应服从本国外交的大政方针。

（二）坚持国家平等、身份对等原则

我国一贯主张，国家不分大小、强弱、贫富，一律平等，因此，在外宾接待中，也应坚持礼遇对等的原则。在双边关系中应礼尚往来，宾主身份应大体相当；在多边外交活动中，所有参与国家在挂国旗、排座次、投票表决等礼遇上应一律平等，一视同仁，不能以大压小，以强欺弱，以富轻贫，厚此薄彼。按照这一原则，我国采取对等的礼遇规格接待第三世界国家，受到第三世界国家的一致赞誉。依照国际交往的惯例，双边关系讲究对等。对等在双方交往中的含义是指交往双方礼尚往来，你方如何待我，我方即可如何待你。

所谓身份对等，具体是指在确定接待外方人士的礼宾规格时，应考虑与外方人士的具体身份相称，同时还应参照外方在接待我方身份相仿者时所采用的具体的礼宾规格。它同时还要求我方给予来访外方人士的礼遇应当恰到好处，以免我方人员在出访对方时受到怠慢。依照国际惯例，在国际交往中多边关系讲究平等。在确定或操作用以接待来自多方的外籍人士的礼宾规格时，一定要在平等待客为先的正确理念下真正做到对各方一视同仁。

一律平等的具体要求是在确定和操作用以接待来自多方的外籍人士的礼宾规格时，应不论国家大小、不分强弱、不看贫富、不讲亲疏，严格地、无条件地对其平等相待。

（三）坚持灵活处理、有所区别

外宾接待工作纷繁复杂，情况千变万化，所以在坚持法规政策、坚持对等原则的同时，还应根据实际情况，灵活处理，打破常规惯例，予以适当破格。如我国同朝鲜民主主义人民共和国之间有着牢不可破的特殊友谊，所以两国之间的外交往来，彼此之间往往都给予最高的礼遇。此处所说的“有所区别”的具体含义是指在确定和操作用以接待与我方存在习俗等差异的外方人士的礼宾规格时，我们必须充分考虑双方的这些差异，具体情况具体对待，切不可对其不加任何区别。

遇到不恰当的礼遇时，不管对方是有意还是无意，我方都应或提醒或纠正，或交涉或力争，灵活把握，正确处理，以维护国家的尊严和地位。

二、我国外事接待工作的特点

中华人民共和国成立后，随着国际交往的日益增多，我国政府参照国际礼仪的通常做法，结合我国实际，在实践中逐步规范我国的外事接待工作，形成并树立了既符合我国国情又具有民族特点的礼宾风格，在国际外交舞台上呈现出独特的风采。

（一）服从外交

外事接待具有高度的政治性，服从于国家总体外交的需要，是为本国的对外政策服务的手段。在遵循已形成的国际惯例的同时，各国又根据各自的特点和风俗习惯，有自己独特的做法，灵活变通，因此外事接待通常直接或间接地与我国和有关交往国家及其政府之间的关系相关。在具体确定礼宾规格或操作礼宾规格时均应首先服从本国外交的大政方针。服从外交原则的具体含义在此主要是指在我国的涉外接待中，具体安排必须服从我国外交工作的需要，为我国的外交工作服务。在外宾接待中，不管对象是谁，我们都必须以维护国家的主权利益和尊严为原则。

（二）礼尚好客，热情友好

中国是一个礼仪之邦，素有礼尚好客的优良传统。世界各国人民，都是中国人民的好朋友，不管来自何方，我们都应予以热情友好的接待，使来宾有宾至如归的亲切感，只有这样，才能留住老朋友，广交新朋友。在这一点上，周恩来总理为我们作出了好榜样。有一次，总理到机场为某一国家元首送行。外宾登机后，突然狂风大作，雷雨交加，专机无法起飞，只好作暂时滞留。这时，不管对方在机舱里如何示意，总理坚持伫立在风雨中，频频向客人挥手致意。送行群众见此情景，深为总理所感动，一个也没有走，在风雨中仍然保持着欢送的热烈气氛，这充分显示了中国人民的友好热情。

外事接待需坚持“举止文明”的原则。狭义上，外事人员举手投足所代表的是个人形象，广义上，其所代表的是国家形象。

（三）平等相待，不卑不亢

我们既反对大国沙文主义，也反对民族自卑。对不同民族、不同宗教的国家和人民，我们都一视同仁，平等相待，不卑不亢。1972 年 2 月，中美两国长期敌对“坚冰”尚未完全打破，两国尚未建交，美国总统尼克松访华。在交通工具方面，中国坚持尼克松在中国国内访问时坐中国飞机和红旗牌轿车，美国以这不符合美国总统访问的安全规定为由而反对。双方争执不下，最后还是尼克松自己同意了中国的安排。

平等相待还要注意尊重对象国的风俗习惯。由于历史、文化和地域等背景的不同，世界各国、各地区、各民族在宗教、语言和风俗习惯等方面各不相同，在外宾接待工作中，我们应加以充分的了解和尊重，做到“主随客便，客随主便”，不管是接待外宾或是出国造访，都应加以充分的重视。当然，“随”和“便”不是无原则地受人摆布，更不是卑躬屈膝，曲意奉承，而应是在平等、友好、互相尊重基础上的豁达大度和与人为善。

不卑不亢包含两层含义，一方面，需要努力做到“不卑”。在对外交往中，要以自尊、自重、自爱和自信为基础，表现得堂堂正正、坦诚乐观、豁达开朗、从容不迫、落落大方。双方的合作交流是建立在“互惠、互利、平等”的基础上，外事人员不应以仰视的姿态来接待外宾，外事接待中主宾双方是平等的。另一方面，需要努力做到“不亢”，与外国人打交道时，务必在坚持开拓进取的同时，虚心学习其他国家先进的科学技术、管理经验和有益的文化，积极吸取、借鉴世界文明的一切成果，博采天下之长，弥补己方之短。

（四）准备充足，从容应急

外事接待的准备工作，主要有：提前对整场接待拟订详细计划；对外事接待中可能出现的突发状况做好心理预设，预先拟订解决方案；接待辅助工作，包括制定欢迎标语、预订食宿地点、安排人员与车辆等。准备工作直接决定了外事接待的质量。

外事接待中对突发状况的应急反应能力是另外一个重要的方面，例如，安排的车辆由于交通拥堵不能准时前往指定地点接待外宾，此时外事人员应理智沉着地分析状况，采取应急措施。如车辆能在数十分钟内到达，则应向领导请示，可否放慢谈话或是参观的节奏，以保证车辆按时抵达。如车辆不能在较短时间内到达，那么应向领导请示，可临时调派就近的车辆前来接待外宾，同时向外宾解释原因，表达歉意，请外宾耐心等候。

三、外事接待的基本要领

外事接待工作有着或大或小的政治性，同时也有着较强的礼仪性、时间性和事务性。如何掌握尺度呢？应严谨做好准备工作，做到忙而不乱。主要应根据：一是上级接待部门的指示；二是国际上通用和我国现已形成的具有中国特色和中国风格的接待惯例；三是结合当地的习惯做法等实际情况。根据我国各级外事办公室多年来在外事接待工作中形成的一些规范性的做法，下面介绍操作的基本要领。

接待来访代表团的通常操作流程是：信息传递（下达任务）—策划（制订方案）—展开布置（具体安排、联络、检查）—现场实施（接待展开）—任务结束（总结、情况汇报、资料归档等）；如果以程序分类，可分为：筹划阶段（即策划和布置）—实施阶段—收尾阶段。

在接待操作中，筹划阶段和实施阶段是两个至关重要的环节，而筹划阶段又是关键中的基础。接待是否顺利与成功，当然只能在实施进程中展现，但成功在很大程度上取决于筹划的周详、严密和预见性。

（一）掌握信息

我国外事接待范围主要是各级单位正式邀请的外国代表团、外国友好城市代表团以及有关部门邀请的外宾，因此能否全面、准确、详尽地掌握来访代表团的有关信息，关系到接待的筹划和实施的顺利与否。无论是从何种途径获取的信息，都应包括以下基本情况：

（1）代表团基本情况。如代表团的正式名称；团长（主宾）的姓名（中文译名及外文名）、身份（级别）、性别、年龄；成员的姓名（中文译名及外文名）、人数（包括夫妇的对数、副部级以上外宾的人数及其具体职务）；外宾的礼宾次序。

（2）代表团应何单位（人）邀请来访。

（3）代表团抵离安排，如乘坐的交通工具、抵离时间、票务的情况。

（4）陪同团（全程陪同，文中简称全陪）情况，如全陪的姓名、性别、职务、人数、返程要求。

（5）外宾背景，如来访目的，国家概况（或党派的背景），两国关系及往来历史，团长（主宾）与我方的关系、历次来访简况、宗教信仰、个人习惯与爱好、健康情况等。

（6）代表团来访性质和接待方针，如国事访问、正式访问、工作访问、顺访、途经，以及对参观活动的安排要求。

（7）礼宾规格的掌握，如外宾对迎送、会见、宴请、陪同、住房、交通的安排有何要求，给予外宾的联检礼遇等。

（8）接待费用的安排，如由哪个部门支付代表团在当地访问活动的费用，对于自费外宾的费用如何结算等。

（9）其他要求，如悬挂国旗、电视传送、通讯、安全警卫、新闻报道等等。

以上的基本信息一般通过文件传递，它是制订接待计划和实施礼宾操作的主要依据。

（二）接待计划的制订和审批

（1）接待计划的制订要有针对性。接待内容大体包括：接待对象、礼宾规格、迎送人员、会谈会见、参观活动、食宿和交通、安全保卫、新闻报道等内容。对从事一般经贸活动或路过、游览性的外宾和团组的接待，可不必报批接待计划，但需填写外事活动安排通知单，通报有关方面。

（2）凡重要外国代表团来访以及涉及领导出面的国际性会议等重要外事活动的接待计划，报同级政府审批。接待计划应及时送达各有关方面。有关方面如民航、铁路、宾馆等单位协助外事接待工作。

（3）接待外宾的计划按照程序报上级批准，接待计划一经下达，应认真执行。如因需要临时改变礼遇规格，应先征得批准单位或相关部门的同意。

（三）接待工作的具体内容

1. 前期工作

接待计划批准后，应提前做好以下工作：①组建外宾接待小组，明确小组人员任务分工；②准备重要外宾团组及个人的背景资料，准备领导讲话稿；③预订住房、车辆、机（车、船）票和拜会及宴请的地点；④针对外宾的意向、特点，会同有关单位研究活动方案，做好准备；⑤落实参观单位或参观地点；⑥准备对外宣传资料；⑦根据接待计划准备有纪念意义的礼品；⑧通知迎送陪同人员各项活动的时间地点和注意事项；⑨通知有关单位做好报道准备；⑩预先办理行李免检和安全免检手续。

2. 迎送、陪同

迎送是一项政治性较强的礼遇活动，包括出面主人迎送外宾的具体地点以及礼宾安排。一定要准确掌握外宾的抵离时间，迎送人员应先于外宾到达迎送地点。如需要贵宾室，应预先安排妥善。

（1）迎宾：外宾抵达后，迎送人员在指定地点欢迎，同外宾一一握手，由礼宾人员将迎接人员的姓名、职务介绍给外宾。

（2）乘车：乘坐面包车、大客车应请外宾团长、副团长先上车，随行人员跟后。乘小车应请客人从右侧上车，主人从左侧上车，译员坐在前排。

（3）提取行李：接待人员配合外宾随从人员做好提取行李工作，行李清点确认后，随车或用行李车送至宾馆，请宾馆服务员分送至楼面或房间，并与外宾随从人员再次确认行李。

（4）住宿：抵达宾馆后，先让外宾到总台办理留宿登记并领取房卡和钥匙。在与宾馆总台协商同意后，重要外宾可由接待人员引领到房间，然后再办理留宿登记手续，同时告知外宾随行人员用餐和其他服务设施的地点和服务时间。

（5）确定活动日程：外宾进房后，可与外宾商谈活动日程安排。如原计划安排的活动项目有变动，要及时通知有关单位或人员。如外宾提出计划外的合理的活动要求，有条件安排的应给予安排；实施有困难的应作解释；需请示或没有把握的项目，当场不作肯定或否定答复。活动日程确定后，应即告陪同、接待等有关人员。

（6）活动：可按接待计划和与外宾商谈的具体活动日程来实施。

（7）离华前准备：应尽早领取为外宾预订的机（车、船）票。认真检查票数、航（车）次、时间。凡出境的外宾应收取其国际机票、护照，向航空公司及早确认机票。提前通知外宾出发时间和交托行李的时间与地点，认真清点行李，务必交代清楚。应向外宾再次确认有无物品遗忘。通知宾馆总台准备好自费外宾的账单，以便及时结算。离开宾馆前，应向机场（车站、码头）了解起飞（开车、开船）时间有无变化，并及时通知送行人员。如主送人员在机场（车站、码头）送行，应通知提前10～20分钟到达。抵达机场（车站、码头）后，应立即协助办理各项有关手续。享受免检的应事先向有关部门出示市政府外办开具的证明。

（8）欢送：欢送人员应同外宾一一握手告别。欢送重要外宾，在飞机（车、船）开动时，参加欢送的人员应挥手致意。待飞机（车、船）离开后，接待人员方可离去。

3. 会见、宴请

（1）包括出面主人会见、宴请的具体时间和地点以及有关的安排等。例如：

请××（姓名、职务）于 × 月 × 日晚 × 时 × 分在 ××（宾馆或其他场所）××厅会见并宴请外宾，请迎送主人及 ××（姓名、职务）出席作陪。

安排乐队奏席间乐（仅在有相应规格或要求时作此安排）。

（2）会见外宾，一般以主客对等原则在会客室进行，不宜进入外宾卧室。

（3）礼节性会见，时间不宜过长。一般掌握在 15 分钟左右。寒暄过程中，要给外宾留有谈话机会。一般可备茶、水、饮料。

（4）宴请是外宾接待工作中的一种常见的活动形式。宴请按照财政部《关于接待外宾费用开支标准和管理办法的规定》（财外字〔1997〕59 号）的要求掌握宴请费用标准。关于宴请次数，外宾在华一个城市访问期间，一般只宴请一次，上级有关部门安排的外宾按其下达的接待计划执行。外宾日常伙食招待提倡采用自助餐等节俭形式。国家元首、政府首脑级每人每天 600 元人民币；副总统、副总理，正、副议长级每人每天 550 元人民币。《北京市党政机关外宾接待经费管理办法》（2014 年）规定，宴请外宾严禁讲排场，不上高档菜肴和酒水，杜绝奢侈浪费。

（5）严格掌握宴请人数。陪同参加宴会的应限于参加接待和洽谈的有关负责人、主要陪同人员以及翻译人员。对于接待国家元首、政府首脑级外宾的重大外交外事活动，我方参加宴请人数应当根据礼宾要求安排。其他宴请，外宾 5 人（含）以内的，中外人数在 1∶1以内安排；外宾超过 5 人的，超过部分中外人数原则上在 1∶2 以内安排。

4. 住宿、交通

外宾住宿应安全舒适，不追求奢华。副部长级及以上人员率领的外宾代表团，可安排在五、四星级宾馆；司局级及以下人员率领的代表团以及其他一般外宾代表团，安排宾馆最高不超过四星级。还要注意乘车安排、住地和主车挂旗等。例如：

安排外宾下榻 ×× 宾馆，××（何人）住总统套房，房内摆设鲜花、水果、饮料、小酒吧；大使以上的外宾住套间，房内摆设鲜花、水果、饮料；其余外宾住单间，房内摆设饮料。

××（何人）乘加长小轿车，大使以上外宾乘小轿车，其余外宾乘中型旅行车。住地挂 × 国旗。主车挂中 × 两国国旗。

外宾车辆使用，除少数重要外宾乘坐小轿车外，其他外宾可视人数多少安排小轿车、中巴士或大巴士。在符合礼宾要求的前提下，减少随行车辆。

5. 参观活动

包括主要的活动项目、对有关部门的要求等。例如：

安排外宾在 ××（某地）参观 ××（机构）、××（设施），并前往 ×× 、××（某地）等地参观。

请 ×× 市外办参照省的礼宾安排，具体部署有关接待事宜。

6. 安全警卫

具体的安排由当地公安部门负责。例如：

请省公安厅警卫处统一负责安全警卫事宜。

7. 新闻报道

根据不同要求，明确对具体新闻单位（采访报道）的要求。

例 1：

请 ×× 报于 × 月 × 日预报 ×× 代表团来访的消息。

例 2：

请省、市各新闻单位报道代表团在 ××（某地）参观访问以及 ×× 领导会见外宾的情况。

例 3：

请 ×× 报和 ×× 电视台报道 ×× 领导会见外宾的消息。

例 4：

请 ×× 报报道代表团在 ×× 参观访问的消息（由省外办供稿）。

8. 联检礼遇

要注明外宾（和全陪）抵离的交通工具、时间、地点以及给予外宾的礼遇等。例如：

× 月 × 日，外宾乘 ×× 航班从广州出境前往 ×× 时，请白云机场口岸有关联检单位给予卫检方便、动植物检方便、护照专办、海关免验、安检免检礼遇。

9. 其他

（1）与接待有关的事宜，如通讯和供电的保障、费用、纪念品等。对外赠礼节约从简，不求奢华，实物礼品应尽量选择具有中国特色的纪念品、传统手工艺品和实用物品。

（2）赠礼对象仅限于外方团长夫妇，必要时可包括主要陪同人员，原则上由接待单位赠礼 1 次，其他单位不得重复赠礼。如外方赠礼，可按对等原则回礼。

（3）对外赠礼以赠礼方或受礼方中级别较高的一方确定赠礼标准。赠礼方或受礼方为正、副部长级人员的，每人次礼品不得超过 400 元；赠礼方或受礼方为司局级及以下人员的，每人次礼品不得超过 200 元；其他人员，可视情况赠送小纪念品。

（4）对访问我国的著名友好人士、社会名流、专家学者，确有必要赠礼的，按照正、副部长级人员标准执行。

10. 附件

包括外宾名单、背景资料、活动日程。

通常，接待计划具有一定的保密性（有密级的计划还应注明密级和保密年限），发文的范围不宜太广，一般只发给有保密室的机关单位（注明发文对象）。对于企业等参观点，一般只发函通知有关事宜。

（四）接待费用的审批、使用和管理

（1）外宾接待原则上“谁邀请，谁负担经费”。对应邀来华的外宾应根据协议或互惠原则，区分为全部招待、部分招待或自费。对由我方招待的外宾，一般只提供在我国期间的食、宿、交通费用，不提供来华国际旅费。在华期间外宾接待标准主要依照财政部 1997 年印发的《关于接待外宾费用开支标准和管理办法的规定》执行，但随着经济社会的发展，该规定已不能满足实际工作的需要，各级政府当前外宾接待范围以及餐费、住宿的规格与标准由外事办掌握。外宾接待经费是公务支出的重要组成部分，控制不严不仅会造成财政资金的浪费，而且会助长奢靡之风，引发违规违纪乱象。

（2）对应邀来华的外宾，各单位根据互惠对等原则或外事交流协议等，区分为全部招待、部分招待和外宾自理。无互惠对等原则及外事交流协议的，招待天数不得超过 5 天（含抵、离境当天），招待人数可由各单位按内部规定执行，超出规定天数和人数的，一律由外宾自理。

（3）外宾接待经费开支范围主要包括：住宿费、日常伙食费、宴请费、交通费、参观游览费、赠礼等。外宾接待经费原则上不得列支外宾来华国际旅费，外宾在华期间的医药、邮电通讯、洗衣、理发等费用，除国家元首、政府首脑外，均由外宾自理。

（4）除涉密内容和事项外，外宾接待经费的预决算及时公开，并接受社会监督。对于违反办法规定的，将责令整改，追回资金，依纪依法追究有关人员责任。

资料链接

国宾来访招待办法

一、招待人数和天数

（一）与来访国有相应级别的代表团互访，按对等原则确定招待来访人数和天数。

（二）与来访国无相应级别的代表团互访，则招待天数为 5 天，人数（不含记者和企业家）分别为：

1. 国家元首国事访问、工作访问、非正式访问招待 18 人，如元首夫人不随访，则招待 17 人；

2. 政府首脑正式访问、工作访问招待 12 人，如首脑夫人不随访，则招待 11 人。

（三）如国宾在北京坚持下榻钓鱼台国宾馆以外的饭店，有关费用自理，中方仅提供必要的车辆。

（四）如国宾访华代表团实际人数少于我方招待人数，除来访国驻华大使（和配偶）外，其他外交官不能列入我方招待人数。如使馆外交官随团去外地访问，一切费用自理。

二、招待项目

中方负担其所招待人员在华食宿、交通、饮用在住房内放置的各种饮料（含啤酒）、洗衣、打市内电话费用。

三、自费项目

（一）代表团就医、按摩、理发、饮用住房内放置的酒类，费用自理。

（二）代表团在华期间打国际、国内长途电话，费用自理。

（三）代表团在饭店进行娱乐活动，费用自理。

（四）代表团举行的各种餐会、酒会，费用自理。

（五）代表团在钓鱼台国宾馆外举行的记者招待会，费用自理。

（六）来访国宾及重要外宾乘坐的自备专机或包机，在华各项费用自理。

（七）代表团在住地安装使用专线电话和传真机，费用自理。

第二节　涉外谈判

一、涉外谈判的含义

（一）涉外谈判的概念

谈判有广义与狭义之分。广义的谈判是指除正式场合下的谈判外，一切协商、交涉、商量、磋商等等，都可以看做谈判。狭义的谈判是指正式场合下的人们对于有争议的问题交换意见，为了取得妥协而相互磋商的一种行为。谈判的应用范围非常广泛，在人类社会中举凡个人之间、团体之间、企业之间、部门之间乃至国家之间等均可能产生需要谈判的事端。国家间的谈判即为涉外谈判。

涉外谈判是指我方同国外的某一方或某几方力量进行的商谈，以求协调彼此的立场，达成某种妥协，最终以和平的方式解决问题。谈判的内容，可以是政治的，也可以是经济的、军事的或文化的等等。通过谈判，双方或得以沟通理解或观点趋于一致，从而形成彼此共同遵守的协议、条款等。

在现今外交生活中，与“谈判”一词相接近而又有区别的词有“对话”、“讨论”、“磋商”和“会谈”等。“对话”英语为 dialogue，它泛指有关各方一起谈话、交流思想，以取得相互了解和谅解，使紧张关系趋于缓和。“讨论”是指探讨寻究、议论得失，即对某一问题交换意见或与对方进行辩论，提出立论、驳论、赞成、质疑乃至反对等看法和意见；“讨论”在外交上也叫做商谈（discussion）。“磋商”（consultation）是反复交换意见、反复商量、仔细讨论的意思，指向对方征求意见或相互征询意见；磋商，往往是谈判先期阶段，谈判双方或各方相互摸底。“会谈”（talks）具有正式的官方性质，由两国元首、政府首脑、外交部部长或其他高级官员进行会面，以通报情况，交换意见和讨论问题。

（二）谈判的特点

谈判一般具有下列特点：

（1）谈判总是旨在就某一特定问题达成协议；

（2）谈判需要为达成什么样的协议，经过“讨价还价”和“有予有取”的过程，这一过程可能是艰难和漫长的；

（3）谈判达成的协议必须具有约束力，并以某种书面协议文件予以确认；

（4）谈判的代表必须具有全权代表的资格。

与其他谈判相比，涉外谈判具有明显的特征，研究涉外谈判的作用，有利于外事工作者正确认识运用谈判的技巧，两者是相互联系的。

（三）涉外谈判的特性

（1）涉外谈判是不同国籍的代表之间的谈判。参与谈判的主体是不同国家的代表，也就是说，涉外谈判的参加者是以国籍不同为显著特点的，依照常规，参加者在参与谈判时，必须是能代表不同国家的授权主体（政府、机构或者企业）。涉外谈判包含了外交谈判，当各国经过外交谈判达成协议，最后签署具有法律约束力的条约时，亦应提请本国的中央政府或者立法性机构予以正式批准。

（2）涉外谈判应当是中国与不同国家之间多方代表的自愿行为。彼此之间存在着哪些需要解决的问题，需不需要谈判，谈判什么议题，谈判时间，谈判应当以何种级别进行等，都要由有关各国在资源的基础上提前进行讨论。外交的实质是以和平方式处理国与国之间的关系，国与国之间关系的真正解决都必须通过正式的协议，而协议的正式达成又必须通过正式的谈判。

（3）涉外谈判应当是各国之间平等的行为。既然谈判的主体是以国家为背景的，而主权国家之间的活动讲究的是平等，所以体现出国与国之间的平等。这种平等特性，主要体现在以下方面：谈判代表的地位、级别要基本平等；谈判代表的政治地位平等；谈判代表的发言权平等；谈判代表的礼遇要大体平等。

（4）涉外谈判的基本依据是国际法。进行谈判，必须有法可依，有法必依，方能取得成果。国内有关方面进行谈判时，谈判的主要依据是本国的法律。进行外交谈判时，则必须以国际法为基本依据。根据国际法的有关规定，涉外谈判发生在不同国家之间，谈判的参与者应当代表各自国家背景的利益主体。

（四）涉外谈判的作用

涉外谈判是和平解决国际冲突的重要手段，在国际社会里，各个国家都应当有来有往，和睦共处。既为消弭冲突，又为发展关系，这是符合事物发展规律的：干戈既息，玉帛自来，协商或处理彼此之间所存在的问题，对其进行开诚布公的充分讨论，达成某种程度上的谅解或一致。因而，谈判是各国的政府、组织或者企业之间进行实质性接触的最佳方式，所达成的相互谅解以某种形式被固定下来，对有关各方产生一定的约束力。这点在国家外交方面表现尤为明显，离开了外交谈判，外交便难以有所附丽，各国外交往往也会一无所成，为此外交家和外交学研究者会认定：外交即谈判。例如朝鲜停战谈判便是一场你死我活、有你无我的零和博弈。双方均将谈判桌视为战场的延续，进行一场“没有枪炮声的斗争”。

涉外谈判是和平处理国际问题的基本方式。在全球化带来的各国相互依赖程度日益加深的时代，国家之间应更多地通过合作而非竞争来解决共同面临的全球性问题，这已是国际社会的共识。有关各方，因其各自的利益不尽相同，它们彼此之间在相互交往中，难免会存在着各种形式的国际争端。所谓国际争端，通常是指国与国之间因存在某种矛盾而引起的一定程度的冲突。通过谈判可以解决国际问题，当不同国家之间的个体或组织间涉及利益冲突时，谈判是解决争端的一种决策。

二、涉外谈判的类型

涉外谈判按不同的标准，从不同的角度进行分类。不同类型的谈判，其准备工作、运作、应采用的策略是不尽相同的。通常可以将涉外谈判划分为以下几种类型：

（一）双边谈判和多边谈判

依参加谈判国家的数目多少，分双边和多边谈判。一般来说，两个国家之间谈判为双边谈判，如中美大使级会谈。两个以上国家之间的谈判称为多边谈判，一般表现为国际会议，如 1954 年日内瓦会议和联合国裁军谈判会议。有的两个国家集团间的谈判也被视为双边谈判的特殊形式，如中欧裁军谈判，虽为 19 国谈判，但它们分属北约和华约两个军事集团。

（二）政府首脑、外交部部长、高级官员和技术专家等不同级别的谈判

依参加谈判的双方或各方首席代表或代表团团长的级别，又可分为政府首脑、外交部部长、高级官员和技术专家等不同级别的谈判。通常来说，谈判的代表级别愈高，愈显出谈判的重要性，或者两国关系比较友好和密切。因为谈判级别的升高，往往会表示两国关系有所改善，相反如谈判级别降低，往往表示两国关系趋于冷淡，或双方对谈判的希望感到渺茫。自然，有时不同级别的谈判构成一个序列，当一个级别的谈判圆满完成任务后，转入另一级谈判做进一步处理，这同国家关系无关。有时也有相应几个级别的谈判分层次同步进行。

（三）口头谈判和书面谈判

外交谈判通常是口头谈判，即当事国代表间面对面的谈判，但亦有用交换外交照会从事外交谈判的。前者称口头谈判，后者称书面谈判，两者可以相间举行。

（四）直接谈判和间接谈判

当事国代表之间不直接见面，而是由第三国或国际组织代表从中斡旋或调停的谈判，称为间接谈判，反之称为直接谈判。当然，当事国代表也可在斡旋者参与下，甚至在斡旋者主持下举行谈判。近年来由美国代表主持的巴勒斯坦和以色列之间的和谈即是如此。斡旋是各种有助于促使冲突各国进行谈判的行动，而调停则是当事国间以调停人所提出的建议为基础直接进行谈判。但是在外交实践中，斡旋和调停有时很难截然加以区别。

（五）公开谈判与秘密谈判

从谈判与外界的关系上看，分公开谈判与秘密谈判。公开谈判是指谈判公开进行，其进程都对外界曝光。外事工作事关国家利益，且国际关系错综复杂、曲折多变，为了有助于谈判的顺利进行和协议的达成，有些外事谈判在磋商细节时，并不详细地披露谈判的细节内容，且往往通过参加谈判的双方或各方的谅解，禁止向外界透露谈判的详细情况和争论之点。

（六）程序性谈判与实质性谈判

前者讨论谈判程序和规则，后者意在解决争端的实质问题。

三、涉外谈判的特点

涉外谈判是对外活动中不同的利益主体为了达成某笔交易而就交易的各项条件进行协商的过程。谈判中利益主体的一方，通常是外国的政府、企业或公民（在现阶段，还包括我国香港、澳门和台湾地区的企业和商人），另一方是中国的政府、企业或公民。涉外谈判是对外工作中不可缺少的重要环节。不同的利益主体需要就共同关心或感兴趣的问题进行磋商，协调各自的经济利益或政治利益，谋求在某一点上取得妥协，使双方都感到有利从而达成协议。谈判是对外交往中普遍存在的一项十分重要的活动，是调整和解决不同国家和地区政府及不同机构之间不可避免的政治、经济利益冲突的必不可少的一种手段。

涉外谈判既具有一般谈判的特点，又具有国际活动特殊性，表现在：

（一）政治性强

涉外谈判是一项国际交往活动，具有较强的政策性。由于谈判双方的关系是两国或两个地区之间整体政治或经济等关系的一部分，常常涉及两国之间的政治关系和外交关系，因此在谈判中两国或地区的政府常常会干预和影响谈判本身。因此，涉外谈判必须贯彻执行国家的有关方针政策和外交政策，同时还应注意国别政策，以及执行国际法的一系列法律和规章制度。

（二）以国际法为准则

涉外谈判以国际法为准则，并以国际惯例为基础，所以谈判人要熟悉各种国际惯例，熟悉对方所在国的法律条款，熟悉国际组织的各种规定和国际法。

（三）坚持平等互利的原则

在涉外谈判中，要坚持平等互利的原则，既不强加于人，也不接受不平等条件。平等互利是我国对外政策一项重要原则，所谓平等互利，是指国家不分大小，不论贫富强弱，在相互关系中，应当一律平等。谈判时，不论国家贫富，国家大小，只要对方有诚意，就要一视同仁，既不可强人所难，也不能接受对方无理的要求。

（四）谈判的难度大

国际谈判者代表了不同国家和地区的利益，有着不同的社会文化和经济政治背景，价值观、思维方式、行为方式、语言及风俗习惯各不相同，因而影响谈判的因素很复杂，谈判难度很大。在实际谈判过程中，对手的情况千变万化，作风各异，有热情洋溢者，也有沉默寡言者；有果敢决断者，也有多疑多虑者；有善意合作者，也有故意寻衅者；有谦谦君子，也有傲慢自大、盛气凌人的自命不凡者。种种表现，都与社会文化、经济政治相关。不同表现反映了不同谈判者不同的价值观和不同的思维方式。因此，谈判者必须有广博的知识和高超的谈判技巧，在谈判桌上因人而异，运用自如，使谈判按预定的方向进行。

四、涉外谈判的程序

（一）谈判前的准备

想在谈判中获得利益，必须做好谈判前的准备工作。

1. 尽一切可能收集相关的情报

最重要的情报是有关对方的情报，如：设想对方的目的、实力、弱点及想从谈判中得到什么、对方谈判人员的组成、主谈人员有多大的决定权、对谈判成功的渴求程度等等。只有掌握了对方的情报，才能估计对方的压力点所在，将自己的谈判实力与对方进行比较后再适当增强。

事先研究好对手，做足准备，随机应变，不打无准备之战。在谈判前了解得越多，在谈判中就越能从容淡定，随机应变。在谈判前，谈判人员应该彻底调查对方谈判队伍的组成情况，了解谈判人员的性格特征，熟悉谈判内容和谈判重点，了解双方在谈判过程中的利弊关系，提前预测对方的着重点并制定策略予以应对。提前准备得越充分，谈判也将进行得越顺利，在遇到突发事件时，就不会自乱阵脚，从而做到灵活处理。

2. 提前制订好谈判计划

好的计划能使谈判取得更高的利益，要在调查研究和深思熟虑的基础上正确地制定出自己一方的谈判方针、原则和步骤，明确通过谈判要达到什么目的，哪些原则必须坚持，哪些策略可以灵活。谈判计划大体应包括：

(1) 谈判目标。即谈判所要达到的目的，它可分为三个层次：基本目标、争取目标和希望目标。希望目标必要时可放弃。争取目标在对方作出重大让步后可以放弃或部分放弃。基本目标是通过谈判必须达成的目标，即使谈判不成功也不能放弃。

(2) 预计到谈判中可能出现一些新情况和新问题，需要准备许多种随机应变的对策。有经验的谈判者为取得成功，往往早在谈判的决策的过程，就准备了两种以上的方案供采用，其中一种为最佳备用方案；其他一些方案也许并非十分理想，但总在最低目标以上。

拟订谈判计划时，有些内容须先与对方商定后再作决定。而设计谈判方案时，不妨多准备若干个“进攻”和“防守”的方案，以便在谈判桌上能“有备无患”。谈判计划是自用的，应注意保密。

3. 组建理想的谈判队伍

建立制度化的对外最高授权、对内具有公认权威性的国际谈判队伍。为了体现集体的智谋，谈判队伍规模一般为五个人，确定主谈人，把整个小组团结在一起有效地工作，小组成员应互相支持，确保在谈判过程中的发言能得到其他成员的附和。如果谈判涉及很多专业，可以安排专家们作为谈判小组的顾问，而不必让专家以正式成员的身份出席谈判。专家们可以为谈判人员献计献策，但不直接参与与对方的交流。此外，五人谈判小组的成员必须清楚各人的任务和所扮演的角色，并加强相互之间的了解。

4. 谈判议程。

即谈判的议事日程。争取安排谈判议程，有助于掌握谈判的主动权。对于谈判的技术问题亦应事先提出自己的建议，然后通过参加谈判的双方或多方磋商以使协议确定下来。一般来说，大型的谈判，其地点的选择原则上是双方轮流“坐庄”；小型的谈判可依实际情况双方协商。谈判可以选择在参加谈判的一国境内某地举行，也可以商妥在谈判双方或各方国境内所协议的地点轮流举行，也可在中立国进行。在确定谈判地点时，除考虑交通、通讯、住所、保密和安全等因素外，国家的尊严往往是优先考虑的因素。谈判开始的时间也要慎重考虑，除要斟酌争端解决是否紧迫和需要多少时间进行充分准备外，有时也要着重研究国际关系和国内政治情况后再作出主张。同意哪些国家参加谈判也是谈判预备协商中经常会发生矛盾的问题。根据国际惯例，争端的当事国当然要参加谈判，否则不仅谈判的协议对未参加谈判的争端当事国无拘束力，并且该国有理由废止该协议或另行谈判。谈判也可以提出邀请在争端之外的其他国家参加，以便给争端的解决提供一个多国协商的机制。在现代外交谈判中，有关国家往往提出邀请与其友好的国家，或对某项争端的解决具有影响力的国家参加。

（二）正式谈判阶段

1. 开局阶段的主要任务是创造谈判气氛和作开场白

真诚、合作、轻松的谈判气氛对谈判的成功十分有用。为了创造一个良好的谈判气氛，应注意以友好的态度出现在对方面前；谈判的首次全体会议，双方或各方的首席谈判代表要把代表团成员介绍给对方。

开场白表明谈判双方各自对相关问题和利益的看法。主要内容包括双方对问题的理解，即谈判应涉及哪些问题；双方的利益，即希望通过谈判取得哪些利益；把谈判当作一个合作的过程，能和对手像伙伴一样，共同去找到满足双方需要的，更合理、风险更小的方案。

2. 明确对方开场阐述的内容

谈判进入实质性的细节讨论时，要明确对方开场阐述的内容，思考和理解对方的关键问题，如果对方开场阐述的内容与我方意见差距较大，则进一步了解两国或多国间目标及利益相互矛盾的程度；明确谈判各国对其利益所坚持的程度；了解谈判各国对达成协议的意愿程度，达成协议如确为共同需要，则有关各国或可能作出一些让步，如果各国都坚持自己的立场不动，则达成协议希望渺茫。力争“双赢”的局面：找到最好的方法去满足双方的需要，“双赢”谈判是有巨大的发展空间的。但是，在实际工作中谈判却有着诸多障碍，一般要进入讨价还价阶段。

3. 相互让步和打破僵局

让步是讨价还价过程的关键行为，应遵循以下让步原则：让步后要换取对方的相应让步；让步幅度不宜过大，不要做无价让步；用较小的让步给对方以较大的满足；多在次要问题上让步，以求对方在主要问题上让步；不要以同等幅度让步，对方若大幅度让步，我方则以小幅度让步回应。谈判僵局是指由于某些原因双方各不相让而使谈判陷入进退两难的境地。打破僵局的方法有：撇开争执问题，讨论下一个问题；重新搜集信息，加强沟通，提出新方案；改变谈判气氛，如双方一同参加游览、文娱活动；更换谈判人员；请第三者做调解或仲裁等。

4. 收尾阶段的主要内容包括制定协议、落实协议和谈判总结等

涉外谈判如果经过各方代表达成了协议，那么外交谈判就进入了最后阶段：

（1）制定协议。制定协议前，双方应确认所有问题均达成一致；要核实协议的所有条款；要确保双方都充分理解达成的协议，对谈判结果进行记录；要努力使协议内容明确；不要匆匆忙忙地结束谈判。拟制协议草稿尤其是具有法律效力的协议文本，措辞至关重要，必须字斟句酌、反复推敲才行，绝对不能草率从事、以文害义，给日后解释协议时制造麻烦。要防止不体面的谈判对手故意玩弄文字游戏，从中捞取便宜。

（2）落实协议。应在谈判协议中包含一项落实协议的条款，该条款明确规定做什么、何时做、谁来做。特别是以联合声明或公报形式出现的协议，还须表明哪些是双方一致之处，哪些存在着分歧，以及哪些有待于进一步谈判。协议草案经过审订和谈判双方或各方确认后，由各国首席谈判代表草签，报各有关国家政府同意，确定双方政府正式签字的时间和举行签字仪式的办法。总之，应格外注意协议的法律问题。

（3）谈判总结。回顾在谈判中的得失、经验教训并及时总结。谈判还应注意舆论工作，例如举行记者招待会或根据需要披露消息等。

五、涉外谈判的艺术和技巧

谈判是一门科学，更是一门艺术，不少国际谈判因缺乏谈判技巧而失败。通过谈判的技巧，就可以在谈判中掌握主动、获得满意的结果。这里所说的艺术和技巧不是指玩弄手腕、权谋和诡辩，而是指以下各项能力：

（1）深思熟虑、准备周全。谈判前对于谈判方针、有关谈判的各种资料以及程序技术问题及可能出现的问题和情况等都要加以调查研究，拟定对策。提前准备得越充分，谈判也将进行得越顺利。

（2）选择有利的时机开始谈判，开局时可以采取一些措施和利用舆论，营造一个有利的气氛，取得谈判上的主动权。起案应适中，过之犹不及，不能过于苛刻，以致对方望而生畏，对谈判前途绝望，从而不肯达成协议。

（3）坚持原则、互谅互让。谈判开始后要开门见山，提出自己一方的原则主张，先要争取通过协商和必要的互相让步，在原则问题上首先达成协议。在利益冲突不能采取其他方式协调时，客观标准让步策略的使用在国际谈判中会起到非常重要的作用。让步是一种相互行为，只有互惠互利的让步才是最成功的让步。

（4）着眼大局。谈判过程中要始终注意把握谈判的主题，一定不能拿原则做交易。分清主次，对一些并非原则的枝节问题，一般不要过多去和对手纠缠，以免颠倒主次。

（5）巧用语言艺术。在谈判中灵活运用语言艺术，可以达到事半功倍的效果。论点明确，论据充分，要具有很强的说理能力，令人心悦诚服。含含糊糊的言语只会让对方觉得我方缺乏自信，不值得信任。要根据对方谈判人员性格、谈判内容、谈判形势的不同，灵活地使用语言技巧。成功的谈判者说话得体而且切合事实，在说理辩论时也雍容大度，情绪冷静，表现出公平与客观的态度。

（6）重要的谈判有时是一个漫长的过程，要克服重重难关才能达成协议，谈判代表必须坚毅有恒、一步一步地推动谈判的进展，直到瓜熟蒂落，取得协议。要善于运用自己的谈判力量对整个谈判施加影响，进而影响甚至改变对方的观点。向对手施加压力并不是一件轻而易举的事，而是要采用一定的技巧和方法。技巧和方法运用不当，有可能适得其反。施加压力要适可而止，否则会超出对方的承受能力。

（7）求同存异、打破僵局。国际谈判的成败和一国国力（或称为综合国力）有关。所谓谈判以国力为后盾。但是，谈判本身毕竟是和平协商的手段，不能依靠“实力原则”。一般来说除非万不得已，尽量避免使用威胁手段。当然在不损害任何一方的根本利益的基础上，遇到对彼此利益都有所照顾的情况时，则各方可以求同存异，共同作出承诺，以使谈判打破僵局并达成协议。

（8）灵活应对各种问题。谈判桌上风云变幻，随时都有可能出现意料之外的事件，所以谈判者应该灵活机敏应对各种挑战。用精准的语言概括所有信息，给对方留下干练的形象，从心理上战胜对方。或者巧妙地采用规避的方法，转移话题，使对手不会发现我方在此问题上无法作出准确的解释。

（9）良好的谈判气氛是成功的润滑剂。当双方在谈判过程中，情绪失控，利益矛盾激化时，老练的谈判者会灵活地掌控局面，运用轻松的语言，缓解紧张的气氛。双方充满敌意、相互诋毁、进行人身攻击时，难免会在谈判中加入自己的主观因素，影响谈判的心情，使头脑不清醒，从而影响谈判的结果。当你发现你与对方有矛盾时，你就不得不谨慎处理，小心应对。最好能化干戈为玉帛，让一切能重新开始，集中精力在谈判上，最终达成使双方都满意的结果。

六、涉外谈判中的文化差异

要避免跨国文化交流产生的歧义，准确掌握谈判对手文化背景。涉外谈判的特点之一是多国性、多民族性。来自不同国家、不同地区的谈判人员在语言沟通、思维方式、决策过程和谈判风格等方面有着显著差异，这种文化上的差异往往会导致谈判陷入僵局甚至失败。因此，在谈判中，除了要注重谈判技巧外，还要重视文化差异对谈判活动的影响。如文化差异会影响各国谈判小组的组成；文化差异使各国谈判人员拥有不同的时间观念，如美国人守时，阿拉伯人拖拉，日本人则将拖延作为一种谈判战术等；文化差异会影响各国谈判人员的谈判方式，如美国人喜欢纵向谈判，而法国人则热衷于横向谈判等。文化差异会影响各国谈判人员对人际关系的态度，如西方社会中形成的人际关系主要是利益关系，遵循公事公办的规则，人情关系十分淡漠。生意归生意，朋友归朋友，公私分得很清楚。而东方社会因受儒家文化的影响，更具有“人情味”，人际关系网的建立往往在谈判中发挥关键作用，人们之间不主要以利益交换为基础，更重视非经济性资源的人情关系，所谓“买卖不成仁义在”，如与日本人进行第一次洽谈，首先应进行拜访，让本公司地位较高的负责人拜访对方同等地位的负责人，以引起对方的重视，将有利于接下来的正式谈判。

国际谈判大多用英语进行，而谈判双方的母语往往又不都是英语，这就增加了交流的难度。在这种情况下，我们要尽量用简单、清楚、明确的英语，不要用易引起误会的多义词、双关语、俚语、成语。

文化差异影响各国谈判人员的谈判风格。俗话说“百里不同风，十里不同俗”。由于世界各国历史传统、政治制度、经济状况、文化背景、风俗习惯以及价值观念存在明显差异，所以各国谈判者风格都各有差异。美国人幽默风趣、重视效率；德国人一丝不苟、严守信用；中国人含蓄保守、不习惯说“不”；日本人深藏不露、会用和中文类似的含糊字眼等等，都具有各国商人的特色。

涉外谈判与文化密不可分，文化差异导致来自不同文化背景的人之间存在沟通障碍。谈判者代表了不同国家和地区的利益，人们的生活方式、语言环境、政治背景不尽相同，在谈判中文化差异对谈判过程和结果的影响，很可能是因为不同的表达方式使双方产生误解，或者理解上有歧义，导致谈判结果不能使双方满意。

文化差异和语言习惯虽然是谈判过程中的小事，但是细节可能决定结果。谈判中，我们不能以自己的文化背景为标准去理解和评价对方，而应以跨文化的视角审视、分析和解决问题，积极地顺应和调适文化差异，从而实现跨文化谈判的成功。

思考与练习

1. 外事接待的基本原则和程序是什么?
2. 简述外事接待工作筹划阶段的重要性。
3. 外事接待工作的基本要领是什么?
4. 涉外谈判的特征和作用是什么?
5. 涉外谈判中的文化差异是如何体现的?

第六章

新闻发布制度

【学习重点】

- 中国新闻制度与外交部新闻发言人
- 新闻发布会的策划与操作技巧
- 外国常驻新闻机构和外国记者采访事项

第一节 新闻发布制度简述

一、什么是新闻发言人

新闻发言人是指国家、政党、社会团体任命或指定专职或兼职的新闻发布人员，是在一定时间内就某一重大事件或时局的问题，举行新闻发布会，或约见个别记者，发布有关新闻或阐述本部门的观点立场，并代表有关部门回答记者的提问。

建立新闻发言人制度是一种政府行为，政府作为体现人民利益、组织社会生活、维护社会秩序、控制社会运行的权力机构，其影响和作用遍及社会的各个领域，代表国家的形象，同时也是社会关系的枢纽。新闻发言人的职位一般是该部门中层以上的负责人。新闻发言人制度一方面是政府控制新闻传播的手段，一方面也是政府通过新闻界和公众进行沟通的方式，其根本目的是满足公众的知情权和使政府的活动更加易于被普通民众理解和接受。

二、新闻发布制度的起源

发言人制度最早出现于19世纪初的美国，新闻发言人制度最早可以追溯到总统新闻发言人，时任第六届美国总统约翰·昆西·亚当斯在迫不得已的情况下召开“新闻发布会”。约翰·昆西·亚当斯喜欢在河中裸泳，有一次一个被他多次拒绝采访的女记者跟踪到河边，女记者坐在他的衣服上，要求采访，不接受就不给衣服。开始他并不答应，但无奈该女记者坐着他的衣服，他上不了岸，僵持了一段时间，最后不得不答应。但接受完采访，他觉得他回答得不太理想，担心采访内容发表后可能会引起公众误解，于是回去后立即让助手把各家媒体的记者都叫到白宫来。他对记者阐述了在有关问题上的立场并回答了记者提问，这位总统成为世界上第一位发言人。①

最早聘用新闻发言人的总统是安德鲁·杰克逊。为了应对提出各种各样问题的新闻记者，他开始设立总统新闻发言人，但此时的新闻发言人仅作为总统的私人助理出现，不是官方工作人员。② 直到20世纪初伍德罗·威尔逊总统才正式确立了总统新闻发言人制度，新闻发言人正是诞生在这样一个政治改革、经济增长、传媒大众化的年代。

“二战”后，随着媒体对世界的影响力越来越大，各国政府纷纷效仿美国，欧洲国家普遍建立新闻发布机制，设立发言人。

据统计，美国目前大约有4万名发言人。总统、副总统有发言人，州长、市长也有自己的发言人，各部门也不例外，如国务院发言人、五角大楼发言人等。稍有规模的企业都设立专职的新闻发言人，即使是小企业，也设兼职新闻发言人。美国近30年来，白宫历届新闻发言人（新闻秘书）几乎都是新闻记者出身或在媒体工作过的。

从西方国家的实践来看，新闻发言人制度是一种有限的信息源，作为一种润滑油，协调政府和媒体以及公众之间的关系。同时，在此基础上隐蔽地引导舆论。从传播学角度看，新闻发言人制度是通过大众传播对舆论进行控制。新闻发言人制度体现了政府或政治家从自身的立场出发，根据国家的需要、公众的需要以及政治运作过程的需要，设定政策议程，以此影响媒体议程，进而设定公众的议程，其中更多地表现了政策议程对传媒议程和公众议程的引导。

三、中国新闻发布制度建设的历史和现状

新中国成立前，在国民党统治区，无论是官方，还是民间，普遍采用记者招待会这种形式发布新闻。抗日战争胜利后，国共两党和谈期间，周恩来同志就经常亲自担任新闻发言人，代表中共中央召开记者招待会，宣布中共对和谈的主张。新中国成立至改革开放初期，中国很少运用新闻发言人形式来发布新闻。这期间只举行过少数几次记者招待会，国务院副总理兼外交部部长陈毅曾多次举行记者招待会。

1980年，我国政府又举行了两次新闻发布活动。一次是全国人大常委会召开的新闻发布会，由人大常委会副秘书长曾涛作为发言人，向中外记者发布关于审判“四人帮”的决定。

1983年下半年，中央为满足对外宣传需要提出建立全国新闻发言人制度，国家统计局、外经贸部、国台办等部门新闻发言人也逐渐走上前台。当时该制度的建立主要是出于外交需要，对外国记者进行定期的信息发布，外交部因而成为最先实施这一制度也最为成功的部门。随着中国改革开放和社会经济发展进程的不断加快，民众对知情权和参与国家管理的呼声越来越高，健全的新闻发布制度有利于政务信息的公开透明，有助于政府建立起贴近群众的有效沟通渠道，对维护社会稳定、促进经济发展有着重要的作用。中国的政府新闻发言人制度就是在这种形势下发展起来的，但新闻发言人并没有形成制度。

1988年，中央进一步明确要逐步建立和完善新闻发布制度。此后，中国政府的新闻发

① 邹建华．走进外交部发言人．北京：中共中央党校出版社，2011.

② ［美］格伦·布鲁姆，艾伦·森特，斯各特·卡特里普．有效的公共关系．明安香译．北京：华夏出版社，2002. 91，410.

布工作进入了制度化建设阶段。

90年代，中国政府三个层次的新闻发布制度趋于完善。国务院近70个部、委、办、局，建立了新闻发布制度，党中央各部门设立了新闻发言人，逐步建立有关机制。

国务院新闻办公室（简称国务院新闻办）组建于1991年1月。

2003年初，中央提出建立健全国务院新闻办、中央各部门、各省区市人民政府三个层次的政府新闻发布制度。2003年9月，国务院新闻办组织了第一期全国新闻发言人培训班，来自国家部委和地方政府的100多位发言人参加了培训。

2004年12月28日，国务院新闻办首次对外公布了62个部委和75位新闻发言人的联系方式。

2006年，教育部、公安部、卫生部率先开始进行新闻发言人定时、定点、自主新闻发布。

2007年，国务院颁布《中华人民共和国政府信息公开条例》，明确“公开为原则、不公开为例外”原则，该条例自2008年5月1日起施行。

2008年底，中央政府部门和地方省市一级全部建立了政府门户网站。

2010年6月，中央宣传部等中央部委的11位党委新闻发言人集体亮相，受到国内外舆论的高度关注。

2011年5月，国务院办公厅设立国家互联网信息办公室。

2013年9月2日，中央纪委和监察部官方网站开通，首次披露中央纪委监察部的组织机构设置及纪检监察部门的工作程序。

国务院74个部门和29个省区市已建立起新闻发布制度，开展了各种形式的新闻发布工作。2003—2013年来，累计有540余人担任过中央部门和各省区市政府的新闻发言人。

目前，国务院新闻办公室是中国负责对外发布信息的政府机构，国新办挂有三块牌子：中央对外宣传办公室（外宣办）、国务院新闻办公室（国新办）、国家互联网信息办公室（国网办）。

四、为什么要建立和完善新闻发布制度

1. 满足公众的知情要求

新闻发布制度能促进中国媒体以“及时准确、公开透明”的原则，对各国情况和国际问题进行报道，使中国公众及时了解世界经济、科技、文化的发展进步情况，促进中国与世界各国之间的沟通了解与合作互信。由于信息技术迅猛发展，信息传播越来越快，国内公众对内政、外交的知情意识和参与意识逐渐增强。建立和完善发言人制度，向公众及时通报有关重要信息，让公众及时了解政府的重要决策和重大事件的发生、发展情况，满足公众的知情权，可最大程度地争取国内民众对政府内政外交政策的支持和理解。新闻发言人制度是最便捷、及时、有效的方式。它可以以较短的时间、最快的速度、最有效的方式，向最广大的公众传达政府的信息，在第一时间发布权威信息，介绍有关背景进行深度分析。其信息的系统性强，既便于媒体报道，也便于社会公众的理解。

在每一个单位常设“新闻发言人”，专司接受媒体采访。遇到采访时，由新闻发言人专人负责，可以有效避免接受采访的领导干部“答非所问”或“语出惊人”，带来不必要的误会和麻烦，也可以使其他职工的日常工作尽可能少受到外界干扰和影响。

2. 引导舆论走向

新闻发布制度是开放进步的体现，是我国宣传工作的重新调整，技术的进步大大缩短了人与人之间、地区与地区之间、国与国之间的距离，传统意义上的宣传领域内外有别的界限在很多方面都变得模糊起来。所以各地区建立新闻发言人制度在一定程度上突破了这种内外宣传的传统模式，在主导性、全面宣传架构下进行内外兼顾的整合。建立和完善发言人制度，及时主动发布新闻、提供信息，能够做到把握先机，争取主动，引导舆论，对改善政府的管理和实现公众知情权也有着不可替代的重要作用。

3. 树立中国政府良好形象

新闻发布制度推动中国媒体向世界说明中国，包括介绍中国的内外方针政策、经济社会发展情况及中国的历史和中国科技、教育、文化等发展情况。通过指导协调媒体对外报道，召开新闻发布会，提供书籍资料及影视制品等方式对外介绍中国。协助外国记者在中国的采访，推动海外媒体客观、准确地报道中国。

以往的宣传一直讲究内外有别，1983 年设立新闻发言人制度的初衷主要是满足中央政府对外宣传工作的需要。但是随着世界经济一体化步伐的加快，尤其是我国加入 WTO 之后，外宣和内宣工作在宣传区域、宣传对象、宣传内容上的区别越来越难以界定。有效的舆论治理，不能仅仅靠下达指示和命令，而是要在信息的平等传播中实现引导，在与受众的互动相谐中提高公关能力，从而树立良好的执政形象。突发事件爆发后，通过新闻发布会及时向媒体和公众发布事件的信息、政府采取的措施等，不仅可缓和公众的紧张情绪，取得公众的理解和信任，而且还有利于树立公开、高效、务实和负责任的政府形象，树立开明、开放、和平、友好、合作、负责任的大国形象，为各国媒体提供有关中国的权威信息，让世界充分了解中国。

五、外交部新闻发布制度的建立、发展和完善

外交部新闻发布制度顺应形势发展，从无到有，循序渐进，一直处于不断改进、提高与完善的过程中，与中国改革开放同步，与中国总体实力增强、国际影响力提升并行。

外交部正式建立发言人制度，开国务院部委发言人制度之先河。外交部建部后，就有发言人的实践。一是通过外交部发言人名义就某一重大问题发表声明、发表谈话，但此时还只是空头衔，没有任何实际发言人。二是国家领导人出席国际会议的代表团中也设有中国代表团发言人，但这与严格意义上的外交部发言人有所不同。

新闻发布制度建立初期，外交部每周举行一次发布会，只发布消息，发言人与记者“零互动”。1983 年 9 月起，每月的第 1 次记者会进行现场答问。1988 年，改为每次都回答提问。1995 年以来，记者会增加为每周 2 次，每周二、四下午各一次，翻译也由交互传译改为更省时的同声传译。2013 年 9 月例行记者会从每周 2 次增至 5 次，信息发布主动性、时效性再次提升。外交部新闻发布会还取消了对记者提问次数和发布时间的限制。每次新闻发布会都持续到无人问问题时才结束，互动频繁。

早期的例行记者会在国际俱乐部举行。1997 年外交部大楼落成后，记者会迁至楼内新闻发布厅。2010 年 10 月，“蓝厅”正式启用，设备先进，环境舒适，工作便捷，新闻发布进入新阶段。

外交部新闻发布机制已经成熟，从发布形式、答问频率到互动程度等都作了设置。每

年都要举行近100场发布会，内容涉及外交、政治、经济、社会等各个问题。出席发布会人数多则二三百人，少则上百人。代表主要大国的二三十家传媒的记者几乎场场必到。遇上重大问题或突发事件，来参加新闻发布会的记者更多，一些外国驻华使馆的新闻官甚至大使、参赞也不时来出席外交部新闻发布会。

与大多数国家相比，中国外交部新闻发布制度毫不逊色。建立了发言人制度的国家并不多，有比较成熟的新闻发布机制的，只有美国等少数几个国家。目前世界上仅美国国务院每周举行5次例行记者会，除此之外还没有其他国家的外交部拥有像中国外交部那样的定期和成熟的新闻发布机制。

外交部发言人发出和平发展的声音，传递合作共赢的理念，播撒友谊信任的种子，外交部发言人制度已成为中国改革开放的一扇重要窗口和中国发展进步的一个重要标志。

六、中国新闻发言人制度与中国外交部发言人

建立新闻发言人制度是一种政府行为，政府作为体现人民利益、组织社会生活、维护社会秩序、控制社会运行的权力机构，其影响和作用遍及社会的各个领域，代表国家的形象，同时也是社会关系的枢纽。我国新闻发言人制度从初步建立至今已进入“三十而立”之年。三十年来，新闻发布已经成为沟通政府、媒体与公众的主要平台，争取公众理解和支持的有效渠道，促进社会民主监督的主要手段以及塑造政府形象和国家形象的重要方式。

国务院新闻办公室发布的是中央政府重要信息，各部委及各级地方政府就主管领域的问题发布信息。外交部发言人是外交部设立的新闻发言人，是以外交部的身份发言，并向记者宣传情况、回答提问的。

政府举办的新闻发布会有三种形式：

（1）以新闻发言人的名义，定人、定时、定点举办新闻发布会，如外交部、国务院台湾事务办公室、上海市政府等。

（2）如国务院新闻办公室的做法，邀请国务院部门负责人或发言人介绍有关情况，一些地方政府也是参照这个模式。

（3）遇有突发事件时，临时组织新闻中心，进行新闻发布活动。

外交部新闻办公室主要职责：承担发布中国重要外交活动信息、阐述中国对外政策的工作；承担国家重要外事活动有关新闻工作；指导驻外外交机构新闻工作；承担在华外国常驻新闻机构和外国记者事务；组织开展公共外交；收集分析重要信息等。

七、新闻发布会和记者招待会

新闻发布会与记者招待会有所不同，两者之间的区别目前还没有权威的界定，根据实际情况可以作粗略的区分。新闻发布会与记者招待会的新闻发布会一般在专门的新闻发布厅内举行，主持人和发言人都在发布台上就座。

新闻发布会是一个社会组织为直接向新闻界发布有关该组织的信息，解释组织重大事件而举办的活动；是一种主动传播各类有关该组织的信息，以谋求新闻界对该社会组织或该组织的活动、事件进行客观而公正报道的一种有效沟通方式。一般新闻发布会先由主持

人作开场白，然后发言人发布新闻，再回答记者提问；或者主持人就是发布人，自己发布信息并点记者提问。如美国白宫新闻发言人主持的发布会。

新闻发布会由政府或部门发言人定期、不定期或临时举行，一般有信息要主动发布时才举办，历时半小时至一小时左右。如外交部新闻发布会、国台办新闻发布会等。

记者招待会是一种正式的、大范围的新闻发布方式，一般用于发布重大信息，除新闻发言人以主持人身份到场外，通常还会邀请有关领导、专家出席，在现场，由发言人先作开场白，简单介绍出席发布会的领导和专家的身份，然后请他们答记者问。

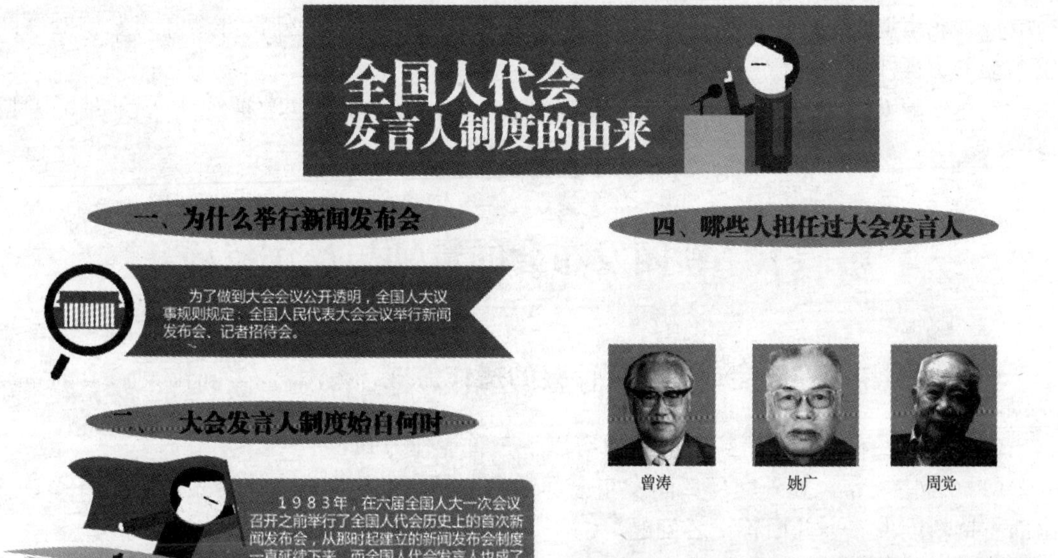

图6－1　全国人代会发言人制度的由来

（资料来源：新华社　制图：张帧）

记者招待会上一般不主动发布新闻，常常发布来自高层领导人的权威信息，记者招待会更适合中央领导、部长或部门领导人。如总统记者招待会、总理记者招待会、部长记者招待会或大使记者招待会，再如我国总理出席的全国人大记者招待会。

记者招待会时间一般较长，一个多小时或更长，回答问题的范围更广泛。因记者招待会权威性更高，所以更受媒体和公众重视，记者出席的人数更多，影响也更大。因对方位尊权重，记者出于礼貌会比较收敛。

参加外交部新闻发布会的主要是外国驻京记者、港澳台驻京记者，国内媒体就只有中央几大新闻单位，包括新华社、中新社、人民日报社、中国日报社、中央电视台、国际广播电台、北京周报社等。中外记者参加外交部新闻发布会必须持外交部新闻司发放的新闻发布会采访证。

现在国内对两者在称呼上有些混用。外交部新闻发布会也常被称为外交部记者招待会。

第二节　新闻发布会的策划与操作技巧

一、中国新闻发布会或记者招待会的操作方式

中国新闻发布会或记者招待会主要有以下三种操作方式：

（1）自主发布。如外交部新闻发布会、国台办新闻发布会。由本单位新闻发言人自己出面主持新闻发布会并回答记者问题。

（2）“搭台唱戏”或“借台唱戏”。如国务院新闻办的记者招待会或新闻发布会。国新办策划并主持，但不回答记者问题，发布消息并回答记者问题的是邀请来的各部委的领导。这对国新办来说就是“搭台唱戏”，而对各部委来说，就是“借台唱戏”。

（3）现场发布。即在突发事件发生的现场进行新闻发布。

二、举行新闻发布会或记者招待会的情况

国务院新闻办公室、国务院各部门和各省（区、市）人民政府三个层次的新闻发布会是例行的，定时定点。其他部门要考虑选择什么时间举行新闻发布会更合适。

举行新闻发布会，一般有下面几种情况：

（1）重要会议结束前后。召开重要会议，一定要有很重要的内容，或内容与民众息息相关。会议前后举行新闻发布会，加强与民众的沟通，有助于得到民众的理解和支持。

（2）重要政策出台时。此时举行新闻发布会是必要的。重要的政策，绝大多数需要取得社会的理解和认同，对政策的内容需作广泛宣传。

在新闻发布会上直接宣布新出台的政策和措施，是最吸引记者的做法。过去，各部门的重大政策和措施，有时以会议形式发布，有时以文件形式发布，有时则通过官方媒体发布。其实，这些内容大多都有很高的宣传价值。政策出台前，宜仔细分析一下，用什么方式对外发布能发挥最大的宣传效益。如果只用官方媒体对外发布，外国记者会认为得到的

是第二手资料，报道的兴趣会受影响，报道的倾向和详细程度也会打折扣。因此，可以考虑把大部分即将出台的政策通过新闻发布会的形式进行公布，外国记者会觉得得到的是第一手材料而增加报道兴趣。

（3）谣言横行时。如果社会上的谣传涉及自己的部门，这时可选择的方法之一，就是举行一次或多次新闻发布会，既可辟谣，又可系统充分地发布正面信息，解惑释疑。

（4）出现突发事件时。突发事件发生后，及时进行新闻发布，利大于弊。可引导舆论，避免谣言，澄清事实，以正视听。突发事件包括突然发生的重大的政治社会事件、社会冲突、恶性事故、涉外和涉台港澳事件等。一般而言，做到及时向媒体通报突发事件，利大于弊。

三、新闻发布会的形式

新闻发布会形式多样化。在日常的新闻发布会中除召开新闻发布会外，还通过召开吹风会，发表白皮书，安排集体采访、个别采访，受理记者的问询等多种形式对外阐述有关政策主张，回应媒体关注的问题，解疑释惑。

新闻发布会有主动和被动发布、正式和非正式发布之分。主动发布，顾名思义就是主动对外发布消息，如发表政府声明、外交部声明，外交部发言人发表谈话等。被动发布主要指应询回答记者提问。

1. 正式发布新闻的方式

正式发布，就是通过一种正规的方式传达信息。主要有以下几种形式：

（1）新闻发布会。这是使用最多的一种新闻发布形式。新闻发布会的优点是，可以正式地、大范围地对外传播信息，并通过现场回答提问，比较系统地讲清楚某个问题，起到宣传自己、引导舆论的作用。

一般的做法是：在一个大厅或专门的新闻发布厅内，主持人和新闻发言人都在主席台上就座，先由主持人做开场白，然后发言人先发布新闻，再回答记者提问。被主持人允许提问的记者，一般要求通报自己代表的新闻机构。外交部新闻发布会过去采用这一形式。但现在国际流行的做法是不设主持人，新闻发言人自己上台发布新闻，自己点记者；不设座席而改为站立式发布。外交部新闻发布会和国台办新闻发布会都采用这一形式，主题突出、明确。

（2）记者招待会。记者招待会是一种更正式的、更大范围的发布新闻形式。在新闻发布厅内或更大的大厅举行，一般要有主席台，并设主持人。先由主持人作开场白，简单介绍此次发言人的身份和背景，然后由发言人回答记者的提问。记者招待会上一般不先发布新闻。被主持人允许提问的记者，一般被要求先通报自己代表的新闻机构。

记者招待会的优点是，可以更正式、更权威、更大影响地对外传播信息。

（3）媒体吹风会，又称新闻吹风会。与正常新闻发布会和记者招待会相比，会场中采访的气氛比较轻松，答问也能详细一些。在国际上是政府和媒体沟通中较为常见的一种方式，主要用于发布重要的信息、阐释政策或者预告一些活动。

（4）网上发布新闻和网上在线交流。这是一种全新的新闻发布形式。随着网络的影响越来越大，通过网上发布新闻、网上论坛和网上在线交流等形式，阐述政府政策和立场的做法越来越常见。外交部新闻司经常请部领导和各司局负责人与网友就热点问题和群众关心的问题交谈，回答提问。

（5）冷餐会或酒会。这一形式可以单独使用，也可与新闻发布会或记者招待会合并使用。通过这一形式，可以轻松地将想发布的有关信息传达出去。

（6）接受记者单独专访或多家联合采访。采用这种形式是为了透露重要信息，扩大影响。一般挑选影响比较大的媒体。另外，领导人出访前，为了营造声势，也采用这一方式，接受往访国家重要媒体的采访。

（7）发送新闻稿。在国外，向新闻机构发送新闻稿是政府部门和大公司为争得新闻界的支持、利用新闻界宣传自己的常见形式。一般做法是，把具有新闻价值的信息，由专门人员写成新闻稿，以传真、电子邮件、普通邮件等方式，传送给新闻界，请新闻界发表或在撰写新闻时参考。

2. 非正式发布新闻的方式

非正式发布新闻的方式主要有以下几种：

（1）公开场合交谈。作为一个新闻发言人，经常会被邀请出席很多活动，如各种会议、开幕仪式或酒会等，这些场合也常常会邀请记者采访。一般而言，记者去这一类场合，并不完全为了报道开幕式或酒会，也会寻机捕捉他们感兴趣的人物，以挖掘新闻或寻找新闻线索。在这种场合，新闻发言人虽然可以不回答记者的问题。但作为新闻发言人，从宣传本部门工作，或从与记者建立良好关系的角度考虑，还是有必要与记者聊聊天，沟通沟通，建立良好的关系，使他们在报道新闻时，掌握更多的知识和背景，在写一些负面新闻时能够更多地注意新闻发言人的看法。

（2）背景吹风会。背景吹风会是一种非正式发布新闻的渠道。一般在遇到不愿炒热，但又需在一定范围内传播的问题时采取背景吹风会形式。这种形式气氛比较轻松，可邀请为数不多的记者，在一个小会议室或新闻发言人办公室里，甚至在咖啡厅或者饭桌上举行。背景吹风会的优点是，因不是正式新闻发布会，所以能说一些在正式场合无法说的话，从而建立与记者的友好关系。外交部现在比较重视这一形式，经常邀请有关部门负责人在外国记者新闻中心举行背景吹风会。每年十几次，很受记者欢迎。

（3）向个别记者提供重要信息。

四、新闻发布会和记者招待会的准备工作

发言人最怕的是三种情况，第一种情况是根本不知道，第二种情况是没有统一口径，第三种情况是超越自己权限的问题。面对突然发生的事情，我们应如何面对记者的提问呢？因此新闻发布会和记者招待会会前应做好充分准备。

1. 新闻发布会的准备工作的基本流程

（1）日常信息收集和突发事件跟踪。

准备是一个不可颠覆的行动准则，新闻发言人见记者之前一定要想方设法进行准备。要了解舆论、境内外媒体的报道情况和有关评论，将所有的情况尽可能搜集起来，经常性地跟踪和分析。电视、电台、外刊、外报、网络都是了解信息的重要渠道。国务院新闻办公室 24 小时有人跟踪新闻动态和舆情，随时监督是否有任何新的或突发性新闻。

突发事件期间，公众的疑问和反馈有很多，要在第一时间对外发布信息，以回答和受理记者和公众的问题，并从中了解舆论动向与公众所关心、担心和害怕的究竟是什么，以便有针对性地进行准备。设立一个热线电话，开通电子信箱，及时把召开新闻发布会的通知告知，这表明了对待媒体和公众的一种态度，也从某种程度上减少各种流言蜚语的传播渠道和可能。

各部门要紧急动员起来，既调查事件缘由，同时又要理清由事件引发的工作机制和内部有可能存在的各种问题以及如何使事件公开、透明的问题等，对其背景、经过，对我方的影响，事件的现象、本质以及内在联系都要了解清楚。准备一份权威的、禁得住推敲的、让公众能够理解的发言人的主发言或新闻通稿。只有搞清了这些问题，新闻发布会的准备工作才能做到有的放矢。新闻发言人唯有将自己与媒体和社会舆情合而为一，多关注社会舆论走向与本单位、本系统之间的交集，做好舆情研判，到官方网站发布新闻，与新闻媒体建立交流合作、信息共享机制等等，在接受媒体采访时方能言之有物、切中要害。

（2）建立应答预案。

新闻发布主要是借助媒体的渠道把信息传播到世界上去，所以重点集中在发言人有什么样的信息给记者，不管记者问什么，发言人想的都必须是传递什么。尊重有关传媒人员，提供真实无误的信息，并预先设想好媒体采访中可能问及哪些方面的哪些问题，应该如何作答，怎样掌握平衡，把握好“收放度”，预见好回答问题的宽泛度与深度的关系，做到收放自如，心中有数。既不能因怕出错而“守口如瓶”，也不能样样都“和盘托出”。

（3）统一口径。

研究并制定预案，而预案最关键的就是口径，口径准备好了，不管记者问多难的问题都能应对。准备工作中最重要的一条就是准备相关口径，遇到好事的时候口径可以锦上添花，成为媒体的标题语、导语或者是非常重要的核心句；如果遇到坏事就可以作为防火墙，让发言人化险为夷。新闻发言人协调各部门的口径，无论新闻发言人对新闻发布会的内容多么熟悉，都要准备答问口径。

新闻发言人是政府或机构的代言人，不能信口开河，随心所欲，表态内容是需要授权的。特别是敏感问题的口径，需要请示上级同意或与其他部门会签；跨部门问题的答问口径一般需要与有关部门协调确定或向上级请示。如何准备口径，部门间如何配合，如何报批，什么性质的口径由哪一级领导批准，各部门要根据部门特点，建立一套有效的工作程序。否则，即使新闻发言人办公室或新闻办公室准备及时到位，但由于有关部门会签时拖拖拉拉，上级领导审批时不急不慌也会耽误最佳表态时机。

（4）准备新闻背景材料。

有时，由于时间的限制和从新闻发布会的效果考虑，新闻发言人在新闻发布会上不可能把所有想讲的话都讲完，尤其是一些解释性的背景材料。媒体资料并不是记者最感兴趣的，却是记者需要的。因此，应该准备一份与新闻发布会内容密切相关的书面背景材料，便于记者准确报道有关内容。背景材料内容，可以是发布会上发言人将要发布的详细内容加上政策阐述，也可以不是发言人直接讲述的内容。但无论如何，一定要与新闻发布的内容有直接关系。背景材料的撰写，同样需要注意新闻性，简明扼要，避免空话。

除口头表述和文字、图片资料以外，还有更多直观的形式可以帮助传递发言人要表达的信息，比如电视录像片、多媒体图标等，以便更能说明问题。

（5）及时就媒体对新闻发布会的报道情况进行跟踪和反馈。

新闻发布会后，应及时就媒体对新闻发布会的报道情况进行跟踪和反馈。通过跟踪和分析，了解各方反应，找出不足，不回避矛盾，敢于承认失误，为下次新闻发布会做准备。

2. 新闻发布会时间和地点的选择

在接待媒体时不管是有约而来，还是无约前往，都要为其提供方便，新闻发布会的时间安排上应尽量照顾记者的方便，保证记者的出席率。发布通知、邀请媒体参加不能只从自己部门的方便考虑。

（1）在时间安排上，一般安排周二至周四，避免周末或假日，避开重要的政治事件、社会事件或自然灾害等，媒体对这些事件的大篇幅报道任务，会冲淡发布会的传播效果。如果要请外国记者参加新闻发布会，应注意避开外交部、国台办和国务院新闻办公室等部门的新闻发布会和记者招待会。新闻发布会一般情况下历时半小时左右，不超过一个小时。如果发布会时间拖得太长，因为事先准备的东西有限，容易增加讲错话的概率。再者每次新闻发布会都有一个重点，有需要媒体多报道的，有希望媒体少报道的或不希望媒体炒作的。如果新闻发布会时间太长，易节外生枝，冲淡主题，从而影响预期目的，况且新闻发布会不是作报告。作报告可以将一些问题讲深、讲透，新闻发布会则不可能。国际上新闻发布会一般都在半小时到一个小时之内。美国国务院的新闻发布会天天举行，时间也在35分钟左右。中国外交部的新闻发布会虽没有时间限制，直到问题问完为止，但如无突发事件，一般发布会也都在半小时左右。

（2）在地点选择上，一般新闻发布会都选择在名声较大的、交通便利的饭店或其他场所进行，以便于记者寻找，同时也可满足新闻发布的硬件因素，如电话、传真、打字、照明设备等。如果是危机期间的新闻发布会，可选择危机现场，但应保证媒体在场不会影响救援工作，并保证记者和工作人员的安全。

（3）邀请记者有关注意事项。确定好新闻发布会的时间、地点后，向记者发出书面邀请，并在邀请函上附一回执，邀请信不能发得过早。为确保出席率，最好电话询问对方是否收到邀请信，是否与会等。对于准备在新闻发布会上发出去的内容，可以事先找好提问的“托”，并要确保这些记者到会，避免冷场。万一该记者没到，或迟到，应迅速联系其他记者代替。

（4）新闻发布厅或发布室以及其他细节事项。发布厅大小选择以邀请出席记者的多少来决定，新闻发布会布置要简单，发言人位置和背景的布置要考虑灯光效果。新闻发布厅预先安装并调试好有关设备，如音频插口、电源插口、插座等，并逐一检查设备（包括耳机、话筒等），确保没有问题发生。外交部新闻发布会就发生过这种意外，突然广播体操音乐大作，发言人上台后耳机没打开听不见记者提问等情况。如果有同声传译，应该提前调试设备，让译员提前适应，并尽早将有关资料和口径交给译员，以便其能提前认真准备。新闻发言人本人最好能与译员事先见面，就有关发布内容进行沟通，如果发言人在发布会上要引用古诗词、典故、行话、术语，一定要事先告诉译员。

五、外事新闻发布工作环节

各级各部门外事部门承担阐述对外政策工作和发布外事活动有关新闻工作；指导驻外外交机构新闻工作以及在华外国常驻新闻机构、外国记者事务；组织开展公共外交；收集分析重要信息。具体内容为：

（1）日常工作的信息发布。确定发布的内容和主题，新闻发布的形式；准备发布的材料；理解所发布的内容和社会与舆论所关心的问题，相应准备答问口径；确定通知记者的范围（与内容、形式、目的和效果有关）；场地安排。

（2）突发事件的新闻发布。建立相应的工作机构或者工作小组，研究方案，接待和安排采访，设立临时新闻中心，及时向记者提供有关情况，针对不同媒体的特点来组织新闻发布。

六、如何做一名称职的新闻发言人

要成为一名称职的新闻发言人，除了应知悉一些新闻媒体的工作规律和相关情况，懂得如何与媒体合作，具有较为出色的形象、气质和口才，还应该做到以下几点：

（1）胸怀全局，精通政策。对新闻发言人来说，内知国情，外知世情，这是最重要的，当然还要维护中国的国家利益、维护中国的国家形象，不能夹杂个人的情绪和看法。准确是新闻发言人第一要求，在此基础上，表达和技巧越娴熟越好。要想准确，就必须要时刻关注大局，了解大局，做到胸怀全局。对将要发布的信息内容，不仅要知其然，还要知其所以然，不仅要知现状，更要知历史、知发展，真正融会贯通。只有这样，才能从容面对各种复杂问题，做到胸有成竹、灵活自如。

（2）坦诚务实，言之有物。出席新闻发布会的记者兴趣各有不同，所问的问题涉及面会比较广，有一些事情是发言人不知道的，对于一些实在不能当场回答的问题，应坦诚告之，同时可以记下提问者的姓名电话，查问清楚了再告诉他或指引他到什么地方可以得到这个问题的明确答案，切不可以谎话来搪塞。一旦说了谎话，就可能永远地失信于媒体、公众。发布内容要真实。新闻发言人是新闻来源的重要渠道和提供者，所发布的信息必须真实可靠，符合客观事实的真相，这是对新闻发言人的基本要求。作为单位新闻发言人的各级领导干部，必须准确掌握信息来源，全面真实地了解所要发布信息的真实情况和相关背景资料，对政府及其机关即将出台的一些新政策和新动态应该积极参与，这样才能真实、准确、全面地把握要发布的信息内容，发布出更具权威的主流信息。

（3）掌控局面，注重平衡。新闻发言人要有一定的公关、组织能力和亲和力，善于与记者和公众沟通，与记者和公众建立良好的互动关系。会场动态瞬息万变，新闻发言人必须具备临场应变和掌控现场局面的能力，不能目中无人，自说自话。各家媒体关注的重点各有不同，在发布时，要善于找到平衡点，尽可能地满足各方的需求；在回答问题时，也要掌握平衡和全面，既要把握会场动态，又要呼应发布的主题。此外，点请记者提问也要注意平衡，国外媒体记者和国内媒体记者，会场的前、后、左、右的记者都要平衡照顾到。通过磨炼，要争取达到“发于其所当发，止于其所应止”的境界。

（4）心态平和，不卑不亢。心态平和是发言人自信的体现，是一种发自于内洋溢于外的从容。不管遇到什么问题，都要自信自如，不骄不躁，不卑不亢，干练沉稳；对媒体的提问要努力做到反应敏捷，简洁自如。新闻发布会的准备，尤其是发言人个人素质、素养的形成不是靠发布前的短短几天就能够做好的，要靠平时的不断积累。在日常工作和生活中，要注意了解社情民意；要广交朋友，知晓媒体关心的问题，把握记者心态；要善于学习，不断提升政治敏锐性和新闻敏感性；要磨炼意志、锻炼口才，逐步提高发布和回答提问水平。甚至还要兴趣广泛，古今中外、天文地理、文学艺术，都要涉猎。

（5）形象朴实、言简意赅。政府新闻发言人是政府的形象代表，应该具备现代的形象意识和形象素质，包括在外表形象、精神气质、言谈举止、职业素养等方面均应具备自己的独特魅力。所以，在整体形象上要庄重大方，着装要符合自己的气质和身份，给人一种稳重和可信赖的感觉。语言上要朴实直率、通俗直白，少用官话、套话和模棱两可的话，体现一种政治智慧和清新文风。发言人最好能表达幽默、风趣，增强新闻发布会的效果。

七、外国发言人机制

1. 美国

美国白宫、国务院、五角大楼新闻发布会有定期发布和临时发布两种。临时新闻发布会是在突发事件发生后临时召开的。另外，还有电话答问和书面采访。

美国白宫每天举行两次新闻发布会，上、下午各一次。上午的发布会并不正式，在白宫发言人的办公室举行。下午的新闻发布会在新闻发布厅举行，比较正式。如遇重大事件，有时总统亲自出来发布消息。

白宫新闻发布厅很小，只有50来把椅子，美国近50家主流媒体驻白宫记者才能使用，并且排定了座次，每个座位上都标有名字。其他媒体的记者和外国记者只能站着听。想早一点去抢座是徒劳的。地方本来就小，摄影、摄像记者一进来，显得更拥挤。

美国国务院发言人由国务院公共事务局（Bureau of Public Affairs）局长兼任。另外，还设两个副发言人。

公共事务局下设媒体关系处、美国援助新闻办公室、地区性媒体和新闻联络办公室、外国记者中心、电子信息及出版办公室、广播处、公共联络处、战略通讯及规划处、美国外交史处、政府间事务处等10个职能处室。

公共事务局是美国主要负责内宣和外宣的机构，相当于我国的外交部新闻司，但与我国外交部新闻司工作侧重点不同。其主要职能是：①制定实现美国主要外交政策目标的战略、战术规划；②向国内外媒体发布新闻；③促进同媒体的关系，通过安排当地、地区或全国性的媒体采访，使不论在世界任何地方的美国公众都能直接了解国务院主要官员的观点；④负责管理国务院网站，及时制作和更新美外交政策网页；⑤以电话、电子邮件或信函等方式回答公众提问；⑥通过安排座谈、演讲等形式走访社区，宣讲美国外交政策及其对美国人民的重要性；⑦制作有关音像制品，供公众、媒体及美国国务院使用；⑧从历史角度对美国外交和对外事务进行研究。

媒体关系处相当于我们的新闻发布处。该处约有10个工作人员，负责每天的新闻发布会工作，也受理电话答问。

美国国务院新闻发布会周一至周五每天下午举行一次，具体时间不定。国务院各地区司局均设有一公共事务处，负责有关新闻事务，负责回答记者电话提问和协助安排有关采访，并负责为国务院新闻发布会准备与本地区有关的口径。

2. 英国

英国首相府办公室每天都有新闻发布会。英国外交部新闻媒体司设新闻发布处，主管例行的新闻发布会的工作。外交部发言人共有6位（一秘级），每人按地区分工，哪个地区出现热点，就由主管发言人出席发布会。发布会于每个周一至周五的上午11：30举行，每次15分钟左右，英国及外国记者的出席人数一般在20人左右。发布会由发言人发布消息，然后记者提问。发布会以发布为主，记者可提出任何问题，但主要是围绕发布内容提问。发言人只回答外交问题，不接受记者采访，记者一般直接采访部级领导。

3. 法国

法国总统府和政府各部门都设有新闻发言人，负责本部门的新闻发布工作。各主管部门在突发事件发生后要尽快在第一时间发布消息。总统府发言人负责有关总统的新闻发布，不定期根据需要举行新闻发布会。法国外交部设正副两位发言人，由新闻司正副司长担任。新闻发布会于每天的12：00举行，时间为半个小时。如果记者还有问题要问，可留下来继续向发言人提问。出席人数一般在20人左右，法国和外国记者大约各占一半。国防部发言人每周四举行新闻吹风会，发布国防和军队方面的消息。

4. 西班牙

西班牙政府第一副首相兼任政府新闻发言人。首相府新闻国务秘书处负责首相的新闻发布工作。政府各部门都有新闻发言人，由新闻办公室主任担任。

每周五内阁例会后，第一副首相都要举行新闻发布会并回答记者提问。有时首相本人亲自举行新闻发布会并回答记者提问。一般都没有主持人，发言人自己主持新闻发布会，自己点记者提问。

政府各部门的新闻发言人一般都不发布新闻，而只是主持新闻发布会，发布新闻的是部长本人。

5. 瑞典

瑞典政府有两个新闻秘书，即新闻发言人，各部也都有新闻秘书处，但一般他们并不发言，经常出来发言的往往是首相、副首相和部长们，新闻发布会一般在周四的内阁例会后举行。

6. 意大利

意大利政府新闻发言人由总理府副部长兼任。每周五内阁会议后都要举行记者招待会。新闻发言人一般只负责主持会议，实际发布新闻和回答记者提问的是总理本人。

政府各部的情况也大致如此，由部长本人出面发布新闻和回答记者提问，发言人只负责主持记者招待会。新闻发言人只有在特殊情况下，受部长委托才出面发布新闻。

7. 德国

德国联邦新闻与信息局局长兼任总理府发言人。每周一、三、五举行记者招待会。政府发言人及其他十几个部的发言人同时出席记者招待会。外交部发言人因参加此记者招待会，所以不再另行举行记者招待会。记者招待会由德国记者联合会组织，主持人由记者担任。周一、三是下午2：30，周五是上午11：30。一般先由政府发言人发布重要新闻，阐述政府政策，提供背景资料。然后记者可向任何一位发言人提问，没有时间限制。发布会只使用德文。遇有重大事件，总理、外交部部长及有关部门的部长有时会亲自出面发布消息并回答问题。

8. 欧盟

欧盟发言人，大多是指欧盟委员会委员的发言人。欧盟委员会是欧盟的核心权力机构之一，其担任的主要角色是欧盟政策的执行机关。欧盟委员会目前有20位委员，每位都有发言人，每位发言人都领导着一个工作班子，称“发言人事务部”，负责各个委员的对外信息发布。欧盟的新闻发布会每天中午12：00举行，只要不是委员本人发布新闻，几乎所有委员的发言人都要到场。除了每周三外，发布会都是背景吹风性质。每周三举行的是正式发布会，因为这一天欧盟领导人开会，有关情况可以借发布会发布出去。发布会通常使用英文和法文，但周三有欧盟正式语言的同声传译，最大限度照顾不同国家的记者。

第三节　外国常驻新闻机构和外国记者

一、我国的外国新闻机构管理制度的历史

外国新闻机构进入中国的历史，如果以19世纪初西方传教士来华办报为开端，至今已有近两百年。新中国成立以前，驻华外国记者主要来自西方国家。一部分同情中国革命的外国记者，来到延安，向世界报道红色中国的真实情况。他们作为驻华记者的先驱架起中外沟通的桥梁，留下了许多宝贵记录。

新中国成立初期，我国政府同世界各国建立新的外交关系，因此，外国驻华记者主要是社会主义国家的新闻机构记者，以及西方部分左派政党的党报记者。但由于来华外国记者数量有限，我国早期并没有制定专门针对外国驻华记者的法规。

改革开放以后，随着中外新闻交流的快速发展，国外新闻机构纷纷在华设立常驻机构，派驻常驻记者，驻华外国记者群体规模日益壮大。为了加强管理，1981年3月9日，我国发布了《中华人民共和国国务院关于管理外国新闻机构常驻记者的暂行规定》。

1990年1月19日，国务院颁布实施了《外国记者和外国常驻新闻机构管理条例》，明确规定了对非法采访活动的处罚办法。根据此条例精神，各地又相继制定了更为详细的外国记者采访管理规定。这些规定共同构成了我国的外国记者管理制度。

2008年10月17日，《中华人民共和国外国常驻新闻机构和外国记者采访条例》施行，对外国记者管理规定的法制化，使得外国媒体和记者了解中国各方面发展情况的渠道更加通畅，有利于促使外国新闻媒体全面、客观、真实地报道中国。

二、外国常驻新闻机构以及外国记者的概念

外国常驻新闻机构是指外国新闻机构在中国境内设立、从事新闻采访报道业务的分支机构。

外国记者指在报纸、杂志、广播、电视等传媒领域从事采访报道工作的人员，包括社长、总编、主编、编辑、制片人、节目主持人、摄像、摄影和文字记者、灯光师、音响师等。

外国常驻记者是指由外国新闻机构派遣、驻中国六个月以上、从事新闻采访报道业务的职业记者。外国短期采访记者是指在中国境内停留期不超过6个月、从事新闻采访报道业务的职业记者。

经批准来华常驻的外国记者及其随任家属，持J-1字签证，短期采访的外国记者持J-2字签证，并持有外交部新闻司或新闻司委托的机关颁发的“外国记者证”。

三、外国常驻新闻机构和外国记者的主管部门

外国新闻机构在中国境内设立常驻新闻机构、向中国派遣常驻记者，应当经外交部批准。中华人民共和国外交部主管外国常驻新闻机构和外国记者事务。国务院新闻办公室和其他部门在各自职责范围内负责外国常驻新闻机构和外国记者有关事务。

地方人民政府外事部门受外交部委托，办理本行政区域内外国常驻新闻机构和外国记者事务。地方人民政府新闻办公室和其他部门在各自职责范围内负责本行政区域内外国常驻新闻机构和外国记者有关事务。各级人民政府外事办公室是外国记者工作的归口管理部门，具体的工作部门为新闻处。

四、办理外国常驻新闻机构和外国记者的相关手续

外国常驻新闻机构直接或者通过中国驻外使领馆向外交部提交的材料有：①由该新闻机构总部主要负责人签署的书面申请；②该新闻机构情况介绍；③拟设立机构的负责人、拟派遣的常驻记者以及工作人员情况介绍；④该新闻机构在所在国设立的证明文件副本。

在中国境内设立常驻新闻机构的申请经批准后，常驻新闻机构负责人抵达中国之日起7个工作日内，持护照到外交部办理外国常驻新闻机构证；其中，驻北京市以外地区的常驻新闻机构，负责人抵达中国之日起7个工作日内，持护照到外交部委托的地方人民政府外事部门办理外国常驻新闻机构证。

外国新闻机构申请向中国派遣常驻记者，应当直接或者通过中国驻外使领馆向外交部提交以下材料：①由该新闻机构总部负责人签署的书面申请；②拟派遣记者情况介绍；③拟派遣记者在所在国从事职业活动的证明文件副本。

两个以上外国新闻机构派遣同一名常驻记者的，应分别办理申请手续，并在各自的书面申请中注明该记者所兼职的外国新闻机构。

申请经批准后，被派遣的外国记者抵达中国后，到外交部办理外国常驻记者证；驻北京市以外地区的常驻记者，到外交部委托的地方人民政府外事部门办理外国常驻记者证，外国记者办理外国常驻记者证后，在居住地公安机关办理居留证。

外国记者随国家元首、政府首脑、议长、王室成员或者高级政府官员来中国访问，由该国外交部或者相关部门向中国驻外使领馆或者外交部授权的签证机构统一申请办理记者签证。

五、如何接待外国记者在中国采访

未接到外办授权的接待单位的通知，各地、各部门不能接受外国记者采访。外国记者在中国境内采访，要征得被采访单位和个人的同意，通过由外交部或者外交部委托的地方人民政府外事部门指定外事服务单位聘用的中国公民从事辅助工作，因采访报道需要，在履行报批手续后，可临时进口、设置和使用无线电通信设备。

按国务院《外国记者和外国常驻新闻机构管理条例》，外国记者不能未经批准即进行采访。因此，各地、各部门如发现外国记者正在从事未经批准的采访，都应立即向外事办报告，并按《外国记者和外国常驻新闻机构管理条例》予以制止。

外国记者采访的计划性很强，他们的每一项采访事先都要做充分的调查和准备工作。对外国记者提出的经批准的采访内容，接待单位应认真细致地研究并一一落实，对接待中可能出现的困难和问题要有预案。外国记者可以顺利地采访到事先确定的采访内容，对他们来说是一件愉快的事情，同时也是他们客观报道的基础。

一般情况下，接待单位应按批准的采访计划制订接待方案。安排的采访项目要有针对性，应在外国记者来访前就采访内容与其一一确认并达成一致，对不能或无法安排的采访项目要事先耐心地向记者说明情况，交代清楚，切不能在其抵达后才通知。外国记者对准备采访的问题并不是十分了解，他们采访的目的是希望得到问题的答案和更多的信息。因此，接待单位和接待人员应该在接待过程中积极介绍相关情况，使其对问题有全面、深入、真实的了解，同时多介绍情况也可以为其今后做其他方面的采访提供素材。

为保证接待效果和工作效率，接待外国记者最重要的是事前准备和落实，一般情况下，安排 1 ~2 名接待人员陪同外国记者采访，接待外国记者前还需按记者的要求预订酒店、解决交通问题（购买机票、火车票，租用汽车）等。外国记者很敬业，在短暂的采访过程中希望有充分的工作时间，接待单位一般不安排宴请外国记者。

思考与练习

1. 新闻发言人是一种什么制度？
2. 为什么要建立和完善新闻发布会制度？
3. 请说明外交部的例行记者招待会的特点。
4. 新闻发布会有哪些形式？
5. 举例说明外事新闻发布工作环节。
6. 如何接待外国记者在中国采访？

第七章

民间外交

【学习重点】

- 民间外交的含义和作用
- 全国友协的主要工作内容
- 友好城市的含义和作用
- 友好城市工作中应注意的问题

第一节　民间外交概述

“国之交在于民相亲”，国家关系的基础在于民众间的理解和友谊。中国奉行独立自主的和平外交政策，遵循和平共处五项原则，全方位、多层次、宽领域地开展民间对外友好工作，从而增进了解、发展友谊、加强合作，巩固中国与世界各国友好关系的社会基础，推动建设持久和平、共同繁荣的和谐世界。中国的外交有官方的、半官方的和民间的，而且三者是密切结合的。要搞好外交，非三者密切结合不可。本章叙述的对外友协和友城工作是起桥梁作用的民间外交。

一、民间外交的基本含义及主要任务

民间外交与官方并列而在官方之外，因此就本来的意义而言，民间外交是一种非官方的外交，是指政府外交以外的民间性的对外交往和交流活动，它不同于一般的人员往来和文化交流，而是特指那些属于民间层次的外交活动，它是政府所进行的官方外交的一个重要补充。民间外交的内容和范围是很广的。它既可以同政府高级官员进行上层交往，也可以同各种行业、各种倾向的政党、团体和个人建立联系，甚至可以深入到基层了解情况，可以涉及政治、经济、科技、文化和体育等各个领域。周恩来曾指出，国际经济、科学技术、文化艺术、卫生、教育等方面的合作交流以及和平团体（组织）、红十字会、救济团体的活动都属于民间外交的范畴，民间外交的主要任务是配合官方外交。

中国民间外交的光荣使命，概括起来就是：以世界各国人民为对象广泛交友，为中国革命（在当前就是中国特色社会主义事业）争取国际同情，为中国与世界各国建立良好关系奠定社会基础；通过民间对外友好交往的渠道，贯彻我国的对外政策，发展同各国对华

友好组织、社会团体和各界人士的友好合作关系；通过相互访问，举行纪念会、座谈，参加国际会议和交换资料等形式，增进相互了解和友谊；开展维护世界和平的活动；声援各国人民争取民族解放和维护民族独立的正义斗争；开展对外文化交流；推动我国地方同外国建立和发展友好城市关系，为维护世界和平与稳定服务；为我国的社会主义现代化建设服务，为我国在平等互利基础上与其他国家开展各个领域的交流与合作服务。

二、民间外交的特点

1. 民间外交具有明确的政治目的性

民间国际活动是我国总体外交中的一个重要组成部分，是围绕并服从和服务于政府的正式外交工作的，因而是一项具有高度政治性的工作 。在中国，官方和民间外交机构是一个屋里两个相通的房间，民间外交要在一定的范围内贯彻党和国家的对外政策要求，传递国家的外交信息。民间外交又指民间往来中有官方背景和支持，自觉地、有意识地代表国家的利益，实现国家政策的民间友好活动。实际上，民间外交是“半官半民”的外事活动。而纯粹私人性质的出国探亲访友，参观旅游，出国留学、讲学，参加学术会议等，虽然也能增进国家或国民间的相互了解和交流，但只是普通意义上的“民间对外交往”，不具备外交的一般特征。

2. 民间外交具有灵活性

民间外交通过非官方渠道开展外交活动，因此可以摆脱国家关系的束缚，不拘礼宾规格的限制，比较自由地开展对外活动，可进可退，可快可慢，可冷可热，可高可低，见机行事，相机抉择。此外，民间对外交往不受组织形式和礼宾程式的限制，可以深入到各领域了解情况，主动开展工作，广交朋友、深交朋友，以弥补官方外交的不足，是国内民意在对外交往领域得到表达的一种途径。

3. 民间外交内容丰富，渠道众多，形式多样

民间外交可以包括政治性的友好往来，也可以包括经济、文化和科学技术方面的交流。政党、组织、团体、个人、各类协会、城市等都可作为民间外交的渠道，其方式有个别接触的、双边的、多边的，领域宽、交际面广、影响大。它亦官亦民，能上能下，交往对象十分广泛，从而为中国与世界各国建立良好关系奠定了坚实的社会和民意基础。

总的说来，民间外交是一种多层次、多渠道、范围广泛、灵活多样的外交方式。中国离不开世界进步，人类在道义上的同情和世界各国在各种不同方式上的援助，为国交友、为中国特色社会主义事业争取同情就自然成为一项不可或缺的重要工作。中国外交在本质上说是交友外交，因为我们的本意并不是与任何国家为敌，当然要四方结好、广交朋友；对于某些怀有恶意的国家一定要与中国为敌，为了应付挑战，我们也要和世界上尽可能多的国家建立友好合作关系，借以改善我们的国际环境。中国交友外交的真正基础就是以人民的名义在人民中间交友的民间外交。

三、民间外交的作用

民间外交工作是我国总体外交工作的一个重要组成部分，中国领导人一贯十分重视民

间外交工作的开展。早在民主革命时期特别是在抗日战争时期，中国共产党曾利用一切有利条件和合适时机积极开展民间外交活动。这一活动的成功开展，对于打破国民党的包围封锁，扩大中国共产党在国内外的政治影响，改变国际舆论对中国共产党的态度，起到了重要作用；对制止国共摩擦、争取抗日战争的最后胜利作出了重大贡献；同时也为中国共产党了解世界，日后走向国际政治斗争的大舞台创造了有利条件，并为新中国成立后大力开展民间外交，积累了丰富有益的成功经验。

新中国建立后，由于以美国为首的西方资本主义国家长期顽固地执行敌视中国的僵化政策，致使我国的官方外交活动领域相对狭小。在打破这一僵局的努力中，中国政府在外交工作中坚持“人民，只有人民，才是创造世界历史的动力”这一历史唯物主义的基本观点，反复强调“是人民决定问题”，积极开展民间外交，打破西方国家的包围、封锁。在具体工作中，周恩来又多次指出，外交工作虽然是“以国家为对象，是通过国家和国家的关系这个形式来进行的，但落脚点还是在影响和争取人民，这是辩证的”。他说：“现在的外交不一定先由政府和政府之间建立，而是可以先由人民之间建立，来推动国家之间的邦交的建立。”“两国人民之间的关系不能单靠职业外交家来进行，更多地应该依赖两国人民直接进行。”①

经过新中国历代领导人的创造性的实践，我国的民间外交积累了丰富的经验，产生了广泛的国际影响。民间外交作为官方外交的重要补充，为贯彻国家各个重要历史时期的外交战略方针发挥了独特的作用。

面向未来，我国的民间外交不仅有着更为广阔的发展空间，而且也有着良好的社会条件。在当今世界全球化趋势日益加强、“民间社会”的作用不断增大的背景下，仅重视在国家和官方层面上开展对外交往活动是远远不够的。只有大力开展民间外交，拓宽对外交往的渠道，才能使国家间的关系得到更好的发展，国家间的矛盾和冲突得到有效控制，并进而使双边关系具有一种“韧性”和良好的防冲击能力。在这方面，民间外交的作用不仅不可替代，而且随着时间的推移，其重要性和迫切性愈加突出。因此，民间外交不应仅仅成为一种退而求其次的被动选择，而应该是一种立足长远、积极主动的理性设计。

民间外交从不同角度对各国的政治、经济和社会生活产生影响，体现了世界多极化和经济全球化大背景下国际社会发展的作用。

（1）民间外交的一个重要目的就在于促进各国民众之间的相互了解，不同文明之间的相互沟通，而民众之间的相互了解和文明间的相互沟通是构建和谐世界一个必不可少的前提条件。

文化方面的合作与物质方面的合作有着本质区别。比如，你有一个苹果，我有一个苹果，彼此交换之后，各人还是只有一个苹果。尽管效用有可能不同，但差别毕竟不可能太大。你有一种思想，我有一种思想，彼此交换之后，各人就同时拥有两种思想。在日益频繁的民众交往中，不同的观点经过碰撞、相互融合，和平理念会逐渐成为共识。

（2）在减少对抗、增加互信、促进合作、互相帮助上，民间外交还有着政府外交无法

① 中华人民共和国外交部外交史研究室．周恩来外交活动大事记（1949—1975）．北京：世界知识出版社，1993. 148.

比拟的特殊优势。

与政府外交明显的目的的直接性和反应的应急性相比，民间外交因具有稳定性、灵活性和包容性等鲜明特征，能起到春风化雨、润物无声的理想效果。中华民族五千年的文明史上，“和”一直被视为最高境界。近代以来，“强国梦”、“复兴梦”、“现代化之梦”是中国人孜孜不倦的追求。2012 年 11 月，习近平总书记在参观《复兴之路》展览时首次提出，“实现中华民族伟大复兴”是新的“中国梦”。这一“中国梦”凝聚了几代中国人的夙愿，是中华儿女的共同期盼。当今世界最大的特征是全球化，在各国利益高度融合的时代，实现“中国梦”不仅需要我们自己苦干实干，还需要维护好与外部世界的关系，学习和借鉴其他国家追求梦想的经验和教训。

（3）民间社会的不断发育和日趋成熟，客观上也为开展民间外交、加强不同文明之间相互交流、构建“和谐世界”提供了有利条件。

就隐性层面而言，民间社会的成熟、民间组织的发展，可为政府的外交决策提供信息和咨询，并在培养公众意识的基础上，形成制定对外政策的舆论环境。正如美国“公民外交”运动发起人之一的谢里·李·米勒说的那样：“公民外交这个概念的意思是，每位公民在每次与外国人握手时都有责任和义务帮助塑造美国的外交关系。无论你是坐在外籍同学身旁的学生、在国外比赛的运动员、迎接外宾的官员、摇滚明星还是海外商务代表，你都是一名公民外交家。”①

（4）中国政府一贯高度重视并充分发挥民间外交在促进相互了解和加强国际合作中的重要作用，从而为在新的历史条件下通过开展民间外交来构建和谐世界积累了宝贵经验。

历代中央领导集体对民间外交的高度重视并身体力行地带头实践，为在新的历史条件下构建“和谐世界”积累了宝贵经验。在一些官方不便、不必或不能出场的情况下，民间外交完全可以起到弥补官方外交不足或缺场的作用。“和谐世界”的构建，需要世界上一切积极因素共同发挥建设性的作用，民间外交正是其中一支不可或缺的重要力量。

第二节　全国友协的工作

民间友好交往是中国总体外交的重要组成部分。中国人民对外友好协会（以下简称“全国友协”）作为民间组织配合国家总体外交，为促进与各国友好关系的发展，开展了以下几方面的工作：通过民间渠道，积极开展与尚未同中国建交的国家交往的工作；加强同对华友好组织的联系，促进中国与各国人民之间友谊的发展；协调与管理国内城市同各个国家建立和发展友好城市关系的工作。

一、全国友协的成立和发展

中国人民对外友好协会（简称“全国友协”）是中华人民共和国成立最早的从事民间外交工作的全国性人民团体之一。

① 张胜军．新世纪中国民间外交研究：问题、理论和意义．国际观察，2008（5）．

1954年5月，我国成立了第一个独立的、全国性的人民团体——中国人民对外文化协会，并在全国十几个省（市）设立了地方分会。中国人民对外文化协会的主要任务是协调开展对外文化交流工作。

60年代初，我国对外关系有了进一步的发展，民间对外友好工作显著增加，远远超出了文化交流的范围。原有的中国人民对外文化协会建制已不能适应民间外交工作的需要。为此，在1966年4月20日举行的中国人民对外文化协会常务理事会上，决定将其改名为中国人民对外文化友好协会。

1969年10月，根据周恩来总理的指示，中国人民对外文化友好协会改名为“中国人民对外友好协会”，大大拓宽了对外民间友好工作面，为我国外交工作的发展作出了很大的贡献，尤其是党的十一届三中全会以后，对外民间友好工作进入了一个新时期，建立和发展了一些新的工作领域，在政治、经济、文化等各个领域全方位地开展工作，取得了丰硕的成果。

2013年的数据显示，全国友协已设立46个中外地区、国别友好协会，与世界上157个国家的近500个民间团体和组织机构建立了友好合作关系。

全国友协会址设在北京。在中国各省、自治区、直辖市及部分市、区、县设有地方对外友好协会，每五年召开一次全国理事会会议，选举会长、副会长、秘书长，并组成常务理事会。

二、全国友协的宗旨和主要任务

全国友协以发展中国人民同世界各国人民之间的了解和友谊，促进经济、社会、文化、科技、教育等方面的相互交流与合作，维护世界和平为宗旨。代表中国人民在国际舞台上广交、深交朋友，服务中国的和平发展与和平统一大业，致力于促进人类团结进步的事业。

全国友协的主要任务是同各国对华友好组织、社会团体和各界人士发展友好合作关系。通过互相访问，举行纪念会、座谈会、报告会，参加双边会议，交换资料等，增进相互了解，发展友谊。致力于维护世界和平、人类共同安全的事业，声援各国人民争取社会进步、维护国家主权的正义斗争。促进对外民间经济、贸易、社会、教育、科技合作，推动人才交流。开展对外民间文化交流。派出和接待民间文化艺术团体和文艺界人士，进行友好访问，举办演出和展览。受政府委托，协调、管理我国各地同外国建立和发展友好城市关系的工作。作为在联合国有咨商地位的非政府组织，积极参加联合国及其他国际组织的交流活动。作为地方政府国际联盟的成员，代表中国地方政府参与国际合作以及开展其他有关中国人民同各国人民友好合作的工作。

三、全国友协的主要工作内容

全国友协工作是建立在广泛的了解、信任和合作的基础上的外交形式，具有很大的亲和力，没有什么利益冲突，在开展工作时聚拢了人气，上至国王或总统，中到企业总裁或地方政府官员，下到平民百姓，均可作为工作对象。确定了“以对美国、俄罗斯、欧盟以及日本等大国（大国集团）和周边邻国开展民间合作为着力点，以对广大发展中国家开展民间外交为立足点，以对国际非政府组织开展多边外交为拓展点，积极为实现祖国和平统一大业服务，努力做好未建交国家的工作”的指导方针，遵循“选准目标、突出重点、以民促官、以经促政、官民并举”的原则，在工作内容的创新方面，做了大量有益的探索，取得了丰硕的成果。

1. 维护中日关系

民间友好是开展中日友好事业的传统优势，在中日两国关系发展的各个阶段，都发挥了不可替代的作用。进入新的世纪以来，由于日本个别领导人在历史问题上顽固坚持错误立场，两国的政治关系经历了一段自邦交正常化以来最为严峻的时期，两国国民感情的热度严重下降，如何进一步发挥民间外交的作用，以民促官，“牢牢把握中日关系发展的大方向”，维护中日友好的大局，促进两国关系的健康发展，成为近年来最为重要的任务。

2001 年 1 月，全国友协与中日双方 17 个友好团体在人民大会堂集会，发表了《新世纪中日民间友好宣言》，强调要以史为鉴、面向未来，创造新世纪中日民间友好的新水平。2005 年 4 月，在东京举行了由两国 60 个友好团体参加的集会，共同发表了《中日和平与睦邻友好呼吁书》。

在中日两国首脑交往中断的情况下，2006 年 3 月，全国友协邀请以日本前首相桥本龙太郎为首的七个日本对华友好团体的领导人联袂来华访问，并首次在人民大会堂举行了中日民间领导人会议。胡锦涛主席会见了代表团，并就中日关系发表了重要讲话，从战略和全局高度明确指出了中方关于改善和发展中日关系的立场和主张，在日本引起了强烈反响。

在巩固中日两国民间友好的社会基础，扩大民间友好的社会影响，培育民间友好的新生力量，为两国关系的改善和发展营造正面的舆论环境等方面，全国友协做了大量有益的工作，长期坚持不懈努力，维护中日关系的发展。

2. 维护中美关系

中美关系是我国对外交往中最重要、最敏感的双边关系之一。保持与美国稳定良好的民间交往，是我国长期的工作方针。在开展对美的民间外交工作中，长期坚持做好美国共和、民主两党高层、前政要和国会议员的工作，与他们始终保持畅通的接触与交往，为减少对抗、增加了解与互信，为我国的现代化建设事业争取更长的战略机遇期，起到了不可替代的作用。

全国友协多次派遣由普通农民组成的“实话实说”代表团到美国国会访问，让美国的议员和普通民众真实地了解中国农民的生活状态和精神面貌，对中美关系的发展产生了很积极的影响。

3. 维护与苏联/俄罗斯的关系

1983 年，中苏友协在与苏方中断了 18 年的交往之后，首次派代表团访问苏联，正式恢复与苏方的交往。1984 年，全国友协会长王炳南再次访苏，当时的苏联最高苏维埃第一副主席接见了代表团，在中苏关系处于非常困难的时期，全国友协始终保持着一条联络的通道。

中国人民对外友好协会会长章文晋和中苏友协会长伍修权先后于 1987 年和 1988 年率

团访问苏联，为中苏两国关系的正常化，为我国的改革开放争取更为安全的国际和周边环境作出了巨大的贡献。1989 年苏联总统戈尔巴乔夫访华，中苏关系实现正常化，全国友协在推动两国关系发展上作出了努力和贡献。

苏联解体后，全国友协不以意识形态为判断标准，与俄罗斯和独联体国家保持着密切合作，并开展了形式多样的民间友好交流活动，多次举办中俄友好城市会议，为西伯利亚联邦区、西北联邦区和远东地区萨哈（雅库特）共和国三个地区举行了推介会。推进中俄青少年之间的夏令营、友好联欢、科技展览、文艺演出等友好交流活动，特别是中俄互办国家年期间，组织地方政府高层互访、举办大型演唱会、派遣艺术团演出、举办摄影展等，90 年代，多次邀请著名的俄罗斯亚历山大红旗歌舞团来华演出，在中国观众中引起了轰动效应。

4. 开展与中美洲地区和南太平洋岛国未建交国家的工作

对于未建交国家的工作，全国友协先后派遣多个代表团访问巴拿马、危地马拉、萨尔瓦多等中美洲国家，并接待了上述国家的经济部长、前总统和洪都拉斯议员率领的 10 个访华团。自 2001 年以来，中美洲 7 国中的 6 个国家（除伯利兹外），在全国友协的帮助下先后建立了对华友好组织。2006 年 10 月，由萨尔瓦多和中国人民对外友好协会共同举办的首届中国和中美洲民间友好论坛在墨西哥首都墨西哥城召开，会议发表了《共同声明》，并一致同意在近期成立中美洲—中国友好协会。萨尔瓦多代表在发言时引用马丁·路德·金的演说词说“我有一个梦想”，这个梦想就是有一天他的祖国与中国建立正式外交关系。《共同声明》郑重承诺，为给后代留下一个充满机会和希望的美好未来，将推动本国与中国建立正式外交关系。

在中美洲和南太平洋岛国以民间渠道积极开展未建交国家的工作，为配合我国官方整体外交作出了贡献，突显了民间外交的灵活性和重要性。

5. 与非政府组织进行多边国际交流

全国友协 1999 年加入地方政府国际联盟，2004 年 5 月成为世界城市和地方政府联合组织（UCLG）的创始成员，推动北京、上海、天津、湖南等九个省、直辖市加入了该组织。2005 年 6 月，在北京承办了 UCLG 世界理事会暨市长论坛，来自 38 个国家和地区的 100 多位市长出席了会议。2001 年，获得联合国经社理事会特别咨商地位并成为非政府组织会议成员，2003 年成为联合国新闻部联系会员。全国友协有选择地出席系列多边国际会议，介绍中国的发展，阐述我国在重大国际政治问题上的立场，在国际舞台上发挥着越来越重要的作用。

6. 通过文化经济交流搭建心灵的桥梁

文化交流是民间外交的重要工作内容之一，日本松山芭蕾舞团长期致力于中日文化交流，在第一次访问中国时，就因成功演出芭蕾舞《白毛女》而轰动一时，受到了毛泽东主席、周恩来总理的亲切接见。改革开放后，该团分别于 1978 年、1984 年、1992 年和 2003 年举行访华演出，邓小平主席、江泽民主席都曾会见过该团的创始人清水正夫和松山树子夫妇。胡锦涛主席 2008 年访问日本时，专程到松山芭蕾舞团看望全团人员，高度评价清水先生和松山芭蕾舞团是中日民间友好交往的先驱，是两国文化交流的一面旗帜。

从 1975 年到 2007 年，日本创价学会名誉会长池田大作创立的日本民主音乐协会共邀请中国37个艺术团体赴日本访问演出，足迹遍及日本47个都、道、府、县，演出场次达1 500场之多，累计约有300多万日本观众观看了中国艺术家的精彩演出，增进了相互了解，拉近了两国人民之间的距离，同时也展现了中国人民的精神面貌。日本的媒体和普通观众都表示，中国的演员是友好的使者、文化的使者。改革开放以来，我国组织了大量艺术团体赴亚非拉国家演出，带去了中国人民的问候和友好情谊。

除了缤纷多彩的民间外交活动之外，根据国民经济和社会发展的急需，全国友协有针对性地开展大范围、宽领域的国际经济交流与合作，在工业、农业、科技、金融和环保等领域促进了许多项目的合资与合作。同时，借鉴蓝海战略理论，做好已进入国门的外资企业在华人员的友好工作，倾听他们的呼声，为他们排忧解难，赢得了他们的信赖和尊重。

四、全国友协工作的发展

全国友协是为我国对外工作总方针服务的。因此，全国友协的工作内容也是随着我国外交工作的内容、重点的变化而不断发展变化的。全国友协工作必须适应时代的变化，与时俱进，继承传统，开创未来，勇敢面对多元文化、科技进步、经济和社会现代化给各级友协工作带来的挑战和机遇，并坚持以思路更新带动行为创新，按“互补”方式求拓展，悉心培育联动机制，着力塑造自身特色，开创民间外交的新局面。

1. 扩大交友面

（1）过去，民间友好工作的对象主要是各国的友好组织和他们影响下的群众。近几年，全国友协在继续发展同这些友好组织的密切合作关系的基础上开辟了新的渠道，相继同一些国家的政治、经济、文化、教育、宗教等团体建立了联系，并且注意做好外国前总统、前总理、前议长、前部长和各界名流、学者的工作。这些组织和个人一般都与政府有着密切的关系，有些组织本身就是官办的或有官方背景的，在国内外都有一定的影响，可以为宣传、支持我国建设发挥作用。

（2）加强友好城市建设，拓宽对外合作领域。充分发挥全国友协对外渠道多、沟通联系广、专业素质强的优势，在经贸、科技、环保、教育、文化、旅游等领域，加强横向联系、优势互补和渠道共享，积极开展牵线搭桥工作，广泛开辟对外交流合作渠道，加快形成多层次、宽领域、全方位的对外交流合作格局；深化民间交流合作，重点围绕经济贸易、科技文化、教育体育等进行交流合作，采取扩大友城之旅访问范围、加大青少年交流活动力度等方式，加大民间交流合作力度，提升民间交流合作层次，促进民间对外交流合作取得更多实质性进展。

2. 突出民间外交的特色和优势

重视“民间性”和“外交性”，是民间外交最重要的特色和天然优势。民间性一方面指全国友协代表中国人民在国际舞台上从事对外交往活动，是国内民意在对外交往领域得到表达的一种途径。另一方面指全国友协以世界各国人民为对象广泛交友，致力于增进人民之间的了解、互信和友谊，从而为中国与世界各国建立良好关系奠定坚实的社会和民意基础。

外交性是指全国友协工作是总体外交的重要组成部分，不同于普通意义上的“民间对外交往”，而具备外交的一般特征，体现在：①城市外交功能。积极开展国际友好城市活动和地方政府交流，促进中外双方城市和地方政府在政治、经济、文化等方面全方位交流，从而促进国民之间、政府之间的关系。②公共外交功能。大力做好国外各阶层友好工作，解疑释惑，获取国外公众对我国国情、发展模式、发展理念以及外交政策等的了解、理解和支持，争取民意，树立国家和政府的良好形象。③人文交流功能。大力开展对外文化交流，推动各阶层进行沟通交往，发挥非政府组织在国际事务中的建设性作用，增强中华文化的影响力，传播我国的价值观念，提升国家软实力。

3. 积极开展维护世界和平的活动

发展各国人民之间的友好交往，需要一个和平稳定的国际环境，而友好往来又可以加强和平力量的团结，避免和消除战争的危险，促进世界的和平与安定。近年来，全国友协先后与一些国家的和平组织建立或恢复了联系，邀请和接待了部分外国和平组织代表团，出席了一系列国际性的和平会议，举行了规模较大的国际和平年纪念活动，旗帜鲜明地倡导和平运动，在国际社会中产生了很大影响。

为了“向世界说明中国”，获取我国和平发展所需要的良好国际环境和国际认同，使中国尽快地全面融入国际社会，实现国家利益目标和战略目标，一方面应积极参与政府推进公共外交的进程，全力配合国家重大公共外交活动，打造国家级公共外交品牌，扩大“人民友好使者”、“友好贡献奖”的国际影响力，多向外国公众做解疑释惑的工作，多做有利于树立有亲和力的国家形象的工作。另一方面还应看到民间外交与公共外交的区别，以及全国友协的工作特色，坚持为总体外交、祖国建设、祖国统一大业和世界和平服务，多做实际的基础性工作，以创新的思维方式和手段来践行公共外交。

4. 加强全国友协系统建设，重视社会资源的发掘与整合

全国友协的民间外交工作围绕国家外交总体布局，对工作布局作出微调，配合国家总体外交。发挥中国友好和平发展基金会、对外友好合作服务中心、友好艺术交流院、中国国际友好城市联合会和经济合作委员会在丰富全国友协的工作内容，服务国家总体外交等方面的独特作用。要根据形势的变化，打造新的、有效的工作平台，创新工作机制，积极策划并开展丰富多彩的活动。

地方友协系统是深入开展民间外交工作的强大支撑，协助各地外办、友协的综合协调和业务合作，建立各地友协的干部交流与培训机制。为国交友和城市外交是各地友协长期的特色板块，是未来工作的主攻方向；公共外交和人文交流是各地友协继承传统和大有作为的优势领域，是今后工作的创新亮点。

充分认识企业、民众已经成为民间外交新的主体，各地友协要做好牵线搭桥工作，吸引其参与友协打造的工作平台和活动，参与公益事业和国际援助。重视民众在民间外交中的作用，发挥民众、民意在对外交往中的正面作用。加大民间外交的透明度，重视网络新媒体的运用，加强与国内主流媒体的合作和对国内主流媒体的公关，扩大民间外交的影响力。与其他重要的民间外交机构开展对话和研讨，学习其他机构在坚定开展民间外交方面的成功经验。加强民间外交机构的横向沟通，推动这类联系机制的常态化，形成民间外交合力，促进民间外交工作的整体发展。

民间友好交流可以发挥官方不能发挥的作用，是中国总体外交的一个重要方面。例如，中拉友好关系的发展是同拉美各国对华友好组织的工作分不开的。目前，拉美尚有一

些国家未同中国建立外交关系，推动这些国家与中国发展友好关系，对促进日后它们与中国建交将发挥积极作用。在国家之间建立了外交关系之后，民间交流在促进双边关系的发展中仍起着不可替代的重要作用。民间友好组织的工作仍大有作为。

第三节　友好城市工作

一、友好城市的含义

“友好城市”指我国省、自治区、直辖市及其所辖城市与外国省（州、县、大区、道等）、城市之间建立的联谊与合作关系，外国一般称“姐妹城市”、“双胞城市”。

我国的友好城市工作属民间外交范畴，以增进我国城市（包括省、自治区、直辖市）和外国城市（包括州、县、大区、道等）之间的了解和友谊，配合国家整体外交的需要和双边关系的发展，开展双方在经济、科技、文化、人才等方面的交流合作，推动经济繁荣与社会进步，维护世界和平为宗旨。

城市间的联谊关系是从20世纪50年代开始出现的。第二次世界大战之后，各国人民出于反对战争、要求和平的意愿，开始建立了友好城市，主要是民间交往。以后，随着国际关系的变化，友好城市除了增进两国人民的了解和友谊外，已发展到为国家和地方特定的政治和经济服务。虽然是各国地方城市间的交往，但一般受到本国中央政府的支持。例如，美国的国际姐妹城市协会成立30多年来，其名誉主席均为历届美国总统。

友好城市工作是一项政策性、社会性、功能性和操作性非常突出的涉外活动。中国的友好城市工作始于1973年。多年来，中国各有关城市本着讲友谊、讲互利、讲实效的原则，与外国各有关城市在各个领域开展了大量富有成效的合作与交流。

1973年至1978年，我国地方城市共与外国缔结了6对友好城市关系，而且仅限于日本一个国家。1979年至1990年这12年里，我国与外国结好的城市发展到350对，扩展到许多国家，友好往来的范围拓展到经济、文化、教育、人才培训等领域，1990年至2007年底，中国各城市经济实力大大增强，友好城市工作经历了一个蓬勃发展的新时期。截至2013年11月，我国有30个省、自治区、直辖市（不包括台湾及港、澳特别行政区）的424个城市与五大洲131个国家的456个省（州、县、大区、道等）1 401个城市建立了2 050对友好城市（省州）关系。

二、国外城市外交的历史与特点

国外尤其是欧洲的城市外交起源很早，在中世纪的欧洲，各国的封建集权程度没有古代东方那么集中，加之在城市中发展壮大起来的市民阶级的不断斗争，很多城市从统治者手里获得了代表更大自主权的“特许状”。世界上第一对国际友好城市诞生于公元836年，德国帕德博恩市借着圣理玻利的舍利传播，与法国的雷曼斯市结为对子。[①] 国际上最初出

① 苏青. 中国友城面面观（都市聚焦）. 人民日报（海外版）. 2003－11－19（8）.

现友好城市交往形式，主要是因为战时敌对国家的城市官员在战后力图通过建立友城消弭城市间人民的敌对，是一种感情型的对外交往。在全球化进程中，这种交往形式适应了城市地位上升的变化，友好城市由感情型开始向重视经济、社会实际利益的实务型方向转变，进而成为城市外交的主要形式。国际上建立现代友好城市初始于第一次世界大战之后，为了医治战争创伤，英国的约克郡凯里市官员访问法国的普瓦市，看到战争给人民带来巨大灾难，市内遍布废墟，提出两市结好并协助普瓦市重建，随即两市结好。这是世界现代历史上第一对友好城市。第二次世界大战后国际友好城市开始大量涌现。

三、我国友好城市工作的宗旨、任务和基本方针

国际友好城市工作是我国实行改革开放和经济建设基本国策的产物，是我国地方政府开展对外交流活动的重要渠道。它以增进我国城市，包括省、自治区、直辖市和外国相应的地方政府之间的了解和友谊，开展城市间在经济、科技、文化、人才等方面的交流合作，推动经济繁荣与社会进步，维护世界和平为宗旨。

开展友好城市活动要贯彻“态度积极，步骤稳妥，友好当先，注重实效”的工作方针，坚持“讲友谊，讲互利，讲实效”的交往原则。

友好城市工作是一项涉及面广，具有很高的实践价值的活动，有其自身的发展规律，要保障其全面、协调、可持续发展，就要树立并落实科学发展观，创造使国家整体利益和地方经济社会发展的局部利益和谐统一的环境，实现友好城市工作为改革开放、国家外交、祖国和平统一大业以及地方经济社会发展服务的职能。

我国友好城市的工作方针是：以科学发展观为指导，弘扬实事求是，开拓创新，与时俱进和求真务实的精神，保证全国友好城市总量稳步、健康、持续发展；进一步加快中西部地区对外结好的速度，扩大对外结好规模；积极探索新的工作领域和途径，努力开拓城市间在双边和多边等不同层面的交流合作渠道，全面提高全国友好城市协调发展水平和实质性交流水平。

四、缔结友好城市关系的手续与程序

我国的省级地方行政单位以及对外开放城市可以与相当于我国省、自治区、直辖市以及城市的外国地方行政单位缔结友好城市关系。欲缔结为国际友好城市的双方，在实现互访并签订友好交流备忘录（友好交流意向书）的基础上，经过一定时间的了解和交流，条件成熟时，应按下列程序报批，待批准后方可与对方签订正式友好城市关系协议书。与敏感或热点地区国家（名单由外交部确定）在探讨结好前，应事先报全国友协审核，外交部批准后方可进行。与未建交国家结好和开展友好城市活动要在外交部的指导下审慎进行，需报全国友协审核，外交部审批。履行报批手续，地方省、市与外国建立友好城市关系，由有关省、自治区和直辖市人民政府审批，报送全国友协核准后转外交部批准。结好协议书期满后，双方履行续签或终止手续的情况，应及时通报上级主管部门。

申请与外国建立友好城市关系时须向上一级政府外事主管部门提供的材料如下：

（1）要求与外国某城市（省、州、县、大区、道等）建立友好城市关系的请示。

（2）建立友好城市关系协议书中、外文本（草案）。

（3）结对双方城市基本情况简介（中文）。

（4）对方城市政府（议会）明确表示同意结对的意向书（包括地方政府领导人的信函、议会决议、双方政府领导人或代表签署的有关意向书）。

（5）双方开展交流情况的简介。

（6）我国驻该国使、领馆的意见。

五、友好城市工作中应注意的问题

1. *友好城市工作的组织问题*

我国城市对外结好工作实行中央统一协调的管理模式。友好城市工作由中国人民对外友好协会主管，归口外交部领导，地方的友好城市工作由各省、自治区和直辖市人民政府外事办公室归口管理，各省市建立友好城市关系的数量一般不受限制。

各市的外事办公室也要相应指定专人负责日常事务，要求省属各委、办、厅、局设联络员（原则上由本部门外事机构的人员兼任），负责落实本单位的合作交流项目，安排接待和洽谈业务，掌握合作项目的进展，向省外事办公室提供资料和通报情况。

我国两个或两个以上城市（包括省、自治区和直辖市）与外国同一个城市（包括省、州、县、大区、道等）结好，可根据对方的习惯做法和我国总体外交及经济社会发展的整体需要区别对待，个案处理。

在得到国家主管部门批准或同意的情况下，结好双方经友好协商自行确定签署缔结友好城市关系协议书的时间、地点和方式。签署工作可通过人员互访完成，也可通过互寄协议书文本等其他方式分别签署完成。协议书在双方地方政府领导人（或双方地方政府指定的代表）共同签署后生效。

获准结好的省、市应在收到全国友协签发的结好批文后一年内签署结好协议书。

2. *友好城市关系协议书文本遵循的基本原则*

（1）双方城市结好和交流合作符合两国建交公报原则。

（2）交流内容不涉及本级政府管辖范围外的事务。

（3）交流内容体现友好、合作、平等、互利等原则。

（4）不干涉对方城市的内部事务。

（5）明确结好协议书的有效期限（五年）。

结好协议书期满后，双方履行续签或终止手续的情况，应及时通报上级主管部门。

3. *友好城市间交往的具体内容*

（1）开展友好城市间的交往要为我国总体外交、改革开放、经济社会发展及和平统一大业服务，做好各个领域的实质性交流，开创在平等互利基础上友好合作的新途径。友好城市间的往来既要注重做好对口友好城市地方政府的工作，也要注意在各阶层人士中广交朋友，为双方各领域的交流打好基础。

（2）通过友好城市渠道派出的各种出国团组，应明确出访任务，酌情吸收相应专业人员参加，讲求实效，注意节约，严禁借友好城市交往之名，行公款出国旅游之实。组派签署建立友好城市关系协议书的出国团组中的各级领导人员，须按规定程序报批，抄送上级友协。省级领导人员报批件须抄送全国友协。地方政府组团往访对口友好城市，须事先通报我驻该国使领馆，往访敏感热点地区、国家的对口友好城市，须事先征得我国驻有关国家使领馆的同意。地方政府组团参加友好城市的国际组织或对口友好城市举办的多边国际会议，须报全国友协审核，外交部审批。对口友好城市的政府友好代表团来访，须按规定程序报批。代表团中如有现职副部级以上人员、相当于我国副省部级以上人员、前政要或其他重要人士，须报全国友协。

(3) 友好城市的国际人才交流是工作的重点，开展引资、投资、经贸、国企改革与发展、经济、技术合作、进出口、科技、文化、体育、教育以及人才培训等交流活动，按照管理权限和国家有关规定，逐级上报地方政府和国家主管部门审批。授予对口城市领导人、知名人士和友好人士“人民友好使者”称号，由本省、自治区、直辖市人民政府审核，报全国对外友好协会批准后授予。“人民友好使者”证书由全国友协统一印制，并由全国友协会长签发；授予对口友好城市领导人、知名人士和友好人士“荣誉市民”称号，由本省、自治区、直辖市人民政府审批。

(4) 友好城市间不互设官方、半官方性质的常驻机构（经济实体或公司代表处除外），不互派地方政府常驻代表。未经国家主管部门授权，各级地方政府不得同对口友好城市商谈有关通航、边界等涉及国家主权和领土等属于中央政府管辖的事宜；不得同外国地方政府签订涉及政治、经济、贸易、科技、文化、体育、广播电视、旅游等方面的综合性长期交流计划和协议。结好双方城市建立涉外纪念馆、纪念碑、纪念像等事项，须报全国友协审核，报外交部审批或审核。

(5) 由于不同国家的地方政府（特别是省一级）建制存在很大差异（例如，澳大利亚和许多欧洲国家省一级的地方政府大大少于我国），如果不加分析地硬性采取反对“二对一”的规定，对我国很多省一级的地方政府，特别是开展友好城市较晚的中西部地方政府与这些国家开展友好城市工作带来不利影响。为改变这种不利局面，今后，只要是双方交往需要，对方在此方面又不设限的话，我国两个以上地方政府可以探讨与外国同一个地方政府建立友好城市关系的可能性。这一做法以不影响或不损害已结好城市开展交流合作为前提，我国有关部门也将采取相应措施，防止这类结好无限扩大。

4. 友好城市关系的延续或终止

结好协议书的有效期限为五年。有效期满后，双方可根据共同愿望决定是否延续或终止友好城市关系。由于多种原因，在结好双方出现某些难以解决的问题，或其中一方出于自身考虑无意再继续双方交往的情况下，有关一方往往搁置建立的友好城市关系，既不交往，也不做任何说明。由于以往双方签署的结好协议书文本中没有对协议书的有效期提出时限要求，从而出现了一些不了了之，名存实亡的“友好城市”。

5. 友好城市国别政策

(1) 根据我国外交方针政策和有关国别政策，不同情况，区别对待，有所侧重，量力而行，开展平等互利的交流合作，尊重对方中央政府或主管部门对国际友好城市活动的传统做法和有关规定。

(2) 充分体现我国独立自主和平外交方针，不介入对口友好城市的内部事务。对国外反华势力借地方交往对我方进行“西化”、分化的企图保持警惕。交往中如遇到或可能遇到有关台湾、西藏、“东突”、“法轮功”、“民运”等重大敏感问题，核、军控、裁军等安全问题，以及公安、司法、民族、宗教等敏感领域问题，要及时请示上级有关部门妥善处理。

（3）如遇到台湾问题，应坚持以下原则：

①已与台湾或台湾的城市结好，同时又谋求与我国其他城市结好的外国城市，只要其承认中国与该国建交（公报）原则，并承诺在与我国交往中不出现“两个中国”或“一中一台”等政治问题，我国可以探讨与其建立友好城市关系的事宜。

②已经或准备与我国结好，又欲与台湾或台湾的城市结好的外国城市，应尽可能劝阻，如劝阻无效，且对方承诺在与台结好协议书文本中使用“中国台湾”或“中国××市”字样，可表明立场，维持与对方的关系。如出现“两个中国”或“一中一台”问题，应进行严正交涉。

③已经与我国建立友好城市关系的外国地方政府官员访台，应予劝阻，如劝阻无效，应力争其在访台期间不使用官方身份。

④与我国建立友好城市关系的外国城市如使用“中华民国”等伪称谓、挂伪国旗、奏伪国歌、庆祝伪国庆日等情况，我方需进行严正交涉。

⑤与因涉及台湾问题同我国断交国家的对口友好城市交流，要在外交部和全国友协指导下进行。

基层结好，指的是友好城市间一些基层单位（如结好城市的学校、医院、机场、港口、旅游胜地等）建立对口友好交流合作关系。建立这种关系如果有利于活跃本地区的友好城市活动，有利于增进两市人民之间的了解和友谊，我们都持积极态度。各有关城市在有此需要的情况下，应根据相关行业和部门的管理权限，由国家或上级主管部门归口管理。

六、友好城市工作的管理

（1）友好城市工作采取计划性与协调性相结合的方针，宏观调控，循序渐进，布局平衡。

（2）推动中西部对外结好较少的省、自治区、直辖市的友好城市工作，加强同各国友好城市组织和机构的国际交流与合作。

（3）开展友好城市活动要严格遵守并执行主管部门制定的方针、政策和规定。主管部门有权按有关规定纠正违规行为，并视情节轻重进行必要处理。如未经国家主管部门批准自行与外国城市（含外国省级行政单位）签署或变相签署建立友好城市关系协议书；自行改变已经国家主管部门审批的建立友好城市关系协议书文本的原则性内容；未履行申报手续自行更换结好城市，或因双方行政区划变更需要续签或解除友好城市关系时未履行报批手续等。

（4）每年年终，各省、自治区、直辖市外办将本地区下一年度友好城市对外结好规划、友好城市工作情况年度报表以及友好城市年度工作总结报送全国对外友协，并抄报外交部备案。

七、解除已建立的友好城市关系的情况

已建立的友好城市关系难以为继或因此无法履行签署结好协议书的手续，有关城市可

以逐级提出终止友好城市关系的申请。可提出解除申请的情况有：

（1）因国家政体变化或地方行政区划变更而无法进行友好城市交流或无法履行签署结好协议书的手续。

（2）结好一方由于重大分歧或其他无力协商解决之原因明确提出终止友好城市关系或无法履行签署结好协议书的手续。

（3）结好协议书有效期满，且其中一方坚持终止已经建立的友好城市关系。

（4）对方违背结好协议书的基本内容，公开支持“一中一台”或“两个中国”，并拒绝我方交涉。

资料链接

1. 东南欧地方政府协会联盟①

东南欧地方政府协会联盟由东南欧12个国家的15个地方政府协会（包括：阿尔巴尼亚城市协会、波黑城市协会、塞族共和国市镇协会、保加利亚城市协会、克罗地亚城市协会、科索沃城市协会、马其顿自治市协会、摩尔多瓦市长协会联盟、摩尔多瓦市长和地区协会、黑山城市联盟、罗马尼亚公社协会、罗马尼亚地方政府联盟、塞尔维亚市镇常务委员会、斯洛文尼亚市镇协会、土耳其马尔马拉城市联盟）组成，分别代表拥有8 000万公民的约4 000个地方政府。秘书处设在马其顿斯科普里市，负责协调并实施相关活动。

该组织是继第一届东南欧城市和区域论坛（2000年11月在斯科普里市举办）之后，由欧洲委员会下设的地方和地区政权代表大会于2001年组织成立的。其目标是促进各国政府与国际组织的合作，在东南欧各国倡导地方政府自治，发展伙伴关系，促进区域内的和谐统一和欧洲一体化进程。

该组织向其会员协会发起区域性的倡议行动，协助其发展成为强有力的地方政府代表。它旨在向地方政府提供符合人民利益的发展指导，并希望成为东南欧地方政府发展的资源中心。其工作重点关注当地财政、城市规划、垃圾管理、慈善发展和能源利用率等，围绕这些问题组织专门团队分别开展项目和活动。

该组织已获得欧盟地区委员会的观察员地位，并与瑞士发展与合作署以及欧洲委员会的地方和地区政权代表大会等机构建立了很好的关系。

该组织现任主席弗拉迪米尔·莫斯科夫先生，也是保加利亚戈采·德尔切夫市市长。

2. 美国国际姐妹城市协会

（1）成立背景：1956年9月11日，艾森豪威尔总统在白宫的一次会议上号召美国人民开展国际民间交流活动，建立一个“民主、自由与和平”的世界，倡导和发起全国性的对外建立友好城市的活动。随后成立了全国城市联盟，其中有个部门专门负责友好城市项目。为适应美国各城市国际友好城市日益增多的情况，负责友好城市工作的部门于1967年从全国城市联盟独立出来，成立了美国国际姐妹城市协会，统一协调全美的友好城市工作。从此，美国的友好城市活动有秩序、有规范地开展起来，并制定了政策，举行年会，在美国对外民间交往中发挥了积极的作用。

该组织由于是总统倡导成立的，因此得到了官方的支持与重视，艾森豪威尔总统任名

① 该组织的网址：http：//www. nalas. eu/.

誉主席，此后美国历届总统基本上都是该组织的名誉主席。该组织的经费 1/3 由美国新闻总署提供，2000 年新闻总署取消，经费由美国国务院提供并负责管理，可以说是半官方组织。

（2）协会宗旨：该协会的宗旨是为美国的州、县、市与外国的相应行政单位建立社区伙伴关系；通过长期的社区伙伴关系，为美国城市的官员和市民了解他国文化创造机会；为落实与加强经济和社区发展营造气氛；推动文化、教育、市政、经贸、专业和技术等的交流，创造性地学习、工作和解决问题；与具有类似宗旨的其他美国国内和国际组织进行合作。

（3）建立友好城市的原则：美国国际姐妹城市协会于 1990 年 7 月 1 日制定的建立友好城市"一对一"原则遵循至今。该原则指出："时间与经验证明，友好城市关系的力量与稳定取决于一个城市只同一个国家的一个城市结好这种特殊性。"该原则规定：如美国的一个城市，与已和美国的某个城市结好的外国城市再结好，不予承认（二对一）；如外国的一个城市，与美国已和该国的某个城市结好的城市再结好，不予承认（一对二）。违反上述规定的美国城市，美国国际姐妹城市协会不予登记注册，不提供服务，不提供项目资助。如果这个美国城市有能力再结一对友好城市关系，应该从另一个国家里选一个城市结好，避免一对二或二对一。

（4）美国地方政府在友城工作中的地位和作用：美国地方政府认为友好城市工作完全是社区的责任，政府不配备人员，没有资金支持，政府只是给予名义与形式上的支持，社区各方成立一个友好城市委员会来义务做友好城市工作。地方政府缔结友好城市的批准权在市议会，签订友好城市协议书时市长出面。协议书经市议会批准后，不需报州议会或州政府批准，不需报美国国际姐妹城市协会批准。

思考与练习

1. 民间外交的特点是什么？
2. 民间外交有什么作用？
3. 全国友协的工作主要有哪些内容？
4. 友好城市工作的宗旨、任务和基本方针是什么？
5. 友好城市工作包括哪些内容？
6. 缔结友好城市关系要经过什么样的程序？

第八章

外国人管理和外国专家工作

【学习重点】

- 外国人的定义
- 外国人在中国就业的规定
- 外国专家的作用和外国专家工作的意义

第一节　外国人管理

一、外国人的定义

外国人指依照《中华人民共和国国籍法》规定，不具有中国国籍的人员。我国出入境管理中关于外国人的概念：不具有我国国籍的自然人，包括具有外国国籍的人和无国籍的人。

外国人在华停留分三种情况：短期停留、长期居留和永久居留。短期停留，主要是外国人来华进行旅游、探亲、经贸等活动。短期停留一般来说给予其不足一年的签证。长期居留主要是对来华留学、工作、投资等的人员给予1～5年多次往返的签证和居留证件。短期停留和长期居留，对外国人来华是非常方便的，能满足他们在中国旅游、经商、工作、生活的实际需要。持有外国人在中国永久居留证（简称中国“绿卡”）的外籍人员除政治权利和法律法规规定不可享有的特定权利和义务外，原则上和中国公民享有相同权利，承担相同义务。外籍人才可凭中国“绿卡”享受相关国民待遇，可在中国永久居留。

二、外国人入出境及居留、就业管理工作的基本情况

外国人的入出境管理是一项重要的国家涉外行政管理工作，外国人聚居管理工作涉及外事、公安、安全、房管、税务、工商、教育、城管、街道等各行政管理部门，为应对外国人增加的趋势，中国政府部门应改善软、硬件环境，增强对外国人的吸引力。

针对外国人聚居在华现象，采用“在不影响国家安全和社会公共秩序的情况下，允许外国人自由选择居住地点”的国际通行做法，体现了外国人在华居住形式多样化的发展趋势，来华外国人群体增多、活动范围增大是目前中国各个城市的客观现象。

（一）基本情况①

随着我国经济社会的快速发展，来华外国人的数量持续较快增长，其入境目的和身份日益多样，在华活动更加广泛复杂，流动性增强。

1. 入出境

1980 年外国人入出境 146 万人次，其中入境 74 万人次。2000 年外国人入出境 2 026 万人次，其中入境 1 016 万人次。2011 年外国人入出境 5 412 万人次，其中入境 2 711 万人次。2012 年外国人入境 2 719.16 万人次。2000 年以来，外国人入境人数以年均 10% 左右的速度递增。

2. 居留

1980 年在华常住（居住半年以上）外国人近 2 万人，2000 年 15 万余人，2011 年近 60 万人，主要为三资企业工作人员、留学生、教师、外企驻华机构代表及其家属、亲属团聚人员。截至 2011 年底，持有《外国人永久居留证》的外国人有 4 752 人，其中外籍高层次人才及其家属 1 735 人、亲属团聚人员 3 017 人。

3. 就业

2000 年，在华就业外国人约 7.4 万人。截至 2011 年底，在华就业外国人约 22 万人，约占在华常住外国人总数的 37%，主要为三资企业工作人员、教师、外企驻华机构代表。

4. “三非”外国人

外国人违反中国出入境管理法律法规的行为主要表现为非法入境、非法居留和非法就业（简称“三非”）。1995 年，全国公安机关出入境管理部门查处的“三非”外国人首次突破 1 万人次，此后逐年递增，2007 年后有所下降。2011 年，全国公安机关出入境管理部门查处的“三非”外国人有 2 万余人次。

（二）外国人服务管理工作

外国人服务管理工作是服务与管理并重，是对外国人“入境、居留、出境”全过程的动态服务管理。

（1）加强服务管理机制建设。境外来华人员服务管理工作机制由公安部、外交部等 20 个部门的成员单位协调配合，中央部门和地方政府层面通过工作协调，对外国人服务管理的战略性和宏观性政策进行研究制定，对各项工作统筹以协调外国人服务管理政策的决策和执行。

（2）加强外国人入出境服务管理。出入境边防检查机关为入出境人员提供通关服务，实施引智引资战略，实行外籍高层次人才、投资者签证便利政策和持居留许可的外国人免办签证入境制度，增设口岸签证点，增加口岸办理团体旅游签证的职能。在上海、广东、海南等地实施免签证入境、过境政策，服务区域经济发展和国家改革开放大局。全国出入境边防检查机关不断提高边检服务水平，为广大入出境人员提供文明、规范、高效、安全的通关服务。

（3）外国人在华居留服务管理。制定外国人永久居留制度（俗称“绿卡”制度），扩

---

① 参见公安部副部长杨焕宁于 2012 年 4 月 25 日在第十一届全国人民代表大会常务委员会第二十六次会议上的讲话。

大居留许可证的签发对象，为引进的外籍高层次人才、外籍华人和亲属团聚人员提供在华居留便利。按照属地管辖原则，将在华外国人纳入实有人口服务管理，住宿登记管理，对其进行法律宣传、服务和走访，提高动态服务管理能力。在外国人较为集中的城市开通110报警服务台外语接警服务，为在华外国人提供便捷、高效的警务服务，严密防范、及时查处危害行为。

（4）“三非”问题的综合治理。按照“完善机制、依法管理、堵疏结合、综合治理”的部署和要求，加强边境管控和查堵，防范毗邻国家的人员非法入境；完善邀请函制度，入境签证严格审核把关；严格遵守就业审批程序，防范和查处外国人在华非法就业行为；加强外国人实有人口管理和社会面管控，依法惩治外国人偷渡活动的组织者和运送者，减少非恶意非法居留人员。

（5）建设外国人管理信息系统。有关部门先后建立了外国人入出境、留学、就业和外国企业驻华代表机构审批、外国专家来华管理等信息管理系统。外交部、公安部通过信息系统联网，实现了部分驻外使、领馆的签证信息和公安机关的签证签发信息共享。

三、外国人入出境管理历程

外国人的入出境活动，不是一个简单的人口流动问题，外国人入出境管理工作的发展变化，是中国社会从闭关锁国走向改革开放的一个缩影。在新中国建立后的历史进程中，公安机关对外国人的管理经历了三个时期的重大变化。

（一）新中国成立初期到二十世纪六十年代

新中国成立初期，在我国长期居留的外国人约有2 713万人，分属20多个国家。新中国成立初，遵循“先打扫干净屋子再请客”的原则，公安机关的外国人管理工作主要是以摸清外国侨民的底数，遣返不法外国侨民，肃清帝国主义在中国残余势力为主。该时期对外国人的管理主要处于封闭管理状态。

由于新中国成立，西方国家对中国实行敌视政策，西方国家的侨民大批离境。在中国境内居留的外国侨民只有115万人左右。其中朝鲜人占二分之一以上，越南人占四分之一以上，日本人约占十分之一，其他国家的侨民很少，且大多是新中国成立前遗留下来的，新中国成立后到对外开放以前来华定居的外国人十分有限。

这一时期由于有权聘用或接待外国人（主要为专家、技术人员和留学生）的单位均为公有制性质，因此外国人大多被安排在本单位的公房（如专家楼、留学生宿舍等）中居住。

（二）二十世纪六十年代至九十年代

1978年以前，临时来华外国人总数不过50万人，入境对象比较单一，大多为苏联和东欧国家的公民，西方国家的公民很少。从新中国成立初期到改革开放前，近三十年外国籍旅客入出境620万人次，平均每年20万人次，其中多数为边境地区的居民往来。这个时期，我国是一个纯向外移民的国家，来华外国人一般为外交官员、引进的高精技术人才等高素质人群。

《中华人民共和国国籍法》于1980年公布施行，1985年颁布了《外国人入境出境管理法》，来华外国人迅速增长，来华外国人的国别开始多样化。入境来华外国人的国别从几十个国家增加到近200个国家。原劳动部、公安部等部门1996年联合发布《外国人在中国就业管理规定》，民政部1995年发布《中国与毗邻国边民婚姻登记管理试行办法》。①

（三）二十一世纪以来

从入出境情况来看，2000年外国人入出境2 026万人次、入境1 016万人次。2011年外国人入出境5 412万人次、入境2 711万人次。从居留情况来看，在华常住外国人2011年增至近60万人。截至2011年底，持有《外国人永久居留证》的外国人达4 752人，其中外籍高层次人才及其家属1 735人。从就业情况来看，2000年，在华就业外国人约7.4万人。2011年底增至22万人，主要为三资企业工作人员、教师、外企驻华机构代表。公安部2012年4月25日向全国人大常委会报告的外国人入出境及居留、就业管理工作情况显示，2000年以来，外国人入境人数以年均10%左右速度递增。②

四、国外的外国人管理体系

由于各国的国情不同，各国的外国人管理体制也各有特色。下面介绍几个发达国家的外国人管理体制。

（一）美国

美国是一个传统的移民国家，其外国人管理体制比较完善和高效。美国移民局隶属于司法部门，局长由总统任命。因此，移民局不仅具有较高的级别，而且还具有建议立法的先天优势。此外，美国移民部门机构设置合理，业务分工明确，交叉重叠较少，确保了其工作效率。美国联邦移民局是美国对外国人事务实施管理的主管部门，是负责外国人事务的最主要的执法部门。美国移民局属联邦执法部门，由中央垂直领导，与地方政府没有隶属关系，依法独立行使职权，地方无权干预移民事务。移民局设有中央办公室，只负责行政事务，主要是制定政策和财政预算，一般不参与日常事务的处理。中央办公室下设4个地区办公室，属于移民局的中层机构，负责境内外外国人居留和签证申请的审理审批工作。联邦移民局在每个州设有地方移民分局，移民分局由局长领导，负责处理移民事务。移民分局下设审核服务部、拘留与遣返部、听证计划署、检察部门、调查部门、管理部门、行政区律师办公室。另外还有社会关系处、公共信息处。在人口较多的州，同时设有几个移民分局，如在加州设有4个移民分局。各移民分局分别负责受理本地区的移民和签证申请及面谈等工作。境外外国人的移民和签证申请由各驻外使、领馆负责受理。所有移民和非移民申请及签证申请由各移民分局和使、领馆寄送4个地区办公室审批，然后，由地区办公室将审理的意见通知各移民分局和使、领馆，由各移民分局和使、领馆同申请人进行面谈和通知审理结果。美国移民局的职能具有双重性：一方面是执法职能，即掌握全国边界状况；检查口岸出入境人员；发现及处置非法入境人员；对有资格的非法入境人员给予政治庇护；确认、掌握及处置外国入境人员走私、贩毒案件，如口岸检查、边境巡逻、拘留审查及遣返部门。另一方面是服务职能，即维护与管理合法入境人员的资料；肯定其移民权利与在美福利，如申请站、政治庇护所、移民资料中心、案件处理中心、绿卡

---

① 资料来源：向党．外国人入出境管理改革发展六十年评析．公安研究，2010（3）．

② 资料来源：新华网，http：//news. xinhuanet. com/politics/2012－04/25/c_111842921. htm.

制作中心。

2003 年 3 月 1 日，美国移民局并入美国国土安全部属下的两个机构——公民及移民服务局和边界及交通安全局。国土安全部宣布，公民及移民服务局主管下列事务：处理合法申请美国永久居留权和暂时居留权的事务，批准合格外籍人士的美国工作许可及合乎美国入籍法律取得的美国国籍。这些业务包括入籍规划、永久居留绿卡申请、短期签证（包括商务考察、旅游观光、学生游学），以及其他的以往移民局主管的项目。边界及交通安全局的主管事项则为部分外籍人士居美的特别登记、边境检查及边界保安、入境及出境审查等，对任何可疑的美国入境签证都有撤销权。除了移民局之外，美国还有一些相关的政府部门具有外国人管理职能。例如，司法部负责移民法院体系和移民法解释事务，根据不同个案与国土安全部共同负责外国人入籍、移民法执法、移民案件裁决和外国人遣返事务；劳动部负责外籍人员就业劳动市场审查和劳工保护事务；国务院即外交部负责签发签证、难民项目、签证护照安全和国际人口政策事务；健康与社会服务部负责难民安置等事务。

（二）英国

英国内政部是负责管理英国移民事务的主要政府部门，其职能包括管理护照、维持治安和反恐。隶属内政部的英国边境及移民署是外国人管理体制的源头机构，负责在保证边境安全的前提下，实施移民和海关法律法规，接受移民或避难申请，引进世界各地的人才服务于英国的经济发展，保证外国人合法来访英国的便捷性。移民咨询委员会是由边境及移民署资助成立的独立机构，它和英国就业与技能委员会密切合作，在广泛调研、充分咨询相关利益方的基础上，为英国政府提供移民方面的政策建议。

英国外交与联邦事务部下属的英国贸易和投资总署间接参与贸易和投资领域的外国人管理工作。贸易和投资总署旨在帮助英国企业开拓海外市场，同时支持顶尖海外公司在英国开展合作。它为海外企业提供关于在英国经商的信息和建议，包括税收、人力资源、签证、企业选址和研发情况，并且提供实际服务，包括申请资助和安置服务、为企业与相关专业咨询组织和潜在合作方牵线搭桥、协助企业拓展海内外市场。

（三）德国

由于德国政府长期不认为自己是移民国家，因此历史上没有像美国移民局那样的专门管理外国人事务的政府部门，在不同的时期，不同的外国人事务由政府委托不同的部门负责。外国人管理的相关法律法规由内政部制定。1990 年 7 月，德国内政部发布了《重新调整外国人权利法》，1991 年起正式实行。

除了相关政府部门负责外国人管理事务之外，德国的外国人管理还注重发挥社会组织的决策参考和合作作用。例如，德国政府规定，有关劳工移民政策由联邦政府劳动机构和雇主联合会共同制定通过。1975 年，政府建立了移民政策指导委员会，该委员会号召给予移民社会、经济方面的权利，并加强移民的遣返，积极着手研究少数民族移民的问题。1979 年，德国教育和研究部主要通过与基金会合作，向外国杰出科学家提供高额研究资助，吸引他们赴德从事科研活动。

在德国《移民法》起草制定的过程中，德国在机构建设方面还设立了专门的移民委员会。2000 年，由德国内政部长奥托·席利（Otto Schily）召集，前联邦议会议长丽塔·聚斯穆特（Rita Suessmuth）博士担任主席，前联邦司法部长兼前社会民主党主席汉斯—约申·沃格尔（Hans－Jochen Vogel）博士任副主席的跨党派的德国移民委员会正式成立。这个移民委员会由拥有丰富的专业知识和社会经验的21名来自政界、科学界、经济界和社会团体的知名人士组成。专门的移民机构的设立，为健康的移民政策的研究和制定，打下了坚实的物质基础。

2004年9月1日，德国《移民法》规定，联邦确认“外国难民事务局”更名为“联邦移民与难民事务局”，法律为德国移民、警务、司法等政府相关部门进行外国人事务管理提供了法理上的依据。

此外，有些外国人事务管理工作分散在其他政府部门，例如，德国劳工与社会事务部设有劳动市场政策、失业保险及外国人就业政策局，该局的工作重点是劳动市场政策及其相关问题，同时该局还负责外国人在德国的就业及与之相关的政策制定工作。

（四）法国①

1946年，法国成立了国家移民局，专门组织招聘发展工业所需的外国劳工，而移民管理的其他事务则由社会组织承担。直到20世纪70年代初，法国处理移民事务的机构仍然是地方性、自愿性的非正式组织。20世纪70年代中期，随着劳工移民浪潮的减退，政府开始关注一系列移民问题，如就业、民族相互关系等，并成立了处理移民劳工问题的国家官方部门移民劳工部，负责移民事务，主要针对移民的福利、住房、就业、教育、培训、文化等方面，该部门直接由政府领导，而不再依靠非正式组织来保证移民的平等权利。

20世纪90年代，法国政府将移民融合作为政府直接负责的重要事务，并设立了由各委员会共同组成的移民融合委员会，恢复了移民人口国家委员会。法国移民融合委员会的主要职能是制定法国的移民融合政策，该委员会在1992年度报告中强调把移民个人作为政策目标，坚持移民平等、保障个人权利，以及非种族歧视的传统原则，强调移民个人的融合，要比对少数民族移民群体的认同，更能保证移民个人的自由和发展机会。

法国的外国人管理体系涉及政府不同的部门，这些部门各自在不同领域执行国家相关政策（就业、社会保障、教育、城市、交通、住房）。这些机构和部门主要有：内政部、社会事务与就业部、司法部和外交部等。另外，一些咨询机构、民间团体、协会以及社会公共利益服务机构也承担了一些辅助性的工作。2007年5月，法国新任总统萨科齐上任后，成立了一个“移民、融入、国民身份与共同发展部”。这是法国历史上第一次在政府机构中设立一个主管移民事务的全职部门。从名称上分析，其有意对移民的选择接纳、入境、社会融入、加入国籍，乃至打击非法移民、促进与移民输出国的“共同发展”等所有与移民问题相关的政策事务和行政机关进行统一管理，而且将来还极可能把所有与移民手续相关的签证、居留证签发乃至非法移民驱逐出境的机关都集中在一起。而目前，负责这些事务的机关分散在前述4个不同的政府部门，分别受4个不同部长的管辖，例如，签证与难民审批属于外交部权限；居留证签发属内政部公共自由与法律事务司的权限范围；普通入籍申请由社会事务与就业部下属的人口与移民司负责，通过婚姻取得国籍属于司法部管辖；外国人驱逐出境的任务则由内政部边境警察局承担。法国内政部内的国家警察总局负责指导和协调全法国国家警察机构的工作，其旗下的边防警察中央局又是警察系统内的

① 资料来源：苗月霞，冯凌．发达国家外国人管理体制管窥．国际人才交流，2011（4）．

外国人主管部门。法国警察系统内的外国人管理机构除了其内政部的“民警”系统外，另外一个就是隶属其国防部的“军警”系统，即法国国家宪兵。由于法国宪兵负责乡村和人口在1万以下的市镇的警务，这些地方的外国人管理工作也由国家宪兵负责。

五、我国的外国人管理体制

外国人管理体制是一个国家的外国人管理机构的设置、职权分工、内部结构等制度及外国人的权利和义务关系的总和，外国人管理体制的建立是一国政府为维护国家权益、保护外国人的合法权益、促进国际交往，在不违背所承担的国际义务的条件下，对外国人的入出境和居留期间涉及的其他事项实施立法、行政和司法等主权行为的过程，具体包括以下四个方面的内容：

（1）制度化的外国人管理体制，包括在外国人管理上的权力分工、机构设置、人员配备和办事程序等制度。

（2）确认外国人身份的制度。

（3）规定外国人权利义务的制度，主要包括外国人待遇制度，外国人入境、过境签证制度，居留制度和居留权制度等。

（4）移民制度和难民制度。

规范外国人管理，优化外国人服务，可以促进社会和谐发展，我国的外国人管理和服务工作，遵循依法管理、优化服务和居住地属地管理的原则。2013年7月1日实施的《中华人民共和国出境入境管理法》强化了对外国人到中国工作的管理，新法第一次在法律上明确规定“外国人在中国境内工作，应当按照规定取得工作许可和工作类居留证件”，并制定了《外国人在中国境内工作管理办法》和《外国人在中国境内工作指导目录》。

（一）我国的外国人管理部门①

我国公安部和外交部是外国人主管机关，教育部、人力资源和社会保障部、商务部、国家工商总局、国家旅游局和民政部为辅助管理机关。其分工为：外交部驻外使、领馆负责在中国境外的外国人的入境、过境等签证申请，入境定居申请，外国人身份确认等管理工作；公安部出入境管理局负责在口岸办理外国人的入境签证、外国人入出境边防检查，以及在内地办理已经入境的外国人申请再入境签证的管理工作，并负责在我国境内的外国人的签证延期、居留资格审批、居留管理、旅行管理和出境管理等大量的外国人管理工作；教育部、人力资源和社会保障部、商务部、国家工商总局、国家旅游局、民政部等部门对境内的外国人在居留期间涉及留学、就业、经商、投资、旅游、救助等具体事务时参与外国人管理工作。

1. 管理外国人入出境事务

包括依法受理和审批外国人的入境、过境、居留申请，签发与管理签证和居留证件；对入出境的外国人及其行李物品、运输工具实施检查和监护；对违反外国人入出境管理法律法规案件的查处；对有关国籍的认定和管理。受理外国人在中国永久居留申请的机关是市、县级以上人民政府公安机关。

---

① 资料来源：刘国福．论外国人待遇及外国人管理法的发展变化．北京：法律出版社，2009.

2. 对外国人居留期间其他行政事务的管理

外国人在一国的活动涉及经济、文化、体育、宗教等各个方面，各个主管部门依法进行管理。例如：学习，归口教育部门；经商办企业，归口工商和税务部门；就业，归口人力资源部门；当涉及行政违法处置时，要由这些主管机关协同出入境（移民）管理部门、公安部门来处理。各级人民政府负责该行政区域内的外国人管理和服务工作，建立外国人管理和服务工作协调机制，协调、指导、督促本行政区域内的外国人管理和服务工作。外国人管理和服务工作的主管部门有公安机关、各级人民政府其他有关部门以及海关、出入境检验检疫部门、出入境边防检查部门等，各部门各司其职；居民委员会、村民委员会协助外国人管理和服务工作。聘用、邀请外国人的单位按照"谁邀请，谁负责；谁接待，谁负责"的原则，负责外国人日常管理和服务工作。聘用外国专家，按照国家的有关规定，须依法申办外国专家来华工作许可及《外国专家就业证》。用人单位在被聘用的外国人入境后15日内，持许可证书、与被聘用的外国人签订的劳动合同及其有效护照或能代替护照的证件到原发证机关为外国人办理就业证，办理了就业证的外国人，在入境后30日内，持就业证到公安机关申请办理居留证。用人单位不得擅自聘用外国人。

3. 特殊外国人群体的管理

在对外国人进行管理时，一些类型的外国人的管理，不仅适用的法律不同，而且涉及多个管理机关，有其独特的特点。常见的有特殊身份的外国人群体有：受庇护者、难民、享有外交特权和豁免的外国人。

（二）外国人就业许可概况

外国人在中国工作，须遵守中国的就业许可制度，即需要事先向各地劳动主管部门申请由人力资源和社会保障局颁发的《中华人民共和国外国人就业许可证书》，然后才能在中国合法就业。

外国人在中国就业，指没有取得定居权的外国人在中国境内依法从事社会劳动并获取劳动报酬的行为。条件如下：

（1）年满18周岁，身体健康。

（2）具有从事其工作所必需的专业技能和相应的工作经历。

（3）无犯罪记录。

（4）有确定的聘用单位。

（5）持有有效护照或能代替护照的其他国际旅行证件（以下简称代替护照的证件）。

在中国就业的外国人持职业签证入境（有互免签证协议的，按协议办理），入境后取得外国人就业证和外国人居留证件，可在中国境内就业。许可证书和就业证由人力资源和社会保障部统一制作。

按照我国与外国政府间、国际组织间的协议、协定，执行中外合作交流项目受聘来中国工作的外国人和外国企业常驻中国代表机构中的首席代表、代表，免办许可证书，入境后凭职业签证及有关证明直接办理就业证。

根据《外国人在中国就业管理规定》，人力资源和社会保障行政部门对就业证实行年检制度。用人单位聘用外国人就业每满1年，应在期满前30日内到人力资源和社会保障行政部门发证机关为被聘用的外国人办理就业证年检手续。逾期未办的，就业证自行失效。

（三）外国人在中国就业申请与审批①

用人单位聘用外国人须填写《聘用外国人就业申请表》，向与劳动行政主管部门同级的行业主管部门提出申请，并提供以下有效文件：

（1）拟聘用的外国人的履历证明。

（2）聘用意向书。

（3）拟聘用外国人原因的报告。

（4）拟聘用的外国人从事该项工作的资格证明。

（5）拟聘用的外国人的健康状况证明。

（6）法律、法规规定的其他文件。

（四）加强对外国人非法就业的管理

来中国的外国人逐年增多，城市如何接纳和管理这个特殊的人群，尤其是解决“三非”问题，成为一些中国城市要面临的新课题。“三非”指的是非法入境、非法居留、非法就业。其中，非法就业增多主要有以下原因：

（1）相当一部分外国人盲目来华，对我国在外国人就业方面的相关法律法规不了解，有短期逾期滞留等情节轻微的人员，也有部分在华恶意非法居留的外国人。

（2）雇佣方认为办理相关手续麻烦，被雇佣的外国人的相关证明材料不易准备齐全，委托专门的中介公司办理费用又太高，因此雇佣双方明知行为违法却又心存侥幸。

（3）非法就业的外国人所在的单位多为民营或私营企业，有些是从事服务行业的个体经营者，这类经营者主体资格欠缺，无法申请雇佣外国人在华谋职的就业许可。因此非法就业的现象主要集中在外语教育、涉外演出、涉外家政、劳动密集型产业等领域，多以留学、访问为由入境后非法就业。

（4）中国雇主与谋职的外国人由于语言、文化、观念等方面的差异，较易发生劳务纠纷，非法就业的外国人流动性大，时常随时会离职，雇佣关系松散，雇主不愿出钱出力办理相关手续。

随着我国外国人管理工作面临的新情况、新问题不断出现，国家对外国人管理工作的要求也越来越高，我国已将外国人纳入实有人口管理，加强外国人管理的责任也就更重了。

六、加强外国人在中国就业的管理工作的意义

（1）外国人在中国合法就业并得到就业保障，对于促进我国的改革开放，发展经济和建设劳动力市场十分有利。

改革开放以来，我国的一些行业和部门引进了一批国外高级技术人员、管理人员和国内暂缺的具有特殊技能的人员，但在一些完全可以由我国公民承担的工作岗位，也出现了雇用外国人从事一般劳务的情况。其中许多属于非法的就业行为，带来了不少社会问题。因此，外国人在中国的就业管理急需加强。《外国人在中国就业管理规定》针对一度出现

① 资料来源：广东省外国人管理服务暂行规定，2011－05－01.

外国人在中国非法就业，严重扰乱我国劳动力市场秩序的现象，对外国人在中国就业以及用人单位聘用外国人等方面作出了规定，堵住非法就业的渠道，防止外国人挤占中国公民的就业岗位，保证人才引进工作健康发展，有效地控制未取得居留证件的外国人在中国就业的数量。

（2）我国劳动力市场中外国人在中国就业的管理进入了法制化轨道，这同时也是外国人在中国就业的管理工作与国际惯例接轨的表现，对外国人来中国就业，从申请、签证、入境、签订劳动合同、办理就业证和居留证等各个环节实行系列化管理，形成了较为严密的管理制度，既规范化，便于操作，又具有很强的效力，对于推动和规范外国人在中国就业的管理工作，具有十分重要的意义。

（3）世界城市不仅是全球经济中心、金融中心，更是国际资本、先进技术聚集地，是世界一流人才的聚集地，因此，外籍人士的数目某种意义上也能反映出这个地区的经济生产在全球经济环境中的活跃程度。外籍人口数量和所占比例常常作为衡量城市国际化的指标之一，因为这意味着这个城市是否吸引了足够的世界资本、人才，是否在全球经济中表现活跃。世界城市的外籍人口比例通常在10%以上，伦敦的外国人口约占三分之一，巴黎的外国人口约占四分之一。目前中国北京的外国人口约占总人口1%。

（4）做好外国人服务管理工作对维护国家主权、安全和社会秩序，促进国际交往和经济社会协调发展具有重要意义。

对外国人实施管理是一个相对敏感的话题，它不仅涉及国家主权、安全和利益，也关系到国与国之间的关系。在全球化不断推进的当今社会中，外国人管理无论在管理理念上，还是在管理内容、管理手段上都发生了变化。随着外国人入境人数大幅度增加，结构日益复杂化，分布地区扩大化，涉外案件不断上升等，我国的外国人管理也面临着巨大挑战，因此，加强对外国人的管理具有重要的现实意义。

第二节　外国专家工作

新中国成立以来，引进国外智力工作机构、职能的变化与发展，为我们展示了一幅生动的历史画卷。“国之交在于民相亲。”国与国友好的基础是否扎实，关键在于人民友谊是否深厚。中国能取得巨大成就，各个时期的外国专家们功不可没。要改变知识不足、人才不够的状况，除了充分发挥国内现有人才的作用，加强智力开发，大力培养人才外，还必须扩大眼界，把海外可以利用的智力资源吸引到我国的社会主义现代化建设上来，把它当作一项重要的战略方针，坚持长期不懈地贯彻下去，即便将来我国强大了，也仍然需要利用外国智力。因此，引进国外智力不是权宜之计，而是我国对外政策中一项长期的战略方针。随着经济全球化、人才国际化和科学技术的突飞猛进，国际竞争日益激烈。这种竞争突出表现为以经济实力、科技实力和国防实力为标志的综合国力的竞争。

一、外国专家的定义和分类

（一）外国专家的定义

外国专家是指具有外国国籍并在某一行业领域具有特殊造诣的专门人才。在我国系指根据我国各项建设事业的需要，应聘来华从事专业技术、管理、教学科研等工作的外籍专业人员。

（二）引进国外智力的含义

引进国外智力（简称引智），就是通过请进国外人才（包括海外华侨、港澳台人才）和组织人员出国（境）培训两种形式，学习掌握国外的先进管理经验和实用技术。改革开放30多年来我国引进国外智力工作的实践证明，引进国外智力省时、省力、省经费，事半功倍，“请进来、派出去”可以使我们直接借鉴和吸收当代世界的最新科技成果和管理经验，直接实现技术和管理的跨越式进步，从而推动经济跨越式发展。

（三）外国专家的分类

外国专家（包括华侨、华裔专家）分为三类：

（1）文教专家，指应聘在我国从事教育、新闻、出版、文化、艺术、卫生、体育等部门工作并享受专家待遇的外籍教师和工作人员。

（2）经济专家，指随引进技术和进口设备应聘来帮助我国进行经济建设的外国技术人员和管理人员。

（3）技术、管理专家，亦称技术专家或项目专家，系指到我政府机关、经济管理部门、工商企业、重点建设工程、科研机构，以及农业、医药卫生、财政、金融等单位从事短期或长期工作的外国专家。受聘专家可以是在职人员，也可以是退休人员。从另一个角度来说，被国家或地方批准并得到国家或地方引进国外智力专项费用资助的引进国外人才项目中所聘专家即为技术、管理专家。这部分专家的管理是我们工作的重点。

（四）外国专家工作的政府职能机构

国家外国专家局（副部级），为人力资源社会保障部管理的国家局，负责外国专家的归口管理工作。各级人民政府外事办公室是本地区政府外事工作的职能部门，是本地区执行国家对外政策和处理重要外事工作的综合归口管理部门。外国专家工作是地方外事工作的重要内容之一，地方外事办公室负责管理或指导本地有关部门管理外国专家的工作，其职责包括：负责办理各类外国专家邀请函，签发《聘请外国专家确认件》和《外国专家证》；受国家外国专家局委托的中央部委外事司（局）和省级外事办公室负责《聘请外国专家确认件》及《外国专家证》的签发和外国专家管理工作。

外国专家局是中国政府主管国家智力引进的行政机构，主要负责管理来华工作的外国专家（包括经济技术和管理领域、教科文卫系统、外商投资企业、随引进项目合同和重点建设工程等来华的外国专家及中国香港特别行政区、澳门特别行政区、台湾地区专家）和中国国家机关、企事业单位人员出国及赴中国香港特别行政区、澳门特别行政区、台湾地区培训的工作。各级外事部门是负责具体外国专家工作的职能部门，设置专门的机构和人员做专家的管理、服务和表彰等工作，联系各聘请外国专家的部门，建立各项管理制度。

二、外国专家管理的历史阶段和历史变化特点

（一）历史阶段

1. 新中国成立初期的外国专家服务管理机构

为做好苏联专家的接待工作，1950 年 1 月 5 日，政务院专家招待处成立，它是政务院的行政机构之一。这是新中国最早的外国专家服务管理机构。1951 年 2 月 26 日，中央财经委员会成立专家工作联络室，负责苏联专家的业务管理，形成了专家的生活接待与业务管理由两个单位分工负责的格局。随着苏联和东欧社会主义国家来华专家的规模不断扩大和我国政府机构的不断调整，为统一专家管理工作，1953 年 8 月 6 日，政务院专家工作组成立，原专家工作联络室改编为专家工作办公室，原专家招待处改为专家招待事务管理局。专家工作办公室和专家招待事务管理局为专家工作组的办事机构，均归政务院直辖。

2. 国务院外国专家局

1954 年 3 月 24 日，我国成立政务院专家工作局，撤销政务院专家工作办公室和专家招待事务管理局。12 月 25 日，政务院更名为国务院，政务院专家工作局相应更名为国务院专家工作局。1956 年 5 月 12 日，国务院专家工作局改名为国务院外国专家局。“文革”期间，国务院外国专家局曾被实行军管，一度被撤销，至 1978 年 9 月恢复。1982 年 9 月，国务院外国专家局并入国务院办公厅，更名为国务院办公厅外国专家局，1984 年 12 月，更名为外国专家局，1986 年更名为国家外国专家局，仍由国务院办公厅直接管理。

3. 中央引进国外智力领导小组

1983 年 9 月 7 日，中央成立中央引进国外智力以利四化建设工作领导小组（后改为中央引进国外智力领导小组），此小组统筹领导全国引进外国人才、出国留学人员以及出国（境）培训进修工作。领导小组下设办公室（以下简称中央引智办），作为办事机构，设在国务院科技领导小组办公室。1984 年 11 月，中央引智办与国务院科技领导小组办公室脱钩，相对独立地开展工作。1985 年 8 月 17 日，中央引智办成立中国国际人才交流协会及基金会。协会办事机构设在中央引智办，一个机构两块牌子，协会对外统筹，中央引智办对内协调。1986 年 3 月 2 日，中央批准协会和基金会设立驻日本办事处。此后，在德国、美国等发达国家和中国香港地区相继设立了人才交流机构。

4. 国家外国专家局

1988 年 5 月 3 日，国务院引进国外智力领导小组办公室与国家外国专家局合并，组建新的国家外国专家局，由国务院办公厅直接管理。国家外国专家局仍为人事部管理的国家局。

在此后的十年，国家外国专家局的机构进入较为稳定的时期，引智工作持续发展，全国引智机构体系逐步形成。全国 47 个省、自治区、直辖市和副省级城市都相继设立了外国专家局，其中 44 家设在人事厅（局），3 家设在外事办公室。2008 年 3 月，国家外国专家局成为由人力资源和社会保障部管理的国家局。

（二）外国专家管理的历史变化特点

1. 由办事机构转变为职能机构

早期的外国专家服务管理机构，其主要任务是为外国专家提供接待服务。特别是新中

国成立初期的政务院专家招待处、政务院专家招待事务管理局，办事机构的特征十分明显。当时规定的5项职责是：掌管苏联专家的聘请工作；检查各部门向各国专家学习和发挥专家作用的情况；管理和监督专家及其家属的招待工作；掌管关于发给专家感谢信、感谢状和纪念章等事项；办理政务院交办的其他有关工作。

1982年10月13日，国务院规定的国务院办公厅外国专家局的主要职责是：负责贯彻有关外国专家工作的方针政策，制定统一的规章制度，汇总审定聘请外国文教专家的计划。

1988年7月16日，国务院批准的“三定”规定中确定新组建的国家外国专家局是综合管理引进国外智力及各类外国专家、海外华人专家、华侨和港澳台专家工作的国家局。

1994年4月的“三定”规定进一步确定国家外国专家局是归口管理智力引进、来华工作外国专家（含海外华人专家及港澳台地区的专家）和赴国（境）外培训工作的职能机构。

1998年6月的“三定”规定更为简洁地确定国家外国专家局为主管国家智力引进的行政机构。至此，国家外国专家局的职能定位已相当完整和成熟，基本实现了向政府职能机构的转变。

2. 由非常设机构转变为常设机构

非常设机构对打开一项新的重要工作的局面是十分有效的。1950年政务院外国专家招待服务工作刚起步时，采用过这种形式，当时在政务院领导下成立了“专家招待工作联席会议”，以统筹协调相关部门的工作，其具体日常工作仍由政务院专家招待处承担。

1983至1988年间，中央引智领导小组及其办公室作为党中央的非常设机构运行了五年，在为全国的引智工作打好了坚实的基础后，又由国务院引智领导小组及其办公室推进了五年，而此时的国务院引智办公室设在常设机构国家外国专家局，这在客观上是一个过渡。到1993年，在全国引智工作基本走上了规范有序的发展轨道、国家外国专家局的行政职能基本完善后，国务院引智领导小组及其办公室撤销，国家外国专家局完全承担起了主管国家智力引进工作的历史任务，完成了由非常设机构向常设机构的转变。

这种转变是中国政府对全国引智工作的战略布局，也体现了中国特色社会主义道路的行进特点。

三、国外智力引进模式的情况

各国科学技术发展的历史，是人才争夺的历史。从国际范围来看，由于各国的国情不同，智力引进所采取的方式和策略也都不同，从而形成了各具特色的智力引进模式。

（一）美国

美国通过向本土移民实现人才引进，这是美国引进国外智力的突出特点。美国是世界经济发达、科技领先的国家，“二战”后资本主义国家近60%的科技成果是在美国研究成功的，75%是在美国首先得到应用的。但是，第二次世界大战以前，美国还是一个依靠大量引进国外科学技术的国家。从“二战”开始，美国在引进国外科学技术的同时，利用移民政策大肆网罗国外人才，历届政府都紧抓不放，从而使美国保持了经济发达和科技领先地位。美国原是一个地大物博、人口稀少、各类人才严重不足的国家，为了更快、更有效地引进人才，美国国会曾多次修改移民法，实行知识移民优先的政策，对优秀人才“奖进限出”。美国的移民法始颁于1930年，实行的是“国籍限额制”。移民人数的限额是以1910年（基准年）各国在美国已有移民总数的3%确定的。1952年美国国会通过了《移民国际归化法案》，原则上仍以“限额制”为标准。到了1956年，美国又颁布了通称“优惠制”的新移民法，主要是消除种族歧视，取消对欧洲人的优惠。规定每年专门留出29 000个移民名额给来自任何国家的高级专门人才，同时还规定，凡是著名学者、高级人才和有专长的科技人员，不考虑国籍、资历和年龄，一律允许优先入境。在实施该法的第一年（1967年），就有12 500多名科学家和工程师先后移居到美国，比1965年的5 300人增加了一倍多。进入80年代后，美国又先后几次修改移民法，目的是为了更多、更广泛地引进国外人才。

第一次世界大战之前，美国外来移民中的科学家、工程师和医生，仅占美国移民总数的1%。到了1940—1945年间，这种比重上升到了10%。而1946—1978年间，美国又引进国外各类智力人才高达29.5万人。1978年之后，移居美国的科学家和工程师仍以每年6 000多人的速度剧增。正是这种以外国对人力资本的投资来代替本国人才资本的投资，即国际人力资本的转移，大大提高了美国人力资本的价值，增加了人力资本的总量。据统计，1900年以来，在美国杰出的360名科学家中，有65人是从国外引进的，占18%；获得诺贝尔奖奖金的114人中，有40人是从国外引进的，占35%。[①] 正是这些人在美国各部门发挥着极其重要的作用，为保持美国的经济发达和科学技术的领先作出了巨大的贡献。

（二）日本

历史上日本是一个资源少、灾害多、人口密、交通不便、远离发达国家的穷国，但自明治维新以来，日本开始励精图治，重视和引进国外的先进技术。“二战”后的初期，日本的科学技术水平落后于发达资本主义国家20年到30年，为了赶超世界先进水平，日本政府采取“吸收型战略”，即广泛吸收世界先进的科学技术成果，推动本国的科学研究和技术进步，用最小的代价、最短的时间、最快的速度缩小与发达国家的差距。自1950开始，日本先后制定了多项政策，鼓励引进国外的先进技术，鼓励聘请外国专家来日本进行技术指导和选派各类人员出国培训。

在这些政策和法规鼓励下，日本引进国外先进技术的数量和范围不断扩大。20世纪50年代平均每年引进230项，60年代平均每年增加到1 000项，进入70年代后平均每年高达2 062项，1980—1982年间平均每年都保持在2 149项。1950年至1983年间，日本共引进国外先进科技成果30 918项。同时，还选派了近万名高级人才出国学习培训，走出了一条引进、消化、吸引、发展、创新、提高的路子，使其经济发展的速度始终高于欧美，仅用了70年的时间就完成了由农业国向工业国的转换，经济实力发生了突飞猛进的变化，一跃成为世界经济和科技强国，所取得的成就令世人瞩目。

（三）韩国

20世纪50年代，韩国还是一个贫穷、经济不发达的农业国。1961年，韩国的国民生产总值只有21亿美元，人均不超过82美元，人民为解决温饱而疲于奔波。1962年韩国开

---

① 张士元．不同类型国家引进外资和技术剖析．天津：南开大学出版社，1990. 17.

始实施第一个经济发展五年计划，到1991年，已连续完成了6个五年计划，国民生产总值达到2 908亿美元，人均6 498美元。在这30年里，韩国取得了被誉为“汉江奇迹”的巨大成就，完成了由贫穷落后的农业国向新兴工业国的过渡，创下了经济连续30年以8%的速度长期、持续、高速递增的纪录，而1986年到1988年，又连续3年保持了每年12%的高增长率，一跃跨入世界富裕国家的行列，成为亚洲“四小龙”之一。

韩国仅用了短短30年时间就走完了西方发达国家花费了100多年的工业化道路，其中一条成功的经验，就是他们针对五六十年代韩国向美国派出的数万名留学生，其中绝大多数没有按时返回的情况，特别制定了吸引海外人才回国工作的政策，即“人才回流计划”：一是建立海外科技人员档案，及时掌握外流人才的情况，通过设在国外的韩国科学家、工程师协会，动员他们回国工作。二是创办科学园区，吸引海外人才，为他们提供施展才华的天地。三是实行高价招聘政策，不惜重金聘请海外专家、学者回国工作，为他们提供相当于国外的工资待遇、居住和工作条件。四是直接派团到国外招揽外流人才回国工作。由于措施得当、政策得到落实，据韩国科学技术部统计，截至1985年底，从美国、英国、德国、日本等地回国的科技人员已达2 000多人，正是这些人，为韩国经济的起飞与振兴发挥了重要的作用。

（四）其他[①]

英国科学与研究委员会实行“回娘家”奖学金计划，吸收科学家和工程师回国工作；德国采取与外国建立合资企业的措施，引进和培养科技与管理人才；非洲成立“政府迁移委员会”组织，帮助海外的非洲技术人员回国；泰国实施“智囊回流”计划，吸引泰国科技人员回国；中国台湾设立“青辅会”吸引台湾留学人员回来工作等，都构成了别具一格的引进国外智力模式。

世界各国经济发展的历史和智力引进的特点，尽管方式、方法不同，但都有一个共同之处，就是在发展本国经济的过程中，最大限度地引进国外智力，并结合本国实际，加以消化吸收，达到发展、创新的目的，形成各具特色的不同模式。在学习借鉴人类社会文明成果的问题上，越是发达的国家，越注重引进国外的软件和硬件，吸引乃至争夺人才，特别是优秀人才，并把它作为国策加以实施。一些不发达国家，却只注重硬件的引进。虽然两者都不同程度地推动了经济的发展，但所取得的效果却存在着相当大的差别。

四、外国专家工作的意义

吸收和借鉴人类社会创造的一切文明成果，对加快我国各项事业的发展具有先导作用。要适应经济全球化和加入世界贸易组织后的新形势，在更大范围、更广领域和更高层次上参与国际经济技术合作和竞争，就要注重引进先进技术和具有管理经验的高素质人才，提高自主创新能力，用开放的方式培养人才，加快培养和造就国际一流的科技尖子人才和科技领军人物，并立足于我国国情，吸取世界各国科学技术发展的先进成果、先进经验，引进技术，进行消化、吸收、提高、创新。同时，依托国家重大人才培养计划、重大科研和重大工程项目、重点学科和重点科研基地、国际学术交流和合作项目，重点引进高

---

① 资料来源：长春市外国专家局. http：//changchun. caiep. org/forum/content. php? id =37828.

新技术、金融、法律、贸易、管理等方面的高级人才以及基础研究方面的紧缺人才。

我国实行对外开放政策之后，应聘前来工作的各种外国专家，给我国带来了先进的科学技术和管理经验，为我国现代化建设作出了有益的贡献。聘请外国专家可以少花钱多办事，受益面会更广。例如：外国专家为我国培养了大批国家急需的人才，帮助我国改善教学、科研和人才交流的条件，节省了大量的资金和外汇；外国专家参与我国的经济建设，在各条战线上都作出了不同的贡献；增进了中外人民的友谊，扩大了我国的对外影响。

外国专家视野开阔，他们中的多数有着丰富的国际工作经历，见多识广，在专业领域的国际通行做法和经验方面有着比国内一般人更多的体会和认识，他们的意见在一定程度上可以弥补国内相关领域的一些不足；同时，高层次外国专家在国际上知名度高，影响力大，他们对中国的理解与支持不仅可以影响其专业领域，甚至可以影响外国媒体、政府乃至政要，在当今国际舆论对中国发展褒贬不一、众说纷纭的情况下，属于西方中产阶级的外国专家现身说法，比起我们自己的宣传和解释更具有说服力和冲击力，他们是我国开展公共外交、创造更好的国际引才环境可借助的重要力量。

不少外国专家把中国视为自己的第二故乡，期满回国时恋恋不舍，回国后举办各种报告会、图片展览，放映录像，发表电视、广播演说，撰写文章，出版书籍，热情地宣传中国，比较客观地介绍中国的情况。不少专家回国后与我国继续保持联系，不断提供最新的科技信息，有的积极参加当地友好组织的活动，还有的担任了友好组织的负责人。外国专家工作取得的丰硕成果，充分证明了中国的对外开放政策的正确性以及引进外国智力以利于现代化建设的决定具有深远的战略意义。

世界各国对人才的争夺愈发激烈，欧美国家也提出了引才政策。中国政府意识到，中国现在的大楼已经盖得很好了，但光有硬件，没有软件不行，人才意识更为紧迫，广度与深度并重的引才趋势将为我国引进更多的行业领军人才，但如何为这些人才打造配套的科研环境，是我国引才战略面临的挑战。只有不断探索和完善目前的引才政策，才能打好这场引才突破战。

引进外国智力已经成为一项国家战略，为我国改革开放和现代化建设提供了强有力的智力支持，引智工作在国家发展大局中的地位和作用日益突出，为实现中华民族伟大复兴的“中国梦”和推动世界和平与进步事业，提供了更加坚实的国外人才智力保障。

五、我国外国专家管理工作的基本内容

（一）《外国专家证》的含义

《外国专家证》是外国专家在华工作的身份证明，是办理在华居留许可的必备证件。持证专家享受国民待遇。《外国专家证》分为两类，即经济技术类和文教类。

（二）可以办理《外国专家证》的人员

（1）为执行政府间、国际组织间协议、协定和中外经贸合同应聘来华工作的外国籍专业技术人员和管理人员。

（2）应聘在我国从事教育、科研、新闻、出版、文化、艺术、卫生、体育等工作的外国籍专业技术人员或管理人员。

（3）应聘在我国的外商投资企业中担任副总经理以上职务或享受同等待遇的外国籍高

级管理人员或专业技术人员。

（4）经国家外国专家局批准的境外专家组织和人才中介机构常驻我国代表机构的外国籍代表。

（5）应聘来中国从事经济、技术、工程、金融、财会、税务、旅游等领域的工作，或具有特殊专长、中国紧缺的外国籍专业技术人员或管理人员。

上述第（2）、（3）类外国专家应具有大学学士以上学位和五年以上相关工作经历（其中语言教师应具有大学学士以上学位和两年以上相关工作经历）。

符合上述第（2）类或含第（3）类的语言教师条件者，被称为文教专家，其余的被称为经济技术专家。

《外国专家证》由聘请专家的单位代为申请办理。

（三）办理《外国专家证》需要的材料

（1）用人单位加盖公章的申请公函。

（2）《外国专家证申请表》。

（3）聘用协议（聘用协议须注明聘用起止日期，加盖单位公章）或劳动合同复印件。

（4）聘用单位营业执照复印件。

（5）有效护照、签证（居留许可）原件及复印件。

（6）有效健康体检证明（由出入境检疫部门出具）。

（7）聘用专家简历（须加盖单位公章）。

（8）近期1寸免冠照片3张。

有随行家属的，须提供家属的有效护照、签证（居留许可）原件及复印件，一寸照片（2张/人），并注明与专家本人的关系。

（四）《外国专家证》的期限

《外国专家证》的一次签发有效期限，最长不得超过一年。外国专家须在聘期每满一年时，到外国专家身份认定机关办理《外国专家证》延长手续；逾期未办的，《外国专家证》自行失效。外国专家在华期间的聘用单位发生变更时，须向发证机关交回原证，并到新聘用单位所在地区的发证机关申办新的《外国专家证》。

（五）办理聘请外国专家单位资格认可的材料

（1）《聘请外国专家单位资格认可申请表》。

（2）法人资格证书。

（3）行业许可证书或证件：学校和其他教育、培训机构，提交教育、劳动或工商行政部门的办学批复、办学许可证或营业执照复印件；其他单位，提交相关行政部门签发的业务许可证书或批复文件复印件。

（4）外国专家管理制度（包括安全制度）和聘请单位外事人员工作制度。

（5）单位介绍。

（6）经费证明。

（7）聘请专家渠道说明。

（六）受理部门或主管单位

除中央部（委、办）属和省属单位聘请外国专家须向省外国专家局提出申请外，其他单位聘请外国专家，按照属地管理原则，向各市人事局提出办理《外国专家证》的申请。

（七）办理《外国专家证》的方法

《外国专家证》是外国专家在华期间的身份证件。来中国工作的外国专家凭《外国专家证》及有关材料在入境后30天内，到所在地公安局外国人管理科办理居留手续，可不另办《外国人就业许可证》。《外国专家来华工作许可证》是外国专家在申办职业（Z）签证时应出具的外国专家的身份证明文件，表示国家外国专家局同意该人以专家身份来华（可携其家属），请我国驻外大使馆、领事馆按我国有关规定给其办理职业（Z）签证。《外国专家来华工作许可证》由外国专家的聘请单位根据拟聘请专家的资料向外国专家局提出申请，经批准后出具，并由聘请单位向外国专家寄送《外国专家来华工作许可证》原件。《外国专家来华工作许可证》只提供给被我国政府确认的来华工作的外国专家在申办职业（Z）签证时使用。其他来我国的外国人，应按其他有关部门的规定办理来华手续。其他短期来华的外国专家，如办理访问（F）、旅游（L）签证的，不须提供此件。

（八）外国专家享受的优惠和奖励

外国专家在华工作期间凭《外国专家证》享受中国政府给予的有关优惠待遇。外国专家在华工作期间作出突出贡献者，可受到中国各级政府或所在单位的表彰或奖励。对作出特别突出贡献的外国专家，可推荐参评中国政府授予外国专家的最高奖励——“友谊奖”。外国专家在华工作期间凡取得阐明自然的现象、特征和规律的科研成果，对科学技术的发展有重大意义，或有创造发明者，根据《中华人民共和国自然科学奖励条例》和《中华人民共和国发明奖励条例》的规定，予以奖励。

六、聘请外国专家的几个环节

（一）选好项目

即提出项目，明确聘任专家需要解决的问题、可达到的水平和项目完成后能产生的经济效益。列项要从本地区、本系统、本部门的经济发展需要出发，应结合企业的重大基建项目、重大技改项目、重大科研项目、重大新产品研制、出口创汇等来进行。总之，要选择迫切需要解决、国外优势明显并宜聘请国外专家来解决问题的项目。

（二）找好专家

首先，要利用各种关系，全方位、多层次物色合适人选，通过官方和非官方的途径物色专家。其次，根据项目要求，全面、准确地提出要解决的技术或管理问题，并与外国专家或所在组织积极磋商各种技术细节。根据专家本人提供的简历表和反馈意见以及本单位的实际情况，决定是否聘请。最后要发出正式的邀请函或签订聘请协议，明确双方的责任和义务。

（三）用好专家

专家来华前，要做好项目准备工作，成立接待班子，配好工作助手和翻译，准备好必要的资料、仪器、设备等，并提供良好的生活条件。专家到任后，要做好专家的日程安排工作。日程安排应紧凑而不紧张，既要解决实际问题，又要建立友谊和长期联系。在工作上要处理好保密和提供必要信息的关系，处理好发挥国内科技人员作用和国外专家作用之间的关系。对于作出贡献的专家，要给予适当鼓励和奖励。要确保国外专家的安全和利益，注意有关知识产权保护方面的问题。专家回国后，用人单位应与其继续保持联系，以便得到进一步的帮助和支持，必要时还可以再次聘请。

（四）其他

（1）做好专家出入境接送工作。如需要省外国专家局代为安排在北京接机中转的，应提前一周（旅游旺季应提前两周）将专家抵达北京的日期、时刻和乘坐的航班号以及电话、传真或电子邮件等方式上报省外国专家局。

（2）专家工作结束时，为表示感谢，有条件的单位可向专家赠送当地小礼品；对工作优秀、合作愉快的专家，若想再请他来，可提出邀请。

（3）项目单位要做到有专人负责、专人陪同，保证外国专家及其亲属的健康和安全。

（4）对在工作中有突出贡献的国外专家，可给予奖励（奖品金额视情况而定），并可向国家外国专家局申请授予“友谊奖”。

七、外国专家工作中应注意的问题

引进国外智力的根本目的就是通过国际人才交流，将人类社会创造的一切文明成果为我所用，为全面贯彻落实科学发展观和推进和谐社会的建设提供强有力的人才支持和智力保障。外国专家对促进中外交流合作发挥着重要的桥梁和纽带作用，作为在华外国专家的管理和服务部门，外事工作者要建立更加良好的制度和创造更加良好的文化环境，更多地引进和用好高层次外国专家，真正把各方面优秀人才集聚到党和国家的事业中来。

1. 强化宣传引导，营造良好氛围

宣传引导是管理工作的重要组成部分，是扩大专家影响、营造工作氛围的有效手段。政策环境是吸引人才的关键因素，要把营造有利于吸引人才、留住人才、用好人才的大环境作为外国专家管理工作的优先任务。要加强舆论宣传工作，增强全社会对外国专家管理工作的了解和支持。通过大力宣传党的引智政策、外国专家的先进事迹、外国专家管理工作的新经验和新做法，努力营造全社会关心、支持和参与外国专家管理工作的良好氛围。

做好示范引导。通过引智示范基地和示范单位建设，促进引智成果的示范和推广，扩大引智成果的受益面，而且要进一步提高引智工作的社会影响，增强全社会的引智意识。通过制定法规引导引智参与者该做什么、不该做什么，通过制定政策指导引智参与者做什么更好、怎么做。

遵循市场规则，充分发挥用人单位和人才的主体作用，促进用人单位通过市场自主择人，鼓励各类外籍人才进入市场自主择业。鼓励和规范高薪聘请外国专家工作，培育有实力的中介组织，加强与猎头公司及其他专业中介机构的合作，物色和吸引高层次外国专家和紧缺人才，进一步畅通外国专家来华工作渠道。

2. 健全管理制度，加强政策指导

根据来华专家数量、结构等方面的变化以及外国专家管理工作的内涵在新形势下的变化，处理好管理目的与手段的关系；运用科学的管理手段，通过全方位的监管，达到“科学化、信息化、法制化、人性化”的“四化”管理；完善吸引高层次外国专家来华工作的各类制度措施，依照《中华人民共和国出境入境管理法》、《外国人在中国境内工作管理办法》、《外国人在中国境内工作指导目录》、《外国专家聘用合同管理办法》等来研究制定、出台外国专家中介机构管理细则、民办培训机构聘请外国专家管理规定、加强外国专家服务工作的意见、聘请外国专家资格单位管理办法等政策文件。

各级外国专家局依照国家有关外国专家管理的相关政策和文件，根据地区的经济社会发展状况和外国专家管理工作的实际情况，制定适合本地区发展需要的外国专家管理实施细则；建立外国专家聘用单位信息库，了解和掌握聘请单位的情况，提供及时的政策指导、管理服务和业务人员培训；健全外国专家管理工作联络制度，各级外国专家局之间保持畅通的信息沟通和反馈机制，重大事项及时上报；加大政府资金投入力度，建立外国专家公寓，减轻项目单位的负担，便于统一管理，这不仅有利于外国专家之间相互交流，也有利于引智部门和外国专家之间进行直接沟通。

加强有关政策法规的宣传，引导用人单位依法合规聘请、使用外国文教专家。依法强化外国文教专家来华工作准入管理，按照有关法规文件规定，严把准入关，严格管理《外国专家来华工作许可证》和《外国专家证》的发放，依法强化聘请外国专家的日常管理，把管理贯穿于聘用外国专家的全过程，在专家的准入、流动以及各种涉及专家的纠纷和事件的解决处理等各个环节中，把管理工作做细做实。加强外国文教专家聘用合同的管理，防范各种聘用争议和矛盾，做好调解仲裁工作，妥善解决聘用争议，实现依法聘请、和谐聘请，并与公安、工商部门密切配合，查处非法聘请单位、非法中介机构以及非法在华工作的外国人，净化市场秩序。

3. 加强部门之间的协调沟通，着力做好服务

处理好管理与服务的关系，在依法行政这一总方针的指导下，寓管理于服务之中，在人性化服务中体现管理的目的。与农业、畜牧、林业、科技、工信、国资委、外事、公安、财政、海关、税收等相关部门沟通，形成工作合力；落实现有的针对外国专家的各项优惠政策，加强与外国专家的直接联系，解决外国专家在工作和生活方面的实际困难，进一步完善反映外国专家意见和呼声的机制；加强外国专家公共服务体系建设，把各级外国专家管理部门建设成为“外国专家之家”，不定期召开外国专家座谈会，了解专家工作、生活的状况，给予他们更多的关注和关怀。引智系统对海外人才的表彰工作很有成效，已经形成了包括“友谊奖”、“马可·波罗奖”、“炎黄奖”在内的表彰体系，以表彰、奖励为我国经济和社会发展作出杰出贡献的海外人才，对外国专家和聘请单位起到很好的激励和导向作用，不断激发他们的积极性和创造性，成为政府引导和推动引智工作的重要手段。

协调和督促有关部门，落实国外人才在居留和出入境、落户、医疗、保险、住房、子女入学等方面的政策待遇，帮助他们解决实际的困难和问题。加强沟通协调，建立外国专家的诉求表达、权益保障和工作激励机制。培育和发现优秀外国专家典型，建设重点外国专家队伍，畅通外国专家建言渠道，经常听取他们的意见和建议。完善外国专家社会参与机制，加强人文关怀，举办各种形式的文化活动，帮助外国专家融入当地社会和文化。对外国专家重点加强服务，有针对性地制定外国专家在来华工作准入、出入境和居留、医疗、社会保障等方面的优惠政策，简化手续，切实为他们提供便利，营造良好的引才环境。

加强队伍建设，提高工作水平。加强外国专家管理人员的政治理论、政策法规、业务

知识、外语知识和业务技能培训，使他们在工作中坚持“以人为本，以情留人”理念，加强与外国专家的思想沟通，以有效提升引智工作水平，造就一支高素质的外国专家管理人才队伍。

按照“分类管理，政策有别”的原则，服务与管理并举，保障国家人才引进战略顺利实施。对外国专才，坚持“国内紧缺，按需聘请”的原则，按照国家有关规定，进一步健全工作机制，创新管理方式，采取有效措施，从严加强准入管理，保障外国专业人才依法、有序、高效地被聘请、使用。开辟引才渠道，加强信息平台建设，抓好高端外国专家库建设和专家需求信息发布工作；结合实际制定配套文件或实施细则，确保分类管理工作落实到位。根据实际情况，积极探索外国专家、外国专才来华工作和外国人就业统一协调管理的新路子。

推动引智机构和外国专家管理工作队伍建设，借鉴经验，加强协调，进一步推动引智机构和职能的建设，理顺体制，充实职能，为更好地履行管理工作职责提供保障。

实现资源共享，提高引智效益。在引进外国经济技术专家工作中存在一些现象，例如，一些单位申报的引智项目类型相同、专家要求类似，分别引进相同相似的专家，造成资源浪费；有的单位急需引进某类专家，苦寻未果，而其他单位已引进相应专家，却互不知情；有的单位已通过外国专家解决了技术难题，而有些单位正急需此项技术成果等。如果能实现外国经济技术专家的资源共享，加大对外国专家资源及其成果在地区、行业以及单位之间的统一协调，将避免资源浪费，大大降低引智成本，提高引智效益，使外国专家所产生的效益最大化。

引智的需求在国内，供给在国外；国外是上游，国内是下游。人才引进是人才的跨国流动，引才管理具有跨国管理的特点。因此，要重视和积极拓展引智渠道，改变内外发展不平衡的状况。进一步拓宽引智经费来源和渠道，积极引导社会资金投入，鼓励和支持“三资”、民营企业等多种投资主体参与，按照谁受益谁投入的原则，推动引智服务市场化。通过对经济社会发展重点领域和薄弱环节的引智项目提供资金支持，引导社会引智资源的合理配置。

引进国外智力工作是学习、借鉴世界各国优秀文化、科学技术成果的重要工作，在新世纪、新阶段，对于发展先进生产力和先进文化，缩短与世界先进水平的差距，对于维护和实现中国最广大人民的根本利益，具有非常重要的意义。

资料链接

1. “外专千人计划”

是我国高层次外国专家项目，面向非华裔外国专家，目前重点引进长期项目专家，即专家至少连续来华工作3年，每年不少于9个月。截至2012年12月10日，共有94名外国专家入选，成为中国国家特聘专家。

今后，将围绕我国经济和社会发展重点行业与关键领域的需求，利用10年左右的时间，引进500～1 000名高层次外国专家。为集聚民间力量和广大有识之士之力支持国家级重点人才引进计划，探索不同模式与支持方式。

“外专千人计划”专家在出入境、居留、医疗、保险、住房、税收、薪酬等方面享受“外专千人计划”特定政策和待遇。中央财政给予“外专千人计划”长期项目专家每人人民币100万元的一次性补助，并根据工作需要，经用人单位向从事科研工作，特别是从事基础研究的外国专家提供总计300万~500万元的科研经费补助。

2. 与外国专家管理相关的文件

(1)《关于为外国籍高层次人才和投资者提供入境及居留便利的规定》。

(2)《外国专家来华工作许可办理规定》。

(3)《外国专家在华工作突发事件应急预案》。

(4)《外国人在中国永久居留审批管理办法》。

(5)《引进人才专家经费管理实施细则》。

3.《外国专家证明书》

(1) 适用于下列范围：

①随引进技术和进口设备应聘来华工作的外国技术人员和管理人员；

②来华执行联合国等国际组织和政府间多边、双边援助项目的外国技术人员、管理人员和咨询专家；

③根据我国经济建设需要，使用国家和地方引智专项经费或国有企业自筹经费聘请的外国技术人员、管理人员和咨询专家；

④应聘来我国从事教育、新闻、出版、文化、艺术、卫生和体育等工作的外国文教专家。

(2)《外国专家证明书》由国家外国专家局统一印制、编号，分级发放和管理。

(3) 各省、自治区、直辖市、计划单列市人民政府外事办公室、教育委员会（教育厅、教育局、高等教育局）和引进国外智力办公室（或引智部门）按现有分工范围，分别负责本地区《外国专家证明书》的签发。

国务院各部委、直属机构、直属事业单位和直属公司聘请的外国文教专家的《外国专家证明书》，分别由其教育司（局）或外事司（局）签发；聘请在京工作的外国经济专家和技术、管理专家的《外国专家证明书》，统一由国家外国专家局经济技术专家司签发。

外国专家领取《外国专家来华工作许可证》、《外国专家证》及《中华人民共和国外国人居留许可》或职业签证后方可在中国合法就业。

4. “友谊奖”

“友谊奖”是中国政府授予来华工作的外国专家的国家级最高奖项。每年一度，由国家外国专家局负责组织在国庆节前夕评选，用以感谢和表彰外国专家在我国社会发展和经济、技术、教育、文化等事业中以及人才培养中所作出的突出成绩和奉献。每年的“十一”，该年度的获奖者将应邀来到北京，出席“友谊奖”的颁奖仪式，受到中国党和国家领导人的亲切会见，并参加在京举行的国庆活动。

这是中国政府对贡献突出的外国专家给予的最崇高荣誉。该奖前身是20世纪50年代为鼓励来华工作的苏联和东欧等国的专家而设立的奖项，周恩来总理和陈毅外长曾在国庆节前夕向有特殊贡献的外国专家颁发感谢状。改革开放后，随着对外国专家引进和表彰工作的重新开展，1991年国家外国专家局恢复设立“友谊奖”。

中国“友谊奖”每年约评选出50名获奖者，国庆逢五逢十则将评选出约百名获奖者。先后有50多个国家的1 199名外国专家获此殊荣。帮助中国实现水稻增产的日本专家原正市、新中国第一位“洋厂长”格里希、无私奉献于中国治沙绿化的远山正瑛等，都荣获过中国政府“友谊奖”。每年国庆节前夕，中国国务院副总理等国家领导人亲自为荣获“友谊奖”的外国专家颁奖，国务院总理会见并邀请他们参加国庆招待会。此外，我国还设立了30多个省级、市级外国专家奖项。

5. 相关链接

（1）中华人民共和国国家外国专家局网站：http：//www. safea. gov. cn/。

（2）广东省外国专家局网站：http：//guangdong. caiep. org/。

（3）广州市人事局外国专家网站：http：//www. gzpi. gov. cn/gzfeb/。

（4）外专局办公室、外交部领事司关于使用和管理《外国专家来华工作许可证》：http：//edu. people. com. cn/GB/8216/64979/65031/4420443. html。

思考与练习

1. 外国人的定义是什么？
2. 外国人的管理服务内容是什么？
3. 加强外国人在中国就业的管理工作的意义是什么？
4. 外国专家的定义和分类是什么？
5. 外国专家工作的基本内容有哪些？

第九章

对外援助

【学习重点】

- 对外援助的概念
- 中国对外援助的政策和方式
- 中国对外援助的特点和意义

第一节　对外援助概述

一、对外援助的概念

对外援助是伴随国家的产生而出现的国际关系现象，通常指主权国家提供的包括发展援助、军事援助、人道主义援助等各种形式在内的援助。对外援助的主体一般指主权国家，当我们说“对外援助是对外政策的工具”的时候，常常是在这一意义上使用的。援助者主要是发达国家，但也可以是发展中国家；而受援者主要是发展中国家，但也可以是发达国家。例如，2011 年 3 月日本福岛地震，中国政府向日本政府提供的人道主义援助，就是发展中国家援助发达国家。此外，对外援助也常常作为“经济援助”或“官方发展援助”等概念的同义术语使用。

官方发展援助，简称为“发展援助”，由经济合作与发展组织在 1969 年开始采用，在 1972 年定义后沿用至今，指向发展援助委员会受援国名单第一部分的国家和地区提供的无偿援助或贷款。这种无偿援助或贷款要符合下列三项标准：由官方部门实施，以促进经济发展与福利为主要目标，具有金融上的优惠条款。包括双边无偿援助和准无偿援助、双边贷款以及向多边援助机构捐赠三种类型，并从受援者、援助者、援助目的和优惠条件四个方面把发展援助与商业贷款、贸易、直接投资以及其他形式的资源的国际转移区分开来。因此，发展中国家之间提供的符合上述三项标准的援助也属官方发展援助。

发展合作。它包含了比官方发展援助更为丰富的含义，在很多情况下是官方发展援助的一个委婉的代名词。因为官方发展援助这个概念意味着一种不平等关系：发达的援助国和不发达的受援国；一方给予，另一方接受。而发展合作不仅明确表明了发展的目的，同时也表明援助—受援双方是平等的合作伙伴关系。它表达了援助理念的变化，即援助国的援助行为应当尊重受援国自身的条件和传统，而不是把自己的不适宜当地环境的援助理念强加给受援者。1977 年，发展援助委员会（DAC）成员国高级别会议通过《关于经济增长和满足人类基本需求的发展合作宣言》；1985 年 DAC 发表《发展合作 25 年》；1996 年，DAC 又发布题为“塑造 21 世纪：发展合作的贡献”的报告，推广了“发展合作”理念，得到了国际社会的广泛接受。①

二、对外援助的构成

对外援助分为经济援助、军事援助、人道主义援助。这是以援助的直接目的作为分类标准的。

（1）经济援助是指官方发展援助，但是在外延上要大于官方提供的发展援助，含义较为宽泛。同时，相对于“官方发展援助”概念在发展经济学领域的广泛使用，在“官方发展援助”这个概念出现之前，“经济援助”这个概念就已经被广泛使用了。

经济援助有各种形式，主要有：工程援助——用于援助特定的道路、桥梁、工厂、水坝、电站等的建设；项目援助——不限于特定的工程，用于维持受援国的发展动力，受援国有较大的自由裁量权；技术援助——包括医疗、农业、工业等方面的技术援助，自信息时代以来，电子、信息技术援助被联合国视为缩小南北差距的重要手段。技术援助在形式上表现为：提供专家和顾问，进行人力资源培训，提供需要与特殊训练结合的装备等。技术援助以促进受援国经济发展为其宣称的目标，因此，一般被认为属于经济援助的范畴，但是也可以被作为一个独立的援助类型。经济援助一般采取无息、低息贷款或者无偿援助的方式提供给受援国。“二战”后初期，美国政府在欧洲实施的“马歇尔计划”、在第三世界实施的“第四点计划”都属于经济援助范畴。

（2）军事援助是出于军事目的而提供的各种形式的援助。其形式为：优惠或无偿向受援国提供用于国防建设和购置武器装备及其他军用物资的资金；优惠或无偿提供武器装备、军事技术，以及军事信息和情报、卫星照片、军事地图、军事气象等咨询和服务；向受援国提供军事培训；派遣军队直接介入武装冲突或其他政治事件等。军事援助中最主要的是援助国出于战略和安全目的，向盟国和在战略安全上有重要地位的国家提供援助。

“二战”结束后到 20 世纪 50 年代中期，对低收入国家的援助主要采取军事援助的形式。军事援助是国家支持盟国或准盟国的一种传统方式，也是一种最古老的援助形式。摩根索认为，17 ~ 18 世纪是军事援助的典型时期。国家尤其是大英帝国致力于通过军事援助增加其盟国的军事力量。当时的条约对提供军队、装备、后勤保障、军饷和金钱等方面的规定，其详尽程度令人惊讶。“二战”结束后，军事援助在对象上不仅仅限于盟国，最典型的如美国对北约盟国、日韩等国的军事援助，苏联对华约盟国的军事援助，而且援助对象扩大到不承担明确义务的非结盟国家，如美国对南斯拉夫的军事援助，政治动机十分明显。

（3）人道主义援助是主权国家政府、国际组织（包括国际非政府组织）乃至个人向遭受干旱、饥荒、大规模疾病、地震等灾害，以及陷入国际、国内战争的国家提供的财务

① 资料来源：丁韶彬．大国对外援助．北京：社会科学文献出版社，2010.

和劳务援助。近年来，对自然灾害受害国提供的援助呈上升趋势，此类比较典型的大规模的人道主义援助主要有对2005年8月美国遭受飓风灾害的援助（由此可见，人道主义援助的受援对象也可以是发达国家），以及对2005年10月巴基斯坦大地震的援助。另外，近年来，对战争造成的人道主义灾难和战后重建进行援助，也构成国际援助的重要内容，最典型的是对阿富汗塔利班政权的战争和伊拉克萨达姆政权的战争之后所进行的国际援助。尽管人道主义援助本身在形式上是非政治性的，但也能履行政治功能。

三、对外援助的途径

按照援助的途径分类，对外援助可以分为双边援助和多边援助两种。

（1）双边援助是指援助不通过多边机构，而由援助国直接向受援国提供。大部分对外援助一般都是通过双边途径进行的。由于是援助方与受援方直接进行援助协商，一般认为，相对于多边援助而言，双边援助往往附带若干条件，形成所谓的“束缚性援助”，更有利于援助国，更能够体现援助国的利益和意志。因而大部分双边援助的对象，都是有利于实现援助国的对外政策目标的国家。就援助类型而言，包括军事援助在内的各种类型的援助，都可以通过双边途径进行，而多边援助机构通常不提供军事援助。

（2）多边援助包括两种类型。一是援助国向多边组织提供捐赠，再由多边组织自主地提供给受援国家，其路径为：援助国—多边组织—受援国。一般而言，援助国在提供双边援助的同时，都会向多边组织进行一定数量的捐赠。2004年发展援助委员会成员国向多边组织提供的捐赠占其全部发展援助的31.6%，其中德国的绝对数额最多，达37.12亿美元，占其援助总额的50%。二是多边组织用有关国家的捐赠或成员国认购的股金向发展中国家提供援助，其路径为：多边组织—受援国。提供发展援助的多边组织主要包括：世界银行及其所属的1960年成立的国际开发协会，国际货币基金组织，联合国专门机构，如粮农组织、联合国开发计划署、联合国国际儿童基金会等，以及一些区域性发展银行，主要包括美洲开发银行、非洲开发银行、亚洲开发银行等。此外，作为一个特殊的多边组织，英联邦通过技术合作基金会，向其49个成员国中的发展中国家提供经济技术援助。不管哪一种类型，最终都要通过多边组织施行援助。多边机构被认为站在富国和穷国的中间立场，但当两者发生利益冲突时，多边机构一般会倾向较弱的一方，因而受援国更愿意接受多边援助。就援助类型而言，多边机构的援助一般限于经济援助和人道主义援助。

四、援助者与受援者

第一类施援的主体是主权国家。居前几位的是美国、日本、法国、英国、德国等，其中，除了1989年、1993—2000年间日本的援助额超过美国以外，“二战”后的其他年份，美国的官方发展援助都居于首位。

第二类施援的主体是多边组织。此外，一些非政府组织和个人也提供一些人道主义援助，如国际援助行动、基督教援助组织、乐施会、拯救儿童组织等。应当指出的是，在各种援助机构中，联合国等国际组织在制定对外援助国际规范和机制、推动国际社会对贫困和发展问题的关注，以及倡导对发展中国家增加援助等方面起到了不可替代的作用。

受援者是官方发展援助的对象，包括最不发达国家、其他低收入国家和地区、中低收入国家和地区，以及中高收入国家和地区。根据2004年的数据，受援国名单中，以上四类国家和地区的数量分别为：最不发达国家50个，其他低收入国家和地区18个，中低收入国家和地区48个，中高收入国家和地区39个，共计155个国家和地区。实际上，援助的国别分配是不均衡的。2001—2004年间，受援最多的20个国家接受的发展援助占到了发展援助委员会国家发展援助总额的41%～43%，与同期50个最不发达国家的这一比例基本相等。

如果不局限于官方发展援助，“二战”后几乎所有国家都曾经接受过或者正在接受国际援助。“二战”后初期，美国“马歇尔计划”等对西欧国家的援助，主要对象正是当今的发展援助大国，如英、法、德等国；即使是美国，也曾多次接受国际社会的紧急援助，最近的例子，如国际社会对2005年8月末的美国南部“卡特里娜”飓风灾害的援助。

在经济层面上，援助者和受援者的关系主要是富裕的工业化发达国家与贫困的发展中国家的关系，即南北关系；从国际政治角度来看，尽管援助国不一定是发达国家，受援国也不一定是发展中国家，但在具体和特定的援助—受援关系中，援助国的综合实力一般强于受援国，两者的实力之间存在一定程度的差距，因而，援助关系主要是强国与弱国、大国与小国的关系，其本质是一种实力不对等的关系。但这并非在具体援助问题上的不对等。

第二节　中国的对外援助

中国是世界上最大的发展中国家。在发展进程中，中国坚持把中国人民的利益同各国人民的共同利益结合起来，在南南合作框架下向其他发展中国家提供力所能及的援助，支持和帮助发展中国家特别是最不发达国家减少贫困，改善民生。中国提供对外援助，不附带任何政治条件，不干涉受援国内政，充分尊重受援国自主选择发展道路和模式的权利。相互尊重、平等相待、重信守诺、互利共赢是中国对外援助的基本原则。

对外援助是中国对外工作的重要组成部分，是促进中国与发展中国家友好合作关系的重要方式和渠道。中国在致力于自身发展的同时，坚持向经济困难的其他发展中国家提供力所能及的援助，承担相应的国际义务。中国针对广大亚非拉地区的对外援助促进了受援国的发展和民众生活的改善，并对一些国家反抗外来入侵起到了支柱性的支撑作用，同时也提高了中国的国际地位。

长期以来，中国的对外援助形成了具有自身特色的模式。中国的对外援助在各个阶段表现出不同的特点，但从整体上讲，对外援助以平等互利、共同发展为指导原则，注重实效，与时俱进。

中国的对外援助以经济援助为主。20世纪50年代，新中国成立后不久，中国在自身财力十分紧张、物资相当匮乏的情况下，开始对外提供经济技术援助，并逐步扩大援助范围。自70年代末实行改革开放以来，中国经济快速发展，综合国力显著提升，但依然是一个人均收入水平不高、贫困人口众多的发展中国家。尽管如此，中国仍量力而行，尽力开展对外援助，帮助受援国增强自主发展能力，丰富和改善人民生活，促进经济发展和社会进步。中国的对外援助，发展和巩固了与广大发展中国家的友好关系和经贸合作，推动了南南合作，为人类社会共同发展作出了积极贡献。

一、对外援助历程

中国的对外援助从帮助周边友好国家起步，分为以下几个时期：

新中国成立初期到改革开放前。1950 年，中国开始向朝鲜和越南两国提供物资援助，从此拉开了中国对外援助的序幕。1955 年万隆亚非会议后，随着对外关系的发展，中国对外援助的范围从周边友好国家扩展到其他发展中国家。1956 年，中国开始向非洲国家提供援助。1964 年，中国政府宣布以平等互利、不附带条件为核心的对外经济技术援助八项原则，确立了中国开展对外援助的基本方针。1971 年 10 月，在广大发展中国家的支持下，中国恢复了在联合国的合法席位，同更多的发展中国家建立了经济和技术合作关系，并援建了一批重大基础设施项目。这段时期，中国克服自身困难，为其他发展中国家争取民族独立和发展民族经济提供了最大限度的支持，奠定了新中国与广大发展中国家长期友好合作的坚实基础。

改革开放时期。1978 年中国实行改革开放政策后，同其他发展中国家的经济合作由过去单纯提供援助发展为多种形式的互利合作。中国适度调整了对外援助的规模、布局、结构和领域，进一步增加对最不发达国家的援助，更加注重提高对外援助项目的经济效益，取得长远效果，援助方式更为灵活。为进一步巩固已建成的生产性援助项目的成果，中国同部分受援国开展了代管经营、租赁经营和合资经营等多种形式的技术和管理合作。一些已建成的援外生产性项目通过采取上述合作模式，在改善企业经营管理和提高生产水平等方面，取得了比传统技术合作更为显著的成效。中国的对外援助走上了更加适合中国国情和受援国实际需求的发展道路。

20 世纪 90 年代，中国在加快从计划经济体制向社会主义市场经济体制转变的过程中，开始对对外援助进行一系列改革，重点是推动援助资金来源和方式的多样化。例如：1993 年，中国政府利用发展中国家已偿还的部分无息贷款资金设立援外合资合作项目基金。该基金主要用于支持中国中小企业与受援国企业在生产和经营领域开展合资合作。1995 年，中国开始通过中国进出口银行向其他发展中国家提供具有政府援助性质的中长期低息优惠贷款，有效扩大了援外资金来源。同时，中国更加重视和支持受援国的能力建设，不断扩大援外技术培训规模，受援国官员来华培训逐渐成为援外人力资源开发合作的重要内容。2000 年，中非合作论坛成立，成为新形势下中国与非洲友好国家开展集体对话的重要平台。这一阶段，中国的对外援助的发展道路进一步拓宽，效果显著。

进入 21 世纪，在经济持续快速增长、综合国力不断增强的基础上，中国的对外援助资金保持快速增长，2004 年至 2009 年平均年增长率为 29.4%。中国除了重视传统双边渠道援助项目外，还积极在国际和地区层面加强与受援国的集体磋商，并进一步加大在农业、基础设施、教育、医疗卫生、人力资源开发合作、清洁能源等领域的援助力度。2010 年 8 月，中国政府召开全国援外工作会议，全面总结援外工作经验，明确了新形势下进一步加强和改进对外援助工作的重点任务，中国的对外援助进入新的发展阶段。

2010 年至 2012 年，中国的对外援助金额为 893.4 亿元人民币，规模持续增长。其中，成套项目建设和物资援助是主要援助方式，技术合作和人力资源开发合作增长显著。亚洲和非洲是中国对外援助的主要地区。

二、对外援助政策的演变

中国是世界上最大的发展中国家，人口多，底子薄，经济发展不平衡。发展仍然是中国长期面临的艰巨任务，这决定了中国的对外援助属于南南合作范畴，是发展中国家间的相互帮助。中国的对外援助政策具有鲜明的时代特征，符合自身国情和受援国的发展需要。20 世纪 60 年代中国提出的对外援助八项原则，从一开始就是中国对外援助遵循的基本方针，并在实践中不断丰富、完善和发展。其中，“绝不附带任何条件”是中国对外援助的“圣经”。

改革开放后，中国的对外援助政策也进行了改革和调整，突出了“平等互利、形式多样、注意实效、共同发展”的内容，对外援助的经济意义超越了对政治利益的诉求。按当时中国的经济实力和国内的实际状况，对外援助金额并没有相应地大幅增加。

1995 年是中国对外援助框架全面改革的转折点，其目标是根据时任对外经济贸易部部长吴仪提出的“经贸大战略”，把对外贸易、资本流动和国际经济合作结合起来，运用国内外资金、资源和市场来促进中国的经济发展。金融机构提供的优惠贷款成为中国对外援助的主要形式，合资合作项目开始受到更多的重视和鼓励。中国对外援助形式的多样化，兼顾了受援国和中国双方的利益。

进入 21 世纪，中国除通过传统的双边渠道商定援助项目外，还在国际和地区层面加强与受援国的集体磋商。中国政府在联合国发展筹资高级别会议、联合国千年发展目标高级别会议，以及中非合作论坛、上海合作组织、中国—东盟领导人会议等区域合作机制会议上，多次宣布一揽子有针对性的对外援助政策和措施。同时，中国还通过自愿捐款、股权融资等方式，支持并参与多边机构的发展援助行动。

三、当今对外援助政策的基本内容

（1）帮助受援国提高自主发展能力。实践证明，一国的发展主要依靠自身的力量。中国在提供对外援助时，尽力为受援国培养本土人才和技术力量，帮助受援国建设基础设施，开发利用本国资源，打好发展基础，逐步走上自力更生、独立发展的道路。

（2）不附带任何政治条件。中国坚持和平共处五项原则，尊重各受援国自主选择发展道路和模式的权利，相信各国能够探索出适合本国国情的发展道路，不把提供援助作为干涉他国内政、谋求政治特权的手段。

（3）平等互利，共同发展。中国把对外援助视为发展中国家之间的相互帮助，注意实际效果，照顾对方利益，通过开展与其他发展中国家的经济技术合作，促进双边友好关系和互利共赢。

（4）量力而行，尽力而为。在援助规模和方式上，中国从自身国情出发，依据国力提供力所能及的援助。注重充分发挥比较优势，最大限度地结合受援国的实际需要。

（5）与时俱进，改革创新。中国的对外援助随着国内外形势发展而变化，中国不断总结经验，创新对外援助的方式，调整、改革管理机制，提高对外援助工作的水平。

四、对外援助资金

中国的对外援助资金主要有三种类型：无偿援助、无息贷款和优惠贷款。其中，无偿援助和无息贷款资金在国家财政项目下支出，优惠贷款由中国政府指定中国进出口银行对外提供。截至2009年底，中国累计对外提供援助金额达2 562.9亿元人民币，其中无偿援助1 062亿元，无息贷款765.4亿元，优惠贷款735.5亿元。① 2010年至2012年，中国对外援助金额为893.4亿元人民币。②

对外援助支出是国家财政支出的一部分。援外预算资金由财政部按预决算制度统一管理。商务部及国务院其他参与对外援助管理的部门具体管理本部门的援外资金，遵循量力而行的原则编制年度对外援助项目支出预算。对外援助项目资金经财政部审核并报请国务院和全国人民代表大会批准后执行，实行预算控制管理。财政部和国家审计署根据国家有关法律法规和财务规章制度对主管部门的对外援助支出预算的执行情况进行监督检查。

1. 无偿援助

无偿援助主要用于帮助受援国建设医院、学校、低造价住房、打井供水等中小型社会福利性项目。此外，无偿援助还用于人力资源开发合作、技术合作、物资援助、紧急人道主义援助等领域的项目。

2. 无息贷款

无息贷款主要用于帮助受援国建设社会公共设施和民生项目。无息贷款期限一般为20年，其中使用期5年，宽限期5年，偿还期10年。目前，中国的无息贷款主要向经济条件较好的发展中国家提供。

3. 优惠贷款

优惠贷款主要用于帮助受援国建设有经济效益和社会效益的生产性项目和大中型基础设施，或提供成套设备、机电产品、技术服务以及其他物资等。优惠贷款本金由中国进出口银行通过市场筹措，贷款利率低于中国人民银行公布的基准利率，由此产生的利息差额由国家财政补贴。目前，中国提供的优惠贷款年利率一般为2%至3%，期限一般为15年至20年（含5年至7年宽限期）。截至2009年底，中国共向76个国家提供了优惠贷款，支持项目325个，其中建成142个。中国提供的优惠贷款61%用于帮助发展中国家建设交通、通信、电力等基础设施，8.9%用于支持石油、矿产等能源和资源的开发。

五、对外援助方式

中国的对外援助方式主要有八种：成套项目援助、一般物资援助、技术合作、人力资源开发合作、援外医疗队、紧急人道主义援助、援外志愿者和债务减免。

（1）成套项目援助是指中国通过提供无偿援助和无息贷款等援助资金帮助受援国建设

① 数据来源：国务院新闻办公室．中国的对外援助．2011－04－21.

② 数据来源：国务院新闻办公室．中国的对外援助．2011－07－14.

生产和民用领域的工程项目。中方负责项目考察、勘察、设计和施工的全部或部分工程，提供全部或部分设备、建筑材料，派遣工程技术人员组织和指导施工、安装和试生产。项目竣工后，移交受援国使用。

成套项目援助是中国最主要的对外援助方式。从 1954 年开始，中国利用成套项目援助方式为越南、朝鲜两国修复被战争破坏的铁路、公路、港口、桥梁等设施，并援建了一批基础工业项目，为两国战后重建和经济发展作出了巨大贡献。此后，成套项目建设的规模和范围不断扩大，在对外援助支出中一直占有较大比例。目前，成套项目援助占对外援助财政支出的 40% 左右。截至 2009 年底，中国共帮助发展中国家建成 2 000 多个与当地民众生产和生活息息相关的各类成套项目，涉及工业、农业、文教、卫生、通信、电力、能源、交通等多个领域。

（2）一般物资援助是指中国在援助资金项目下，向受援国提供所需的生产生活物资、技术性产品或单项设备，并承担必要的配套技术服务。中国对外援助最早是从提供一般物资开始的。20 世纪五六十年代，中国在国内物资十分短缺的情况下，为支持广大亚非国家争取民族解放和发展民族经济，向上述国家提供了大量生产和生活迫切需要的物资。除单项提供援外物资外，中国还配合成套项目建设提供各种配套设备和物资。中国始终将国内生产的质量最好的产品作为援助物资，援助的物资涉及机械设备、医疗设备、检测设备、交通运输工具、办公用品、食品、药品等众多领域。这些物资满足了受援国生产生活的迫切需要，其中一些设备如民用飞机、机车、集装箱检测设备等，还促进了受援国装备的齐全和产业的发展。

（3）技术合作是指由中国派遣专家，对已建成的成套项目的后续生产、运营或维护提供技术指导，就地培训受援国的管理和技术人员；帮助发展中国家为发展生产而进行试种、试养、试制，传授中国农业和传统手工艺技术；帮助发展中国家完成某一项专业项目的咨询、考察、勘探、研究、规划等。

技术合作是中国帮助受援国增强自主发展能力的重要合作方式。技术合作涉及的领域很广泛，包括工业生产和管理，农业种植和养殖，编织、刺绣等手工业生产，文化教育，体育训练，医疗卫生，清洁能源开发，地质普查、勘探，经济规划等。技术合作期限一般为 1 年至 2 年，必要时应对方要求，可以延长。

（4）人力资源开发合作是指中国通过多、双边渠道为发展中国家举办各种形式的政府官员研修、学历学位教育、专业技术培训以及其他人员交流项目。

中国从 1953 年开始实施人力资源开发合作项目。20 世纪 50 年代至 70 年代，大量来自朝鲜、越南、阿尔巴尼亚、古巴、埃及等国的留学生来华学习，涉及农林、水利、轻工、纺织、交通、卫生等 20 多个行业。自 1981 年起，中国同联合国开发计划署合作，为发展中国家在华人员举办了多个领域的实用技术培训班。自 1998 年起，中国政府开始举办官员研修班，培训的领域和规模迅速扩大。截至 2009 年底，中国为发展中国家在华人员举办各类培训班 4 000 多期，培训人员 12 万人次，包括留学生、管理和技术人员以及官员，培训内容涵盖经济、外交、农业、医疗卫生和环保等 20 多个领域。目前，每年在华培训的发展中国家人员约 1 万名。此外，中国还通过技术合作等方式为受援国就地培训了大量管理和技术人员。

（5）援外医疗队是指中国向受援国派出医务人员团队，并无偿提供部分医疗设备和药品，在受援国进行定点或巡回医疗服务。

1963 年，中国向阿尔及利亚派出第一支医疗队。截至 2011 年底，中国已向亚洲、非洲、欧洲、拉丁美洲和加勒比、大洋洲的 69 个国家派遣了援外医疗队。援外医疗队一般在受援国缺医少药的落后地区工作，条件十分艰苦。援外医疗队员治愈了大量常见病、多发病，并采用针灸、推拿以及中西医结合的诊疗方法治愈了不少疑难重症，挽救了许多垂危病人的生命。援外医疗队员还向当地医务人员传授医疗技术，促进了当地医疗卫生水平的提高。援外医疗队员以精湛的医术、良好的医德医风和高度的责任感与使命感，全力为受援国人民服务，赢得了受援国政府和人民的尊重和赞扬。截至 2009 年底，中国累计派遣援外医疗队员 21 000 多名，经中国医生诊治的受援国患者达 2.6 亿人次。2009 年，我国有 60 支援外医疗队，共 1 324 名医疗队员，分别在 57 个发展中国家的 130 个医疗机构提供医疗服务。

（6）紧急人道主义援助是指中国在有关国家和地区遭受各种严重自然灾害或人道主义灾难的情况下，主动或应受灾国要求提供紧急救援物资、现汇或派出救援人员，以减轻灾区人民的生命财产损失，帮助受灾国应对灾害造成的困难局面。

改革开放以来，中国积极参与对外紧急救援行动，并在国际紧急人道主义救援事业中发挥着越来越重要的作用。为使救援行动更加快速有效，中国政府于 2004 年 9 月正式建立人道主义紧急救灾援助应急机制。2004 年 12 月印度洋海啸发生后，中国开展了对外援助历史上规模最大的紧急救援行动，向受灾国提供各种援助，共计 7 亿多元人民币。近五年来，中国政府累计开展紧急援助近 200 次，主要包括向东南亚国家提供防治禽流感紧急技术援助；就几内亚比绍蝗灾和霍乱，厄瓜多尔登革热，墨西哥甲型 H1N1 流感，伊朗、巴基斯坦、海地、智利地震，马达加斯加飓风，缅甸、古巴热带风暴，巴基斯坦洪灾等提供物资或现汇紧急援助；向朝鲜、孟加拉国、尼泊尔、阿富汗、布隆迪、莱索托、津巴布韦、莫桑比克等国提供紧急粮食援助。

（7）援外志愿者是指中国选派志愿者到其他发展中国家，在教育、医疗卫生和其他社会发展领域为当地民众提供服务。目前，中国派出的志愿者主要有援外青年志愿者和汉语教师志愿者。

2002 年 5 月，中国首次派遣 5 名青年志愿者赴老挝，在教育和医疗卫生领域开展了为期半年的志愿服务。截至 2009 年底，中国向泰国、埃塞俄比亚、老挝、缅甸、塞舌尔、利比里亚、圭亚那等 19 个发展中国家共派遣 405 名援外青年志愿者，服务范围涉及汉语教学、中医治疗、农业科技推广、体育训练、计算机培训、国际救援等领域。其中，向埃塞俄比亚、圭亚那等多个国家实现连续派遣。2003 年，中国开始对外派遣汉语教师志愿者。截至 2009 年底，中国向全球 70 多个国家派遣汉语教师志愿者共计 7 590 人次。

（8）债务减免是指中国免除部分发展中国家到期的对华政府债务。对于受援国的对华政府债务，中国政府从不施加还款压力。在受援国偿还到期无息贷款遇到困难时，中国政府一向采取灵活的处理方式，如通过双边协商延长还款期限。为进一步减轻经济困难国家的债务负担，中国政府在 2000 年中非合作论坛第一届部长级会议、2005 年联合国发展筹资高级别会议、2006 年中非合作论坛北京峰会、2008 年联合国千年发展目标高级别会议、

2009 年中非合作论坛第四届部长级会议和 2010 年联合国千年发展目标高级别会议上，先后 6 次宣布免除与中国有外交关系的重债穷国和最不发达国家到期的对华无息贷款债务。截至 2009 年底，中国与非洲、亚洲、拉丁美洲和加勒比、大洋洲的 50 个国家签署免债议定书，免除到期债务 380 笔，金额达 255.8 亿元人民币。

六、对外援助的分布

中国对外援助的主要对象是低收入发展中国家。在援助领域分布中，中国重点关注受援国的民生和经济发展，努力使援助更多地惠及当地贫困群体。

1. 区域分布

中国对外援助的地理分布比较均衡。受援国涉及亚洲、非洲、拉丁美洲和加勒比、大洋洲、东欧等地区的大部分发展中国家。中国对其中最不发达国家和其他低收入国家的援助比重始终保持在 2/3 左右。截至 2009 年底，中国累计向 161 个国家以及 30 多个国际和区域组织提供了援助，经常性接受中国援助的发展中国家有 123 个，其中亚洲 30 个、非洲 51 个、拉丁美洲和加勒比 18 个、大洋洲 12 个、东欧 12 个。亚洲和非洲作为贫困人口最多的两个地区，接受了中国 80% 左右的援助。

2. 主要领域

中国对外援助项目主要分布在农业、工业、经济基础设施、公共设施、教育、医疗卫生等领域，重点帮助受援国提高工农业生产能力，增强经济和社会发展基础，改善基础教育和医疗状况。近年来，应对气候变化成为中国对外援助的一个新领域。

（1）农业：中国把促进发展中国家的农业和农村发展、减轻贫困作为对外援助的优先领域。农业援助内容主要包括建设农场、农业技术示范中心、农业技术试验站和推广站，兴建农田水利工程，提供农机具、农产品加工设备和相关农用物资，派遣农业技术人员和高级农业专家传授农业生产技术和提供农业发展咨询，为受援国培训农业人才等。中国援建的农业项目促进了受援国农业生产的发展，增加了粮食和经济作物的产量，并为发展轻工业提供了原料。中国派遣的援外农业专家帮助几内亚比绍建立了 11 个水稻生产示范点，示范种植面积 2 000 公顷，繁育良种 530 吨，推广面积 3 530 公顷，其中多个品种增产 3 倍以上。2008 年，中方农业专家获得几内亚比绍农业部颁发的科技进步一等奖。中国援助马达加斯加的杂交水稻开发示范中心试种了 34 个中国杂交水稻品种，平均产量为每公顷 8 吨以上，相当于该国水稻平均产量的 2 倍至 3 倍。20 世纪 60 年代，中国帮助马里试种甘蔗取得成功后，又进一步帮助该国建立甘蔗农场和糖厂，开创了马里自产食用糖的历史。目前，由中国援建的 2 个甘蔗农场和 2 个糖厂组成的马里制糖联合企业在马里国民经济中发挥着重要作用。中国于 20 世纪 80 年代援建的突尼斯麦热尔德—崩角水渠实现了突尼斯农业灌溉的西水东调，为崩角地区农业的发展奠定了坚实基础。

由于近年来粮食安全问题成为国际社会高度关注的全球性问题，为此，中国采取了一系列对外援助措施。例如，在 2010 年联合国千年发展目标高级别会议上，中国政府承诺在未来 5 年内为发展中国家建立 30 个农业技术示范中心，派遣 3 000 名农业专家和技术人员，为发展中国家提供 5 000 个来华农业培训名额等。

截至 2009 年底，中国共帮助发展中国家建立农业援助项目 221 个，其中，农场 35

个、农业技术实验站和推广站47个、牧业项目11个、渔业项目15个、农田水利工程47个、其他农业项目66个。此外，中国还提供了大量农机设备等农用物资。

（2）工业：工业援助在中国对外援助初期占据重要地位。20世纪50年代至70年代，中国帮助许多刚独立的亚非国家建设了一批工业项目，奠定了受援国的工业发展基础，不少项目填补了受援国民族工业的空白。工业援助在70年代发展较为迅速，一度成为中国成套项目援助的重要内容之一。从80年代中后期开始，许多发展中国家的企业私有化进程加快，中国对这一领域的援助逐步减少。中国援建的工业项目对于促进受援国的生产和经济发展、增加就业和税收、繁荣市场发挥了积极作用。截至2009年底，中国共帮助发展中国家建成688个工业生产性项目，涉及轻工、纺织、机械、化工、冶金、电子、建材、能源等多个行业。叙利亚哈马棉纺织厂、卢旺达水泥厂、秘鲁水泥厂、缅甸农机厂、刚果（布）水泥厂等项目一直保持盈利，并雇用大量当地员工，产生了良好的经济和社会效益。

（3）经济基础设施：经济基础设施建设一直是中国对外援助的重要内容。虽然援助资金有限，但中国充分发挥技术成熟和人力成本相对低廉的优势，帮助其他发展中国家建设了一批交通、通信、电力等基础设施项目。截至2009年底，中国共帮助发展中国家建成442个经济基础设施项目。例如，也门萨那至荷台达公路、巴基斯坦喀喇昆仑公路和瓜达尔港、坦赞铁路、索马里贝莱特温—布劳公路、马耳他干船坞、喀麦隆拉格都水电站、毛里塔尼亚友谊港、博茨瓦纳铁路改造、孟加拉国六座大桥、昆曼公路老挝段、缅甸大湄公河次区域信息高速公路、塔吉克斯坦沙尔—沙尔隧道、柬埔寨7号公路、埃塞俄比亚格特拉立交桥等项目，改善了受援国人民的生活和生产环境，为受援国经济和社会的发展创造了更好的条件。

（4）公共设施：公共设施是中国对外援助中一个具有特色的领域。中国援建的公共设施项目主要包括市政设施、民用建筑、打井供水、会议大厦、体育场馆、文化场馆、科教卫生设施等。截至2009年底，中国共帮助发展中国家建成687个各类公共设施项目。斯里兰卡班达拉奈克国际会议大厦、苏丹友谊厅、加纳国家剧场、埃及开罗国际会议中心、科摩罗广播电视中心、缅甸国际会议中心、肯尼亚国际体育中心、斐济多功能体育馆、坦桑尼亚国家体育场等公共设施，成为当地社会、政治、文化活动的中心和城市标志性建筑。毛里塔尼亚首都供水工程、柬埔寨打井项目、坦桑尼亚查林兹供水项目、尼日尔津德尔供水工程、安哥拉经济住宅项目、苏里南低造价住房项目等社会公共福利设施，为改善当地贫困人民的生活条件作出了积极贡献。

（5）教育：中国政府历来重视对发展中国家教育领域的援助。中国教育援助内容主要包括援建学校、提供教学设备和资料、派遣教师、在华培训发展中国家的教师和实习生以及为发展中国家来华留学生提供政府奖学金等。

20世纪50年代起，中国开始资助其他发展中国家学生来华学习，并帮助亚洲和非洲国家建设普通和技术院校，提供教学仪器和实验室设备。60年代，中国开始向发展中国家派遣援外教师。七八十年代，中国应受援国政府的要求，以接收留学生的方式，为坦赞铁路、毛里塔尼亚友谊港、坦桑尼亚煤矿、圭亚那纺织厂等部分援建成套项目，专门培养中高级技术和管理人才。近年来，中国加大对发展中国家的教育援助力度，援建了近100

所农村学校，大幅增加政府奖学金金额和来华培训教师名额，派遣更多的教师帮助受援国发展薄弱学科，加强与其他发展中国家在职业技术教育和远程教育等方面的合作。中国在教育领域的援助促进了受援国教育事业的发展，帮助受援国培养了大批教育、管理、科技等领域的人才，为受援国的经济和社会发展提供了智力支持。

截至 2009 年底，中国共帮助发展中国家建成 130 多所学校，累计资助来自 119 个发展中国家共计 70 627 名留学生来华进行各类专业学习，其中，2009 年向 11 185 名留学生提供了奖学金，共派遣近 1 万名援外教师，共为受援国培训校长和教师 1 万余名。

（6）医疗卫生：医疗卫生是中国对外援助的重要领域。主要援助内容有建设医院、医疗卫生中心和设立疟疾防治中心，派遣医疗队，培训医疗人员，提供药品和医疗物资援助。截至 2009 年底，中国共帮助发展中国家建成 100 多所医院和医疗服务中心，并提供了大量医疗设备和药品。

中国援建的也门塔兹医院、中非友谊医院、几内亚比绍卡松果医院、津巴布韦奇诺伊医院、乍得自由医院、老挝琅勃拉邦医院等，为解决当地人民就医困难作出了积极贡献。近年来，中国加强与发展中国家特别是非洲国家开展在艾滋病、疟疾等传染病和其他疾病的防治，传统医药研究及应用等方面的交流与合作，并为发展中国家培养了大量医护人员。近三年来，中国在非洲国家设立了 30 个疟疾防治中心，并提供价值 1.9 亿元人民币的青蒿素类抗疟药品。中国在医疗领域的援助为受援国发展医疗卫生事业、改善医疗卫生条件、提高医疗技术水平等方面作出了积极贡献。

（7）清洁能源和应对气候变化：沼气和小水电等清洁能源的利用是中国开展较早且具有一定优势的援助领域。在对外援助初期，中国帮助亚非发展中国家利用当地水力资源，修建中小型水电站及输变电工程，为当地工农业生产和人民生活提供电力。20 世纪 80 年代，中国同联合国有关机构合作，向许多发展中国家传授沼气技术。同时，中国还通过双边援助渠道向圭亚那、乌干达等国传授沼气技术，取得了较好的效果，减少了受援国对进口燃料的依赖。

中国也在逐步增加应对气候变化领域的援助。近年来，随着全球气候变化问题日益严峻，中国进一步拓展相关援助范围。中国与突尼斯、几内亚、瓦努阿图、古巴等国家开展沼气技术合作，支援喀麦隆、布隆迪、几内亚等国建设水力发电设施，与蒙古、黎巴嫩、摩洛哥、巴布亚新几内亚等国开展太阳能和风能发电方面的合作。此外，中国还为发展中国家举办清洁能源和应对气候变化的相关培训，2000 年至 2009 年，共举办了 50 期培训班，培训内容涉及沼气、太阳能、水能等可再生能源的开发利用，林业管理，防沙治沙等，1 400多名来自发展中国家的学员来华参加了培训。

七、对外援助管理

中国对外援助的决策权集中于中央政府。自 1950 年以来，随着对外关系和对外援助工作的发展，中国政府管理对外援助的各级机构逐步建立和健全，项目管理力度不断加大。

商务部是中国国务院授权的政府对外援助主管部门，负责拟定对外援助政策、规章、总体规划和年度计划，审批各类援外项目，并对项目实施进行全过程管理。商务部下属的国际经济合作事务局、国际经济技术交流中心和国际商务官员研修学院分别受托管理援外成套项目和技术合作项目、物资项目以及培训项目的具体实施。中国进出口银行负责优惠贷款项目评估以及贷款发放和回收等。中国驻外使、领馆负责中国对驻在国援助项目的一线协调和管理。地方商务管理机构配合商务部，负责协助办理管辖地有关对外援助的具体事务。

开展对外援助工作，需要中国各相关政府部门保持密切联系和协作。商务部制订国别援助方案和对外援助资金计划，与外交部、财政部和中国进出口银行进行经常性沟通并充分征求上述部门的意见。国务院其他一些部门负责或参与部分专业性较强的对外援助工作的管理。为进一步加强各部门间的协调，2008 年，商务部会同外交部、财政部等有关部门和机构，正式建立对外援助部际联系机制。2011 年 2 月，部际联系机制升级为部际协调机制。

八、援外国际合作①

中国的对外援助以提供双边援助为主，同时在力所能及的前提下支持和参与联合国等多边机构的发展援助工作，同多边组织和其他国家在发展援助领域进行交流，探讨合作。

2005 年以来，中国与多个国际多边组织和国家在发展援助领域开展交流，并派团参加联合国发展筹资高级别会议、联合国千年发展目标高级别会议、联合国发展合作论坛、援助有效性高级别论坛、八国集团和发展中五国海利根达姆进程发展对话、世界贸易组织促贸援助全球审议等多个关于国际发展合作的会议和对话，加强与其他援助方的交流和沟通，积极推动南南合作。

中国在开展双边援助的同时，与部分国际多边组织和国家在能力建设、培训和基础设施建设方面开展了充分发挥各自优势的三边合作和区域合作，并取得了积极成果。1981 年，中国与联合国开发计划署合作，在华实施发展中国家间技术合作（TCDC）项目，20 多年来共为其他发展中国家培训技术人员 6 000 多名。自 1996 年起，中国与联合国粮农组织合作，向发展中国家派遣中国农业专家，截至 2009 年底，累计向非洲、加勒比和亚太地区的 22 个国家派遣 700 多名农业专家和技术员。此外，中国还与世界银行、联合国贸易和发展会议、联合国工业发展组织等多边机构以及新加坡在培训领域开展了有效合作。在大湄公河次区域合作框架下，中国、泰国和亚洲开发银行共同出资援建了昆曼公路老挝境内路段，该项目已于 2008 年 3 月建成通车。

随着国际发展援助总规模日益扩大，南南合作发展迅速，并成为南北合作有益、有效的补充。中国的对外援助在南南合作的框架下，在尊重受援国意愿的基础上，与有关方开展优势互补、富有成效的多边和区域合作，共同推动全球减贫进程；并与国际社会加强合作，共同面对发展挑战，促进人类社会进一步发展。

---

① 资料来源：国务院新闻办公室．中国的对外援助．2011 – 04 – 21.

第三节　中国对外援助的特点和意义

中国是发展中国家中最大的对外援助国，在过去几十年的对外援助工作中坚持自身的独特风格，成绩显著，开创了具有中国特色的对外援助模式。

一、中国对外援助的特点

（1）中国的对外援助从帮助周边友好国家起步，逐渐形成了自己的模式。1950 年，中国开始向朝鲜和越南两国提供物资援助，从此拉开了中国对外援助的序幕。中国早期的对外援助活动以传统的工程项目为主导，工程项目是中国对外援助的主要内容，代表项目有 1970—1976 年中国援建的坦赞铁路。20 世纪 70 年代由单纯提供援助发展为多种形式的互利合作，同部分受援国开展了代管经营、租赁经营和合资经营等多种形式的技术和管理合作。90 年代，对外援助的资金来源和方式逐渐多样化。进入 21 世纪，中国还通过自愿捐款、股权融资等方式，支持并参与多边机构发起的援助行动，由传统双边渠道走向多边渠道。

（2）中国对外援助坚持不附带任何政治条件。与中国不同，以往西方国家在提供援助时常常附带苛刻的条件。自 20 世纪 90 年代《赫尔辛基宣言》发表以来，世界各国才大幅减少了对外援助中的政治色彩，特别是减少了对外援助中政治利益的捆绑。而中国的对外援助则坚持原则、不附带任何政治条件，形成了具有自身特色的模式。

中国对外援助的主体组织机构不是外交部，而是商务部对外援助司，它全权负责中国对外援助政策的制定与援助活动的实施。而国际上，许多援助国如美国、日本、法国基本上是由外交部门负责对外援助政策的制定。

（3）中国的对外援助分为两个阶段，从第一个阶段，即改革开放以前，中国超出国力的对外援助，到第二阶段的“量力而行”，是中国对外援助逐渐理性与成熟的展现：从政治挂帅到经济先行，从狂热援助到量力而为，从单打独斗到参与国际合作。近十多年来，中国开始提出“负责任的大国”这个概念，随着中国国力的不断强大，国际社会对中国的要求也越来越多，中国能够承担的也越来越多。“负责任的大国”是个很宽泛灵活的概念，不仅指在全球经济上中国要起“火车头”之一的作用，在战争与和平等传统的国际安全上，在气候变化、跨国流行病、跨境犯罪、国际洗钱、非法移民、恐怖主义等非传统的国际安全方面，中国更要肩负起责任。所以，中国不断地理性调整对外援助的方式，在某种程度上说，也是一个成为“负责任的大国”的途径。

二、中国对外援助的意义

中国的对外援助有曲折的发展历史和鲜明的特点，取得过令人瞩目的成就，具有重要的国际意义和国内意义。

（1）对外援助是我国对外战略的重要组成部分，是深化我国同发展中国家的友好关系、发挥我国“负责任的大国”作用的重要方式，是促进我国和平发展、推动和谐世界建设的重要途径。

（2）增加对外援助资金，优化对外援助结构，创新对外援助方式，把对外援助与实施“走出去”战略紧密结合起来，可以提高我国对外援助的质量和效益。通过对外援助增强受援国的自主发展能力，更加关注受援国的能力建设，可以加强我国同发展中国家的友好关系和经济技术合作。

（3）积极参与多边国际机构的援助工作是我国对外援助观念的重大转变。作为外交政策工具的对外援助虽然仍服务于国家利益，但是与冷战期间相比，直接的政治或军事目的减弱，对人道主义以及国家责任、国际形象等方面的考虑有所增加。

（4）遵循对外援助发展的规律，根据受援国和中国的比较优势，关注援助效果的可持续性和受援国的可持续发展。中国不仅是援助资金提供者、发展项目建设者，还是技术知识和发展经验的提供者和传播者。成功的援外项目可以帮助受援国进行人力资源开发和能力建设，促使受援国引进新的技术、新的管理方法、新的制度，采纳好的政策建议，有效分享中国的发展经验及技术资源，突破发展瓶颈，在更大的范围或整体上有效地促进受援国的改革与发展。

资料链接

一、国际上对外援助制度的四种模式

从目前国际社会双边发展援助中的援助国对外援助的组织框架进行分析，对外援助制度基本由四种模式组成：

（1）将国际发展援助事项全部整合在外交部，并由外交部下设区域外交部门统合国际发展援助项目和负责援助实施，如国际发展援助“先锋国家”丹麦、挪威就是这种模式；

（2）在外交部内设置对外发展援助总司这样的专门机构，负责对外协调贸易、援助与发展等事项，这样的模式被爱尔兰、意大利、荷兰、新西兰、瑞士等国家采用；

（3）一个国家的内阁部级机构负责制定对外援助政策，该部门可以是外交部，也可以是国际发展部，但其政策事项的执行则是由一个独立或者半独立的机构专业化负责，采用这种模式的国家有美国、法国、德国、日本、瑞典、西班牙、比利时等；

（4）由一个内阁部级部门同时负责对外援助政策的制定和援助事项的执行，如英国、加拿大、澳大利亚。

四种模式的特点不同，对援助效果的影响也不同。以丹麦为主导的模式，将外交与发展统合，体现了外交对于援助的判断，能够很好地将外交目的与援助捆绑。但其缺陷是，外交人员对于发展援助业务的理解和执行能力有限，往往不能很好地反映援助效果。爱尔兰、意大利等国的模式，理论上重视外交与援助业务的结合，但由于受到外交部规模的限制，一般而言，这些国家的国际发展援助规模有限，并不是主流模式。而援助大国如美国、法国、德国、日本的模式则是采用将政策制定与业务执行分离的模式，该模式的最大特色是专业性非常强。如著名的国际发展援助机构——美国国际开发总署（USAID）雇用了大量专业人员，在发展中国家进行田野作业，丰富了国际发展援助的实践，提升了发展

援助的效果。但该模式也存在着政策制定部门与专业执行部门之间的认识理解有偏差的矛盾，如美国国务院与美国国际开发署就存在这样的问题，同样的问题在法国的援助模式中也存在。最后一种模式是英国独创的，也在英联邦国家体系内存在，该模式理论上是一种最佳的模式，能够将政策制定与执行力高度结合，但出于历史和国内政治结构的原因，并不被大部分发展援助委员会（DAC）体系国家采纳。

二、对华援助国家举例

1. 日本

（1）援助数额：日本对华经济援助（ODA，全称 Official Development Assistance）开始于1979年。在此后25年间，共向中国提供资金援助累计约3.3万亿日元（约合300亿美元）。30年来，日本是中国最大的援助国，中国是日本最大的受援国，中国的外来援助中有66.9%来自日本。自1979年以来，日本政府已经向中国提供了总额约达27 000亿日元（约合2 000亿元人民币）的政府开发援助。北京地铁、首都机场、中国电气化铁路约4 600公里的改造、约60个大型港口泊位等项目均由日元贷款建成或正在建设。

（2）援助方式：日本援华分为资金援助和技术援助两大类。资金援助又有无偿资金援助和日元贷款两种。这两项资金的援助性质不同，其援助对象、领域也有所不同。

①无偿资金援助：无偿资金援助又包括了“一般无偿资金合作”、“利民工程无偿援助”、“文化无偿援助”、“紧急无偿援助”等方式。其领域涉及教育、医疗、农业、环保等方面。中日友好医院、中日环保中心、贵州农村改水等均是无偿资金援建的代表性项目。

②日元贷款：日元贷款是日本针对中国可持续发展所必需的基础建设和综合性环境治理提供低息和长期稳定资金的一种援助方式，是日本对华政府开发援助的重要组成部分。日元贷款在利息（1999年度对华日元贷款年利率为0.75%～2.2%）和偿还期（30～40年，其中包括10年的宽限期）等方面应该说对中国极为优惠。北京地铁、首都机场、京秦铁路、南昆铁路、上海浦东机场、武汉长江第二大桥、内陆地区光缆建设等就是由日元贷款援建的大型工程。除此以外，日本政府还有其他多种形式的对华政府开发援助。日本国际协力银行提供的约220亿美元无附加条件中期（10～16年）贷款较具代表性；还有如通过向世界银行、亚洲开发银行提供资金等方式进行间接性援助。

③技术援助：日本宣称，技术援助是以为发展中国家培养人才为目的，向对方国家的居民传授日本的技术和知识，分为接收进修生、派遣专家、开展专项方式技术合作、开发调查四类。此外，日本介绍，他们还有一个颇具特色的派遣“花甲专家”的制度，就是根据已退休的技术人员的志愿，将他们派遣到中国来，让其传授多年积累下来的技术和知识经验。截止到2002年，派遣的专家和调查团超过12 000人，集中实施技术转移项目50个。

2. 德国

1982年10月13日，中德两国政府签署了技术合作总协定，德国政府开始对华提供无偿援助。截至2006年7月，德国政府共向中国提供无偿援助7.74亿欧元，其中技术合作资金5.56亿欧元，人员培训资金8 500万欧元，提供紧急救灾援款4 250万欧元，为山东省沂蒙山区11个县提供“营养保障”粮援资金9 100万欧元。再加上2007年德国投入中国的6 750万欧元，中国成为德国政府对外无偿援助的最大受援国。

30多年来，双方共完成项目107个，德国援助的金额为5.455亿欧元。目前，执行中的项目有32个，德国援助的金额为2.115亿欧元，计划执行项目6个，德国援助的金额1 700万欧元。

两国技术合作优先支持下列领域：①中国西部城市综合管理与可持续发展；②区域可持续发展；③环境政策合作；④能源利用效率；⑤企业社会责任；⑥可再生能源—生物质能优化利用。

3. 英国

1929年，英国就通过《殖民地发展法案》对发展援助进行了立法。

2002年通过的《国际发展法案》是目前指导英国对外援助的基本法。

2006年5月，英国国际发展部（DFID）发表《2006—2011年对华援助计划》。

（1）英国援华重点领域。

基础教育：英国支持中国政府普及九年义务教育，同时支持世界银行在中国基础教育领域开展的活动。

艾滋病防治：英国支持中国民间团体在艾滋病防治上发挥作用，让更多高危人群获得服务，进一步改善艾滋病监测和信息系统。

肺结核防治：英国继续与世界银行、世界卫生组织、全球基金进行合作，在中国中部和西部16个省份开展结核病防治项目。

卫生健康：英国协助中国地方政府推进改革，提高对环境卫生和健康教育的重视，改善投资不足的状况，继续推广英国和世界银行的社区管理模式。

（2）对华经济援助额度：2006—2007年度为4 000万英镑，2007—2008年度为3 500万英镑，2008—2009年度为3 000万英镑。由此可知，英国对中国的传统式援助（现金、实物）金额在逐年减少。

4. 苏联/俄罗斯

苏联对中国的援助主要集中在新中国成立初期，1949年苏联以设备、机器和各种材料的商品形式向我国提供3亿美元贷款，利息1%，为期5年。

苏联的3亿美元贷款按1950年的汇率折算成人民币约合9亿元，在三年恢复时期中央政府总投资的62.99亿元中，所占比例高达14.3%。

另外，苏联政府帮助中国援建恢复经济急需的煤炭、电力、钢铁、有色金属、化工、机械和军工部门的50个重点项目。

在执行过程中，因情况变化，撤销了1个项目，合并了2个项目，实际建设项目为47个，涵盖了以下行业：能源工业、原材料工业、民用机械加工、国防军工、造纸工业。

按国家统计局1953年3月11日的统计报告，1950—1953年中苏共签订技术成套设备进口合同68 394万卢布，3年累计实际进口46 974万卢布，完成合同金额的68.7%。进入20世纪60年代，中苏关系急剧恶化，苏联对华援助大大减少；到了俄罗斯时期，俄罗斯对中国的援助主要在于军事技术方面。

5. 法国

法国开发署是依据法国银行法规设立的专业银行，是法国政府官方发展援助机构，与超过90个发展中国家和法国的9个海外省份开展了援助合作工作。2003年12月，法国政府授权法国开发署与中国政府开展合作。

2004 年 10 月，法国开始提供援助贷款，主要集中在三个优先领域：①能源生产；②铁路及城市交通；③城市发展。

贷款额度为每年 1 亿 ~1.5 亿欧元。

三、中国对外援助举例①

2012 年中国的对外援助：①中国给菲律宾贷款 1.12 亿美元用于改造供水项目；②中国无偿援助朝鲜 6 亿元物资；③援助埃塞俄比亚 8 亿元修建会议中心；④2012 年 1 月 28 日，中国向非盟提供 6 亿元人民币的无偿援助，此前中国援助 2 亿元人民币修建的非盟的会议中心（地址埃塞俄比亚）已建成；⑤中方设 30 亿元基金与东盟开展海上合作；⑥中国援助非洲 200 亿美元；⑦中国向上海合作组织成员国提供 100 亿美元贷款；⑧2012 年 7 月 19 日，胡锦涛在中非合作论坛会议开幕式上表示，中国将向非洲国家提供 200 亿美元贷款。中国还将为非洲培训 3 万名各类人才，提供政府奖学金名额18 000个，并派遣1 500 名医疗队员为白内障患者提供免费治疗。

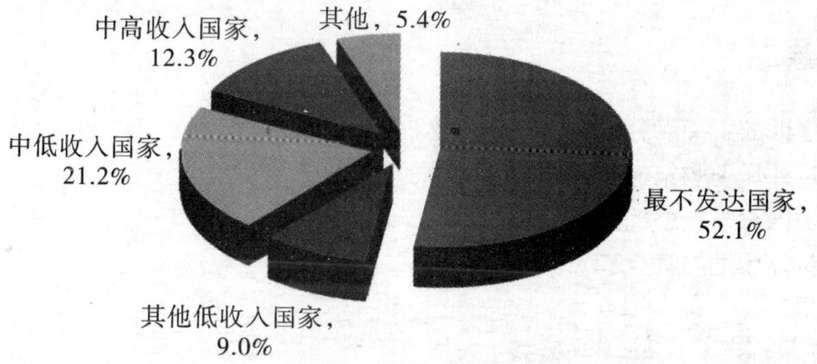

图 9-1　2010 年至 2012 年中国对外援助资金分布②

（按受援国收入水平划分）

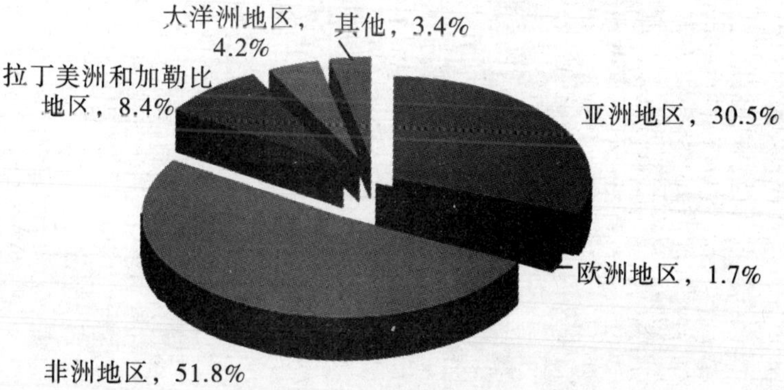

图 9-2　2010 年至 2012 年中国对外援助资金分布③

（按援助地区划分）

① 资料来源：新华网，http：//forum. home. news. cn/thread/101743667/1. html.

② 图片来源：新华网，http：//news. xinhuanet. com//ziliao/2014-07/10/c_ 126736748_ 2. htm.

③ 图片来源：新华网，http：//news. xinhuanet. com//ziliao/2014-07/10/c_ 126736748_ 2. htm.

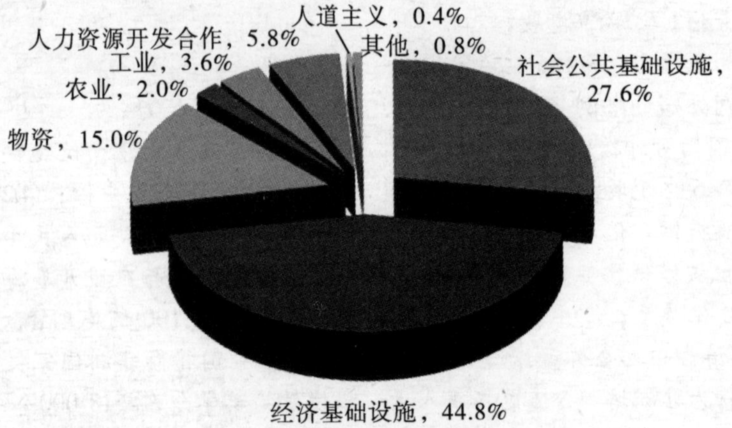

图9－3　2010年至2012年中国对外援助资金分布①

（按援助投入领域划分）

思考与练习

1. 对外援助的定义、分类和途径是什么？
2. 中国对外援助政策的基本内容是什么？
3. 简述中国对外援助的方式。
4. 中国对外援助的特点和意义有哪些？

① 图片来源：新华网，http：//news. xinhuanet. com//ziliao/2014－07/10/c_ 126736748_ 2. htm.

第十章 海关工作

【学习重点】

- 海关的概念
- 我国海关的性质和作用
- 海关权力

第一节 海关概述

一、海关的概念

（一）海关的定义

海关是国家主权的象征，体现着国家的权力和意志。

海关为一国在沿海、边境或内陆口岸设立的执行进出口监督管理的国家行政机构。它根据国家法令，对进出国境的货物、邮递物品、行李物品、运输工具和其他物品等进行监管检查、征收关税、编制海关统计并查禁走私等。海关是一个独立国家主权的象征之一，海关产生的先决条件必然是一个独立主权国家的存在。海关从其性质上来讲是连接国与国之间经贸交流的节点。现代海关虽然不一定设立在边境，但无论是边境海关还是内地海关，均与对外贸易发生着直接或间接的联系，这是我们衡量一个“关”是满足了海关的性质要求，还是只是一个普通的对内关卡的重要指标。

（二）关境与国境的区别

关境：指适用于同一海关法或实行同一关税制度的领域，又称“税境”或“海关境域”。海关合作理事会对关境的定义是“完全实施同一海关法的地区”。

国境：指一个国家行使主权的领土范围。包括陆地、领水、领空和领海。

（1）一般情况下，关境等于国境。

（2）关境小于国境的情况。

一个较为普遍的观点认为，保税区、保税仓库、自由港、自由区等区域（以下统称自由区）属于关境外地区。因此，设立了这些自由区的国家（或地区，以下略），其关境就会小于其国境。

①该国设立自由区，并在其海关法或关税法中明确规定。例如，美国《联邦法规汇编》中关于美国对外贸易区的规定。

②历史的原因。例如，我国的香港和台湾目前都有自己的海关法，《中华人民共和国海关法》在这些地区不适用。这就使我国（大陆）的关境小于我国的国境。再如，“二战”后日本的冲绳曾被美国军事占领，当时的日本《海关法》规定冲绳不属于日本关境。日本南千岛群岛目前也被日本《海关法》规定为日本关境之外地区。

③地理位置的原因。例如，美国远在太平洋中的关岛，法国的圣皮埃尔和密克隆岛、马约岛等海外领土，在美、法两国的海关法律中都被规定为各自关境以外地区。

④国家间条约。例如，根据德国与奥地利两国的海关条约，奥地利的容古尔兹和米特尔堡划入德国关境，奥地利的关境就小于其国境。

针对原为殖民地的国家或地区，《关税及贸易总协定》第24条规定，经其宗主国的统一并用发表声明和证实等方法，可以单独成为《关税及贸易总协定》的一个成员。此条规定将关境定义为：在对外贸易方面独立实行关税和贸易管理制度的地区，即所谓的单独关境。

（3）欧盟关镜大于国境，它是个经济实体。

两个或两个以上国家结成关税同盟后，形成同盟的共同关境。各成员国各自的关境将不再存在，关税同盟的关境就是每一个成员国的关境。因此，各成员国的关境大于其国境。

二、海关的起源

“关”本意是指关隘，即在交通要道或边境出入地设置的守卫处所。它的主要任务是出入境检查和管理进出境人员，对重点物资（如兵器、金银、铁器、马匹、铜币、丝绸、粮食、重要书籍等）的出口实行管制，严格限制或禁止出口。[①]

从汉语文字的含义上讲，“关”字古作“關”，形声。从门，丱声。在金文中原为象形字，像门里有门闩形，小篆进行了繁化，变成了形声字。本义为“门闩”。《说文解字》中对“关”的解释为：“以木横持门户也。”由此可以看出，中国自古以来所称的“关”的最本源的含义更突出于对门户的把守，即明显地侧重于管理职能。重农抑商的思想主张在中国的封建社会里长期作为历朝的基本国策而沿用，而中国长期以自给自足的小农经济形态存在，经贸发展的基础薄弱，物质流通有限，也影响了“关”的税收职能的发展。

中国海关的起源与西方国家海关的起源相比，存在理念上的重大差异。英语“customs”一词，最早是指商人贩运途中缴纳的一种地方税捐，带有“买路钱”或港口、市场“通过费”、“使用费”的性质。这种地方税捐取消后，“customs”一词则专指政府征收的进出口税，“the customs”是指征收进出口税的政府机构。中西方关于“关”的字义差异反映出两种历史条件下海关起源的基础和发展方向的不同。

外国最早的海关机构出现在公元前5世纪中叶的古希腊城邦雅典。11世纪以后，西欧威尼斯共和国成立以“海关”命名的机构，即威尼斯海关。在漫长的封建社会里，各国除

① 见《孟子·梁惠王下》：“文王之治岐也，……关市讥而不征。”

继续在沿海、沿边设置海关外，在内地水陆交通要道也设置了许多关卡。资本主义发展前期（17—18世纪），海关执行保护关税政策，重视关税的征收，并建立了一套周密烦琐的管理、征税制度。19世纪，为发展对外贸易，欧洲各国先后撤除内地关卡，废止内地关税，并且基本停止出口税的征收。海关历史悠久的发达国家有法国、英国、荷兰、意大利、德国、日本和美国等。发展中国家大部分布于亚洲、非洲和拉丁美洲。这些国家曾经长期遭受殖民主义国家的侵略和剥削，经济比较落后。所以，发展中国家的对外贸易与海关，除了要与发达国家开展各种方式的斗争外，还要建立和完善本国的现代海关制度。

中国古代的关在职能上重守卫而轻税收，秦统一中国之前，各诸侯国之间战乱不断，关隘的设置自然以抵御外来侵略为主要目的，虽然各国之间存在经贸往来，但总的来说战争是主旋律，因此守卫功能的强化就不足为奇。而秦朝以后各朝，又多要防止北方及西域少数民族的掠夺，因此虽然有边境的互市，但此时的关又多与“边关”、“边塞”联系到一起，对外交流有限，直至汉唐国力昌盛，对外交往和贸易才得到极大的发展，由中央统一设置的国家垂直领导的海关机构开始出现，直接代表国家对外开展贸易活动，此时海关的性质已经完全具备，可以视为海关制度真正被确立起来。公元714年，唐朝出现设置于广州、专管中外海上贸易的市舶使，其主要职责是征收“舶脚”（船舶税）、“收市”（官府专买及实物税）、“阅货”和“籍其名物”（对船、货、人执行实际监管）、“禁珍异”（管制特殊商品）、“欺诈入牢狱”（惩治违法偷税漏税），与近代以来海关监管、征税、缉私三大职能接近，已经可以确定为代表国家在口岸行使监督管理职权的海关机构。

唐代创立的市舶制度，作为封建国家一项重要的经济制度，长期被封建统治者沿用。它反映了对外贸易和国际交往必须加强海关管理的历史需求，但中国古代海外贸易作为封建自然经济的对外延伸部分无疑会受到封建制度的约束，尤其是当资本主义经济崭露头角后，传统的市舶制度便更加难以适应日益发展的海外自由贸易的需要。

市舶制度在明代以后日趋没落，船舶监管和关税征收制度逐渐向近代海关演进，它既没有完善的监管法律，也没有相对成型的机构和部门。但作为进出境管理的海关雏形，它对中国近代海关的建立也起到了不可估量的积极作用。

在继承唐、宋、元、明市舶管理制度的基础上，清代的外贸管理机制有了很大的演进，逐渐形成了一套严密的制度，并产生了最初的海关。1683年清政府收复台湾，第二年应东南富民请求，废止了“禁海令”①，指定上海、宁波、厦门、黄埔四处口岸对外开放，并设立江南海关、浙海关、闽海关、粤海关。② 这四个海关的设立，标志着市舶制度的终结和中国海关制度的创立。这四个海关设立后，沿海经济发展迅速，对外贸易快速增长，外籍商船纷至沓来，引起统治者极度不安和警惕。1757年，政府宣布停止浙、闽、江三海关的外贸管理职能，限定广州单口对外开放。创立于1685年的粤海关是中国最早设立的沿海四个海关之一，也是集中体现清政府海外贸易管理职能的重要机构。

鸦片战争前，清政府以“天朝大国”自居，实行“怀柔远人”的政策，这一时期的

① 1717年至1727年，清政府执行了严厉的禁海政策，禁止商船出海前往南洋贸易，因遭广泛反对而废止。

② 一般认为这四个海关均设于1685年，参见于申的《“海关”一词源流初探》一书；但也有学者撰文指出这四海关设立于1684年，参见蔡渭洲的《中国海关简史》一书。

海关管理明显体现出这种思想。如海关征收船钞（吨税），向来区别内外轮，按船的大小分等级收取，原定西洋船略高于东洋船，后来一减再减，仍照东洋例。这时的海关制度虽然有不合理性，但也体现了国家海关自主的原则。

清代海关的设立是中国古代海关管理发展的最高阶段，它基本上具备了近代海关的职能。清代海关已不直接介入外贸经营，而是作为单一的外贸管理机构运行；但作为封建时代的海关，不可避免地在管理上存在许多局限，如封建包税制，造成关政紊乱，贿赂盛行，正常商业发展受到抑制；尤其是封建国家固有的封闭、落后等保守特性，不可避免地会制约海关的发展，影响它的现代化进程。鸦片战争前的近100年间，海关已成为政府推行贸易管制、闭关锁国政策的工具。1840年以后，随着中国社会的半殖民化，中国的海关管理主权最终丧失。

自鸦片战争后到新中国成立前的中国海关的历史是一部屈辱的历史。“海关不独立，关税不自主”，中国近代海关名义上是中国的政府机构，实际上相当一部分实权已被洋员控制。

辛亥革命爆发后，各地海关除继续负责对外赔款及外债的担保、偿付外，还对北洋政府所发行的大量内债提供关税担保。1927年4月，南京国民政府成立，宣布关税自主，并颁布《国定进口税则暂行条例》。尽管在当时的情况下，关税自主权仍是通过重订协议取得的，但国民政府以国定关税代替片面协定关税，与晚清时期、北洋政府时期比较仍是前进了一大步。1941年太平洋战争爆发后，英、美等国放弃庚子赔款，中国对日赔款也同时终止。1942年10月1日，总税务司署奉国民政府令实行《公库法》，停止从关税收入中拨付赔款偿还基金。至此，中国海关终止办理除税务、海务以外的其他事务。

中国共产党自成立以后，积极致力于收回海关主权和海关行政管理权的斗争，强调独立自主的关税征管实践。1931年苏区中央工农民主政府成立，同年在中央财政人民委员部税务总局内设关税处。1933年3月3日，中华苏维埃政府颁布《关税条例》，批准《建立关税制度》及《关税征收细则》。中国共产党先后建立苏区海关、解放区海关，实现局部地区的关税自主，为新中国海关工作积累了经验。1949年10月1日，中华人民共和国成立，新民主主义革命取得胜利，人民海关应运而生。

1949年10月25日，中华人民共和国海关总署在北京成立。1950年3月8日，中央财政经济委员会发出了《关于海关总署直接领导全国各地海关的通知》，确立了新中国海关集中统一的管理体制。对此，刘少奇同志曾意味深长地说，“我们已把中国大门的钥匙放在自己的袋子里”。

1951年3月至5月间，中国历史上第一部海关法《中华人民共和国暂行海关法》和《中华人民共和国海关进出口税则》，经政务院批准后先后颁布实施，从此确立了中国海关法律制度的基础，接着又在口岸和海关业务集中的地点相应地设立海关机构。海关管理体制的改革，加强了国家对进出口的宏观监控，保障了国家统一的方针、政策、法律和法规的有效实施，保证了海关工作的对外一致性和全国的统一性。

1987年，全国人大常委会通过《中华人民共和国海关法》（以下简称《海关法》）。按照《海关法》规定的原则，海关总署拟定并经国务院批准颁布了《海关法行政处罚实施细则》、《关税条例》等基本法规，相应制定了一系列规章，从而形成了以《海关法》

为主体的、适应改革开放需要的、比较完整的海关法规体系，为深化改革、扩大开放和促进社会主义现代化建设发挥了积极作用。现行修订的《中华人民共和国海关法》自2001年1月1日起施行。

三、海关的设关原则

新中国成立以后相当长的一段时期内，我国海关机构基本上设在沿海城市及一些边境口岸，内陆省区一般不设海关。

《海关法》以法律形式明确规定了海关的设关原则："国家在对外开放的口岸和海关监管业务集中的地点设立海关。海关的隶属关系，不受行政区划的限制。"

对外开放的口岸是指经国务院批准，允许运输工具及所载人员、货物、物品直接出入国（关）境的港口、机场、车站以及允许运输工具、人员、货物、物品出入国（关）境的边境通道。国家规定，在对外开放的口岸必须设置海关、出入境检验检疫机构。

海关监管业务集中的地点是指虽非国务院批准对外开放的口岸，但是海关某类或者某几类监管业务比较集中的地方，如转关运输监管、保税加工监管等。这一设关原则为海关管理从口岸向内地，进而向全关境的转化奠定了基础，同时也为海关业务制度的发展预留了空间。

"海关的隶属关系，不受行政区划的限制"，表明了海关管理体制与一般性的行政管理体制的区域划分无必然联系，如果海关监督管理需要，国家可以在现有的行政区划之外考虑和安排海关的上下级关系和海关的相互关系。

四、我国海关的性质和任务

中华人民共和国海关是国家的进出关境监督管理机关。这个定义表明海关的权力是国家赋予的，是代表国家在进出关境环节实施监督管理的机关，实行垂直领导体制。

我国《海关法》明确规定海关有四项基本任务，即监管进出境的运输工具、货物、行李物品、邮递物品和其他物品（以下简称监管），征收关税和其他税费（以下简称征税），查缉走私和编制海关统计。同时，对外承担税收征管、通关监管、保税监管、进出口统计、海关稽查、知识产权海关保护、打击走私、口岸管理等。海关实施监督管理的范围是进出关境的活动，工作方针是"依法行政，为国把关，服务经济，促进发展"，精神是"忠诚公正，兴关强国"。

1. 监管

海关监管不是海关监督管理的简称，海关监督管理是海关全部行政执法活动的统称，海关监管是指海关运用国家赋予的权力，通过一系列管理制度与管理程序，依法对进出境的运输工具、货物、物品及相关人员的进出境活动所实施的一种行政管理。海关监管是一项国家职能（性质），其目的在于保证一切进出境活动符合国家政策和法律的规范，维护国家的主权和利益。

根据监管对象的不同，海关监管分为货物监管、物品监管和运输工具监管三大体系，每个体系都有一整套规范的管理程序与方法。

2. 征税

关税是国家中央财政收入的重要来源，是国家实施宏观经济调控的重要工具，也是世界贸易组织允许各缔约方保护其境内经济的一种手段。关税的征收主体是国家，由海关代表国家行使征收关税的职能。因此，未经法律授权，其他任何单位和个人均不得行使征收关税的权力。根据法律规定，中国海关总署除了负责征收关税外，还负责对进口货物征收进口环节增值税和消费税。

3. 查缉走私

查缉走私是海关为保证顺利完成监管和征税等任务而采取的保障措施。查缉走私是指海关依照法律赋予的权力，在海关监管场所和海关附近的沿海沿边规定地区，为发现、制止、打击、综合治理走私活动而进行的一种调查和惩处活动。

《海关法》规定："国家实行联合缉私、统一处理、综合治理的缉私体制。海关负责组织、协调、管理查缉走私工作。"法律明确了海关打击走私的主导地位以及与有关部门的执法协调。海关是打击走私的主管机关，查缉走私是海关的一项重要任务。

我国的缉私体制规定，除了海关以外，公安、工商、税务、烟草专卖等部门也有查缉走私权。

4. 编制海关统计

海关统计是以实际进出口货物作为统计和分析的对象，通过搜集、整理、加工来处理进出口货物报关单或经海关核准的其他申报单证，对进出口货物的品种、数（重）量、价格、国别（地区）、经营单位、境外目的地、境内货源地、贸易方式、运输方式、关别等项目分别进行统计和综合分析，全面、准确地反映对外贸易的运行态势，及时提供统计信息和咨询，实施有效的统计监督，开展国际贸易统计的交流与合作，促进对外贸易的发展。

5. 海关的四项基本任务的相互关系

海关的四项基本任务是统一的、有机联系的整体。监管工作通过监管进出境运输工具、货物、物品的合法进出，保证国家有关进出口政策、法律、行政法规的贯彻实施，这是海关四项基本任务的基础。征税工作所需的数据、资料等是在海关监管的基础上获取的，征税与监管有着十分密切的关系。查缉走私工作则是监管、征税两项基本任务的延伸，监管、征税工作中发现的逃避监管和偷漏关税的行为，必须运用法律手段制止和打击，确保前两项工作的有效进行。编制海关统计是在监管、征税工作的基础上完成的，它为国家宏观经济调控提供了准确、及时的信息，同时又对监管、征税等业务环节的工作质量起到了检验把关的作用。

除了这四项基本任务以外，知识产权海关保护、海关对反倾销及反补贴的调查等，也是海关的任务。

第二节　海关权力

一、海关行使的权力

根据《海关法》及有关法律、行政法规，海关的权力主要包括：

（1）检查进出境运输工具，查验进出境货物、物品；对违反《海关法》或者其他有关法律、行政法规的，可以扣留。

（2）查阅进出境人员的证件；查问违反《海关法》或者其他有关法律、行政法规的嫌疑人，调查其违法行为。

（3）查阅、复制与进出境运输工具、货物、物品有关的合同、发票、账册、单据、记录、文件、业务函电、录音录像制品和其他资料；对其中与违反《海关法》或者其他有关法律、行政法规的进出境运输工具、货物、物品有牵连的，可以扣留。

（4）在海关监管区和海关附近的沿海沿边规定地区，检查有走私嫌疑的运输工具和有藏匿走私货物、物品嫌疑的场所，检查走私嫌疑人的身体；对有走私嫌疑的运输工具、货物、物品和走私犯罪嫌疑人，经批准可以扣留；经批准可在海关监管区和海关附近的沿海沿边规定地区以外检查、扣留有走私嫌疑的运输工具、货物、物品。

（5）在调查走私案件时，经批准可以查询案件涉嫌单位和涉嫌人员在金融机构、邮政企业的存款、汇款情况。

（6）进出境运输工具或者个人违抗海关监管逃逸的，海关可以连续追至海关监管区和海关附近的沿海沿边规定地区以外，将其带回处理。

（7）配备武器权。

（8）法律、行政法规规定由海关行使的其他权力。

二、海关权力的特点

1. 特定性

（1）海关是国家对进出关境进行监督管理的机关。

（2）海关的这些权力，除国务院或有关法律、法规授权的组织外，其他任何机关、团体和个人都不具备这种权力。这种权力只限于在进出关境监督管理领域使用，而不能作用于其他场合。

2. 独立性和单方意志性

（1）海关依法独立行使职权，向海关总署负责，不受地方政府、其他机关、企事业单位或个人的干预。

（2）海关权力还具有单方意志性的特点，只要在《海关法》或其他法律、行政法规授权的范围内，即可自行和直接行使，无须与海关管理相对人协商并征得其同意。海关系统内实施的体制主要有：垂直领导业务体制、自成体系的人事体制和直接属于中央财政的经费体制等。

3. 强制性和效力先定性

（1）海关行政行为是由海关代表国家，以国家的名义行使的，海关权力的行使以国家法律和国家机器为后盾，具有强制性。如果管理相对人不服从海关监督管理或妨碍海关行使职权，将受到相应的法律制裁。

（2）海关权力的效力先定性表现在海关行政行为一经做出，就应推定其符合法律规定，对海关本身和海关管理相对人都具有约束力。在没有被国家有关机关宣布为违法和无效之前，即使管理相对人认为海关行政行为侵犯其合法权益，也必须遵守和服从。

三、海关权力行使的基本原则

1. 合法原则

（1）行使行政权力的主体资格合法。

（2）有法可依。

（3）行使权力的方法、手段、步骤、时限等程序合法。

（4）一切行政违法主体都应承担相应的法律责任。

2. 适当原则

即权力的行使都应以公平性、合理性为基础，以正义性为目标。

3. 依法独立行使

4. 依法受到保障

四、海关权力的监督

（1）国家权力机关的监督：全国人大及其常委会。

（2）国家最高行政机关的监督：国务院 。

（3）监察机关的监督：监察部以及监察部派驻的机构，即海关总署监察局。

（4）审计机关的监督。

（5）司法机关的监督：检察机关和审判机关。

（6）管理相对人的监督：进出口企业、报关企业和报关员。

（7）舆论监督：报刊、广播、电视等新闻媒介。

（8）上级海关对下级海关的监督。

第三节　海关的组织机构及相关制度

海关机构是国务院根据国家改革开放的形势以及经济发展战略的需要，依照海关法律而设立的。改革开放以来，随着我国对外经济贸易和科技文化交流与合作的发展，海关机构不断扩大，机构的设立范围从沿海沿边口岸扩大到内陆和沿江沿边海关业务集中的地点，并形成了集中统一管理的垂直领导体制。这种领导体制为海关从全局出发，坚决贯彻执行党的路线、方针、政策和国家的法律、法规以及贯彻海关“依法行政，为国把关，服务经济，促进发展”的工作方针提供了保证。

在新中国成立初期，海关总署作为国务院的一个职能部门和组成部分，在海关系统实行集中统一的垂直领导体制。1980年以前，海关总署划归对外贸易部领导，各地方海关受对外贸易部和所在省、自治区、直辖市人民政府的双重领导。1980年至今，海关总署作为国务院直属机构，统一管理全国海关 。

海关机构的设置为海关总署、直属海关和隶属海关三级。隶属海关由直属海关领导，向直属海关负责；直属海关由海关总署领导，向海关总署负责。

一、海关总署

海关总署是国务院的直属机构，在国务院领导下统一管理全国海关机构、人员编制、经费物资和各项海关业务，是海关系统的最高领导部门。海关总署现有17个内设部门、6个直属事业单位，管理4个社会团体（中国海关学会、中国报关协会、中国口岸协会、中国保税区出口加工区协会），并在欧盟、俄罗斯、美国等地派驻海关机构。中央纪委、监察部在海关总署派驻纪检组、监察局。

全国海关共有46个直属海关单位（广东分署，天津、上海特派办，41个直属海关，2所海关院校），580个隶属海关和办事处，通关监管点近4 000个。

中国海关现有关员（含海关缉私警察）约5万人。

海关总署的基本任务是在国务院领导下，领导和组织全国海关正确贯彻实施《海关法》和国家的有关政策、行政法规，积极发挥依法行政、为国把关的职能，促进社会主义现代化建设。

海关总署的主要职责：

（1）研究拟订海关各项业务工作的方针、政策、法律、法规、规章，并检查、督促全国海关贯彻执行。

（2）参与制定和修订关税条例、进出口税则，并组织贯彻实施。

（3）领导全国海关依法监管进出境运输工具、货物和物品，严密制度，简化手续，加强后续管理，方便合法进出。

（4）统一管理关税征收的减免事项。

（5）组织领导全国海关的缉私工作。

（6）审议有关纳税争议和对海关处罚决定的复议申请。

（7）编制全国海关统计，提供统计分析和咨询服务。

中国海关遵循“依法行政，为国把关，服务经济，促进发展”的工作方针和“政治坚强，业务过硬，值得信赖”的队伍建设要求。

二、直属海关

直属海关是指直接由海关总署领导，负责管理一定区域范围内的海关业务的海关。目前直属海关共有41个，除香港、澳门、台湾地区外，分布在全国31个省、直辖市、自治区。直属海关就本关区内的海关事务独立行使职能，向海关总署负责。直属海关承担着在关区内组织开展海关各项业务和关区集中审单作业，全面有效地贯彻执行海关的各项政策、法律、法规、管理制度和作业规范的重要职责，在海关三级业务职能管理中发挥着承上启下的作用。

三、隶属海关

隶属海关是指由直属海关领导，负责具体海关业务的海关，是海关进出境监督管理职能的基本执行单位。一般都设在口岸和海关业务集中的地点。隶属海关根据海关业务情况设立若干业务科室，其人员从十几人到两三百人不等。

四、我国海关关徽

海关关徽是中华人民共和国海关的专用标志，由商神手杖与金色钥匙交叉组成。寓意为依法实施进出境监督管理，维护国家的主权和利益，促进对外经济贸易发展和科技文化交往，保障社会主义现代化建设。

图 10－1　海关关徽

1. 关徽的象征意义

赫尔墨斯是诸神中的传信使者，兼商业、贸易、利润和发财之神及商旅、畜牧、交通之神。传说赫尔墨斯拿着金手杖做买卖很赚钱，人们便称赫尔墨斯为商神，金手杖成了商神杖，被视为商业及国际贸易的象征。

金钥匙寓意国门钥匙，是海关守护国家经济大门的象征，即海关为祖国把关。钥匙上的三个齿象征海关的监管、征税、查私三大任务（1987 年 7 月 1 日起实施的《海关法》中规定，海关任务改为监管、征税、缉私、统计四项）。

2. 关徽产生的过程

1950 年的“五一”国际劳动节，前国家主席刘少奇在天安门城楼检阅劳动大军时发表讲话：“帝国主义已经被中国赶走，帝国主义在中国的许多特权已经被取消。新中国的海关政策与对外贸易政策已经成为保护新中国工业发展的重要工具。这就是说，我们已把中国大门的钥匙放在自己的袋子里，而不是如过去一样放在帝国主义及其走狗的袋子里。从今以后，中国工业就不致受到帝国主义的廉价商品的竞争，中国的原料将首先供给自己工业的需要。这就扫除了一百年来使中国工业不能发展的一个最大的障碍。”

1951 年 4 月 27 日和 29 日，海关总署在《人民日报》上刊登征求关徽图案的启事，启事要求新中国海关关徽“含义须包括大门的钥匙已掌握在人民手中，同时体现出海关有三大任务——监管、征税和查私，图案应简单明了，不超过两种颜色”。

后来，时任海关总署财务处处长的陈铁保设计的关徽被采纳了，他这样解释关徽的寓意：“商神手杖代表国际贸易，钥匙象征着中国海关依法实施进出境监督管理，维护国家的主权和利益，促进对外经济贸易发展和科技文化交往，保障社会主义现代化建设！”为此，他获得了 100 万元（相当于今天的 100 元）奖金，陈铁保将这笔奖金捐赠给了抗美援朝前线。该关徽 1953 年 4 月经政务院批准，同年 10 月 1 日起使用。

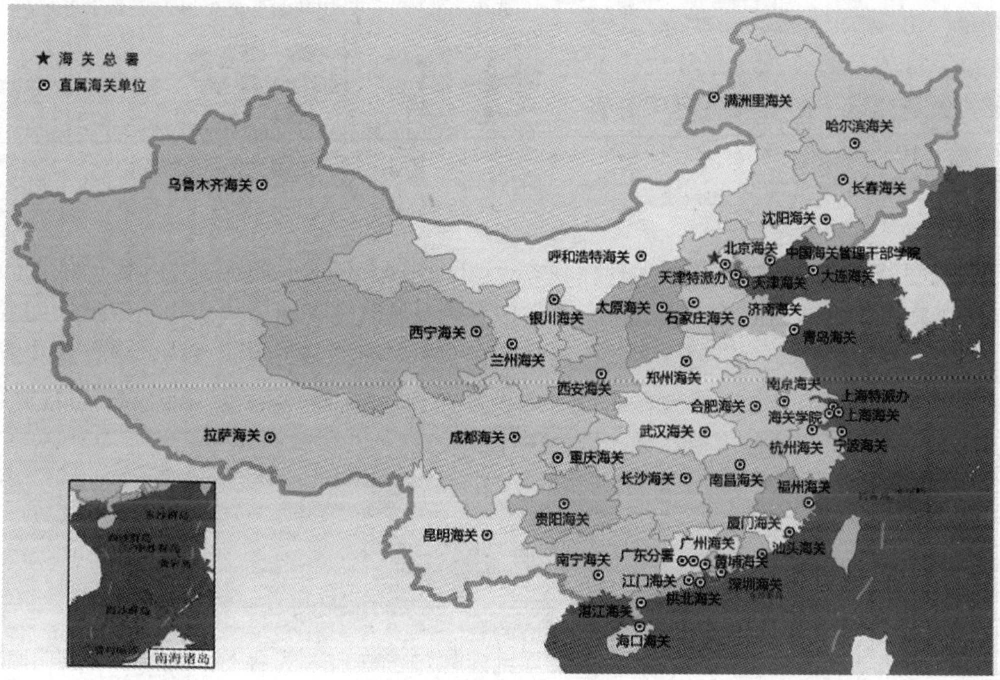

图 10－2　中国海关关区分布

五、我国海关关衔制度简介

关衔制度是我国继军衔、警衔后实行的第三种衔级制度。关衔是区分海关关员等级，表明海关关员身份的标志，是国家给予海关关员的荣誉。2003 年 2 月 28 日，第九届全国人民代表大会常务委员会第三十二次会议通过了《中华人民共和国海关关衔条例》，江泽民主席签署中华人民共和国主席令第八十五号颁布实施；7 月 8 日，国务院第十四次常务会议通过了《海关关衔标志式样和佩带办法》，温家宝总理签署中华人民共和国国务院令第三百八十四号颁布实施；8 月 4 日，海关总署正式下发《首次评定授予关衔办法》。9 月 12 日，国务院隆重举行授予关衔仪式，国务院总理温家宝等领导为海关总监、副总监和一、二级关务监督代表共 277 人颁发授衔命令证书。

关衔的等级设置为五等十三级，即：一等，海关总监、海关副总监；二等，关务监督（一级、二级、三级）；三等，关务督察（一级、二级、三级）；四等，关务督办（一级、二级、三级）；五等，关务员（一级、二级）。海关总监、海关副总监、一级关务监督、二级关务监督由国务院总理批准授予；三级关务监督至三级关务督察，由海关总署署长批准授予；海关总署机关及海关总署派驻机构的一级关务督办以下的关衔由海关总署政治部主任批准授予；各直属海关、隶属海关的一级关务督办以下的关衔由各直属海关关长批准授予。

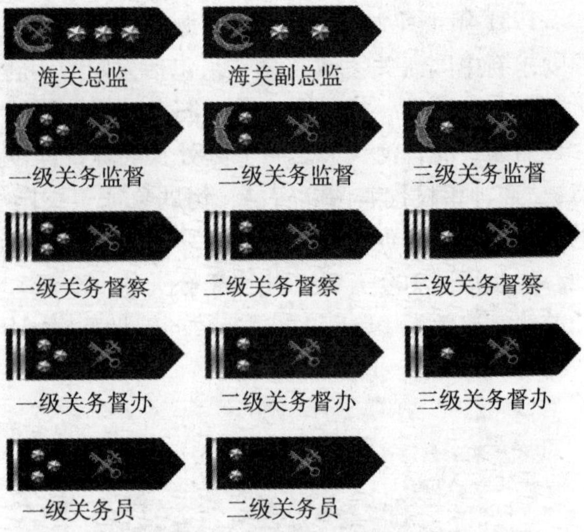

图 10－3　海关关衔标识样式

关衔的授予以海关工作人员的现任职务、德才表现、任职时间和工作年限为依据。二级关务督察以下关衔的海关工作人员，在其职务等级编制关衔幅度内，按照规定的期限晋级；一级关务督察以上关衔的海关工作人员，在职务等级编制关衔幅度内，根据德才表现和工作实绩实行选升。全国海关首次授予关衔的总人数为 32 236 人。2003 年 10 月 1 日，全国海关工作人员正式佩带衔级标志上岗工作。

资料链接

1. 中国电子口岸的概念

是指与进出口贸易有关的海关、外经贸主管部门、中国人民银行、公安部、外汇管理局等 12 个部委，利用现代信息技术，将各部门分别管理的进出口业务的信息流、资金流、货物流电子底账数据，集中存放在公共数据中心，为政府管理机关提供跨部门、跨行业的联网核查和数据交换，并为企业提供网上办理各种进出口业务服务的信息系统。

2. 走私行为的概念

是指违反《海关法》及有关法律、行政法规，逃避海关监管，偷逃应纳税款，逃避国家有关进出境的禁止性或者限制性管理，非法运输、携带、邮寄国家禁止及限制进出口或者依法应当缴纳税款的货物、物品进出境，或者未经海关许可并且未缴应纳税款、交验有关许可证件，擅自将保税货物、特定减免税货物以及其他海关监管货物、物品、进境的境外运输工具在境内销售的行为。

3. 知识产权海关保护

是指海关在进出境的监督管理过程中，依法制止侵犯受国家法律和行政法规保护并在海关总署备案的知识产权的货物进出境的措施。

海关保护的知识产权类型有商标专用权、著作权和专利权。知识产权权利人要求海关对其与进出境货物有关的知识产权实施保护的，应将其知识产权向海关总署备案。

4. 通关的含义

是指进出境运输工具的负责人、货物的收发人及其代理人、物品的所有人向海关申请办理货品的进出境手续，海关对其呈交的单证和实际进出的货品依法进行审核、查验、征收税费、批准进口或出口的全部过程。

5. 进出口货物申报的含义

是指报关单位在规定的期限内按照海关规定的形式和要求向海关报告进出口货物的情况，申请海关按其申报的内容放行货物的行为。海关编号是指海关接受申报时给予报关单的编码，为9位数码。

思考与练习

1. 我国海关的基本任务是什么？
2. 海关统计有什么作用？
3. 关境与国境的区别有哪些？
4. 海关的设关原则是什么？
5. 海关权力的特点是什么？
6. 中华人民共和国海关关徽的构成和寓意是什么？

第十一章 领事工作

【学习重点】

- 领事制度的含义
- 对外国驻华领事馆的管理
- 护照和签证

新中国政府历来十分重视保护海外中国公民的合法权益，1954 年第一部宪法明确规定："中华人民共和国保护国外华侨的正当的权利和利益。"随着中国不断深化改革和扩大开放，越来越多的中国公民和企业走出国门。服务于国家发展和国内安全稳定，服务于"走出去"战略，为中国公民和机构提供优质的领事保护与领事服务，切实维护他们在海外的安全与合法权益，已成为领事部门义不容辞的责任。

领事官员主要是为跨国人员往来提供服务。当中国公民走出国门定居、做生意、求学、探亲、旅游等遇到办理居留证和工作证的问题时，或遭遇不幸时，都需要中国驻外使、领馆的协助。外国人来中国也一样，需要服务和帮助，于是就有了领事工作。

领事工作是外事工作的一个重要组成部分，但又有其特殊性，它可以作为一种专门业务而独立存在。管理各国领事馆和颁发护照及签证工作，是外事工作的重要组成部分。本章除了介绍领事、护照、签证的有关知识外，着重叙述对外国领事馆管理的基本原则、注意事项以及颁发护照和签证工作的基本内容。

第一节 领事制度

一、领事制度概述

领事制度（The Institution of Consuls）是指关于建立领事关系、设置领事机关、选派领事官员、执行领事职务、确定领事法律地位等各项制度的总称。

领事制度的产生早于常设外交使团制度。它是国际贸易和商业的产物，按《维也纳领事关系公约》的规定，除非另有声明，国家之间建立外交关系就意味着同意建立领事关系。领事业务与外交业务往往是同时开展并相互紧密结合的。不过，两国未建交前可以先建立领事关系，断绝外交关系并不意味着就断绝领事关系。

（一）国际领事制度的历史

领事职务是外交职业中最古老的部分，早在常驻大使馆出现之前，有的国家就已经出现了领事。

3 000 多年前，“外国代表人”制度就存在于希腊的一些城邦。这些代表人是从外国居民中，甚至是从接受国居民中推荐出来的，他为他所代表的国家的公民执行各种任务。罗马共和国时期，罗马共和国设置“外国人执政官”，对外国人之间或外国人同罗马人之间的争端进行裁决。历史学家认为，这就是领事的起源。当时的城邦国家为保护海外商民，派遣代表去解决他们的纠纷。当时航海交通发达，往来各地的船只中常有运货商人起争端，或者船员与船主发生争端，这些代表就成了他们的调解人，随时裁判他们的争讼。而后，地中海各大城邦之间的贸易日益频繁，商人往来各地的情况亦日益增多，为谋求自己商业的发展与安全，商人们就在各地设立商业组合，公选一人为他们的代表。该代表由商人自相推选，而不是由政府委派。凡是商业上各项法律纠纷，以及本地商人间发生的争执和本地商人与外地侨商的一切诉讼事件，都交给这个商事代表去审判解决。此时的领事，实际上是海外的民选行政官吏。

“领事”一词最早出现于 5 世纪末。它是伴随着城镇的出现而萌芽的。在意大利、西班牙和法国的商业城镇中，商人常常在他的同行中选举一人或数人，作为发生商务争执时的仲裁者，这种人被称作“仲裁领事”或“商人领事”。

1096 年的“十字军东征”在促进东西方贸易发展的同时，又促进了领事制度的发展。当时在东方一些国家定居的意大利等国的商人在当地建立了商栈，并在同一国籍的商人中选举成员作为在东方国家的领事，审理商人之间的争讼案件，以保护本国人的利益。一些西方国家和东方国家订立了《领事裁判权条约》，领事裁判权制度使领事的权力进一步扩大。

1279 年，西班牙商人推举代表驻于海外有商业往来的地区，以担任仲裁商人之职，一年一任，近代领事制度的起源，实基于此。到 16 世纪，西欧各国的领事已不再由当地侨商推选，而由政府委派，称为“派任领事”。这种领事在国外既执行某些外交职务，也享受相应的特权和豁免。

领事制度到 18 世纪中叶以后，逐渐形成了一些处理领事关系的惯例和法规，领事的地位、职能及特权成为当时通商条约、航海条约或领事条约的主要内容。

进入 20 世纪，尤其是第二次世界大战以后，出现了许多新的独立国家，整个国际关系发生了巨大的变化，贸易、航运、旅游也不断发展，从而使领事业务大量增加。为了适应形势的发展需要，许多国家除了制定或修订本国的领事法规外，还分别建立了许多领事馆，派出许多领事官员，并互相签订了一些领事条约，但这些条约仅仅是双边的，只适用于有关国家处理双边领事关系。

1963 年 4 月 22 日，联合国通过了《维也纳领事关系公约》，对领事的地位和职务等作出了统一的规定。该公约于 1967 年 3 月 19 日生效。我国于 1979 年 7 月 3 日加入该公约，同年 8 月 1 日该公约对我国生效。

（二）中国领事制度的渊源

中国与外国的官方来往，始于汉朝。西汉时有张骞通西域，东汉时有班超出使西域。

班超在西域活动了30年，公元97年，班超又派甘英到大秦（当时的东罗马帝国，在地中海东岸一带）。公元166年，大秦王派使臣来到中国，这是中国同欧洲国家直接友好往来的最早记载。

据中外史书记载，公元9世纪，在广州的大食人（今阿拉伯人）、波斯人、犹太人及信奉基督教的外国人竟达12万。因阿拉伯人多数居住在广州，唐朝特任命伊斯兰教教长两人，依照伊斯兰风格对其进行管理，这就是唐代在外国人聚居的地方实行的蕃长制。宋朝亦效仿唐朝，在外国人聚居的地方实行蕃长制。唐宋时期的蕃长均由皇帝下诏任命，但人选由前任蕃长推荐，须穿中国服饰，不限国籍。

唐朝时，在华的外国人与其本国人之间犯罪，依据其本国法律处断；外国人与不同国家的人犯罪，或外国人与中国人之间犯罪，则依据唐朝法律处理。宋朝时对于外国人犯罪，先送中国官方审讯，后转交蕃坊执行，但徒刑以上的罪刑，则由中国官方决定。中国的历史学家认为，唐宋时期的蕃长制可称为中国领事制度的渊源。

清朝在鸦片战争之前，或国势强盛，或闭关锁国，都未同外国建立正式的领事关系。鸦片战争后，西方列强按照不平等条约的规定，将领事裁判制度强加于中国，向中国派遣领事并设立领事馆，单方面享有领事裁判权。虽然按照1858年7月中美《天津条约》续增条款的规定，中国可向美国各通商口岸派驻领事，此后清朝政府也曾陆续派遣领事在东南亚、欧洲和美洲一些国家设领，但是，清朝政府在外国设领遇到有关国家的干扰和刁难，清朝政府最终也未建立起完整的领事制度。

中华民国时期，同中国建立领事关系的国家增多，在中国设领事馆的国家也随之增多。但是，在相当长的时期内，中华民国政府未能废除清政府与西方国家签订的不平等条约，也未能废除西方国家强加于中国的领事裁判权制度。然而，为了发展同外国的领事关系，民国政府逐步建立起了自己的领事制度。中国按照国际惯例，采纳了国际上通行的职业领事制度和名誉领事制度，1916年公布了《外交官领事官官制》，1930年公布了《驻外使领馆组织条例》。此后，民国中央政府又不断对此进行修改和补充，形成了在当时来说相当完整的领事制度。

中华人民共和国成立后，彻底废除了同外国的一切不平等条约，彻底废除了外国在中国单方面享有的一切特权，其中领事裁判权是一项重要的内容。在平等互惠的基础上，中国与外国建立了领事关系，经过外交谈判达成协议，互设领事馆，通过领事磋商及签订领事条约和领事协定来巩固、调整和发展双边领事关系。但是，在相当长的时间内，中国并没有发展名誉领事制度，只承认和实行职业领事制度，不派遣也不接受名誉领事。1997年7月1日香港回归后，中国政府同意外国政府在香港保留名誉领事，或者向香港特区派遣名誉领事。1998年1月，中国政府同瓦努阿图政府签订协议，同意瓦努阿图在北京设立名誉领事馆。这表明中国政府开始承认并在内地试行名誉领事制度。

二、领事馆的设立

1. 领事、领事馆的含义

领事（Consuls）是由一国政府根据同另一国政府达成的协议，派驻对方国家的特定城市，在一定区域内保护本国和本国公民的权利和利益的政府代表。

领事馆（Consulate），变称领馆，是一国政府根据同另一国政府达成的协议，派驻对方国家的特定城市，在一定区域内保护本国和本国公民的正当权利和权益的政府代表机构。

2. 领事馆的开设

领事馆的开设，主要是为了维护本国在驻在国特定地区的侨民或经济商贸的利益，所以领事馆大多设在驻在国的经济中心或本国侨民比较集中的地方，而且其规模往往为总领事馆。如美国的纽约、中国的上海、澳大利亚的悉尼、加拿大的多伦多等城市，或者各国侨民比较集中，或者各国投资比较集中，因此总领事馆多设于此，以照管本国的有关利益，避免因大使馆不在当地而可能带来的不便。总领事馆和领事馆的设立必须由两国专门达成协议，两国在设立领事馆方面均会要求对等，即一国在另一国设有若干领事馆，对方也会要求在本国设有同样数目的领事馆，在规模方面自然也应对等。各个总领事馆或领事馆所管理的区域称作领区，领区的大小也要在有关协议中规定。领事馆的官员只能在所规定的领区内执行领事职务。

领事馆的馆舍就其建筑以及功能而言，大致与大使馆的馆舍相同，只是根据国际法，领事馆享有的特权要低于大使馆。但在实践中，不少国家在双边领事条约中，往往规定相互给予对方领事馆与大使馆相同的豁免与特权。

3. 领事馆的分级

（1）总领事馆。总领事馆（Consulate-General ）指由总领事任馆长的领事馆，是第一等级的领事馆，为《维也纳领事关系公约》等国际公约、双边领事条约以及世界上大多数国家的国内法和在外国的设领实践所确认。中国的国内法和中外双边领事条约中也规定总领事馆是第一等级的领事馆。

（2）领事馆。领事馆（Consulate ）指由领事担任馆长的领事馆，是第二等级的领事馆，地位仅次于总领事馆，为《维也纳领事关系公约》等国际公约、双边领事条约以及许多国家的国内法和在外国的设领实践所确认。中国的国内法和中外双边领事条约中也规定领事馆为位于总领事馆之后的一级领事馆。领事馆一词有时也泛指各级领事馆，与领馆同义。

（3）副领事馆。副领事馆（Vice Consulate）指由副领事任馆长的领事馆，是第三等级的领事馆，《维也纳领事关系公约》等国际公约、双边领事条约和许多国家的国内法承认副领事馆为位于领事馆之后的一级领事馆，但是在外国设立副领事馆的国家并不多。中国在国内法和双边领事条约中承认副领事馆为位于领事馆之后的一级领事馆，但是中国未在国外设立副领事馆，也未接受过外国在中国设立副领事馆。

（4）领事代理处。领事代理处（Consular Agency）指由领事代理人任馆长的领馆，是第四等级的领事馆。《维也纳领事关系公约》等国际公约、双边领事条约和许多国家的国内法承认领事代理处为位于副领事馆之后的一级领事馆。但是在外交实践中，在外国设立领事代理处的国家为数不多。中国在国内法和双边领事条约中也承认领事代理处为一级领事馆，但是中国未在外国设立领事代理处，也未接受过外国在中国境内设立领事代理处。美国等国家接受外国在其境内设立领事代理处。

（5）领事办事处。领事办事处（Consular Office）指在原设领事馆所在地以外的其他地方，为了工作需要和实际方便而开设的办事处，作为领事馆的组成部分并受领事馆的领导，亦称领馆办事处，或领事办公室。中国同外国签订的协议中称领事办事处为领事办公室。中国驻亚历山大总领事馆在塞得港、中国驻哈巴罗夫斯克总领事馆在海参崴，以及日本驻沈阳总领事馆在大连、俄罗斯驻沈阳总领事馆在哈尔滨、蒙古驻呼和浩特总领事馆在大连，均开设了领事办事处。领事办事处的设立地点、人员名额和活动范围等事项，须事先征得接受国明示同意，并由两国政府通过协议确定。在领事实践中，大使馆为了领事工作的需要，也可在大使馆所在地以外开设领事办事处。例如，中国驻意大利大使馆曾在佛罗伦萨开设领事办事处（该办事处已于1997年11月升格为总领事馆）。

4. 领事馆的特点及其地位

与大使馆相比，领事馆具有许多自己的特点。从总体上来看，其最大特点在于它的馆长在其接受国并不被视为其派遣国的外交使节。具体而言，与大使馆相比，领事馆的主要特点大体表现在以下四个方面：

（1）领事馆的主要职能是保护其派遣国及其公民的商业与经济利益，并负责处理与其有关的各项具体业务。领事职务的核心，是“在接受国内保护派遣国及其国民——个人与法人——之利益”，这就表明领事馆与大使馆相比，其职能显然要狭小许多，主要是行政性、职能性的日常事务的处理，而不像拥有外交交涉权的大使馆那样在职能上拥有政治代表性，能全面代表其派遣国并主要关注重大问题。

（2）领事馆在国际法上不被视为其派遣国的外交代表机构。在外交场合，大使馆均会被人们看作其派遣国的外交代表机构，然而领事馆则不会被人们同等看待。国际法规定：“领事是各国为了各种目的，但主要是为了本国的商务和航海的利益，而派驻外国的代表。由于他们不是外交代表，他们不享受外交特权。他们通常也与本国和接受国之间的政治关系无关。”

（3）领事馆的具体职能只能够在领区之内行使。在设立领事馆之初，其派遣国与接受国即通过双方之间的正式协议划定了其管辖区域，这一区域称为领区，领事馆的具体职能只能在该区域之内行使，而不像大使馆的具体职能那样可在接受国全境行使。另外，领事馆在具体处理领事事务时，循例只能与其领区之内的接受国的地方政府打交道，而不能像大使馆那样去直接联络接受国的中央政府。

（4）领事馆的设立并不以大使馆的设立为前提。在实践中，领事馆既可以在建交国中设立，也可以在未建交国中设立。在一般情况下，设立领事馆并不一定要求其派遣国与接受国之间建立了正式的外交关系。当然，两国之间倘若已经建立了外交关系，则会为彼此之间互设领事馆提供一定的方便。

5. 领事馆和大使馆的区别

大使馆（Embassy）是一国在建交国首都派驻的常设外交代表机关。大使馆代表整个国家的利益，全面负责两国关系，馆长是大使，由国家元首任命并作为国家元首的代表履行职责。大使馆的首要职责是代表派遣国，促进两国的政治关系，其次是促进两国经济、文化、教育、科技等方面的关系，使使馆同时具有领事职能。

大使馆和领事馆都以促进两国在政治、经济、文化、教育、商务等方面的交流和民间的往来为重要职责。

两者的主要区别：领事馆的主要职责是领事工作，维护本国公民和法人在驻在国的合法权益，向本国公民颁发或延期护照，向外国公民颁发签证。大使馆负责和驻在国中央政府的联系，在外交关系中代表本国政府，全面负责两国外交关系中的各项事务。大使馆的职责范围遍及驻在国各个地区，领事馆只负责所辖地区。大使馆受政府和外交部门的直接领导，而领事馆通常接受外交部门和所在国大使馆的双重领导。许多国家在多数国家只设大使馆，不设领事馆。在日常工作中，大使馆中的外交官员可以执行领事官员的职务，有时需要指定某几位外交官兼任领事，有时不经指定，外交官也可执行领事职务；而领事官员则不能以外交官的身份执行外交公务。若两个国家断交，一定会撤销大使馆，但不一定撤销领事馆。

6. 领馆人员构成

领馆成员（Member of the Consular Post）是领馆馆长、其他领事官员、领馆行政技术人员和领馆服务人员的总称。中国同外国签订的领事条约和《中华人民共和国领事特权与豁免条例》中均使用了这一术语并确认上述定义。《维也纳领事关系公约》中文文本中将其称之为“领馆人员”。在中国的具体实践中，对外委派的领事官员有总领事、副总领事、领事、副领事和领事随员。

（1）领馆馆长。

领馆和使馆馆长的人选受到各国的高度重视。他们不但要由派遣国“选派”，而且还要由接受国“选受”，因为他们对于两国的关系和利益都是至关重要的。不同的是，使馆馆长是国家的代表，其任命书由国家元首签署，通称国书，须在就任前当面交给驻在国领导人；领馆馆长只代表政府，其任命书一般由政府首脑签署，派遣国只需将委任情况通知接受国政府。

领馆馆长赴任，派遣国应事先通知接受国，在取得接受国颁发的领事证书或临时承认后即为就任，便可开始执行职务。领馆馆长就任后，首先应以馆长名义向领区各省（州）、市政府首脑和建交国驻该地区的领馆馆长发出到任通知，进行礼节性拜会，并适时举行到任招待会，建立与领区各方面的联系。对未建交国家的领馆馆长是否发到任通知和进行礼节性拜会，视本国政府的政策而定。

（2）领事官员。

领事官员（Consular Officer）指派任领事职务、承办领事职务的任何人员，包括领馆馆长在内。

7. 领事的职类和等级

职业领事（Career Consul），又称派任领事、专业领事、受薪领事等，指由国家或政府委任并派遣执行领事职务的职业官员，同名誉领事相对应。职业领事是现代领事制度中的核心，国际公约和领事条约给予职业领事符合其身份的充分的领事特权与豁免，以确保其能代表本国执行领事职务。世界上绝大多数国家一般倾向于向重要的港口、贸易中心或重要地区派遣职业领事。国际条约、领事条约等文件中有关领事和领事制度内容的规定，凡未特别注明系指或包含名誉领事的，均系指职业领事。

名誉领事，又称选任领事，通常是一国政府从接受国当地居民中选任的执行领事职务的兼职官员，可以是派遣国公民，也可以是接受国公民或第三国公民。名誉领事是现代职业领事在特定情况下的替代或补充。新中国成立至今，未曾向外国委派过名誉领事，一些国家在中国香港特区、澳门特区和内地个别城市委派了名誉领事。

关于领事的等级（Classes of Consul），按照《维也纳领事关系公约》的规定和世界各国普遍的领事实践，领事官员分为总领事、领事、副领事和领事代理人四个等级，但并不限制任何缔约国对馆长以外的领事官员设定衔名之权。各国既可采用上述四级领事官员的衔名，也可采用其本国法律规章规定的任何其他衔名，诸如副总领事、代理领事、助理领事、准领事、领事随员、随习领事、主事随员、主事学习员、主事、领事秘书、随习主事、译员等。中国国内规定并承认或接受的各级领事官员为：总领事、副总领事、领事、副领事、领事随员或者领事代理人。

三、领事特权与豁免

（一）领事特权与豁免的内容

领事特权与豁免指一国按照国际习惯法、国际条约和国内法的规定，给予外国领馆和领馆成员特殊权利和优惠待遇，目的在于使外国领馆及其成员能代表本国有效地执行领事职务。关于领事特权与豁免的含义，国际上尚无统一的定义，在不同的历史时期和不同的国家，领事特权与豁免有着不同的含义和内容。按照传统的国际习惯法，领馆和领事官员享有极其有限的豁免，概括地说，就是只能从至权豁免规则中产生豁免。按一般公认的准则，领馆和领事官员享有领馆档案不受侵犯和领事对执行公务时所做的行为不承担一般法律上的责任的特权，各国之间既无习惯也无普遍协议给予领事通常的外交特权，领事在实际上享有的一些特权，往往是基于礼貌或有关国家间双边条约的特别规定，一般称之为领事官员的优惠待遇。由于现代领事职务的发展变化，各国通常通过国内立法或双边条约进行确定或保证。领事在接受国应享有执行职务时所必需的特权与豁免，其内容除领馆档案不受侵犯和领事在执行职务时的行为享有管辖豁免两条早已公认的原则外，还包括领馆馆舍不受侵犯，领馆有权悬挂国旗和国徽，职业领事免除捐税、劳务、役务、作证等。第二次世界大战后，随着各国领事部门与外交部门的融合，职业领事官员的作用受到普遍重视，越来越多的国家在平等互惠的基础上把外交代表享有的外交特权与豁免不同程度地给予职业领事官员，并通过国际条约，特别是大量双边领事条约予以确定。

总体而言，领馆及其领事官员可享有一定的领事特权与豁免，但比外交特权与豁免的范围要狭窄，仅限于执行职务时的工作需要。领馆的特权与豁免主要包括：领馆馆舍不受侵犯；领馆档案文件不受侵犯；通信自由；免除关税和直接捐税；悬挂国旗和国徽的权利等。领事官员的特权和豁免主要包括：人身、财产不受侵犯；管辖豁免；免除作证的义务；行动及旅行自由；免除关税和各种捐税等。领馆行政技术人员、服务人员、私人服务员不同程度地享受领事官员的部分特权和豁免。

（二）特权和豁免的开始和终止

领馆人员自进入接受国国境赴任之时起享有上述特权和豁免，已在该国境内的，自其就任领馆职务之时起享有。领馆人员与其构成同一户口的家属和私人服务人员，自领馆人员依上述规定享有特权和豁免之日起，或自本人进入接受国国境之时起，或自其成为领馆人员的家属或私人服务人员之日起，即享有公约所规定的特权与豁免，并以在后的日期为准。

领馆人员的职务如果终止，其本人的特权和豁免以及与其构成同一户口的家属或私人服务人员的特权和豁免，通常应于他们离开接受国国境时或者离境的合理期间终止时停止，并以在先的时间为准。领馆人员的家属和私人服务人员的特权和豁免，在其不复为领馆人员的家属或不复为领馆人员服务时终止，但如果这些人员愿在稍后的合理期间内离开接受国国境，其特权和豁免应继续有效，至其离境之时为止。领事官员或领事雇员为执行职务所做的行为，其管辖的豁免应继续有效，无时间的限制。

如果领馆人员死亡，与其构成同一户口的家属继续享有应享有的特权和豁免，至其离开接受国国境或其离境之合理时间终止时为止，并以在先的时间为准。

领事特权与豁免的放弃，指派遣国放弃在接受国涉讼的本国领馆成员所享有的管辖豁免的行为，从而接受国当局可对其行使管辖。领馆成员所享有的领事特权与豁免实质上为派遣国所享有，并非属其个人所有。《维也纳领事关系公约》在序言中明确指出，领事特权与豁免的目的“不在于给予个人利益而在于确保领馆能代表本国有效执行职务”，因此，在特定情况下是否放弃领事特权与豁免应由派遣国政府决定，未经政府许可，领馆成员不能自行放弃所享有的管辖豁免，如果政府决定放弃某项管辖豁免，领馆成员亦不得反对。

如果领事官员前往就任或返任或返回派遣国途经第三国国境或在该国境内，而该国已经发给他所需要的签证，第三国应给予为确保其过境或返回所必需的一切豁免；与领事官员构成同一户口而享有特权和豁免的家属如果与领事官员同行或单独前往或返回派遣国，也应给予上述豁免。其他领馆人员或与其构成同一户口的家属，在类似情形下，第三国不应阻碍他们经过该国国境。

四、领馆辖区和领事保护

（一）领馆辖区和领事保护的概念

领馆辖区（也称领区）是指为领事机构执行领事职务而设定的区域。每个领事机构只能在其所管辖区内执行领事职权。这个辖区通常是两国在签署设立领事机构相关协议时确定的。

领事保护是指派遣国的外交领事机关或领事官员，在国际法允许的范围内，在驻在国保护派遣国的国家利益、本国公民和法人的合法权益的行为。领事保护的方式主要是依法依规，向驻在国反映有关要求，敦促其公平、公正、妥善地处理事务。所依据的法规，主要包括公认的国际法原则、有关国际公约、双边条约或协定以及本国和驻在国的有关法律。

以中国为例，当中国公民、法人的合法权益在驻在国受到不法侵害时，中国驻外使、领馆依据公认的国际法原则、有关国际公约、双边条约或协定以及中国和驻在国的有关法律，反映有关要求，敦促驻在国当局依法、公正、友好、妥善地处理。领事保护还包括我国驻外使、领馆向中国公民或法人提供帮助或协助的行为，如提供国际旅行安全方面的信息、协助聘请律师和翻译、探视被羁押人员、协助撤离危险地区等。

实施领事保护的主体是政府，在国外是驻外使、领馆。中国目前有 260 多个驻外使、领馆，它们都是实施领事保护的主体。

（二）中国驻外使、领馆领事保护的对象和内容

从1950年到1978年，中国的出国人数总共才28万，领事工作较为轻松。改革开放后，走出去的中国人逐渐增多了，领事保护逐渐完善起来。2000年，外交部首次出台了《中国境外领事保护和服务指南》，主要内容包括领事官员能够提供的协助内容和服务内容，以及什么情况下不能提供协助等，目的是告知中国公民在国外旅行、工作、学习或居留期间，如何通过中国驻外使、领馆维护自己的正当权益。2007年，外交部成立了领事保护中心，专门协调处理涉及海外中国公民和法人的合法权益保障的工作。至此，我国的领事保护制度已经比较完善。

我国在界定领事保护的对象时，对自然人采取的标准是“以国籍为主，兼顾护照”，即一方面国籍国可以对本国公民实施领事保护，另一方面通过特别规定的方式，在一定范围内也允许护照签发国对护照持有人实施保护。这既包括持有外国护照的港澳同胞在中国境外受到护照签发国的领事保护，也包括在中国境内的外国人根据我国签订的国际协定持有效护照受到非国籍国的领事保护。因此，凡依照《中华人民共和国国籍法》所规定的具有中国国籍者，都可以受到中国政府的领事保护，无论是定居国外的华侨，还是临时出国的旅行者；无论是中国内地居民，还是香港、澳门和台湾的同胞，都是中国驻外使、领馆提供领事保护的对象。

领事保护的内容是海外中国公民、法人在海外的合法权益。合法权益主要包括：人身安全、财产安全、合法居留权、合法就业权、法定社会福利、人道主义待遇等，以及当事人与我国驻当地使、领馆保持正常联系的权利。具体如下：

（1）可以推荐律师、翻译和医生，以帮助当事人进行诉讼或寻求医疗救助。

（2）可以在所在国发生重大突发事件时，为当事人撤离危险地区提供咨询和必要协助。

（3）可以在被拘留、被逮捕或服刑时，根据当事人请求进行探视。

（4）可以在遭遇意外时，协助当事人将事故或损伤情况通知国内亲属。

（5）协助当事人与国内亲属联系，解决生计困难时所需的费用。

（6）协助当事人寻亲。

（7）可以根据中华人民共和国有关法律和法规为在国外合法居留的中国公民颁发、换发、补发旅行证件及对旅行证件上的相关资料办理加注。

（8）可以为遗失旅行证件或无证件的中国公民签发旅行证或回国证明。

（9）可以根据中华人民共和国有关法律、法规和相关国际条约为中国公民办理有关文件的公证、认证（注：不能直接认证中国国内公证机关出具的公证书，也不能为中国国内有关机关出具的其他证书或文书办理公证）；在与所在国的法律规章不相抵触的情况下办理中国公民的婚姻登记手续。

领事还有一项重要职责是维护本国侨民的合法权益，处理有关国籍事宜的申请。新中国成立初期，东南亚华侨双重国籍的问题引发我国与有关国家的管辖权争议，不利于华侨在当地的生存发展。中国自清朝末期到民国时期的三部有关国籍的法律均采取“以血统主义为主，辅以出生地主义”的原则，认为海外中国人，无论是第几代，仍属中国籍。新中国成立时，有1 000多万华侨遍布世界，绝大多数集中在东南亚地区。由于东南亚地区的国家对国籍认定基本采取“出生地主义”，认为在本国出生的人即具有本国国籍，因此造成了华侨双重国籍的问题。20世纪50年代，印尼约有华侨270万，其中三分之二具有双重国籍。我国中央政府高度重视这一问题，通过外交途径与印尼就解决华侨国籍问题进行了谈判，并于1955年签署了相关条约。1961年5月起，两国正式开始办理华侨自愿选择国籍工作。此后，我国同马来西亚、菲律宾、泰国等东南亚国家在建交联合公报中确认了解决双重国籍的原则和政策。到70年代，基本解决了历史遗留下来的华侨双重国籍问题，为我国发展与东南亚国家的关系扫清了一个重要障碍。1980年出台的《中华人民共和国国籍法》第3条明确规定：“中华人民共和国不承认中国公民具有双重国籍。”

五、中国对外国领事馆的管理

（一）中国领事管理工作的发展

1840年鸦片战争后，帝国主义列强对华奉行炮舰政策，逼迫旧中国政府签署种种不平等条约，外国驻华领事机构在帮助本国攫取在华利益方面扮演着不光彩的角色。1949年新中国成立后，中国政府不承认任何外国派驻旧中国的外交、领事机构和外交、领事人员，关闭了外国在华设立的全部领事机构，取消了帝国主义在华的各种特权，特别是给中国人民带来屈辱和深重灾难的领事裁判权。同时，新中国政府本着独立自主和平等互惠的原则，依据相关法律和国际惯例，同外国建立和发展领事关系。1949年12月，苏联驻上海总领事馆开馆，这是外国在新中国设立的第一个领事机构。新中国建立了自己的护照、签证体系。1950年1月，外交部印制并启用了中华人民共和国第一批外交护照、官员护照和普通护照。新中国成立之初，中外人员出入中国国境，均须持有效护照及中国签证机关颁发的有效签证。1955年1月，外交部领事司正式成立，主管领事工作。

20世纪60年代初，苏联、东欧社会主义阵营国家和印度、尼泊尔等周边13个国家在我国设立了30个领事机构，我国在8个国家共设立了14个领事机构。然而，随着一些国家在国际上掀起一股反华逆流，再加上“文革”动乱的影响，到60年代末，外国在我国设立的领馆骤减至6个，我国在外国的领馆也减至5个。

进入20世纪70年代，我国恢复了在联合国的合法席位，随着对外交往的增多，中外领事关系得到进一步发展，中外互设的领事机构逐渐增多。1973年10月，我国与加拿大达成了我国在温哥华，加拿大在广州或上海互设总领事馆的协议。1975年8月，我国与日本达成分别在大阪和上海互设总领事馆的协议。1978年9月，我国与澳大利亚达成分别在悉尼和上海互设总领事馆的协议。1979年10月，我国与联邦德国达成分别在汉堡和上海互设总领事馆的协议。

1979年，中国政府加入世界上大多数国家处理领事关系的基本准则——《维也纳领事关系公约》，标志着中外领事关系翻开了新的一页。加入该公约，使我国领事工作进一步与国际接轨，此后，中国政府依据该公约精神，根据时代的发展和国家的需要，在领事实践中不断创新，形成了一套具有中国特色的领事工作体系。

20世纪70年代末到80年代初，中美领事关系的建立和发展是中外领事关系发展的重要一环。1979年1月，中美建立外交关系后，美国提出希望与我国商签建立领事关系协议、互设领事馆、商签双边领事条约等问题。根据《维也纳领事关系公约》和国际惯例，两国建立外交关系则同时建立领事关系，可不再就建立领事关系单独签署协议，但综合考虑当时的国际环境和中美关系的重要性，以及两国在对方国家开展领事工作的现实需要，我国同意与美国签订关于建立领事关系和互设总领事馆的协议。经过多次协商，双方对协议内容达成一致，我国同意美国在广州和上海开设总领事馆，美国则同意我国在旧金山和休斯敦开设总领事馆。1981 年 6 月，我国与美国再次达成协议，我国可在纽约、芝加哥、檀香山（1987 年改为洛杉矶）增设总领事馆，美国在成都、沈阳和武汉增设总领事馆。1982 年 2 月，《中华人民共和国和美利坚合众国领事条约》正式生效。

20 世纪 80 年代至 90 年代，伴随着改革开放的步伐，我国领事工作进入稳步发展阶段。1990 年 10 月 30 日，经第七届全国人大常委会第十六次会议通过，并由国家主席发布第三十五号令，《中华人民共和国领事特权与豁免条例》生效。1999 年底，我国分别与 42 个国家签订了双边领事条约，有 50 个国家在我国设立了 84 个领事机构，我国在 43 个国家设立了 63 个领事机构。2014 年 2 月，中国与 81 个国家签署了有关互免签证的协定，其中 45 个国家和地区对持普通护照的中国公民因私前往实施免签或者落地签政策，6 个国家和地区单方面有条件地允许持普通护照的中国公民免签入境，35 个国家和地区有条件地允许持普通护照的中国公民在抵达入境口岸时申请办理落地签证。

领事工作侧重为中外人员往来提供便利和服务，由外交部领事司和各级外事办公室领事处归口管理，工作内容包括：

（1）发展中外领事关系，包括处理有关设立领事机构事宜、与外国举行领事磋商、商签双边领事条约、便利人员往来协定和签证协议等。

（2）负责有关领事证件的工作，包括制定有关因公护照、外国人来华签证、因公出国签证、领事公证和认证等的颁发、办理及管理办法和相关政策，办理具体领事证件业务。

（3）承担领事保护和协助工作，拟定领事保护和协助政策，发布领事保护和协助预警信息等。

（4）处理外国驻华领事机构的事务，协调外国人在中国境内发生的有关刑事、民事案件的处理和对外交涉工作。

（5）承担海外侨务工作。

（6）指导驻外外交、领事机构和地方外事部门开展领事工作。

（二）外国驻华领事馆的主要任务

外国驻华领事馆是外国政府根据同我国政府的协议派驻我国某一城市负责一定区域范围之内的领事事务的政府代表机构。其职责一般为：在领事区域内维护派遣国的国家利益，保护派遣国的公民和法人的权益；在我国法律允许的范围内管理派遣国侨民，给予他们必要的协助和援助；以合法手段了解领事区域内的政治、经济、文化、科学等方面的情况；处理领事区域内派遣国同我国之间的商业和经济事务，进行文化宣传；办理护照、签证、公证、认证等方面的事务。

（三）对外国驻华领事馆的管理

对外国驻华领事馆的管理主要包括：处理外国驻华领事馆的设立、撤销，确认领区和领事馆的等级变化，对领事的承认，确定特权和豁免，开展礼宾交往活动，为领事执行正当职务提供方便和协助，对领馆人员于我国不利甚至非法的活动进行限制和处理，及时掌握领事馆动态并向上级机关报告领事馆的重要情况。

各省同外国领事馆的各项交往活动，由省级外事办公室归口管理。各外事办公室对于外国驻华领事馆来说是各级人民政府的代表机关，负责办理同外国驻华领事馆的交涉事宜，并负责对驻华领事馆的交往活动进行管理。各部门、各单位及个人确因工作需要与外国领事馆进行交往时，应报外事办公室或通过各地外事办公室转报上级外事办公室审批，重大事项须报政府审批。未经批准，任何单位及个人不得擅自与外国领事馆交往。

（四）同外国领事馆交往中应注意的问题

1. 双重管辖问题

双重管辖问题是认识和处理同外国领事馆接触、交往问题的出发点和前提，也是处理一切涉及在华外国人发生的涉外问题的前提。

按照国际法理论和国际交往的实践，外国人一方面要服从驻在国的属地管辖，另一方面又要服从其国籍所属国的属人管辖。简单地说，在华外国人必须遵守中国的法律，不得危害中国的安全和利益，这叫属地管辖。按照国际惯例，外交官和领事馆享有派遣国的外交和领事保护，不受驻在国的司法和行政管辖，这叫属人管辖。

各地各部门在与外国领事馆的交往中，要坚持我国独立自主的方针，维护国家的尊严、主权和利益，贯彻执行我国的对外方针政策。对他们的正常活动要给予必要的协助和方便，同时要警惕他们的非法活动，掌握动向，注意“内紧外松”。对外国领事馆的非法活动，要设法获取确凿证据，并严格按照请示汇报制度来执行。

对在华外国人，我们要敢于管理，但同时又不能把他们简单地当作中国公民一样对待，不能把外国领事馆和其他外国机构同中方单位一样对待。例如，领馆人员若违反我国交通规则，不能当即扣人扣证，而应问清对方身份，核对证件，记下违章情况，然后放人放车，过后处理。这便是所谓的内外有别。

另外需要注意的是，在具体处理过程中，如遇到国内法同国际法、双边条约发生矛盾时，原则上应服从国际法和双边条约。

2. 礼宾问题

（1）外国领事馆要求会见我国省直单位或各市负责人，礼宾安排要适当，也有个对等原则问题。一般情况下，总领事可会见省级领导和市级领导，对领事、副领事则安排处级负责人见面即可。另外，与领馆人员会见谈公务，一般应安排在我方机关所在地（或我方指定的其他地点）进行，而不在领事馆。

（2）我方（包括中外合资企业）举行的开业、奠基、落成、首映等庆典活动，一般不宜邀请领馆官员参加，只有一些比较大的项目或比较重要的活动才邀请领事馆官员。因为领馆是政府代表机关，参加一般性的企业活动没有多大必要。

（3）邀请各国驻我国省、市的总领事馆官员一起参加活动，要注意遵循“在先权原则”来安排礼宾顺序。即同等职务谁先到任谁排在前面，并由任职最早的总领事当领事团长，活动过程中如需请领事馆的一位代表发言，应请领事团团长讲话。不能按大国、小国、对我国友好与否等标准来排列顺序，也不能按各国国名的英文字母顺序排列。

（4）外国领事馆邀请我方人员前去领事馆馆舍或公寓（住所）谈事情、吃饭，一般不宜单独参加，应两人以上同往。

3. 我方有关人员出访问题

各单位需与外国领事馆接触联系，事前应与省外事办公室通气，事后应向省外事办公室通报情况。外国领事馆邀请我方有关人员出访，通常情况下都带有官方性质，有的甚至带有浓厚的政治色彩。受邀单位和受邀个人不宜直接接受，更不要立即答应接受邀请。因为根据中央有关精神，对这类邀请，特别是美国领事馆的国际访问者计划，一般从严把关，需通过省外事部门报外交部审批，如受邀单位或个人自行对外答应下来，内部上报后不获批准，就会陷入被动。

4. 文化宣传问题

对外国领事馆特别是西方国家领事馆的文化宣传活动，我们一般要严格控制。具体做法上要注意：我方有关单位一般不主动向外国领事馆提供文化宣传场地（如为其提供场所放电影、录像等）。如领事馆在馆内放电影、办讲座、举行某些庆祝活动，邀请我方有关单位人员参加，我方对出席人数和范围要有所控制，一般不安排大学生、中学生前往。

5. 制定或修改有关规定的问题

我国主管部门制定或修改有关规定，或要改变某些习惯做法，如涉及外国领事馆，应事先同外事部门商量。根据近几年发生的情况来看，主要涉及收费问题。各主管部门在制定或修改面向社会公众的收费办法时，应充分考虑到外国领事馆所享有的豁免权问题。

6. 有关案件的及时通知问题

领事辖区内发生派遣国公民死亡（尤其是非正常死亡）、被拘留、被逮捕或其他刑事、民事案件时，一般必须及时通知外国领事馆或驻华大使馆。这里讲的及时通知，系指在国际公约（国际惯例）和双边条约规定的时间内通知。

7. 与领馆交往时注意不要随意送礼

送礼太多太滥，对方不仅不会领情，反而会认为我方有求于他们，将产生负面影响。

第二节　护照和签证

颁发护照和办理签证是一项具有高度政策性，却又具有十足事务性的领事工作。

一、护照

1. 护照的概念

护照是一个国家颁发给本国公民用以出入国境和在国外工作、旅行的身份证件，护照持有人凭护照表明其国籍，并受到护照颁发国的外交保护。

护照是公民旅行时通过各国国际口岸的一种通行证明。世界上一些国家通常也颁发代替护照的通行证件。对于公民在本国境内申领护照，各国常常有不同的做法和规定。但公民在境外申请护照时，各国都是由大使馆和领事馆来处理的。

2. 护照的由来

护照作为一种在国外旅行用的证件的历史并不算太长。19 世纪末叶之前，进入许多国家并不需要有护照。第一次世界大战之后，国际交往渐渐增多，护照的使用才日渐广泛。

西方护照，可追溯到公元2~3世纪的罗马帝国。当时，担任国际信差的人可以获得盖有官方印章的特别证书，信差凭此证书可享有某种特权和优待。此后，这种特别证书又被发给皇家使节，以便出使的国家给予其特别的优待。“护照（Passport）”一词来自法语，因为法语自13世纪以后一直是欧洲最流行的语言和西方外交语言。“护照”一词最早出现在英国枢密院的记录中和英国的法规中，时间是1540年和1548年，指一个国家的外交主管机关发给出国公民的证明其国籍和身份的证件，表明允许他在外国旅行，并要求外国政府在需要时给予他保护。到了17世纪中叶，英国女王开始给所有的英国商船船长颁发护照。18世纪，要求旅行者入出国境时持有护照的国家逐渐增多。在1791年的法国宪法中，护照被认为是公民的权利之一，1792年的法令规定，每个迁移的法国公民必须有一本护照。19世纪末，俄国、罗马尼亚、塞尔维亚等国规定入境的外国人必须出示本国护照。

第一次世界大战改变了世界格局，护照成为一种国际契约。1920年、1926年分别召开的两次国际护照会议，对护照的国际格式和简化入出境手续提出了具体建议，并开始为各国采用。

虽然1873年的《美国护照指南》就指出，“最好的安全通行证是从美国国务院获得一张护照”，但直到1952年，美国才有公民出国需持护照的规定。西班牙、古巴、墨西哥、澳大利亚、印度、新加坡等国都在“二战”后制定和颁发了护照法规及相关法令。

“二战”后，为建立统一的国际护照制度，以统一护照格式、内容和使用办法，联合国经济社会理事会、国际劳工组织、国际民用航空组织和国际海事组织通过了相应文件。1980年，国际民用航空组织公布了指导各国发行机读护照的技术文件。

从国际关系来看，各国护照的价值和被认可度，是各国之间利益博弈的结果。

3. 中国护照的演变

在中国，护照的渊源可追溯到战国时代。古代的中国人凭用竹简、布帛、木板、金玉或纸张做成的“封传”、“契”、“照牒”、“过所”、“符节”、“符传”、“路证”、“路引”等证件出入边塞关津，类似现代签证的内容记载其上。清朝康熙年间，中国已有护照。1689年中俄《尼布楚条约》规定，“凡两国人民持有护照者，得过界来往，并许其贸易互市”。清朝的中国护照是一纸公文式，除记载有持照人姓名、籍贯、年龄、职业及发照机关和主管官员姓名、发照日期、盖官方印鉴等内容外，还记载护照系“奉上谕”、为“宣布朝廷德意”、“应持照人请求而发”，以便各关卡验证放行和地方官员给予持照人切实保护等。进入20世纪，清政府更加重视对护照的管理，出现了“游历护照”，吉林将军衙门还制定了护照章程，并附有护照式样。中华民国时期，中央政府制定了比较完整的护照制度，并于1932年1月31日公布了《护照条例》。

中华人民共和国成立后，于1950年1月印制并启用了第一批中华人民共和国外交护照、官员护照和普通护照。1951年8月启用了中华人民共和国公务护照。1956年8月将普通护照分为因公普通护照和因私普通护照。1964年10月2日启用新版官员护照，后于1978年2月停止使用。1991年8月启用新版外交护照、公务护照和因公普通护照。1992年8月启用了新版因私普通护照。旧版护照与新版护照同时使用，直到用完为止。中国先后印制并启用了30多种版本护照。现行的中华人民共和国护照分为外交护照、公务护照、因公普通护照和因私普通护照。持上述各种中国护照前往世界各国均有效。中央人民政府根据《中华人民共和国香港特别行政区基本法》第154条的规定，授权香港特别行政区政府依照法律签发中华人民共和国香港特别行政区护照。

2012年5月15日起，我国统一启用电子护照，电子护照（E－passport）是将持照人的生物特征（包括面相、指纹等生物信息）存入非接触式智能卡芯片，并将芯片植入传统护照中，通过专用阅读器读取芯片中的资料，以便人和证对照。由于每个人的生物特征具有唯一性，电子护照不易被伪造和假冒，有利于精确地辨认身份和提高防伪性能，也为未来实现自助通关打下了基础。《中华人民共和国护照法》第12条规定，"护照具备视读与机读两种功能。护照的防伪性能参照国际技术标准制定"。

4. 护照的种类和颁发对象

各国对于护照的种类有不同的规定。有的国家把护照分为不同类别，颁发给不同身份的公民。有的国家还有官员护照。也有的国家不对护照加以区分，每个公民领到的护照都是一样的，只是通过身份栏中注明的不同职业或职务来对持有人加以区别。

中华人民共和国护照是中华人民共和国公民出入国境和在国外证明国籍和身份的证件。中华人民共和国护照分为外交护照、公务护照、普通护照和特区护照。公务护照又分为公务护照和公务普通护照。特区护照分为香港特别行政区护照和澳门特别行政区护照。

（1）外交护照由外交部颁发给中国党、政、军系统的高级官员，全国人民代表大会、中国人民政治协商会议和各民主党派的主要领导人，外交官员、领事官员及其随行配偶、未成年子女和外交信使等。

（2）公务护照由外交部，中华人民共和国驻外使、领馆或者外交部委托的其他驻外机构以及外交部委托的省、自治区、直辖市和设区的市人民政府外事部门颁发给中国各级政府部门副县级、处级以上（含）公务员、中国派驻国外的外交代表机关、领事机关和驻联合国组织系统及其专门机构的工作人员及其随行配偶、未成年子女等。公务普通护照由外交部，中华人民共和国驻外使、领馆或者外交部委托的其他驻外机构以及外交部委托的省、自治区、直辖市和设区的市人民政府外事部门颁发给中国各级政府部门副县级、处级以下公务员和国有企事业单位因公出国人员等。

（3）普通护照由公安部或者公安部委托的地方公安机关，以及驻外使、领馆和驻香港、澳门公署颁发给前往国外定居、探亲、学习、就业、旅行、从事商务活动等非公务原因出国的中国公民。

（4）香港特别行政区护照由香港特别行政区入境事务处颁发给享有香港特别行政区居留权及持有有效香港永久居民身份证的中国公民。海外符合条件者可向我国使、领馆提出申请。澳门特别行政区护照由澳门特别行政区身份证明局颁发给澳门特别行政区的永久性居民中的中国公民和持有澳门特别行政区永久居民身份证者。

5. 护照的申请

中国公民在国内申请普通护照，由本人向其户籍所在地县级以上地方人民政府公安机关出入境管理机构办理。常住在国外的中国公民办理普通护照换发或补发等业务，向负责其所在领区的中国驻外使、领馆提交申请。

因公出国人员由派遣部门向上级拥有外事审批权的部门提交申请，因公护照的颁发依据“统一管理、分级保管、层层负责”的原则。因公出国人员须在其回国后交回其所持的护照，由本单位或上级主管部门登记、管理，保证因公护照只用于出国执行公务。

6. 发照机关

外交部负责颁发外交护照、公务护照和因公普通护照，并办理上述因公护照的各类手续。自2002年5月1日新版外交护照启用后，外交护照统一由外交部签发。

经外交部授权，各省、自治区、直辖市人民政府外事办公室，各计划单列市、经济特区和沿海开放城市人民政府外事办公室负责颁发公务护照和因公普通护照，并办理上述因公护照的各类手续。新版外交护照启用后，外交护照由各省、自治区、直辖市人民政府外事办公室负责向外交部领事司申办。目前，包括外交部在内，全国共有58家因公护照的颁发机关。

经公安部授权，各地方公安机关负责颁发因私普通护照，并办理因私护照的各类手续。根据香港特区基本法和澳门特区基本法，中央人民政府授权港、澳特区政府依照法律分别签发港、澳特区护照。

中华人民共和国驻外大使馆负责颁发公务护照、因公普通护照和因私普通护照，并办理上述护照的各类手续；办理香港、澳门特区护照及其他旅行证件的有关事宜。

中华人民共和国驻外总领事馆和领事馆负责颁发因公普通护照和因私普通护照，并办理上述护照的各类手续；办理香港、澳门特区护照及其他旅行证件的有关事宜。

外交部驻港、澳公署负责颁发公务护照、因公普通护照和因私普通护照，并办理上述护照的各类手续。

7. 护照的项目及相关内容

（1）各国护照的项目和内容大同小异。中国护照的项目主要有持照人姓名、性别、照片、出生日期、出生地点（籍贯）、持照人签名、职业身份、护照号码、发照机关印章、外交部部长授权签署、有效期、有效地区，以及延期、备注和签证页。因私普通护照还有婚姻状况、身份证号码、偕行儿童等项目。护照首页印有“中华人民共和国外交部请各国军政机关对持照人予以通行的便利和必要的协助”，封三为注意事项。上述项目除“注意事项”只用中文外，其余全用中文和英文对照书就。在常驻国外的外交代表机关和领事机关人员及其配偶的护照上，“持照人”栏内不仅填写姓名，还须注明持照人的职衔或对外身份。外国护照在上述项目上大体同中国护照相同，但许多国家的护照上还有中国护照所没有的项目，如应急资料页、居住地（Residence）、永久住址（Permanent Address of Bearer）、公民地位（National Status）、外貌特征（Special Peculiarities）、头发颜色（Color of Hair）、眼睛颜色（Colour of Eyes）、血型（Blood Group）、身高（Height）、胡须（Beard）、指纹（Thumb Prints）等。许多国家还依据国内立法，在护照上印有“本护照属××国（政府）财产”。

（2）各国护照的有效期长短不一，最短的1年，最长的有10年，采取5年有效期的较多。有效期自护照颁发之日算起。

中国在20世纪50年代印制的外交护照、官员护照和公务护照的有效期均为2年，而普通护照的有效期为1年或2年。后来某些种类护照采用不定有效期限的做法，发照时根据持照人的具体情况和需要加以确定，但最长不超过5年。1986年曾印制了两年出入境一次有效的公务护照和因公普通护照，持照人事毕归国后护照即告失效，不能再次使用。现行的外交护照、公务护照和普通护照的有效期，根据持照人的具体情况和需要加以确定，但最长不超过 5 年。香港特别行政区护照的有效期为 10 年，签发给 16 周岁以下儿童的护照的有效期为 5 年。

（3）护照的加注：护照上的任何项目不得擅自涂改或变更。凡需要变更护照上已填写的项目内容，或需要对某一项目加以说明，应按照规定向护照签发机关申请办理加注手续。在中国的护照上常见的加注有：加注持照人曾用名或外文名；加注持照人姓名的另一拼写法或者变更持照人姓名的拼写法；加注更正出生地点或出生日期；加注婚姻状况；加注持照人的职业、职衔、对外身份及其变更；加注偕行儿童及其变更；加注换发护照或合订护照；加注指定出入境口岸等。

加页：加页指护照签发机关在用完签证页的护照上附加上空白签证页的手续。护照签证页用完后，如要继续使用该护照，就应申请办理加页手续。每本护照原则上只加页一次。加页用完后，应申请换发新护照。有些种类的护照按规定不得加页，护照空白签证页用完后须换发新护照。

合订：换发护照时，如果旧护照上有外国有效签证或其他重要记载须与新护照同时使用时，可向护照签发机关申请将新护照和旧护照合订一起使用。

（4）护照上所使用的文字以本国官方文字为主。由于护照是国家旅行证件，为了便于各国军政机关识别和查验，护照上各项目通常都附有国际通用文字（如英文、法文等）的译文。有的护照同时使用本国文字和英文、法文或其他国家或地区的通用文字。

中国护照上各个项目使用中、英、法三种文字，但外文栏一般用英文填写，持照人的姓名和国内的出生地点用汉语拼音填写。中国驻法语地区和国家的使、领馆颁发护照时可用法文填写。

（5）按通例，护照须经发照机关被授权的主管官员签署方为有效。按照有关规定，中国颁发因公护照和办理护照加注手续，都必须加盖发照机关的印章，并经被授权的主管官员签署。被授权的主管官员是以“外交部部长授权”的名义签署的，体现了发照机关代表国家行使主权的职责，并对此承担相应的责任。有的国家的护照不需要被授权的主管官员签字，但必须盖发照机关的印章。

（6）为同国际上不法集团变造或伪造护照的行为作斗争，各国都在护照的设计、材料选用、印制、填写、颁发等过程中，尽量选用特殊材料和先进工艺，以防变造或伪造。有的护照还带有特殊的防伪标志。

（7）护照的有效地区是指允许持照人持用该护照前往的地区范围。各国对此规定不一。有的国家将护照有效地区限定为某一国或某几国或某一地区，或规定前往某国或某地区无效。随着国际交往的日益增多，绝大多数国家规定持本国护照前往世界各国有效。

中国护照的有效地区的范围有一个从小到大的发展过程。为了保证中国公民出国旅行的安全，中国护照的有效地区在不同的历史时期曾限定为某一国或某几国或某一地区（如亚洲地区）。随着中国同世界各国和各地区关系的发展，中国将护照的有效地区逐步扩大为世界各国。现在，各种中华人民共和国护照的有效地区均为世界各地。

二、签证

1. 签证的概述

签证（Visa）是一国政府机关依照本国法律规定为申请入出或通过本国的外国人颁发的一种许可证明。

签证制度是国家主权的象征，是一个国家对于其他国家的公民入境实施控制和管理的具体表现，以此达到维护国家安全及国内社会秩序的目的。根据国际法原则，任何一个主权国家，有权自主决定是否允许外国人入出其国家，有权依照本国法律颁发签证、拒发签证或者对已经签发的签证宣布吊销。

签证通常附载于申请人所持的护照或其他国际旅行证件上。在特殊情况下，签证凭有效护照或其他国际旅行证件可做在另纸上。随着科技的进步，有些国家已经开始签发电子签证和生物签证，大大增强了签证的防伪功能。签证在一国查控入出境人员、保护国土安全、防止非法移民和犯罪分子等方面发挥了重要作用。

2. 签证产生的历史

签证是国家之间人员相互交流的产物。国家为了维护本国的安全和利益，在边境设置关卡查控过往人员的做法自古有之。到了近代，由于人口的流动和人员的交往日趋频繁，一些国家为加强管理，要求入出境人员持有有效护照。此后，又将签证附载于护照上，作为国家查控入出境人员的一种手段。1815 年维也纳会议文件载有关于签证的规定。1889 年，俄国、土耳其等国要求外国人入境须办理签证。但是，在 1914 年第一次世界大战爆发前，世界上绝大多数国家对入出境人员既不要求持有护照，也不要求另纸附载签证。第一次世界大战后，随着各国护照制度的建立，签证才作为一项制度被普遍采用。在冷战时期，世界各国出于国家安全利益和政治的需要，普遍通过本国立法或行政措施建立健全本国的护照和签证制度，加强对人员往来的管理。同时，通过双边或多边协议，采取简化或互免签证以至于取消签证的措施，以便利和促进人员往来和国际旅行。

中国古代与外国交往时，明文规定入出中国边境口岸须取得许可证明。唐朝法律规定，凡需越渡关塞要津者，须向官府申请并取得“过所”（如同现代的签证）方可通行。公元 845 年，唐武宗下旨废止外来宗教，外国人进出中国需要办理文牍执照和入境证件。直至明朝，入出边境关塞要出示“路照”或“通关文牍”，经官员查验后方可通行。清朝以前中国历代的入出境许可证明，作为对外国人入出境的查控手段，兼具护照与签证的功能。到中华民国时期，签证制度逐步建立。1925 年，中国东三省交涉总署批转下发《发给入境签证办法》，废止向外国人颁发“另纸护照”的做法，改为在外国人护照上附载发签证，并规定中国签证分为外交、普通、往返和过境四种。1930 年，国民政府颁发《查验外国人入境护照规则》，要求入境外国人所持护照必须拥有中国驻外使、领馆的签证。中华人民共和国成立后，在建立护照制度的同时也建立起相应的签证制度，颁发了签证法规，同许多国家在平等互惠的基础上达成简化或互免签证的协议。

3. 签证类别

世界各国的签证一般分为入境签证和过境签证两个类别，有的国家还有出境签证。中国的签证分为入境签证和过境签证两个类别。

（1）入境签证。入境签证是准予持证人在规定的期限内，由对外开放的或指定的口岸进入该国国境的签证。中国入境签证自颁发之日起生效，有的国家另行明示入境签证生效的日期。

（2）过境签证。过境签证是准予持证人在规定的期限内，由对外开放的或指定的口岸经过该国国境前往第三国的签证。要取得过境签证，须事先获取目的地国家的有效入境签证或许可证明（免签国家除外）。按国际惯例，有联程机票，在24小时之内不出机场，直接过境人员一般免办签证，但部分国家仍要求过境本国的外国人办理过境签证。

（3）出境签证。出境签证是准予持证人经对外开放的或指定的口岸离开该国国境的签证。有些国家不限出境口岸。包括中国在内的很多国家已取消出境签证，外国人在签证准予停留的期限内或居留证件有效期内凭有效证件出境。

（4）口岸签证。口岸签证，指一国签证机关依法在本国入境口岸向已抵达的外国人颁发的签证，以便当事人及时入境处理紧急事务。实行口岸签证的国家都规定了申办口岸签证的条件和程序。有一些国家把口岸签证称为落地签证，办理落地签证的手续相对简单。

（5）其他类别。有的国家还设立入出境签证、出入境签证和再入境签证等类别。中国现行签证中无这些类别。

4. 签证种类

各国签证的种类不尽相同。根据持照人身份、所持护照种类和访问事由的不同，一般将签证分为外交签证、公务（官员）签证、礼遇签证和普通签证四种。有的国家根据来访者的事由将签证分为旅游、访问、工作、学习、定居等类别。现在分别介绍如下：

（1）外交签证。外交签证（Diplomatic Visa）是一国政府主管机关依法为进入或经过该国国境应当给予外交特权和豁免的人员所颁发的签证。外交签证一般发给持外交护照的人员。签证颁发国依据本国法规和国际惯例，给予持照人相当的方便、优遇、特权和豁免。

（2）公务签证。公务签证（Service Visa）是一国政府主管机关依法为进入或经过该国国境应当给予公务人员待遇的人士所颁发的签证。有的国家将该种签证称为官员签证（Official Visa）。公务签证一般发给持公务护照的人员。

（3）官员签证。官员签证（Official Visa）是公务签证的一种，指一些国家向持有官员护照的申请人颁发的符合其官员身份的签证，其效力等同公务签证。颁发官员护照的国家一般实行相应的官员签证制度。中国没有官员签证制度。中国签证机关通常为来华执行公务的持官员护照的外宾颁发公务签证。

（4）礼遇签证。礼遇签证（Courtesy Visa）是一些国家政府主管机关依法为进入或经过该国国境可给予相应礼遇的人员所颁发的签证。这些人一般是身份高但又未持有外交护照的人员或已卸任的外国党、政、军高级官员及知名人士。签证颁发国根据本国法规和国际惯例，给予持证人应有的尊重和礼遇。

（5）普通签证。普通签证（Visa）是一国政府主管机关依法为因私人事务进入或过境该国的人员颁发的一种签证。普通签证一般发给持普通（因私）护照或其他有效国际旅行证件的人员。

5. 签证形式

签证在其发展过程中有不同的形式和称谓。例如，签注式签证、印章式签证、贴纸式签证、另纸签证，还有机读签证、电子签证、个人签证、团体签证等。

（1）签注式签证。指在有效护照上做简单的文字签注，注明准予持证人入出境的具体要求。早期的签证多采取此种形式。

（2）印章式签证。指将签证的固定格式刻在印章上，在做签证时，将印章盖在申请人的护照或其他旅行证件的签证页上，并填写必要的内容，全部过程由手工操作。随着技术的进步，现已改用签证机代之，或用电脑按固定格式将签证的内容打印在护照上。

（3）贴纸式签证。贴纸式签证是将签证的内容按照固定的格式做在签证专用纸上，然后用不干胶将打印完成的签证贴在申请人的护照上。贴纸式签证通常是用计算机打印制作的。美国的贴纸式签证还将申请人的照片扫描在签证纸上。加拿大的贴纸式签证上无申请人的照片，但附有防伪标记，并用塑封技术将此部分塑封。

（4）另纸签证。另纸签证指做在与护照或其他国际旅行证件分离的单页纸上的签证，是签证的一种特殊形式，必须与申请人所持的护照或其他国际旅行证件同时使用。另纸签证颁发的对象，不同国家有不同的规定。

（5）机读签证。机读签证指适用于机器阅读的签证，采用的是国际民用航空组织机读旅行证件咨询部在机读护照技术的基础上开发的一种用机器阅读和识别签证的技术。这种技术大大简化了国际旅行手续，缩短了通关时间。

（6）电子签证。一些国家利用计算机网络和磁卡技术开发出电子签证，或称隐形签证。澳大利亚和新加坡等国家已开始试用这种签证。

（7）个人签证与团体签证。个人签证指做在每个申请人的护照或其他国际旅行证件上的签证。团体签证是指做在一个团体名单上的签证，持用同一团体签证的人员必须随团一同入出境。

6. 签证颁发的基本原则

由于签证工作与国家的主权、尊严、安全和利益直接相关，政策性和技术性都很强，各国都为本国的签证工作制定规章制度，确立一些应遵循的基本原则。这些原则主要有：

（1）按照护照种类颁发相应的签证。这是各国普遍遵循的原则，即持有外交护照的颁发外交签证，持有公务护照的颁发公务签证，持有普通护照的颁发普通签证。但是有时也根据持照人的身份和来访事由颁发与护照种类不同的适当签证。

（2）遵循“以我为主”的原则。由于颁发签证是代表国家行使主权的行为，各国签证机关在颁发签证工作中都坚持“以我为主”的原则。允许什么人在什么情况下入境，或在什么情况下不允许什么人入境，都以本国的法律规章为依据，依本国的国家利益和外交政策的需要为转移。一些国家在签证工作中作出与国际惯例不同的规定，也是“以我为主”原则的一种表现。例如，一些国家允许外国人在一定条件下申办口岸签证或落地签证而不要求对等待遇，中国就是其中一例。按照中国的法律规定，外国人在一定条件下可到指定的口岸申办中国口岸签证，尽管外国主管当局并不给予中国类似人员同等的待遇。

（3）遵循国际惯例和对等原则。在国际关系中，在签证领域也形成了许多国际惯例，以方便各国人民相互往来。如果一国给予他国人民低于国际惯例的签证待遇，他国主管当局可以按照对等原则采取对等措施对待该国。

（4）严格查控，对不准入境者拒发签证。各国法律规章都明确规定，禁止可能危害国家安全和利益的外国人入境。许多国家还就此列出了不准入境者名单，要求本国驻外签证机关对这些人拒发签证，入境口岸对这些人严格查控，禁止这些人入境。《中华人民共和国外国人入境出境管理法实施细则》规定，对下列不准入境的外国人拒发签证：①被中国政府驱逐出境，未满不准入境年限的；②被认为入境后可能进行恐怖、暴力、颠覆活动的；③被认为入境后可能进行走私、贩毒、卖淫活动的；④患有精神病和麻风病、艾滋病、性病、开放性肺结核等传染性疾病的；⑤不能保障其在中国期间所需费用的；⑥被认为入境后可能进行危害中国国家安全和利益的其他活动的。随着国际恐怖主义活动、跨国刑事犯罪活动等危害国家安全和利益的活动的猖獗，各国都采取相应措施，严密签证申请和颁发制度，严格查控不准入境者。

（5）请示报告原则。任何国家的驻外签证机关，都必须按照本国的签证法律规章和中央签证机关或其他主管机关的指示颁发签证，不得擅自为之。各国都有严密的请示报告制度。在国内，一些出国人员为取得一国签证往往要等很久，其主要原因就是受理签证申请的该国驻华使、领馆要向本国主管当局请示批准。在国外，中国驻外使、领馆或其他被授权的签证机关遇到没有明确规定，或情况特殊的外国人申请签证，也必须请示国内相关部门，同意后方可颁发。

7. 外国人来华签证简介

中国签证机关根据法律和相关规定，决定颁发签证的种类、次数、有效期和停留期，有权拒绝当事人的签证申请或吊销已经签发的签证。

（1）签发机关。签发机关为中华人民共和国驻外使、领馆或者外交部委托的其他驻外机构，签发机关负责在境外签发外国人入境签证。符合《中华人民共和国出境入境管理法》第20条有关规定的外国人，可以在国务院批准办理口岸签证业务的口岸，向公安部委托的口岸签证机关申请办理口岸签证。

（2）签证种类。中国签证分为外交签证、礼遇签证、公务签证和普通签证。

（3）港澳签证。港澳签证可分为：①香港特区签证。香港特区给予部分国家和地区人员免签证待遇，不享受免签证待遇的外国人赴港，须申请赴港签证。② 澳门特区签证。澳门特区给予部分国家和地区人员免签证待遇，除少数特定国家的人员外，不享受免签证待遇的外国人，原则上可在澳门口岸办理落地签证。

同时申请前往中国内地、香港特区、澳门特区的外国人，须分别申请内地签证和赴港、赴澳签证。

（4）有效期。签证的入境有效期（Enter Before），是指持证人所持签证入境的有效时间范围。非经签发机关注明，签证自签发之日起生效，于有效期满当日北京时间24时失效。如仍有未使用的入境次数，在有效期满前（含当日），持证人均可入境。

（5）入境次数。签证的入境次数（Entries），系指持证人在签证入境有效期内可以入境的次数。入境次数用完或入境次数未用完，但已过有效期的签证，均为失效签证。如需前往中国，须重新申请签证。如持证人持失效签证来华，将被拒绝入境。

（6）停留期。签证的停留期（Duration of Each Stay），系指持证人每次入境被准许停留的时限，自入境次日开始计算。

（7）居留手续。外国人持D字、J1字、Q1字、S1字签证入境后，应当自入境之日起

30日内向拟居留的县级以上公安机关出入境管理机构办理居留证件。外国人持W系列外交、礼遇、公务、普通签证入境后，应当自入境之日起30日内向外交部或外交部委托的地方外事部门办理居留手续。

思考与练习

1. 领事制度的概念是什么？
2. 领事馆与大使馆的区别有哪些？
3. 领馆辖区和领事保护的概念分别是什么？
4. 中国驻外使、领馆领事保护的内容有哪些？
5. 外国驻华领事馆的主要任务有哪些？
6. 对外国驻华领事馆管理的基本原则是什么？
7. 护照的概念、种类和颁发对象分别是什么？
8. 签证有哪些类别和形式？

第十二章 涉外公证和涉外认证

【学习重点】

- 涉外公证制度在国际交往中的作用
- 涉外认证的概念和适用范围
- 涉外公证和涉外认证的联系与区别

公证和认证是法律事务。过去不少人不大清楚什么是公证和认证，近年来公证和认证在社会上的作用已为越来越多的人所了解，负责这项业务的机构的工作量也就越来越大了。随着人们的涉外交往越来越多，公证和领事认证与一般老百姓的关系也越来越密切。公证和认证手续虽然不复杂，但其法律效用十分重要。公证和领事认证在商务活动、金融活动以及个人求学、求职、移民、婚姻、继承、财产分割等许多方面发挥着重要作用。领事处官员另一项重要的工作就是办理公证和认证。多数国家都规定，在本国境外，由本国大使馆的领事处和领事馆来办理涉外公证和认证。

第一节 涉外公证

一、公证概述

公证制度是一种新型的纠纷预防机制，具有预防性、非诉讼性等特点，其宗旨就是预防纠纷、避免侵权、减少诉讼、为社会提供公证法律服务。公证不仅可以消除存在的纠纷隐患，平衡当事人之间的利害冲突，防患于未然，而且有助于国家法律的正确引导和实施，这对于稳定社会经济秩序、息讼止纷、保护公民和法人的合法权益、推动国家的发展具有重要意义。

（一）公证的概念

公证是公证机构根据自然人、法人或者其他组织的申请，依照法定程序对民事法律行为、有法律意义的事实和文书的真实性、合法性予以证明的活动。公证制度是国家司法制度的组成部分，是国家预防纠纷、维护法制、巩固法律秩序的一种司法手段。公证证明的对象是民事法律行为、有法律意义的事实和文书。

公证其实是从私证演变而来的。过去中国人结婚，讲究要有证婚人；订契约，要有证明人，或者叫中间人、保人的见证活动。这里的证婚人和证明人、中间人、保人的见证活动，就是私证。这是由个人出面，来证明某种社会事实的存在、某项法律行为的完成或某种法律关系的建立。但是私证缺少必要的可信度和权威性，随着社会生活愈益丰富，社会经济活动愈加频繁，社会关系更加复杂，私证显然难以应付日益增长的法律需要。公证则是由国家指定的公证机关根据国家的法律进行的公证行为，用以证明法律行为的发生和进行、社会事实的存在、社会关系的建立或终结、法律文书的有效或失效等。因为这是由国家指定的公证机构进行的证明，所以具有必要的权威性和可靠性，能够得到社会的承认和接受，能够在社会生活和经济生活中发挥重要的作用。

（二）公证的任务

公证的任务是通过公证的职能具体体现的。公证的职能体现在以下几点：

（1）保护公共财产，保护公民、法人及其他组织身份上、财产上的权利和合法利益。

（2）通过证明法律行为、有法律意义的事实和文书的真实性、合法性，从而维护经济流转秩序，确保各种民事活动的顺利进行。

（3）通过办理公证，教育公民遵守法律，维护社会主义法制。

（4）预防各种经济和民事活动中的纠纷，减少诉讼，促进社会稳定。

（5）促进我国与世界其他国家和地区的经济和文化交流，从而保障对外开放的顺利进行。

（三）公证的作用

公证可以预防纠纷，维护诚信，有利于实现法治基础上的社会和谐。

公证的作用主要包括以下三个方面：

（1）沟通作用。公证是民事交往、经济交往和国际交往的重要媒介。公证书效力不受人员、行业、职业、级别、地域等因素的影响，是国际通行的可靠性极高的法律文书，是增进民事主体之间相互了解、建立相互信任关系的重要工具。

（2）证明作用。公证证明的业务范围非常广泛，经过受理、审查、审批等若干程序出具公证书，实施依法设立、变更、终止法律关系的行为以及为依法进行的各种经济、民事活动提供有力的法律保障和真实可靠的证据。

（3）监督作用。通过公证可以促使人们在开展相关民商活动时遵纪守法，制止欺诈、虚假行为的发生，监督和促使公民依照法律、法规、政策以及社会公共道德的要求来实施法律行为，尽可能地避免损失，以保证共同利益的安全实现。

（四）公证的法律效力

公证的法律效力就是指公证证明的适用范围和对人的法律约束力，也就是指公证书在法律上所起的作用。

（1）公证的证据效力。《公证法》第 36 条规定："经公证的民事法律行为、有法律意义的事实和文书，应当作为认定事实的根据，但有相反证据足以推翻该项公证的除外。"

（2）公证的强制执行效力。公证的强制执行效力是公证法定证据效力的延伸，指公证机构根据债权人的申请，对于经公证赋予强制执行效力的债券文书，当债务人不履行或不适当履行时，债权人无须经债务人同意，也无须通过诉讼程序，即可直接向有管辖权的人民法院申请强制执行。

（3）法律行为成立、生效要件的效力。指在各类民商活动中，基于中国法律、行政法规的规定，或基于外国法的规定以及国际惯例，或基于公民的特别约定，公证是某些特定法律行为成立、生效的要件。不经公证，这些法律行为就不能成立，不具有法律效力。

证据效力是公证书的最基本的效力，任何公证书都具有证据效力。公证书的证据效力是广泛的，不仅体现在诉讼活动中，更主要的是表现在日常的民事、经济交往和行政管理活动中。公证书是证明法律行为及有法律意义的事实和文书的真实性、合法性的可靠的法律文书。在国际上，公证书也得到广泛的承认，在域外也具有法律证明力，是进行国际民事、经济交往不可缺少的法律文书。这是公证证据效力在空间上的延伸。

（五）公证与诉讼

公证机构的证明活动与人民法院审理案件的诉讼活动不同：公证是在发生民事争议之前，对法律行为和有法律意义的事实、文书的真实性和合法性给予认可，借以防止纠纷，减少诉讼。它不能为当事人解决争议。公证是预防纠纷的重要制度之一。人民法院的诉讼活动，则是在发生民事权益纠纷并由当事人起诉之后进行的，其目的是作出裁决。

诉讼和公证作为化解社会交往中的矛盾的不同方式，各有优势和缺陷，如果能够在司法过程中实现有效衔接，将有利于把矛盾化解在萌芽状态。公证制度具有普法引导、沟通媒介、预防纠纷、监督保障等重要职能，以及依法具有的证据效力、强制执行效力和法律行为成立要件效力，使公证制度在预防和化解矛盾时，具有其他法律政策和制度无法比拟的天然优势。

（六）公证机构

公证机构是依法设立、不以营利为目的、依法独立行使公证职能、承担民事责任的证明机构，是由国家设置的，行使国家公证职能的机构。我国的公证机关是市、县公证处，还有外交代表机关即驻外大使馆、领事馆。

在国外并没有专门的公证处或类似机构，公证通常是由公证员来完成的，公证员是由取得相关执业资格，加入公证人协会或类似团体的专业人士担当的。我国公证机构在县、不设区的市、设区的市、直辖市或者市辖区设立；在设区的市、直辖市可设立一个或者若干个公证机构。公证机构不按行政区划层层设立。

公证处归司法行政机关领导，司法部通过各省、自治区、直辖市的司法厅（局）对全国公证工作实行领导。所有公证处都是代表国家办理公证行为的国家机关，他们所出具的公证书的效力是同等的。公证处之间没有上下级之间的隶属关系。

公证处设公证员、公证员助理。根据需要，可设主任、副主任，主任、副主任由富有业务经验的公证员担任，他们是公证处的行政负责人，领导公证处的工作，并且执行公证员的职务。一切公证文书都是以公证员名义出具的，公证员助理协助公证员办理公证事务。

中华人民共和国驻外使、领馆可以依照法律的规定或者中华人民共和国缔结或者参加的国际条约的规定，办理公证。

（七）公证机关的业务范围

公证机构办理证明业务。自愿公证事项具体有：①合同；②继承；③委托、声明、赠与、遗嘱；④财产分割；⑤招标投标、拍卖；⑥婚姻状况、亲属关系、收养关系；⑦出生、生存、死亡、身份、经历、学历、学位、职务、职称、有无违法犯罪记录；⑧公司章程；⑨保全证据；⑩文书上的签名、印鉴、日期，文书的副本、影印本与原本相符；⑪自然人、法人或者其他组织自愿申请办理的其他公证事项。只要是证明法律行为、有法律意义的事实和文书的真实性、合法性，当事人都可以到公证处申请办理公证。

（八）公证管辖范围

自然人、法人或者其他组织申请办理公证，可以向住所地、经常居住地、行为地或者事实发生地的公证机构提出；申请办理涉及不动产的公证，应当向不动产所在地的公证机构提出；申请办理涉及不动产的委托、声明、赠与、遗嘱的公证，可以向不动产所在地的公证机构提出；可以委托他人办理公证，但遗嘱、生存、收养关系等应当由本人办理公证的除外。

二、公证的历史

1. *世界公证的历史*

公证制度是有着几千年历史的古老制度，流传至今，有着不可替代的作用。从历史上看，公证起源于古罗马。当时，为适应广大古罗马居民办理某些法律事务的需要，出现了一种专门代写法律文书的自由职业者，叫作“达比伦”。“达比伦”一般在专门的事务所拟定文书并在上面签字作证，按国家规定向当事人索取酬金。但这一活动要接受国家监督，所拟定的文书必须提交法院审查、确认并予以记录后，才能成为无可争议的文件。这是古代公证制度的萌芽。公元4世纪后，基督教成为罗马帝国的国教，帝国内部普遍推行宗教公证。公证制度正式诞生。

从9世纪到15世纪，随着皇帝与王公的世俗权力的加强，宗教公证从被限制到最后被剥夺，由国家建立了专门的公证处。公证处成为国家机关，公证人代替了代书人，公证人成为由国家最高权力机关或封建主任命的公职人员，其地位为法律所确认，其职权与活动范围也不断扩大。其后，宗教公证从宗教事务延伸至世俗的民事范围之中。

19世纪初，法国首先颁布了公证人法。其后，比利时、意大利、德国、日本、土耳其等国也都陆续实行公证制度。公证人由私人担任。他们自己设立公证事务所，在法院监督之下办理公证。意大利、日本、土耳其等国规定，在没有公证人的地区，可由司法官员或其他地方官员办理公证，作为私人公证的一种补充。

到20世纪，世界各国形成了多种多样的公证组织。法国、德国、英国的公证组织是欧洲公证组织的三种典型形式。

法国公证组织的特征在于它把争议事件的管辖权与非争议事件的管辖权截然分开，前者是法院的职权，后者是公证处的职权。法国的公证人是共和国总统任命的国家官吏，公证人有自己的社团组织。在法国，凡有公证人参加制定的文书，与法院判决具有同等效力。以公证文书为根据的金钱请求，无须法院判决即可执行。

德国在1933年法西斯党取得政权以前，公证是与法院密切结合的，有纠纷的诉讼和非讼事件之间并无严格的界限，公证人和监督公证人的法官都可进行公证行为。公证人是国家公职人员，在某些场合还可以兼任律师。公证人从属于审判机关，他们没有正式的公证社团组织。公证人的活动受所在地区的法院院长的监督。

在英国，办理公证不仅是公证员的职权，而且依契约与文书的性质，审判机关和行政机关也有这项职权。在英国和美国，公证员在法律上只能证明双方当事人在合同上的签字，或证明并制作已由证人证言证实了的文书。

日本的公证人隶属于法务局或地方法务局，由法务大臣任命，接受法务大臣和地方法务局长的监督。公证人按照法务大臣指定的地点设置办事处。法务局在其管辖区域内如无公证人，法务事务官也可执行公证人的职务。公证人非经法务大臣许可，不得兼做其他公务或经营商业。日本公证人的权限，是为法律行为及其他“私权”事实制作公证书或对私人文书进行“认证”。

在苏联和各加盟共和国都有关于公证的立法，办理公证的机关是国家公证处。在未设公证处的居民点，由市、县、村人民代表苏维埃执行委员会办理立法所规定的公证行为。国家公证工作分别由苏联和各加盟共和国部长会议、司法部以及州、区、市人民代表苏维埃人民委员会领导。国家公证员不得在其他机关、组织和企业任职，但可从事教学、科研工作。

各国公证组织体制，基本是三种类型：一是公证机关统一行使公证职能；二是公证机关与法院并行；三是公证机关与地方政府并行。这是各个国家的历史背景和不同国情造成的。

2. 中国公证的历史

我国的公证是从私证逐步演变而来的。远在古代，民间买卖土地或房屋、收养子女、继承遗产、立具遗嘱、分家以及借贷等，就有在达成协议后邀请当地有名望的人士或族戚邻里到场见证并在字据上签字画押的做法，这些见证人被称为中人，中人的见证活动即为私证。私证在我国整个封建社会相当普及，直至今日仍然在民间盛行。私证有预防纠纷、减少讼争的作用，其缺陷在于只能证明文书内容所载明的事实存在，而不过问事实本身是否合法。东晋以后，对典当、买卖田宅所立具的契约规定征收契税，交纳契税后由官府在契约上加盖公印，称为税契。从宋代开始设置鱼鳞册，对田地的占有与过户予以登记。发生争讼后，上述税契和所登记的内容便可作为证据被采用。这比私证证据效力要强，但其性质仍属于以确认、证明为内容的私证。

“中人”在我国已有几千年历史。西周时已出现了“质人、质剂、质工商”，汉代“居延简”中已有地方官员证明商业契约的记载，这是中国公证的萌芽。最早的公证机构出现在宋代，称为“书铺”，它代理各种公证业务，如证明当事人供状、验地产契约、证明婚姻、办理验审手续等。到民国时期，我国有了公证制度。1912 年北洋政府颁布《登记条例》，第一次在法律中使用“公证”一词。

中华人民共和国成立后，公证制度经历了创建、取消和重建的反复过程。1950 年前后，北京、上海、沈阳、天津等建立人民政权的大城市的人民法院设立了办理公证的部门。公证的主要内容是证明结婚、离婚、收养子女、委托书、契约等。

1951 年 9 月 4 日，中央人民政府公布的《中华人民共和国人民法院暂行组织条例》规定，公证职能由人民法院行使，要求各地通过公证保护国家财产。

在国民经济恢复时期，即第一个五年计划期间，为了保护国家财产，推进对资本主义工商业的社会主义改造，一些地方的人民法院开展了有关公私合营的公证。根据全国司法工作会议提出的《关于建立与加强公证工作的意见》，公证工作的重点是证明国家机关、国营企业和私营工商业之间签订的加工、订货、经销、代销、运输、贷款、修建等经济合同的真实性。同时，公证机关还担负着监督双方严守合同，保护国家财产，与欺诈、盗骗等一切不法行为作斗争的职责，其效果良好。

1954 年 9 月 21 日，第一届全国人民代表大会第一次会议通过《中华人民共和国人民法院组织法》后，公证工作移交司法行政机关主管，并正式筹建国家公证机关。

1956 年 1 月，国务院批准了在直辖市和人口 30 万以上的市设立公证处，其他城市和侨眷较多的县，如不具备条件设立公证处，则应在法院设立公证室，办理公证业务。同年 1 月 31 日，司法部发出了《关于公证业务范围问题的通知》后，我国公证工作普遍加强了对遗嘱、继承、收养子女、房屋买卖、租赁、委托书、失踪、死亡等方面的证明管理。至 1957 年 6 月，全国已有 52 个市建立了公证处，有 53 个人口 30 万以下的市、县人民法院设立了公证室，652 个县人民法院兼办公证业务。仅 1957 年，全国就办理了公证 29 万余件。在中央和地方各级政府的支持下，公证开始起步，公证机关在全国各地相继成立，公证处于发展阶段，这是 20 世纪 50 年代我国公证的兴盛时期，对我国法制建设的完善起到了重要作用。

1957 年后，受“左倾”错误思想的影响，在经济方面，错误地认为社会主义改造已经基本完成，公证工作已经结束其历史使命；在民事方面，认为“共产主义思想”已普及，不存在涉及个人财产的民事法律问题，没有办理继承、遗嘱、析产等公证的必要。在这些思想指导下，各地公证处相继撤销，所剩无几。

1958 年后，全国司法行政机关被撤销，除少数几个大城市基于国际惯例需要办理涉外公证事项而保留了公证处，并交由人民法院管理，办理少量公证外，其他公证处全部被撤销。“文化大革命”时期，公证被扣上了“修正主义制度”、“为资产阶级找接班人”、“为里通外国开绿灯”等罪名，公证制度遭到了严重摧残，公证事业经受了沉重打击，除极少数设在法院的公证处办理极少数涉外公证外，中国的公证事业陷于停滞状态。

“十年动乱”使社会主义法制遭到严重破坏，致使国家财产得不到保护，人民群众的利益得不到保护，华侨侨眷的权益得不到保障。其教训是极其深刻的。

1976 年后，党的十一届三中全会提出了健全社会主义民主和加强社会主义法制的任务，我国进入了新的历史发展时期。1979 年 12 月司法部重建后，决定恢复重建全国的公证机关。全国各地司法行政机关陆续建立，并着手恢复公证机关的工作。各地陆续建立了公证机关，展开了公证业务活动。随着对外交往的日益发展，涉外公证业务迅速增加。仅 1979 年，经全国初步统计，办理涉外公证文书近 15 万件，相当于 1977 年的 15 倍。

1982 年 4 月 13 日，国务院发布了《中华人民共和国公证暂行条例》（下称《条例》），并于同日施行。《条例》是我国第一部国家性质的公证法规，是对我国 30 多年来在社会主义制度下的公证理论和实践的总结。它的发布与实施，是我国法制建设中的一件大事，标志着我国的公证制度进入了一个崭新的阶段。公证在这一时期有了迅猛的发展，不仅全国城市都建立了公证机关，大城市还建立了区一级的公证处，而且全国的县级公证处也都纷纷组建起来。

20 世纪 90 年代，一些省、自治区、直辖市的合作制公证处纷纷建立起来。1994 年司法部正式提出公证改革，一开始公证处为国家机关，公证人员领取薪水，公证收费除部分自留外，其余上缴财政。国家对公证管理体制进行改革后，一些地方先后突破了行政体制模式，组建了事业体制的公证处，同时有条件地将行政体制的公证处逐步地过渡到事业单位。2000 年以来，公证体制改革初具规模，公证队伍全面专业化、职业化，使我国的公证活动统一、规范起来。

《中华人民共和国公证法》于2006 年 3 月 1 日起施行，明确规定了我国公证的性质、目的和任务。到 2013 年，全国公证机构从原来的五六百家增加到现在的三千余家；单位性质从行政机关改为事业单位；公证员从任命制到谁都可以担任到必须通过国家司法考试；业务从办理农村承包合同公证到为上百亿元甚至更巨大的工程项目服务。公证从业人员有两万余人，与 1980 年相比增长了 15 倍；年办证量 1 000 余万件，比 1980 年增长了 110 余倍。①

我国现行公证制度的基本特点是：公证权属于公证机构；公证证明非争议事项，与法院主管争议事项不同；公证机关亦不隶属法院；公证书有其特定效力。

三、涉外公证概述

（一）涉外公证的含义

涉外公证是指我国公证机关为适应当事人（ 个人和法人）在国外的需要，对其发生在国内的法律行为和具有法律意义的事实或文书，而向国外出具的文书。它是一种国际性的法律文书，不受政治制度、意识形态、文化传统等因素的影响。

各国为保护本国公民和法人在国际经济、文化、科技、体育等领域的交往活动中的正当权益，对所发生的一系列涉外民事关系都制定完整的民事关系方面的有关法律，并得到国家强制力的保证。涉外公证的质量和发展，不仅直接影响我国公民和法人在涉外事务中的合法权益，更体现了我国国家法律文书的严肃性，这直接关系着我国在他国和国际社会中的国家形象。

对于公证机构来说，任何一家公证处出具的公证书，它的法律效力都是一样的。但是涉外公证并不是所有的公证机构和所有的公证员都可以做，办理涉外公证的公证员必须经过司法部组织的考试，取得办理涉外公证的资格。凡是已经取得涉外公证员资格的，其签名章要在外交部领事司备案。办理外交认证的涉外公证时，其签名都要经过外交部门的比对方可放行，对此，也请需要办理涉外公证的人注意这一点。

（二）涉外公证制度在国际交往中的作用

（1）证明和沟通作用。不同的国家都有不同的法律法规，很多涉外文件在其办理国是具有法律效力的，但国外的有关机构只认公证机关出具的公证文书，此时公证文书就如同一份证明书和介绍信，对当事人在国内的法律行为和事实以及取得的具有法律意义的文书进行了可被认可的证明，有利于相互之间的沟通，有效地避免了因法律背景等不同带来的障碍。出国人员办理公证，是应前往国家的法律和国际惯例的要求。涉外公证大多具有认证性质，即通过相关的证明材料认定申请人所提供的法律文件是否真实、合法。按照国际

---

① 资料来源：中国普法网，http：//www. legalinfo. gov. cn/index/content/2013 -01/30/content_ 4161968. htm.

惯例，在国内取得的诸如出生证、结婚证、学历证、存款证明等法律文件，在本国境内具有法律效力，而在境外，往往需要公证才能得到所在国的认可，实现其法律效力。经过公证的文书，可以被他国直接承认和采信。

（2）纠纷预防和处理作用。在国际社会中，涉外公证文书是一种证据，在涉外诉讼和其他解决方式中可以作为证据材料直接使用。因为在涉外诉讼纠纷中，很多情况下关于适用哪一国的法律、不同国家法律存在冲突时如何处理等问题没有明确的规定，处理纠纷时劳民伤财，而公证文书是双方都认可的，是一种很好的可以直接使用的证据材料。

涉外公证文书可以减少解决纠纷的成本。妥善化解各类矛盾，必须遵循矛盾的化解规律。公证制度可在非讼及诉讼领域中化解社会矛盾，是预防和处理涉外纠纷的有效途径。

（3）增强综合实力和提高国际地位。评价一个国家的发展程度和快慢，除了看一个国家的经济发展状况外，还要看它的法制发展。一套科学并且完善的涉外公证制度是一个国家法制进步和发展的体现，有利于提高该国在国际社会中的地位，也方便与各国开展各种经济、民事活动，有利于加强该国与世界各国的交流合作，从而增强综合实力。

（三）涉外公证的有效期

各国对我国出具的不同内容的涉外公证书的有效期限要求不尽相同，如未受刑事处分公证书的有效期，阿根廷驻华使馆要求是3个月，而荷兰驻华使馆要求所有公证书的有效期为半年。有些国家还对提交的涉外公证书的份数有要求，如菲律宾和委内瑞拉等国要求提供一式两份公证书。

根据有关国家的规定，某些公证书从出证之日起都有一定的使用期限，超过此期限即被认为是过期公证或无效公证。如未受刑事制裁公证和健康公证等，不可能永远有效，因为这是经常发生变化的。所以一般国家都规定，此类公证书的使用期限为3～6个月，超过了期限即为过期公证，必须重新办理。

各个国家对公证书的使用时效的要求也是不一样的，当事人一定要先问清楚。

四、驻外使、领馆的公证工作

中华人民共和国驻外使、领馆（以下简称驻外使、领馆）依照《中华人民共和国公证法》、《维也纳领事关系公约》、中外双边领事条约以及中华人民共和国外交部的有关规定，办理公证。

驻外使领馆根据当事人的申请，办理下列公证事项：

（1）声明、委托。

（2）婚姻状况、国籍、居留、生存、指纹、姓名。

（3）文书上的印鉴、签名、日期属实。

当事人应为中国公民、法人或者其他组织。驻外使领馆主要受理具有中国国籍的当事人的公证申请。外国人（含外籍华人）一般应当在当地有合法资格的公证机构办理公证。

声明、委托、文书上的印鉴、签名、日期属实等的公证必须由本人亲自到驻外使、领馆办理，并在领事官员面前，在有关文书上签名或按指印。

对驻外使、领馆不能办理的公证种类，须在国内公证机构办理公证的，如当事人身在国外，不便回国办理，可以委托他人（国内亲友、律师等）到国内公证机构办理；如国内公证机构要求，当事人可在驻外使、领馆办理委托国内亲友或律师代为办理的委托书公证。

无论在境内或在境外的申请人，除了遗嘱、遗赠、扶养协议、赠与、认领亲子、收养、解除收养、委托、声明、生存及其他与当事人人身有密切关系的公证不得委托他人申办外，其他公证均可委托他人申办，但应出具有效的委托书、委托人及其代理人的身份证件。

五、公证书格式及文字

公证书须按照国务院司法行政部门规定的格式制作，由公证员签名或者加盖签名章并加盖公证机构印章。公证书自出具之日起生效。

公证书需使用全国通用的文字；在民族自治地区，根据当事人的要求，可以制作当地通用的民族文字文本。

第二节　涉外认证

一、认证概述

“认证”一词的英文原意是一种出具证明文件的行动。“ISO/IEC 指南 2：1986”中对“认证”的定义是：“由可以充分信任的第三方证实某一经鉴定的产品或服务符合特定标准或规范性文件的活动。”

概括而言，是指由认可机构对认证机构、检查机构、实验室以及从事评审、审核等认证活动人员的能力和执业资格予以承认的合格评定活动 。

例如：CCC 国家强制性产品认证、CE 欧盟安全认证、ISO 9001 质量体系认证和商事认证（由中国国际贸易促进委员会出具签发）。

二、涉外认证概述

（一）涉外认证的含义

涉外认证也称外交认证、领事认证，指一国外交、领事机构及其授权机构在公证文书或其他证明文书上，确认公证机构、相应机关或者认证机关的最后一个签字（签章）或印章属实来证明文书可靠性的活动。

办理涉外认证的目的是使一国出具的公证书或有关文书能在另一国境内被有关当局所承认且具有法律效力，不致因怀疑文书上的签名或印章不属实而影响文书的法律效力。

按照国际惯例和我国领事实践，我国内地出具的有关涉外公证书或其他相关证明文书等在送往外国使用前，一般情况下，需要办理外交部领事司或其授权的地方人民政府外事办公室（以下简称地方外办）和外国驻华使、领馆的涉外认证。反之，外国出具的有关文书拟送往我国使用前，一般情况下，须在当地办理有关公证及认证后，再到我国驻该国使领馆办理涉外认证。

外事机关办理认证，只是对文书起着向境外介绍的作用。至于审查文书的内容，则属于公证机关的职权。其他国家对于文书的认证，一般都只是认证印章和签字属实，而不过问文书的内容。经过认证的文书，如内容不合文书使用国的规定，有关部门有权拒绝受理，并不受认证的影响。为了确保涉外认证可靠无误，一国的认证机构和驻该国的大使馆和领事馆都要互相向对方提供本方认证签名人员的签名样本，以供对方在认证时进行核查。

（二）涉外认证的适用范围

从本质上说，涉外认证并不是确定公证文书真实性的决定环节，只是一国外交部或其授权机构对其本国公证机构、相应机构的签字或者印章的证明，以及一国驻外使馆、领馆对其驻在国外交部或其授权机构的签字或者印章的证明，并不涉及公证文书的实质内容。公证文书的内容是否属实，是否与其出具国或其使用国的法律相符，取决于公证机构、相应机构或接受机构的审查和证明。文书内容是否真实，由出文机构负责审查；是否符合文书使用国的法律，则由接受机构负责审查。

中国成为世界贸易组织成员以来，现代国际社会日益组织化，相互依存性日益加强，国际合作日益深入、广泛。经济全球化进程的不断推进，必然会导致国际社会的经济法律规范趋同化，国家间必然会出现越来越多的涉外公证文书流转的现象。为适应经济全球化的要求和国际社会的需要，提高产品、服务的质量和管理水平，促进经济和社会的发展，以《中华人民共和国认证认可条例》（简称《认证认可条例》）为标志，中国进入了“国家对认证认可工作实行在国务院认证认可监督管理部门统一管理、监督和综合协调下，各有关方面共同实施的工作机制”的时代，规范认证的制度在中国正式形成。其中，涉外认证是国家间涉外公证文书流转的主要方式和关键环节。

公证是认证的基础和前提，只有办理了公证，才能办理认证，发往国外使用的公证书，哪些须经过认证，主要决定于公证书的目的和使用国或地区的要求。一般地说，用于涉外继承、收养等用途的公证书，都须经过涉外认证，而用于出国定居、留学、旅游等用途的公证书，很多国家都不需要经过涉外认证。

（三）涉外认证机关

（1）国内认证机关。我国国内认证机关是外交部领事司和驻有外国领事馆的省、市外事办公室。国内出具的涉外公证书或其他证明文书送国外使用前，一般应先由外交部领事司或外交部委托的地方外事办公室办理涉外认证，再由文书使用国驻华使、领馆办理涉外认证。

（2）国外认证机关。我国国外的认证机关是驻外使馆领事部和驻外领馆。

（四）什么时候需要办理涉外认证

按照国际惯例和中国领事实践，我国公民要去国外学习、工作、居住，或是在国内办理出国签证时，常需要使用一些由国内公证处出具的涉外公证书，如出生公证、未受刑事处分公证、授权委托书公证、合同公证等。这些公证书在送国外使用前一般需要办理涉外认证；企业法人因境外经贸活动需要，常须向中国国际贸易促进委员会申请原产地证、发票、装箱单等，或向出入境检验检疫机构申请原产地证明、动植物出口检疫证明书，上述文书在发往国外使用前，一般须办理涉外认证。反之，外国有关文书在送我国使用前，也须办理相应的涉外认证。

（五）是否可以只办理外国驻华使、领馆的涉外认证

根据国际惯例，且因为外国驻华使、领馆并不清楚我国国内公证书或其他文书出证机构的签字或印章备案，难以核实文书真伪，所以，我国内地的文书送国外使用时，不能只办理外国驻华使、领馆的涉外认证，而是要求文书必须先经外交部领事司或外交部委托的地方外办认证，而后外国驻华使领馆再确认外交部领事司或地方外办的印章、签字属实。

（六）涉外认证对文书的要求

涉外公证书只能由涉外公证处出具，在证词、格式、用纸等方面都有专门规定，而且必须有译文。普通公证书不能办理涉外认证，不能送往国外使用。此外，对申请办理涉外认证的涉外公证书和商业文书，不同的文书使用国驻华使领馆在审核时有不同的要求。外交部领事司会及时将所掌握的外国使、领馆的最新要求通报有关文书出证的主管机关，提醒其在出具文书时考虑文书使用国的相关要求。因此，当事人在向有关机构申请出具文书时，应该明确告知文书拟送往使用的国家、使用目的及其他相关信息，以便相关机构准确出证。

公文书是指除以个人身份、能力签署的文书外的官方文书，包括涉外公证文书、有关机关出具的证明文书等。

按国际惯例，外交、领事机关办理涉外认证通常只确认公证机关公证员或有关机关签署人的签字和印章是否属实，证明公文书是否可靠，但对文书内容不负责任。文书内容是否真实，由出文机构负责审查；是否符合文书使用国法律，则由接受机构负责审查。

（七）涉外认证的时效规定

部分种类的公证书所涉及的事实具有可变性，如婚姻状况公证、未受刑事处分公证、健在公证、存款证明等，此类公证书的有效期一般为6个月。如公证书本身已过时效，涉外认证自然也就没有意义了。另外，一些国家驻华使领馆在受理领事认证时对部分种类文书的时效性还有特殊规定，当事人应根据需要，及时对文书办理涉外认证，办理后要尽快使用。

（八）涉外认证的管辖

（1）由于外交部委托可办理涉外认证的省级外办只掌握本省、区、市内涉外公证处或其他出证机构的签字或印章备案，对其他省份出具的文书不便核实真伪，不能为其办理认证。因此，当事人应到户口所在地、居住地或有关事实发生地的涉外公证处或其他机构申办公证书或其他文书，并到该公证处或其他机构所属省级外办申办涉外认证。

（2）公证所涉及的事件发生在我国国内的，应向我国涉外公证处申办公证书。如当事人无法亲自回国办理，可委托国内亲友或律师申请公证，并办理外交部领事司或外交部委托的地方外办的涉外认证和文书使用国驻华使领馆的认证。

（3）我国驻外使、领馆不清楚国内公证处或其他出证机构的签字或印章备案，不能核实文书真伪，因此不受理国内出具的公证书或其他文书的认证申请。当事人应将文书送回国内，按正常程序补办外交部领事司或外交部委托的地方外办的涉外认证和文书使用国驻华使、领馆的认证手续。

三、涉外认证与涉外公证的联系与区别

两者的联系有两点：

（1）两者都是一种证明，都是由一定的机构证明的行为，都证明某项事实的真实性。

（2）公证是涉外认证的前提，即公证书需要在国外使用时，才有涉外认证的必要，但并非所有的涉外公证书都必须经过涉外认证，需以使用国要求认证为前提，如果使用国不要求认证，则无须涉外认证。此外，按照国际惯例，国家之间可以相互免除认证、单方免除认证或对部分文书免除认证。在这种情况下，公证文书可直接发往免除认证的国家使用。

两者的区别有四点：

（1）受理机构不同。公证由公证机构受理，办理涉外认证的机关则是中华人民共和国外交部或者外交部授权的机构和有关国家驻中华人民共和国使、领馆。公证在国内是由专门的公证处出具的，在国外只有大使馆才能出具公证文书，而认证是由领事馆出具的。

（2）审查要求不同。公证要审查民事法律行为、有法律意义的事实和文书的真实性、合法性；涉外认证则不需要审查上述内容，只需要审查公证机构的签名或印章是否属实。公证是一种国家证明行为，只有公证处可以进行公证，经公证后具有法律效力，法院可以把经公证的事项作为判决的依据。认证是一种民间商事证明，有强制性的，也有自愿性的，但不是都有法律效力。

（3）目的不同。公证的目的是通过证明民事法律行为、有法律意义的事实和文书的真实性、合法性来预防纠纷，保障自然人、法人或者其他组织的合法权益。涉外认证的目的在于使一国公证机构所制作的公证书能为使用国有关当局确信，从而保证其在境外的效力。

（4）证明对象不同。公证的证明对象是民事法律行为、有法律意义的事实和文书，涉外认证的证明对象则是公证书上公证机构或认证机关的签名或印章。

领事官员要从事有关护照、签证、公证和认证业务，这就要求领事官员必须严格遵循本国规定的各项有关法律和规章，因此他们必须对种种法律和规章、制度进行深入的学习和研究，要做到对各项有关法规能有深刻的理解和准确的把握。由于在纷繁复杂的日常生活中经常会出现一些现行的法律规章的条款不能完全适用的特殊情况，有时是既可适用甲条款，又可适用乙条款；有时则是两条相异的条款均与之相关，却又都不针对，这就要求领事官员在实际应用这些法律和规章时，能对国家的全面的外交方针及有关国别的外交政策有准确清楚的认识，对当前两国关系的全局和发展形势能有清楚的理解，对领事业务能熟练地掌握，对丁案件的情况能有深入的了解，对其处理的利弊能有较好的把握，才能在无法简单地循章按规办理案件时作出合情合理、有利于国家的判断和处理。

思考与练习

1. 公证活动与诉讼活动有什么不同？
2. 我国公证书具有哪些效力？
3. 什么是涉外公证？简述涉外公证制度在国际交往中的作用。
4. 为什么要认证？发往国外使用的公证书，哪些还须经过认证？
5. 涉外认证的适用范围有哪些？
6. 简述涉外认证与涉外公证的联系与区别。

第十三章 国际法

【学习重点】
- 国际法的含义
- 国际法的渊源
- 国际法的基本原则
- 外事工作与国际法的关系

第一节 国际法概述

一、国际法的含义

国际法（International Law），旧称万国法或万国公法，是国家之间的法律，指适用于主权国家之间以及其他具有国际人格的实体之间的法律规则的总体。具体来说，就是指处理各个国家及政府组织之间各种关系的规则和各项基本原则的总和，但有时也包括代表一定国家意志的法人和自然人等特殊主体。国际法与国内法不同，国内法是一个国家内部的法律，它调整在其管辖范围内的个人及其他法律实体的行为。

目前就各国对国际法法律地位的承认和国际所发生的贸易摩擦也常常援引国际法进行解决的这些迹象来看，国际法的法律地位已经得到了确认。但是由于国际社会中没有凌驾于国家之上的组织独立地行使立法权和司法权，因此国际法在渊源上表现为两国之间的条约（或多边公约）和习惯（又叫惯例）。从实证的角度来考察，名义上国际法对国家具有约束力，但事实上由于贯彻国际法的跨国行政机构在面对主权国家之时并不充分具备能够保障其法律体系始终顺利运作的诸如财政权、军事权等全球范围内相关领域的排他性权力，所以在国际社会始终缺乏有效制裁违法国家的手段。学术界不对国际法的概念进行界定，这也是一种趋势，只是描述了它所包括的以下三个方面的含义：

1. 国际法的国际性

国际法的主体主要是国家国内法的主体，主要包括自然人和法人。国际法是国家以协议的方式来制定的，而国内法是由国家立法机关按一定程序来制定的。与国内法的强制方式主要依靠国家本身的行动不同，国际法主要是依靠有组织的国际强制机关加以维护、保证实施。

2. 国际法的普遍性

指国际法中被各国公认的、具有普遍意义的、贯穿于国际法各个领域的、构成国际法基础的法律原则。国际法的基本原则属于强行法的范畴，而并非可以任意选用或者废弃。现代国际法的基本原则主要有和平共处五项原则和民族自决原则等。

3. 国际法的法律性

国际法为国家规定了一整套处理其对外关系的行为规则，为国家规定了国际法上的权利和义务。它与国内法的强制方式不同，但是，也具有强制性，一些重要的国际条约都明确规定了国际法的效力。国际法作为国家之间的法律，不仅为世界各国所公认，而且也是为各国所遵守的。

二、国际法的渊源

关于国际法的渊源的权威论述见于《国际法院规约》第38条之规定。国际法的渊源是具有法律效力的国际法原则、规则和制度的来源，包括以下几个方面：①国际条约；②国际惯例；③国际法一般原则；④司法判例及学说。

（1）国际条约是国际法主体之间以国际法为准则，为确立其相互权利和义务而缔结的书面协议。条约缔约国必须遵守条约，履行条约义务。它通常是由大多数或多数国家参加的，主题事项涉及世界性问题，起着一般适用的国际法原则和规则的作用。但国际条约对非缔约国没有约束力，目前还不存在一个世界上所有国家都是缔约国的多边条约。

（2）国际惯例是在国际实践中反复使用形成的，具有固定内容的，未经立法程序制定的，如为一国所承认或采用，就对其具有约束力的一种习惯做法或常例。国际惯例在大多数国家和地区通用，不受政策调整和经济波动的影响，一般都可反复运用。它受到各国法律的保护，具有一定的法律约束力，经国际交往活动验证是成功的。例如，有关公海的国际法就是这样产生的，同样的还有外交及领事特权与豁免权等国际法规。

20世纪以前，国际法主要表现为国际惯例，也就是国际习惯。到目前，国际社会还没有一个权力机关以及国际法主体制定了具有普遍约束力的国际法则，因此，国际惯例依然是国际法的主要渊源。不断发展的国际格局还会不断产生新的国际习惯。

（3）国际法的一般法律原则为各国所承认，在国际实践中形成了一系列平等的国际规则，包括：①非经一国的同意，不得对该国强加以有约束力的规则；②国家在外国享有司法豁免权，国家行为和国家财产不受外国法院管辖；③在国际会议上表决时，各国都有一票，而且大小国家的投票具有同等性质，在国际会议上各国位次的排列，或采用圆桌会议方式，或用抽签方式，或依会议采用的文字的国家国名的字母顺序确定；④各国在缔约时，有使用本国文字的权利，各种文字文本具有同等效力，签约时双边条约往往采用“轮换制”；⑤国家在外交礼仪上享有平等权利，如国家的尊严应受到尊重，国家元首、国旗、国徽、代表不受侮辱等。

（4）司法判例又分为国内司法判例和国际司法判例。国内司法判例一般只具有域内效力。在国际领域内，国内法判例似乎只能通过演化成国际惯例或一般法律原则，或为国际公约所采纳才能真正成为国际法渊源。国际司法判例同样具有有限的影响力。《国际法院规约》第59条明确规定：“本法院的裁判除对当事国及本案外，无约束力。”

可见国际法院的裁判不具有像普通法系国家判例法的效果，但这并不影响它作为国际法因素的地位。《国际法院规约》第 38 条第 4 款规定："司法判例及各国权威最高的公法家之学说，作为确定法律规则之辅助资料者。"这说明，司法判决对法律规则具有引导、评价等影响力，影响力是潜在的：只有通过一定的实践活动才能表现它的价值。过去国际法案多遵守这一传统。该原则的优点在于维持法院判决的一贯性，缺点是较为保守，难以适应国际社会的变化。司法判例是国际法的辅助渊源之一。

另外，著名的国际法学家格劳秀斯（Grotius）、真提利斯（Gentilis）等国际权威专家的论著，也是国际法的辅助渊源之一。

三、国际法基本原则

国际法基本原则是指被各国公认的、具有普遍意义的、适用于国际法一切效力范围的、构成国际法的基础和核心并具有强行法性质的国际法原则。

（一）互相尊重主权和领土完整原则

1. 互相尊重主权原则

（1）主权的概念和基本内容。主权，即国家主权，是国家最重要的属性，是国家在国际法上所固有的独立处理对内对外事务的权利。主权不可分割，不可让予。主权是国家最主要、最基本的权利，是国家所固有的，并非由国际法赋予的。国际法中的国家主权原则只是对这一权利予以确认和保护。主权作为国家的固有权利，表现为三个方面：对内的最高权、对外的独立权和防止侵略的自卫权。所谓对内最高权，是指国家行使最高统治权，国内的一切中央和地方的行政、立法和司法机关都必须服从国家的管辖；还指国家的属人优越权和属地优越权。所谓对外独立权，是指按照国际法原则，在国际关系中享有独立权，即独立自主地、不受任何外力干涉处理国内外一切事务，如国家有权按照自己的意志，根据本国的情况，自由选择自己的社会制度、国家形式、组织自己的政府、制定国家的法律、决定国家的对内对外政策等。这就是国家行使主权权利的自主性和排他性。所谓自卫权，是指国家为了防止外来侵略和武力攻击而进行国防建设，在国家已经遭到外来侵略和武力攻击时，进行单独的或集体的自卫的权利。

（2）主权原则的含义和意义。主权原则是现代国际法所确立的重要原则，其要求各国在相互关系中要尊重对方的主权，尊重对方的国际人格，不得有任何形式的侵犯。换言之，国家是独立的、平等的，各国独立自主地处理自己的内外事务的权利应当受到尊重，各国自行决定自己的命运，自由选择自己的社会、政治制度和国家形式的权利应该得到保障，其他国家不得进行任何形式的侵略和干涉。现代国际法确认上述内容为整个国际关系的基础和现代国际法的基础。这就是国家主权原则的基本含义。

1970 年的《国际法原则宣言》详尽阐述了主权原则的内容，其中心是各国主权平等。该宣言规定，主权平等包括下列要素：①各国法律地位平等；②每一国均享有充分主权之固有权利；③每一国均有义务尊重其他国家之人格；④国家之领土完整及政治独立不得侵犯；⑤每一国均有权利自由选择并发展其政治、社会、经济及文化制度；⑥每一国均有责任充分并一秉诚意地履行其国际义务，并与其他国家和平共处。

2. 互相尊重领土完整原则

领土完整是国家领土主权的表现，国家之间相互尊重领土完整是尊重国家主权的最主要内容。应当指出，领土完整是个法律概念，而非单纯的地理学概念。在地理学上，依领土分布的连续程度认识领土的完整性，将领土连成一片的称为“连续领土”，领土被海洋分隔的称为“不完全连续领土”，部分领土被他国领土分隔或包围的称为“非连续领土”。习惯上将连续领土及不完全连续领土视为完整，而后者为不完整。而在国际法上，领土完整表明了领土整体性和统一性的内在特征，指国家领土不能被分裂，领土主权不能被侵占。连续领土若为别国侵占或分裂，也不能视为领土完整；相反，领土并不连续，但并未被别国侵占，仍应属于领土完整。领土完整是构成国家主权的重要部分，是鉴别国家是否真正享有独立和主权的重要标准。

3. 尊重主权与尊重领土完整的关系

相互尊重主权和领土完整是两个互相联系又不尽相同的概念。国家是在自己的主权范围内行使主权的，只有国家主权存在，才能保证国家领土主权不受侵犯，才能保证领土完整。如果国家主权被剥夺，领土主权就失去了保证。国家领土主权受到侵犯，领土也不可能完整。如果侵犯了一国的领土完整，肢解、分裂、侵占了该国领土，当然就破坏了该国的主权。因此，尊重一国主权是国家行使主权的基础，尊重一国的主权必然应该首先尊重一国的领土完整。领土完整构成国家主权的重要组成部分，但国家主权的概念比领土完整的概念更广泛。

（二）互不侵犯原则

1. 互不侵犯原则的含义和内容

互不侵犯原则是指各国在其相互关系中不得以任何借口进行侵略，不得以违反国际法的任何其他方法使用武力或以武力威胁侵犯另一国的主权、独立或领土完整，不得以战争作为解决国际争端的手段。

《国际法原则宣言》对互不侵犯原则的内容作了阐明：①侵犯战争构成危害和平之罪行，须负国际责任；②各国皆有义务避免从事侵略战争之宣传；③各国有义务避免使用武力或威胁侵犯他国边界和国际界线；④每一国皆有义务避免对阐释各民族享有平等权利与自决权原则时所指之民族采取剥夺其自决、自由及独立之任何强制行动；⑤每一国皆有义务避免组织或鼓励组织非正规军或武装团队，包括雇佣军在内，侵入他国领土，有义务避免在他国发动、煽动、协助或参加内战或恐怖活动，或默许在其本国境内从事以犯此等行为为目的之有组织活动；⑥国家领土不得作为违背宪章规定使用武力所造成之军事占领之对象，不得成为他国以使用威胁或武力而取得之对象，使用威胁或武力取得之领土不得承认为合法。

2. 侵略的定义

在和平共处五项原则中，互不侵犯并不是一般地反对战争，而是反对侵略战争，对于自卫战争、民族解放战争则给予肯定。因此，认识战争的性质，认清什么是侵略战争就显得至关重要。

关于侵略的定义是个国际上长期讨论的问题。从 1950 年联合国大会审议此问题开始，直到 1974 年 12 月 14 日第二十九届联合国大会才通过了一项《关于侵略定义的决议》。大会建议安理会在判断是否发生了侵略行为时，以该定义为指导。该定义为："侵略是指一个国家使用武力侵犯另一个国家的主权、领土完整或政治独立，或以本定义所宣示的与《联合国宪章》不符的任何其他方式使用武力。"决议中还列举了应视为侵略的七项行为。

武装侵犯一个主权国家是最严重的违反国际法的罪行，一个关于侵略的定义是不能将侵略行为的特征包罗无遗的，该定义把侵略行为仅仅限定为使用武力的行为，而且，侵略行为是否存在，应由安理会断定，可见这个定义还存在着严重的缺陷。正如我国代表在联合国大会上指出的，定义把侵略只限于武装侵略行为而没有包括其他形式的侵略，像领土兼并和扩张、政治干涉和颠覆，以及经济控制和掠夺等，而这些也恰是当今世界上超级大国推行侵略扩张政策的主要形式。再者，定义中某些条文的含义模糊不清，在适用或解释时会因理解不同而发生分歧。

应当注意，互不侵犯原则不仅反对大小规模的武装进攻，也禁止进行武力威胁，禁止武装进攻的准备和进行战争的宣传。《纽伦堡国际军事法庭规约》第5条规定："凡计划准备发动或从事任何一种战争的行动都构成违反和平罪，是严重的国际罪行。"此规则得到了联合国大会的确认。这里当然是就侵略性的非正义战争而言的。

还应强调，"侵略定义"同《联合国宪章》一样，禁止的是侵略战争，而不是一切战争，以下两类战争不在禁止之列：①联合国按照宪章规定合法使用武力；②在外国统治下的民族和人民为行使自决权，为取得被剥夺的权利、自由和独立而进行的民族独立解放战争，包括民族武装斗争和反对侵略的自卫战争。

（三）互不干涉内政原则

互不干涉内政原则是从国家主权原则直接引申出来的。依此原则，任何国家或国家集团都无权以任何理由直接或间接地对别国进行干涉，不得以任何借口干涉他国的内政与外交事务，不得以任何手段强迫他国接受别国的意志、社会政治制度和意识形态。

1. 内政及内政的范围

内政就实质而言是国家在其管辖的领土上行使最高权力的表现。也就是说，凡是国家在宪法和法律中规定的事项，即本质上属于国家主权管辖的事项都是国家内政。如决定本国政治制度、经济体制、政权组织形式和国家政策、社会进步、文化教育体制以及建立对外关系、缔结条约、参加国际组织、出席国际会议、宣战等都属于国家内政。总之，内政包括一国主权范围内的任何措施和行动，包括政治、经济、社会、文化、外交等多个方面。但也要认清"内政"绝不是一个单纯的地域上的概念，一个国家在本国境内的某些行为，也可能是违反国际法的，但别国对此违法行为的干扰并不构成对内政的干涉。比如，一国在本国境内扣留外国外交代表作人质就不属于内政的范围，因为在这种场合扣留人质即破坏了国际法上规定的外交代表的豁免权。再如，某国在国内实施种族隔离，也不是内政，因为这是被整个国际社会禁止的犯罪行为。也就是说，一国并不得借口"内政"来破坏国际法。发生在一国境内的种族歧视、种族灭绝等行为，国家不加干扰和制止，甚至默许和支持，就不属于一国内政的范围。

2. 干涉的含义及形式

干涉指一国或数国为实现自己的意图，使用政治、经济甚至军事的手段，以直接或间接的、公开或隐蔽的方式干涉另一国的内外事务，使被干涉国按照干涉国的意图行事，以改变被干涉国所执行的某种方针、政策或存在的情势。如苏联对阿富汗的干涉、美国对科索沃的干涉。

干涉有多种形式，有采用武力的干涉，也有采取其他形式的干涉。因而，干涉与侵略有联系又有区别：侵略是非法使用武力侵犯他国主权，从某种意义上讲，侵略是最严重的干涉，是最直接露骨、最粗暴的干涉；干涉则不限于使用武力，干涉可采取军事、政治、经济、外交等方面的各种手段，所以绝不能将非法使用武力理解为干涉的唯一方式。尤其是在现代国际关系中，干涉的方式除了公开露骨的干涉外，更多的是采用较为狡猾、隐蔽的方式，如在他国收买代理人，组织、资助、煽动或怂恿在他国内部进行颠覆活动，或者鼓励插手他国内乱，派遣间谍、特务刺探情况和进行破坏，对他国的内政事务指手画脚等等。

干涉也包括积极的干涉和消极的干涉。行为的干涉，属积极干涉，是最常见的，是直接地进行干涉。不行为的干涉即消极干涉，是指打着不干涉的旗号而纵容别国侵略的情况，这是干涉的一种特殊形式。国际实践中最明显的例证是 1936 年西班牙内战时期，英、法等国打着“不干涉主义”的旗号，不谴责佛朗哥的法西斯暴行，不制止意、德法西斯对西班牙内政的干涉，致使西班牙的合法政府被法西斯推翻。这样，英、法就构成了消极意义上的对西班牙内政的干涉。

西方学者为了实现帝国主义侵略扩张的目的，千方百计地为他们的干涉进行辩解，甚至为干涉穿上“人道主义”、“维护人权”的外衣，认为他们提出的“依据权利进行干涉”和“人道主义的干涉”是合法的。他们认为，凡“根据国际条约”、“应合法政府邀请”、“保护外国侨民”、“防止不法行为”而进行的干涉活动，都是“依据权利的干涉”；凡根据一个外国自己的标准判断，一国确有违反“基本人权”的行为时，该外国进行的干涉就是“人道主义的干涉”。对所谓人道主义的干涉，应从其实质而不应单从字面来看，如果一国随意按照自己的标准判断他国违反了“基本人权”，进而进行干涉，势必要使国际关系发生混乱。可见，西方学者的这些学说实质都是为干涉他国内政制造法律根据。

国际法允许根据国际条约和国际义务对他国提供援助，但这种援助必须是在完全平等和自愿的基础上共同防御和抗击侵略者以捍卫被援助国的国家主权和民族独立。另外，各国对实行种族隔离或违反国际法基本原则的行为所做的斗争，当然不构成国际法上的干涉。

（四）平等互利原则

平等互利原则包括平等和互利两项内容。和平共处五项原则将平等与互利联系在一起，标志着平等原则的新发展。

平等，就是国家不分大小强弱、人口多寡、政治制度和经济制度如何，都具有平等的地位。因而都应该互相尊重，平等相处，任何国家不应谋求任何特权；互利，就是各国在相互关系中，不能谋取片面的利益，更不能以损害、剥削或榨取别国为目的，而应该对双方都有利。

国际实践已表明，倘若双方是不平等的，肯定不可能有互利可言。国家关系只有建立在平等的基础上才能做到互利，同样也只有实现互利，才可能有真正的平等。所以只有把两者结合起来，既有平等，又有互利，才是完全的国家平等原则。平等互利原则不仅对国家政治关系有重要意义，而且对国际经济关系和提供对外援助方面也具有重要意义。我国在处理对外经济关系和提供对外援助时严格遵循平等互利原则，周总理在1963年提出了我国对外援助的八项原则：①中国政府一贯根据平等互利原则对外提供援助，而且认为援助总是相互的；②中国政府严格尊重受援国的主权和独立，绝对不附带任何条件和要求任何特权；③中国以无息或低息贷款的方式提供经济援助，以尽量减少受援国的负担；④中国政府提供援助的目的，是帮助受援国逐步走上自力更生、独立发展的道路；⑤中国政府帮助建设的项目，力求投资少、收效快；⑥中国政府提供质量最好的设备和物资，并且保证退换；⑦中国政府保证使受援国的人员充分掌握技术；⑧中国的专家和技术人员，不容有特殊要求和享受。上述八项原则，体现了我国的对外政策，体现了我国恪守平等互利原则的诚意。我国一贯认为，援助国与受援国是相互援助的，对双方都是有利的。1983年，我国提出了对外援助四个原则，即"平等互利，讲求实效，形式多样，共同发展"。这便是平等互利原则在对外经济活动方面的具体运用和对该原则内容的发展和补充。

（五）和平共处原则

从国际法角度看，和平共处原则是指各国在其相互关系上，应彼此尊重对方现存的社会经济制度，不得使用武力或武力威胁，以及其他任何方法改变或企图改变对方的社会经济制度。根据国际法的要求，各国间应实行广泛的合作，发展友好关系，和睦相处。

和平共处作为国际法的基本原则，其主要内容应包括：①各国应和平地同时存在，不应因社会制度和意识形态的不同而在国际人格上有所区别，更不应因此而互相攻击、干涉和颠覆；②各国应和平地相互来往，和平地处理相互间的关系，以促进彼此的了解与合作；③如遇争端应以和平方法解决，而不应诉诸武力或武力威胁。按照这项原则，任何国家不得从事任何破坏和平的活动，不得破坏别国主权、领土完整和政治独立，不得使用武力或武力威胁来解决国际争端。

和平共处原则与前四项原则有着内在的联系：在国际关系中，只有遵守前四项原则，各国才能维护和发展友好关系，达到和平共处；同时，各国只有在和平共处的条件下，上述各项原则才能实现。因此，和平共处原则对于维持正常的国际法律秩序具有重要作用。

1970年的《国际法原则宣言》指出，国际法的各项原则在解释和应用时，应注意它们之间的相互联系，对每一原则的解释必须参考其与其他原则的前后关系，对和平共处原则的适用和解释也应如此。

（六）民族自决原则

民族自决问题早在资产阶级革命时期以及列宁领导俄国十月社会主义革命时即已提出。第二次世界大战后，随着民族解放运动的蓬勃发展和殖民体系的瓦解，民族自决原则逐步得到国际社会的承认，发展成为国际法的基本原则。《联合国宪章》是第一个确认民族自决原则的国际文件。

国际法上民族自决原则的含义是指，被殖民主义奴役和压迫的民族，有权采取国际法确认的一切合法手段，摆脱殖民统治，建立民族独立的主权国家，并选择适合自己的社会政治制度以发展民族经济。

民族自决原则是在反对帝国主义、反对殖民主义的统治和压迫的过程中产生的。随着民族独立目标的实现，民族自决原则在现代国际法中具有了新的内容。"自决"已不仅体现在政治上，而更多、更重要地体现在经济上，即谋求经济、社会和文化发展的权利。国家只有摆脱经济上的落后和依附状态，才能实现真正的独立与自决。

按照民族自决原则，虽然允许国家对行使民族自决权的民族给予支持和援助，但任何国家假借民族自决名义制造、煽动或支持民族分裂，破坏他国统一和领土完整的任何行动，不仅是对民族自决权的曲解、滥用，而且是对国家主权原则的破坏，是完全违背国际法的。

（七）和平解决国际争端原则

和平解决国际争端原则是指国家之间在发生纠纷或争端时，应通过和平的方式予以解决，任何使用或企图使用武力或武力威胁的办法来解决争端，都是违反国际法的。

《国际法原则宣言》对和平解决国际争端原则作了详细解释。其主要内容：

（1）一国应以和平方法解决其与其他国家之国际争端，避免危及国际和平、安全及正义。

（2）各国应以谈判、调查、调停、和解、公断、司法解决、区域机关或办法之利用或其所选择之他种和平方法寻求国际争端之早日及公平之解决。于寻求此项解决时，各当事方应商定与争端情况及性质适合之和平方法。

（3）争端各当事方遇未能以上述任一和平方法达成解决之情形时，有义务继续以其所商定之他种和平方法寻求争端之解决。

（4）国际争端各当事国及其他国家应避免从事足以使情势恶化致危及国际和平与安全之维持之任何行动，并应依照联合国之宗旨与原则而行动。

（5）国际争端应根据国家主权平等之基础并依照自由选择方法之原则解决之。各国对本国为当事一方之现有或未来争端所自由议定之解决程序，其采用或接受不得被视为与主权平等不合。

（八）忠诚履行国际义务原则

忠诚履行国际义务原则是由“条约必须遵守”这一古老的国际惯例演变而来的，已为国际实践和国际文件所确认。《联合国宪章》明确规定：“各会员国应一秉善意，履行其依本宪章所担负之义务。”《国际法原则宣言》规定，忠诚履行国际义务原则的主要内容有：①每一国均有责任一秉诚意履行其依《联合国宪章》所负之义务；②每一国均有责任一秉诚意履行其依公认之国际法原则与规则所负之义务；③每一国均有责任一秉诚意履行其在依公认国际法原则与规则系属有效之国际协定下所负之义务。遇依国际协定产生之义务与《联合国宪章》所规定联合国会员国义务发生抵触时，宪章之义务应居优先。

由上述可知，忠诚履行国际义务原则是指，一个国家应善意履行《联合国宪章》规定的、由公认的国际法原则和规则产生的、其作为缔约国参加国际条约所承担的各项义务。

在国际交往中，国家必须善意地履行其依国际法所承担的国际义务。一个国家既然对某项国际义务明示地（通过条约）或默示地（通过惯例）表示接受，那么就必须善意地履行。如果国家可以不履行自己承担的国际义务，那么，国际法就失去了有效性，国际法本身也就不会存在，国际社会也不会有正常的交往关系和正常的秩序。凡是符合国际法的、由有效条约产生的国际义务，而非奴役性的、侵略性的或由非法条约所产生的国际义务，国家都应善意地履行，不得违背。帝国主义国家经常违背其所承担的国际义务，破坏善意履行国际义务这项基本原则。中国一贯恪守自己的诺言，忠实地履行自己所承担的义务，谴责帝国主义国家破坏善意履行国际义务原则的行为，反对任何强加给弱小国家的任何非法的国际义务。

第二节　国际法与外事工作的关系

无论在国内或者国外，进行任何外事活动，国际法的作用和影响是直接的。作为最高层次的外事——外交，没有了国际法的存在，外交往来很可能会似是而非，不得要旨。

国际法与对外交往的联系，可以说是存在已久。国际法的出现，既是对外交往活动进一步发展的客观要求，也是对外交往实践发展到一定阶段之后的必然产物。国际法自从其出现之后，不但有助于各国外交行为的秩序化、规范化，而且还促使各国的外交空间进一步扩大，并且使国际外交制度更加趋向于完备。国际法为各国所进行的对外交往活动提供了一个有秩序、有规则的总体框架，奠定了现代外交制度的基础，进而调整、规范了我国的外事工作内涵。

一、国际法是对外交往的国际规范

俗话说"没有规矩，不成方圆"，国际法是国际交往的产物，同时国际法反过来又为国际社会提供了规范，使得各国对外交往活动的开展必须符合国际法的基本规范。作为国际社会的一员，中国亦将国际法作为与各国往来的国际依据和规范标准。

国际法于对外交往所起的规范作用，具体体现在下列四个基本方面：

（1）国际法对对外交往构造了框架。在国际法里，外交的制度、礼仪、人员、方式、手段、途径等，都有着具体的规范。这就在总体上为各国的往来活动构筑了一个基本的框架，使其拥有一个适当的活动空间。

（2）国际法为对外交往作出了限定。国际法是对对外交往所作的一种限定，同时也是对对外交往行为的标准化要求。参照国际法，即可判定任何一种行为正确与否。

（3）国际法为对外交往提供了守则。国际法以自己的一系列具体准则，规范着各国对外交往行为的发展方向。国际法为各国对外交往所制定的基本守则，实际上不一定完全会为各国所遵守，但是它们毕竟为各国活动的正常进行提供了行动指南。

（4）国际法为对外交往建立了秩序。对外交往活动的开展，需要一种较为完善的国际秩序。国际法的出现便为对外交往提供了这样一种秩序。正是由于国际法的问世，对外交往活动才开始有序地发展。但国际法对对外交往的规范，并不具有完全的拘束力，有些国家并不遵守或不完全遵守国际法，却声称自己始终都是按照国际法行事的。

二、国际法是对外交往的保障

自从国际法出现之后，各国的外交行为方才逐渐得以规范。国际法为对外交往的顺利展开提供了基本保障。国际法对外交所起的保障作用，主要表现在以下五个方面：①保障外交人员的人身安全；②保障外交人员的财产安全；③保障外交人员的馆舍安全；④保障外交人员的资讯安全；⑤保障外交人员的行动安全。《维也纳外交关系公约》第 26 条规定："除接受国为国家安全设定禁止或限制进入区域另定法律规章外，接受国应确保所有使馆人员在其境内行动及旅行之自由。”这一规定，从国际法上为外交人员因公、因私的行动自由提供了充分的保障。

三、国际法是对外交往的依据

外交活动在不同行政管辖权的各国政府之间开展，其一招一式必须有其依据，方可健康而顺利地进行。国际法即各国外交的基本依据，离开了国际法，外交活动的秩序化、规范化、健康化、正常化便无法实现。如《联合国宪章》、《国际法院规约》、《维也纳外交关系公约》等，既是国际法的重要渊源，又是各国进行外交活动的基本依据。

（1）国际法为各国外交制定了基本准则。1970 年 10 月 24 日，联合国大会通过《国际法原则宣言》，明确宣布现代国际法应包括以下七项基本原则：不使用武力威胁或使用武力；和平解决国际争端；不干涉他国内政；各国主权平等；各国应依照《联合国宪章》彼此合作；各国人民权利平等和自决；各国应真诚履行《联合国宪章》所规定的义务。上述这些国际法的基本原则，都是各国进行外交活动所应恪守的行为准则。

（2）国际法为各国外交划定了是非标准。各国外交以及其他一些连带性行为的是非标准，概由国际法所规定。其他的一切标准，皆不可用于判定一国外交行为之是非。比如，就各国内政不容干涉这一问题，《联合国宪章》第 2 条就专门规定：“本宪章不得授权联合国干涉在本质上属于任何国家国内管辖之事件。”而就何为侵略的问题，联合国第 19 届大会专门通过了《关于侵略定义的决议》，它规定：“侵略是指一个国家使用武力侵犯另一个国家的主权、领土完整或政治独立，或以本定义所宣示的与《联合国宪章》不符的任何其他方式使用武力。”这些源自国际法的规定，是鉴别、把握各国外交是非的最佳尺度。

（3）国际法为各国外交规定了权利与义务。就宏观而言，各国的一切外交活动，都既有其权利，又有其义务。对各国外交的权利与义务，国际法都作出了一定的规定。一方面，国际法规定了各国外交的权利。诸如，各国外交的管辖权属于其本国中央政府，各国的外交代表享有外交特权与豁免权等。另一方面，国际法还为各国外交规定了其应尽的义务。例如，各国所进行的外交活动必须遵守国际法，各国所进行的外交活动必须恪守本国业已正式签订并生效的一切双边性或多边性条约等。

思考与练习

1. 什么是国际法？
2. 简述国际法渊源。
3. 简述国际法与外事工作的关系。

第十四章 国际组织

【学习重点】

- 国际组织的定义和类型
- 国际组织的作用
- 国际非政府组织在国际事务中的作用与影响
- 国际非政府组织的特征和类型

第一节 国际组织概述

国际组织（International Organizations）一般是指一种跨越主权国家界限的多国性机构，亦称国际团体或国际机构，是具有国际性行为特征的组织，是指三个或三个以上主权国家（或其他国际法主体）为实现共同的利益和目标，依据其缔结的协议或其他正式建立的有一定规章制度的常设性机构。从广义上说，国际组织还包括国际非政府组织，由两个以上国家的政府、政党、民间社团或民众基于一定的目的，按照一定的协议所设立的各种跨国性机构，均可以称为国际组织。从狭义上说，则只有由主权国家之间建立的正式的跨国性机构，方可称为国际组织。

一、国际组织的主要特征

国际交往越来越频繁，国家间的相互依赖日益加深，这为国际组织的发展带来了新的变化，而当代国际组织体现出新的特征：

（1）组织机构趋于完善。19 世纪的国际行政联盟，是由常设机构——国际事务局负责日常工作，成员国代表会议只是在若干年内讨论一次有关条约规定的国际合作，并不负责实际工作；当代国际组织一般在常设秘书处之上设置大会、理事会这种实质性的权力机构，享有决策权。

（2）组织规模更加庞大。19 世纪的国际组织，其成员国基本上是欧美少数发达国家。当代国际组织如联合国，几乎包括了世界所有国家，各种专门组织绝大多数都拥有 100 多个成员国。

（3）形成了国际组织网络。联合国与 18 个专门性的政府间机构建立了密切的、非隶属的关系，其中16个被称为联合国专门机构，联合国还给予1/6的国际非政府组织以协商地位。此外，有12%的国际非政府组织与欧盟有密切关系。这样，许多国际组织在业务与信息方面已有机地联合在一起，形成了以联合国为中心的国际组织网络。

（4）数量猛增。第二次世界大战前的1939年，国际政府组织只有80个，到20世纪80年代末已达4 000多个；国际非政府组织的数目更多，其中绝大多数是50年代以后建立的。因此有人称19世纪是国际会议的世纪，20世纪是国际组织的世纪。

二、国际组织的分类

当代的国际组织名目繁多，宗旨不一，数量巨大，而且处于发展变化中。对国际组织的类型划分有诸多的不同，按不同标准的组织属性，可将国际组织分为不同类型。

（1）根据国际组织的主体构成情况，可以分为两种主要形态：国际政府组织（Inter - Governmental Organization，IGO）和国际非政府组织（International Non - Governmental Organization，INGO）。

国际政府组织成员都是主权国家或其他代表国家的官方机构（如欧盟和世界贸易组织）。从法律角度来讲，国际政府组织必须有一部公约作为基础，并且有一个法人。

国际非政府组织是指未经政府间协议而建立的国际组织，包括独立组织、民间组织、第三部门、志愿者协会等。

（2）根据各自的宗旨和职能，国际组织可分为一般性国际组织和专门性国际组织两种。

（3）根据成员国分布的地理范围，可分为全球性和区域性两种。

结合上述所有标准，国际组织可分为四类：

（1）全球一般性组织。如联合国，成员具有普遍性，兼有政治、安全、经济和社会发展、科技文化合作，以及人权保护等多种职能。这类组织是允许所有国家加入的。

（2）全球专门性组织。这类组织具有某种特定功能，又称功能组织。最典型的是联合国的专门机构，还有国际劳工组织、世界卫生组织、世界贸易组织等。这类组织同样是允许所有国家加入的。

（3）区域一般性组织。是指具有政治、安全和社会经济功能的地区性组织。如美洲国家组织、欧盟和东南亚国家联盟等。这类组织接受世界上某一地区的国家加入。

（4）区域专门性组织。可分为经济贸易、军事同盟、科技文化等类别。此外还有北大西洋公约组织、华沙条约组织和经济互助委员会等少数组织，虽都具有专门功能，但其成员国并非严格以地区而是以社会制度、意识形态以及军事战略关系为分野的。这类组织是否属于地区性组织，在国际上尚有争议。这类组织一样只接受世界上某一地区的国家加入。

三、国际组织的贡献

国际社会的日益组织化不仅表现在国际组织数目的增长上，更体现在国际组织的范围扩大上，它早已冲破初创时期的地域、领域局限，活跃在当今人类社会的所有方面。

各种类型的国际组织对当今国际社会的发展作出了重大的贡献：

（1）国际组织首先是国际社会的论坛和谈判场所，如联合国大会在伊朗核问题等危机出现时进行讨论，在解决争端或规则制定等方面为成员国提供了时间或空间的便利。

（2）国际组织是国际立法的组织者和推动者，自“二战”后，涉及各个领域的国际公约或多边条约，几乎都由国际组织完成。

（3）国际组织是国际事务的管理者和组织协调者，以及国际资源的分配者，比较典型的如石油输出国组织在石油的生产、销售、价格等方面制定的管理机制。此外，国际组织是和平解决争端的机构，是国际和平与安全的维护者。

（4）“二战”后世界范围内的和平得以维持，和平成为不可逆转的时代潮流，国际组织功不可没，如联合国、非洲统一组织、美洲国家组织等都曾有效地缓和、平息了多起地区冲突、内部动乱，为防止战争的蔓延和升级、恢复和平、解决争端奠定了基础。

第二节　国际组织的地位和作用

一、国际组织的地位

1. 不受国家权力管辖的独立地位

国际组织在条约和宗旨的规定范围内，享有参与国际事务活动的独立地位，而不受国家权力的管辖，但同样享受国际法赋予的权利，履行其规定的义务，这是国际政府组织的基本特性。《联合国宪章》第 104 条规定：“本组织于每一会员国之领土内，应享受为执行其职务及达成其宗旨所必需之行为能力。”这种地位与能力具体表现在：有权同会员国及其他国际组织缔结条约或签订协议；负责召开各种立法会议，并间接参加造法性条约的形成过程；联合国机构和人员在会员国境内享有为执行任务所必要的特权与豁免；保有及处理本组织资产的权利。多数学者认为，国际组织特别是联合国组织，具有国际法的主体地位与资格。但国际组织与国家有所不同，前者的权力来源于各国签订的条约和该组织的组织法，它在国际法上的主体地位是派生的，即使联合国组织本身，也并不是像国家那样的政权机构。

2. 国际组织的国际司法主体资格（必须具有一定的法律人格）

其国际司法主体资格的特点主要体现在以下五个方面：①具有独立法律人格；②与职能和宗旨有关；③活动范围严格按照有关条约和组织章程的规定；④范围有限，是特殊主体；⑤享有一定的特权与豁免。

3. 国际组织在国际民商活动交往中的特权与豁免

（1）国际组织及其财产对当地国的司法管辖与执行享有豁免。

（2）国际组织的会所、公文档案不受侵犯。

（3）财产和资产免受搜查、征用、没收、侵夺和其他任何形式的干涉。

二、国际组织的作用

1. 为成员国展开各种层次的对话与合作提供场所

每个国际组织都是特定区域范围或特定问题的国际论坛，是一种常设的、固定的国际会议形式，是连接、沟通各成员国的纽带和渠道。经由这一所有成员国平等参与的国际议事机构，各国可自由表达本国的立场和观点，充分讨论共同关心的国际问题，有利于国际社会形成和宣示某种世界舆论，有利于协调成员国的政策与行动。这种论坛也是多边外交的一种组织形态，为成员国之间正式或非正式的交往、会谈提供了方便的时间与场所，有利于双边关系的发展和紧张局势的缓解。

2. 管理全球化所带来的国际社会公共问题

如同一国政府是本国内外事务的管理者，国际组织在一定意义上充当了国际社会共同事务的管理者的角色。特别是在那些专门性或技术性领域，从邮政、通信、海事、卫生，到气象、民航、原子能、知识产权，诸如此类，全球性或区域性管理规则的制定，管理机构的建立与运作，都是由相关国际组织来完成的。尽管有人对这类管理性国际组织的成效一再提出质疑，但也不否认在这些方面国家间合作的必要性。在人们惊呼世界已进入一个地球村的时代，国际组织的管理者职能只会越来越强大。

3. 在成员国之间分配经济发展的成果和收益

从世界范围来看，不论是自然资源的生产、开发和销售，还是资金的融集和借贷，除了各国主权范围内的职能，还存在着一个在各有关国家之间公平、合理分配的问题。这种国际分配者的职能非国际组织莫属。从世界范围内石油、矿产物与农牧产品的生产数额、销售价格、进出口比例到国际资金向发展中国家的投放，其分配原则、分配方案的确定和实施乃至制裁措施的执行，现在都有赖于相关的国际经济、金融组织和商品协定组织。在一定意义上，公正、合理的国际经济新秩序能否建立，取决于现有国际组织的分配职能能否改进、完善和强化。

组织国际社会各领域的活动，促进国际社会整体的经济社会发展，需要有不同领域不同层次的大大小小的组织协调中心。联合国就是世界经济社会发展的最大的组织协调中心。不论是对第三世界发展援助项目的制定、实施，还是促成国际经济新秩序的建立；不论是全球及区域的可持续发展的规划，还是促进普遍人权和基本自由的实现，都必须借助国际组织的组织职能，建立起国际社会各个领域的正常秩序。尽管极少数国际组织的组织职能表现出一体化的倾向，但是就大多数组织而言，其组织职能本质上是一种国家合作的形式，是一种非主权的行政职能。

4. 调停和解决国际政治和经济争端

国际争端的和平解决是现代国际法的一项基本原则。这项原则的实施，已经不仅仅依赖争端当事国本身，国际组织在相当大的程度上已成为和平解决国家间争端的有效工具。许多国际组织的基本文件都将之列为自己的重要职能，并且规定了相应的解决机制。成员国之间的争端，不论是政治性的还是经济性的，不论是寻求外交解决还是法律解决，国际组织都可以随时进入解决程序，促使或主持争端的和平解决。从联合国到东南亚国家联盟，从国际法院到世界贸易组织的争端解决机构，国际组织以大量实践证明了自己在和平解决争端方面不可替代的作用。

5. 继续维持国际和平

借助国际组织建立成员的集体安全体系，维持和平，防止战争，曾经是几代人的梦想与追求。直至第二次世界大战后，以联合国的创立为标志，这一理念才得以逐步成为现实。全球性与区域性政治组织，都将维持世界及地区和平视为己任，并建立了完善的机制来服务于这一宗旨。尽管迄今为止，联合国、非洲统一组织、美洲国家组织等维持和平的行动尚不能提交令人完全满意的结果，但是任何人也不能否认，这类行动曾经有效地缓和、平息了多起地区武装冲突和内部动乱，防止了战火的蔓延与升级，为恢复和平、解决争端奠定了基础。第二次世界大战后世界范围内的和平得以维持，和平成为不可逆转的时代潮流，国际组织功不可没。在全球化背景下，国际组织更应继续发挥好维和的作用，防止战争的发生。

6. 国际关系民主化的渠道和推进器

以领土、主权和实力为基础的多国家体系是国际关系的基本事实。自形成民族国家体系以来，发生过无数次战争，没有一个国家不曾直接或间接地卷入各种战争。强权政治一直在这一体系中起主导作用，各国已越来越认识到有必要对这一体系进行适当的调整和修改。全球化的不断深入更是缓慢地对这种体系产生着侵蚀作用。国际组织的发展过程就是人们谋求摆脱国际无政府状态，追求国际关系民主化的探索过程。

当代国际组织的大量涌现和联合国60多年的活动表明，它们在推动国际合作、缓和地区冲突、推进各国社会经济发展、促进国际法的发展等方面，具有积极的不可替代的作用。尤其是许多国际经济组织，在协调成员国的经济政策、促进世界经济健康发展、推进国际经济新秩序的建立以及维护不发达国家的经济权益方面，日益显示出重大作用。

第三节　国际非政府组织

国际非政府组织，是非官方的、民间的组织，其成员不是国家，而是一个或者多个国家的公民或公民协会、社会团体或其他民间机构。其职能一般是提供和分析专业知识，充当早期预警机制，帮助监督和执行国际协议。有些国际非政府组织是围绕诸如人权、环境或健康等具体问题组织起来的。它们与联合国系统内的各办事处和机构的关系会因其目标、地域和任务不同而有所差异。国际非政府组织提供多样化的公共服务，向政府反映公众需求，提出合理意见或建议，影响政府政策的制定。世界上的国际非政府组织占国际组织总数的80%以上，其数量远高于国际政府组织。

一、国际非政府组织的产生与发展

国际非政府组织这一词语最早是在1945年6月签订的《联合国宪章》第71款正式使用的。该条款授权联合国经济及社会理事会（以下简称联合国经社理事会）“为同那些与该理事会所管理的事务有关的非政府组织进行磋商作出适当安排”。1952年，联合国经社理事会在其决议中把非政府组织定义为“凡不是根据政府间协议建立的国际组织都可被看作非政府组织”。当时，这个解读主要是指国际性的民间组织。

在这之后的十多年里，国际非政府组织本身的活动以及它们同联合国的关系都没有多少实质性的发展。一直到1968年，在联合国经社理事会通过的1296号决议中，规定了联合国同国际非政府组织关系的法律框架。该决议确定了国际非政府组织的范畴，同时允许国际非政府组织在联合国经社理事会以及联合国体系中的其他机构中获得咨询地位。自此以后，国际非政府组织的活动被有意识地、越来越广泛地引入联合国体系的运作。

在联合国经社理事会中，专门设有一个非政府组织委员会，负责审核、批准、接纳国际非政府组织，认可它们在联合国的咨询地位和观察员身份。国际非政府组织委员会有权要求在经社理事会注册的国际非政府组织提交书面陈述。获得联合国经社理事会中咨询地位的国际非政府组织，有权以咨询者和观察者的身份出席联合国经社理事会的会议并参加联合国的各种会议，并有权在会上作口头发言和书面发言，它们还可以应联合国经社理事会的请求提供各种形式的咨询。

联合国经社理事会的1296号决议规定，国际非政府组织如要在联合国经社理事会中得到咨询地位，首先应致力于解决联合国经社理事会及其附属机构所关注的问题，如国际经济、社会、环境、文化、教育、卫生保健、科学、技术、人道主义和人权，以及其他一些相关的问题。这些非政府组织的宗旨与使命，不得同《联合国宪章》的精神、宗旨以及原则相抵触。它们应支持联合国的工作，传播有关联合国所遵行的原则的知识。在联合国经社理事会享有咨询地位的国际非政府组织，必须要有一定的代表性和国际性，应具有代表其成员发言的权威。这个决议还规定，国际非政府组织如要在联合国注册，其组织成员必须以民主的方式参与组织活动，应有民主决策机制，应具有责任机制的安排和决策过程的透明度。这些国际非政府组织必须向联合国提交其预算和资金来源的资料，资金来源应公开，任何来自政府的资助都必须向联合国经社理事会非政府组织委员会报告。该决议还鼓励各国同性质的组织组成国际性联盟，以便更好地在联合国与国际非政府组织之间发挥纽带传送的作用。除联合国经社理事会外，联合国的公共信息部也制定了一套与国际非政府组织保持关系的规则，允许国际非政府组织在公共信息部享有咨询地位，侧重于发挥国际非政府组织在传播信息方面的作用。

1996年，联合国经社理事会通过的31号决议对联合国同国际非政府组织之间的咨询关系再次作了规定。1968年的决议只承认国际性非政府组织，而1996年的决议则进一步承认了在各国和各地区活动的非政府组织。允许各国和各地区的非政府组织以自己的名义独立地在联合国经社理事会发表意见，而不必像以往那样必须通过在联合国经社理事会里有咨询地位的国际非政府组织去间接地表达自己的主张。该决议要求非政府组织支持联合国的工作，加强联合国经社理事会非政府组织委员会的作用，并为非政府组织参加联合国组织的正式国际会议及会议准备阶段制定了规则。联合国经社理事会在其1996年的297号决议中，决定提请联合国大会审议非政府组织全面参与联合国工作的问题。

国际非政府组织围绕着联合国体系的各次国际会议所建立起来的联系机制，是20世纪70年代初形成的。在联合国召开国际会议的同一时间和同一地点，举行同样议题的非政府组织国际论坛，是国际非政府组织参与和影响联合国决策的一种重要方式。与联合国的国际会议平行的非政府组织国际论坛，第一次是在1972年斯德哥尔摩人类环境大会期间召开的，以后成为惯例。如1992年里约热内卢的环境与发展大会，1994年开罗的人口与发展会议，1995年哥本哈根的社会发展会议，1995年北京的世界妇女大会，1996年伊斯坦布尔的联合国第二次人类住区大会等。

自20世纪80年代以来，联合国体系内的各国际政府组织也在进行组织和职能方面的调整，努力发展同国际非政府组织的联系和合作机制。在联合国体系内，有20多个国际政府组织致力于各类发展事业，如世界银行、联合国开发计划署、国际开发协会、粮农组织、世界粮食署、联合国环境规划署、国际农业发展基金、世界卫生组织、联合国儿童基金会、联合国难民事务高级专员公署，另外还有一些较小的组织。这些组织的成员是各国政府，其活动受官方决策的支配。联合国体系内的这些组织，有的设有专门的部门处理与国际非政府组织有关的事务，如联合国教科文组织下设有非政府组织会议。还有一些联合国机构与特定的国际非政府组织有着经常性的密切联系，如联合国人类住区规划署与国际建筑中心联盟之间的密切联系。世界卫生组织和联合国开发计划署也通过各种方式同国际非政府组织合作，联合国国际志愿服务协调委员会在亚非拉的许多国家积极支持国际非政府组织和社区组织的建设。

二、国际非政府组织存在的原因

国际非政府组织的存在有各种不同的目的，大多数是为了推广其理念，或实现其社会目标。常见的国际非政府组织包括环境保护组织、人权团体、照顾弱势群体的社会福利团体、学术团体等。在一个成熟的社会中，政府、商界及国际非政府组织都能得到均等的发展。政府在社会上的角色是要让人民生活富足；商界在社会上的角色是创造财富。正因为这个社会上的角色，限制了政府及商界的活动，而国际非政府组织的功能就是以第三方角色，完成社会的使命。因而国际非政府组织的功能，是不能被政府或商界所取代的。

例如，美国政府不肯签署控制废气排放的《京都协定书》，这是由于美国政府在社会中的角色是要让人民生活富足，国家繁荣；美国国会预算办公室、美国能源部、能源信息管理局等，都认为履行《京都议定书》有可能会大幅降低美国GDP增长。美国的商界的观点是一旦实施该条约，环境将受益而经济将受害，不愿意多理会废气排放的问题。因而要有国际非政府组织（环保团体）去敦促政府及商界完成未能完成的事务。

再如，香港2004年发生的“红湾半岛”事件，环保团体发挥了监察角色的作用，促使政府及商界放弃了拆毁红湾半岛的决定。这说明国际非政府组织可以以第三方身份去监察政府及商界的行动，当政府及商界的行动出现问题时，会以一个压力团体的身份出现，向政府及商界施压。国际非政府组织对国际社会事务的参与和协调能力越来越强大，活动范围越来越广，除了在救济、后勤、运输、医药服务、安全、人权、健康和环境等方面提供人道主义援助外，在支持落后国家全面发展、危机国家重建等方面也起到重要作用，甚至在政治和司法领域也发挥越来越重要而复杂的作用，如欧洲国家的国际非政府组织甚至有抗衡政府或制衡政府的作用，对决定福利、国家法令、政府资源分配等方面具有一定的影响力，1997年的草根运动（Grass Root Campaign）被当作国际非政府组织参与政治影响力的分水岭。它们不仅与政府对话，与国际政府组织也互相影响。如在世界贸易组织坎昆会议等对发展中国家诸多不利的谈判中，国际非政府政府组织发挥了它的作用，对世界贡献良多。有时在危机情况下，国际非政府组织的行动比政府组织更有效。政府必须关注多元目标和问题，而非政府组织关注单一目标。例如，政府在气候变化治理上的贡献是有限的，而非政府组织在环境治理目标的推进上则坚定不移，成果显著。非政府组织在全球环境治理中是“环境意识的倡导者和宣传者”、“环境信息的提供者”、“国际环境机制的推动者”、“环境制度的创新者”、“环境正义的维护者”、“全球环保人士的纽带和桥梁”。非政府组织合法地发挥着监督、限制、约束政府的职能，深刻影响着国内国际的环境立法、政策取向、司法及执法的实际效果。

全球治理是一种超越了传统主权国家范畴的治理理念。在从全球到国家、到地方，乃至公民个人的多维化、立体化层次上，全球治理的主体前所未有地涵盖了各类公、私机构与个人，通过协商、谈判和参与，制定了各类正式与非正式的国际制度，共同应对单个国家难以彻底解决的各种全球性问题。其中，国际非政府组织正日益成为全球治理的生力军，在文化交流、理念传播、环境保护、扶贫开发、医疗救助、军备控制、人道主义救援等各个领域表现活跃，日益深刻地影响着当今国际政治生态。

三、国际非政府组织的属性

（1）组织性。设立规章制度，明确任务分配，有职权等级体系和交往体系以及目标准则。它是一种团体性的活动，不是分散的个人行为。因此，国际非政府组织消除了个人行为单打独斗的缺陷，为其组织的发展和为社会公众做一些有益的活动奠定了基础。同时，国际非政府组织的组织性，为规范其行为提供了客观依据。因为是具有组织性的活动，其活动目标与活动范围都是引人注目的，这就客观上形成了社会、法律对国际非政府组织的有效监督。

（2）民间性。即指国际非政府组织在制度上独立于政府，不是政府部门或其附属机构，而是国际非政府性的组织。这一特性，使得它能够独立于政府之外自主地为社会服务，同时，还能够在一定程度上为社会提供公共产品与公共服务，同政府平行存在于市场进行公开、公平、平等的竞争，从而避免因政府垄断经营和管理公共产品的体制所带来的公共产品的高成本现象，这也是发展国际非政府组织的基本理由之一。国际非政府组织的非政府属性，使它的发展还能进一步推动社会民主的发展，为建立社会民主与法制提供动力。

（3）公益性。指国际非政府组织具有非营利性和具有社会效益性。

（4）自治性。指国际非政府组织不是政府的一部分，也不隶属于任何企业，因此不受制于它们。它们的行为是在法律和公共制度约束规范的基础上产生的，因而，其自治程度非常高。由于它们所做的公益事业是建立在自愿基础上的，所以它们不像其他的社会私人组织和政府组织那样具有很大的被动性，这种自主、自愿、自律的主观意愿使国际非政府组织自身有很高的自治性。

（5）自愿性。由于成员不是由法律要求组成，而是以利他主义和奉献精神等价值为导向的，接受一定程度的时间和资金的自愿捐献，所以自愿性是国际非政府组织区别于商业和政府部门的基本特征。

（6）合法性。在国际社会，国际法的相关规定是国际非政府组织合法性的主要来源。

（7）非政党性。国际非政府组织不属于政府，不以取得政权或执政为目的。国际非政府组织是一种中介性组织，不参与政治活动。因此，这是国际非政府组织的一个基本特点，使得它们有非常宽松的环境，能创造性地为社会提供公益活动和公共产品。

（8）非宗教性。指的是国际非政府组织的活动不以吸收教徒为目的。它与那些宗教活动不同，宗教活动是一种信仰，但不一定为社会自愿提供有益的公共产品，而国际非政府组织没有自己的宗教信仰，却专门为社会提供公共产品与公共服务。

（9）国际性。这是国际非政府组织和一国的非政府组织的区别。其组织目的或活动具有国际性，或者机构设置与成员具有国际性，或者资金来源或用途具有国际性。

此外，美国著名学者莱斯特·萨拉蒙（Lester Salamon）认为，非政府组织是具有六个方面特征的社会组织，这一观点已被国际学术界广泛认可，这六个特征是：

（1）正规性。正式注册成立的具有相当规模的社会组织。

（2）独立性。政府背景较少，有自主的活动权限的民间组织。

（3）非营利性。不以营利为目的而是为了实现社会公益。

（4）自治性。非营利组织内部具有自主管理的能力，不受外界干扰。

（5）志愿性。志愿参与是其开展公益活动的原则。

（6）公益性。其开展各种公共活动与服务均以公益为目的。

由于国际非政府组织在国家、市场和社会之间，被视为社会中介机构，在国与国之间、国内和国际事务之间起中介性的作用，本身不作为利益的获得者，而各国由于文化、法律等的差异，对这个概念的指称所适用的对象范围也各不相同。如美国称之为“非营利组织”、“独立组织”或“第三部门”，英国称之为“志愿组织”，还有许多国家称之为“社团”。一些国际非政府组织倾向于使用民间志愿组织这一概念。

国际非政府组织不是由各国政府派官方代表组成的，它不属于政府，不由国家建立，独立于政府，通常是由宗教、科学、文化、慈善事业、技术或经济等方面的民间团体组成的。虽然从定义上其包含以营利为目的的企业，但一般仅限于非商业化的、合法的、与社会文化和环境相关的倡导群体，它们的基金有一部分来源于私人捐款。现在该名词的使用一般与联合国或由联合国指派的权威非政府组织相关。

四、国际非政府组织的类型

下面主要介绍国外对国际非政府组织的分类。

（1）美国对国际非政府组织的类型划分，以约翰—霍布金斯大学非营利机构比较研究中心的划分为代表。该研究中心遵循以下原则设计了一个分类体系：一是尽量与各国际非政府组织的实际情况相结合，二是尽量靠近联合国国际标准产业分类体系（ISIC）。该分类体系把国际非政府组织分为12个大类、24个小类，大类是：①文化与休闲，包括文化与艺术、休闲、服务性俱乐部。②教育与科学研究，包括中小学教育、高等教育和其他教育研究。③卫生，包括医院与康复、诊断、精神卫生与危机防范和其他保健服务。④社会服务，包括社会服务、紧急情况救助和社会救济。⑤环境，包括环境保护和动物保护。⑥发展与住房，包括经济、社会、社区发展，住房和就业与职业培训。⑦法律、推进与政治，包括民权与推进组织，治安与法律服务和政治组织。⑧慈善中介与志愿行为鼓动。

⑨国际性活动。⑩宗教活动和组织。⑪商会、专业协会、工会。⑫其他。

（2）日本对国际非政府组织的分类与别国不同。日本将社会组织划分为三大类别：公共组织，非营利组织，营利组织。对于非营利组织，又从不同的角度对其进行类型划分。按组织目的，将非营利组织分为三类：①社会性非营利组织，包括协会、合作社型组织、福利型组织和教育、研究、文化组织。②居民志趣一致的非营利组织，包括住民型组织（街道委员会、老人俱乐部等）和志趣一致型组织（同窗会、文化沙龙等）。③产业后援性非营利组织，包括经济团体型组织、产业后援外围团体型组织、官民混合产业组织。

五、国际非政府组织在国际事务中的作用与影响

自20世纪70年代以来，国际非政府组织日益广泛地参与国际事务，它们在联合国体系内外的作用和影响不断增大，在各个领域里也得到了不同程度的承认。1997年9月初，联合国秘书长安南在向第52届联合国大会提交的工作报告中，列举和阐述了影响当前全球发展的八大因素，其中的第五大因素即是跨国性的民间社会组织迅速发展，国际非政府组织的作用越来越大。在其之前的四大因素依次是：冷战结束后全球政治经济格局的重组；世界经济的全球化；信息技术革命；生态环境的保护。

国际非政府组织在国际事务中所发挥的作用和影响主要有：

（1）从事咨询和信息活动，提供和宣传国际非政府组织的观点与思想。联合国吸收国际非政府组织参与其活动并建立起制度性的联系机制时，首先考虑的是发挥国际非政府组织在咨询和信息处理方面的作用。像联合国经社理事会和公共信息部对国际非政府组织参与所作的安排，也是着眼于既能发挥国际非政府组织的咨询与信息处理的作用，又能限制它们在其他方面的影响。在联合国的会议场所，特别是会议的准备过程中，各国政府可以从国际非政府组织那里，获得有关特定专业领域的、技术的、法律的以及政治等方面的专门知识。

（2）对政府和国际政府组织的行为进行监督。国际非政府组织不仅可以对国际政府组织的条约、承诺、计划和项目的落实进行监督，还可以对各国际政府组织所通过的决议和条约的实施情况进行监督，促使各国政府遵守其在国际上作出的承诺。

（3）参与执行国际政府组织的项目，协助国际政府组织提供特定的产品与服务。近十多年来，联合国各机构一直在鼓励国际非政府组织参与各发展项目的实施。联合国体系通过分包合同等方式，将操作性的责任转移到国际非政府组织身上，国际非政府组织通过缔结协议和签订合同的方式承担提供特定产品和服务的工作。

（4）影响国际政府组织的决策过程。第二次世界大战后至今，在全球发展决策过程中起决定性作用的一直是国际政府组织，特别是联合国体系内的各组织。以往国际非政府组织在联合国体系中的主要作用是促进决议和条约的实施，而近十多年来，国际非政府组织不再仅满足于在联合国体系中提供信息和服务，而是试图对决策过程施加影响。它们积极争取参与决策的制定，在国际决策方面发挥着越来越大的影响。进入20世纪90年代后，联合国体系在确立议程、制定政策以及执行政策等方面越来越多地吸收国际非政府组织参与。

（5）在不同的利益冲突角色之间促成协调和妥协。在许多国际事务中，当事各国政府

往往会由于经济、政治、文化以及意识形态等方面的因素而争执不下，互不相让，有时甚至兵戎相见。在这种场合，国际非政府组织可以利用其民间的身份，在当事国政府之间进行斡旋，缓和紧张气氛，促进相互沟通与理解，打破僵局，推动问题的解决。

总体来说，联合国体系与国际非政府组织两方面相互吸引、相互支持，目前已形成了较密切的合作关系。从联合国方面看，它试图通过与国际非政府组织的合作去实现其在各个领域里的目标。国际非政府组织则通过联合国体系争取有较多的发言权，力求对国际上的重大决策产生较大的影响力，同时谋求从联合国体系中获得尽可能多的资助。但是，国际非政府组织同国际政府组织有时也会出现很严重的冲突，有些国际政府组织并不总是欢迎和支持国际非政府组织的活动。例如，1999 年，国际非政府组织在其中起了很大作用的民间抗议活动导致西雅图世界贸易组织会议的失败。2001 年在意大利热那亚召开的“八国首脑会议”所遭遇到的大规模街头示威，国际非政府组织也是重要参与者。国际非政府组织已成为全球治理体制演变进程中不容忽视的重要因素。不过，尽管国际非政府组织已被纳入现存的全球治理体制，已经能够对一些重大的决策过程施加影响，但是从总体来看，国际非政府组织仍处于现存国际体制的边缘，对决策的影响是有限的。

在可以预见的将来，政府仍然是全球治理体制的主要角色。尽管如此，国际非政府组织的兴起打破了长期以来一直由政府独占国际治理领域的局面。为了使全球发展和全球治理体制的变革能够朝着健康的方向演变，有必要重视对国际非政府组织及其在全球治理体制中所引发的各种关系的研究。

六、中国民间组织的发展情况

随着全球化进程的深入发展，今后中外民间交流将会更多，进入中国的国际非政府组织会越来越多，中国民间组织与国际非政府组织之间的交流与合作也会越来越多。应对国际非政府组织给中国带来的机遇和挑战是一项重要的任务，只有以我为主，积极应对，加强管理，才能趋利避害，为我所用。对于国际非政府组织在中国活动中存在的问题，需要建立长效机制加以解决，同时也需要建立预防干预机制。

中国民间组织也随着改革开放的不断推进，进入了蓬勃发展的时期。为了推动中国民间组织更有效地参与国际交流，2005 年 10 月，中国民间组织国际交流促进会（以下简称中促会）应运而生。中促会由具有联合国经社理事会咨商地位的中国民间组织和其他一些全国性社团和人士组成，其宗旨是促进和推动中国民间组织与国际非政府组织的交流与合作，增进各国人民之间的了解与友谊。中促会现有 63 家团体会员，集中了一批在各领域积极开展国际交流、参与国际非政府组织活动并具有广泛国内外影响的全国性社会团体。中促会的成立，推动了我国民间组织参加具有广泛影响的国际非政府组织的多边活动；充分调动和发挥了会员组织的作用，以各自的特色和优势在相关国际非政府组织领域开展积极的活动；全面客观地介绍了中国的建设成就和民间组织在促进中国经济社会发展中的积极作用，展示了中国人民热爱和平、致力发展、谋求合作的形象。

中国民间组织参与的国际活动主要集中在三个重点领域：

（1）联合国系统涉及非政府组织的活动。

（2）重要国际多边会议中非政府组织的平行活动。

（3）有重要影响的大型国际非政府组织的活动。

中国民间组织在国内举办了一些大型国际非政府组织会议，如2008年10月成功举办第七届亚欧人民论坛，连续五年围绕联合国千年发展目标举办联合国非政府组织亚太区域网络会议等。应中国民间组织的邀请，越来越多的国外非政府组织来华访问、举办研讨会等，开展多种形式的交流。与此同时，中国民间组织与外国同行在国内外广泛开展减贫、环保、科技、教育、卫生等多领域的合作，致力于广泛联系国内外有关民间组织和人士，推动中国民间组织参与国际非政府组织的交流与合作，增进各国人民之间的友谊。

七、我国政府如何管理国际非政府组织

国际非政府组织现已成为全球治理体制中一个重要性日益增强的新兴角色，在联合国体系各机构的活动中，国际非政府组织已经有了正式的法定地位，能够在不同程度上参与和影响一些重大的国际决策。在其他许多国际活动中，国际非政府组织也以积极的姿态参与其中。除了政府与企业之外，国际非政府组织的发展也是一国综合国力的重要代表。一般来说，发达国家的国际非政府组织的组织健全，实力雄厚，规模大，活动能力强。国际非政府组织全球体系中的决策过程、权力安排、资金和信息的流向、参与国际活动的机会等，目前基本上都是由发达国家的国际非政府组织控制的。中国作为一个综合国力日益增强、国际地位不断上升的国家，势必应考虑中国非政府组织的国际参与问题。非政府组织的国际活动，为中华民族的意愿表达和利益实现也提供了一个具有潜在重大影响力的场所。

目前进入中国的境外非政府组织数量不少，如何加强管理，是当前政府外事工作的一个新课题。国际非政府组织不是国际法主体，国际法和国内法对国际非政府组织的相关规定尚不完备，根据我国实际情况，境外非政府组织的管理依照以下四条原则：

（1）合理进入的原则。要求境外非政府组织有关负责人对来华目的、成立背景、社团登记情况、负责人与办事处设立情况、项目资金情况、雇员与合作者情况作合理说明。外事办公室对入华的境外非政府组织实行备案管理。

（2）合作伙伴自愿原则。境外非政府组织来华实施援助项目，应当确定基层单位的项目负责人为合作伙伴。由合作伙伴（如校长、院长、村长、局长）与同级外事办公室签订管理责任书，对项目实施过程中出现的非正常涉外事件承担管理责任；基层单位负责人不愿意承担管理责任的，视为不同意接受援助。

（3）项目协商一致的原则。境外非政府组织应将援助意向同国内行业主管单位协商，意见一致方可实施，不能擅自确定援助项目。

（4）资金归口管理原则。境外非政府组织援助项目资金应当专户管理，按项目需要调拨，专款专用。明确涉外捐助行为应征得当地外事部门同意。

八、国际非政府组织对中国的影响

世界各地，不论其本国的国际非政府组织发展状况如何，每个国家或多或少地受到国际非政府组织的国际联系的影响。

中国自 1978 年实行改革开放以来，逐步融入世界全球化的进程。在中国同外部世界建立起不断加强的政治和经济联系的同时，越来越多国际非政府组织进入中国，或者设立代表处，或者寻找合作伙伴，或者发展组织成员。它们凭借所掌握的资金、技术、专门知识、专家人才以及国际关系，广泛涉入中国的各个领域。自 1995 年在北京举行世界妇女大会之后，国际非政府组织也愈益将中国当作一个重要的国际会议和活动的场所。这些国际非政府组织在华的活动，得到了各国政府和国际政府组织（如联合国开发计划署、世界银行、亚洲开发银行等）的积极支持。跨国公司和其他境外企业在中国的活动，也促进了国际非政府组织在中国的发展，国际非政府组织已对中国产生了愈益深刻、广泛和持久的影响。

由于国际非政府组织通常要求其在中国的合作伙伴应是民间组织，这促使了一大批政府机构、事业单位以及政府办的社团向民间组织转变，体制内产生了许多新型社团。国际非政府组织还积极扶持体制外的各种小型的民间组织，通过资助、合作及拓展国际渠道等方式，一方面达到特定的活动目标，另一方面巩固中国这些被称作“真正的”非政府组织的组织基础。迄今，国际非政府组织在中国活动的重点是社会发展领域，如扶贫、环保、教育、医疗卫生、社会福利以及落后地区的发展等，主要服务对象是各弱势社会群体，如贫困人口、残疾人、妇女儿童、青少年、老年人等。随着国际非政府组织进入中国，我国在制定和实施有关民间组织的法律法规时也越来越关注它们的需求，同时注意借鉴其他国家有关立法和执法的经验。

国际非政府组织对中国的经济也产生了重要影响。中国有关经济改革的科研、辩论和实验从初期就是同国际非政府组织的支持和参与联系在一起的。国际非政府组织通过提供资助、聘请专家学者、联系国外的大学和研究机构等方式，支持中国的政府官员、专家学者以及经济的管理者开展科研、出国研修以及会议交流，提供了中国经济改革的理论、政策和人力资源的准备。随着外资企业进入中国，各个国家的商会、行业协会以及其他类型的企业非政府组织，一方面将其活动推广到中国，为其本国的企业提供各种服务，另一方面也要求中国建立起相应的民间组织作为与其打交道的媒介。

一般来说，凡是合法、公开地进入中国的国际非政府组织，在政治领域里的活动都是很谨慎的。迄今，国际非政府组织在中国政治领域涉入较多是基层民主选举、法律援助以及人权事务，其方式主要是对有关的调研、实验以及培训提供资助和咨询。

总的看来，国际非政府组织进入中国，对中国的改革开放起了一定的促进作用，对中国的各项发展事业有帮助，应该被视为中国对外开放的一个重要环节。尽管国际非政府组织所能引进中国的资金和人力资源是很有限的，但是它产生的影响是相当大的。在中国，国际非政府组织所注重的通常都是国际社会所关注的而中国社会又迫切需要解决的一些重要问题或者前沿性问题，国际非政府组织将一些新思路和新方法带入了中国。从某种意义上说，国际非政府组织在一些重要方面对中国改革与发展的方向是产生了影响的。由于国际非政府组织的背景形形色色，各国际非政府组织又都有着自己特定的宗旨和组织结构，它们在中国活动的目标也是各不相同的。虽然，合法进入中国的国际非政府组织大都能够在遵循中国法律法规的前提下开展活动，但这并不能排除某些国际非政府组织违反我国的法律法规或者损害中国国家利益的潜在可能性。此外，有一些国际非政府组织没有遵循依法进入中国的程序，但也在中国开展活动。对这样一些国际非政府组织，我国尚缺乏有效的监督。因此，对待国际非政府组织在中国的活动，应是鼓励和利用其有利于中国改革开放与发展的积极方面，防止和消除其可能产生的各种消极影响。

从严格意义上讲，大量的国际非政府组织进入中国是与改革开放的进程同步的，并随着全球化与多极化世界潮流的纵深发展而日益引人注目。从20世纪80年代起，乐施会、救世军、英国救助儿童会等知名的国际非政府组织开始进驻中国开展活动；1988年，福特基金会通过与国务院的特别协议，成为首家在北京正式设立办事处的国际非政府组织；到20世纪90年代，境外非政府组织加快了进驻中国的步伐，在环境保护、扶贫开发、卫生保健等社会各个领域开展治理活动，传播全球治理和公益慈善理念，逐渐成为联系外界与中国的一座重要桥梁。它以非政府、非官方的立场不断向外界传递真实的中国声音，对加强中国与国际社会的联系、提升中国的国际形象作出了重要贡献。这些国际非政府组织在中国设立办事处或者有固定的办公场所，有较熟悉的长期合作伙伴，有连续性的运作项目，因而在中国具有一定知名度。目前，在中国开展活动的国际非政府组织的数量应在数千家以上。

第四节　国际组织与外事工作的关系

国际组织对于世界各国的对外交往有着极为重要的影响。

一、国际组织扩大了外交的外延

根据过去的观念，外交本是各主权国家中央政府之间为了发展国家关系而进行的双边官方交际往来活动。然而，随着国际组织的出现及其作用的不断提升，它实际上已经无可否认地介入了各国的外交活动。“全球性国际组织与地区性国际组织，……它们的活动在本质上都属于多边外交的范围。”国际组织对各国外交活动的介入，主要体现在以下方面：

（1）国际组织直接开展外交活动。绝大多数专家学者都承认，国际组织是国际法主体。作为国际法主体，国际组织均享有国际法赋予的权利，承担国际法规定的义务，并可以独立地进行外交活动。例如，它可以接受或派遣享有外交特权的使节，谈判或交涉与自己职能相关的国际问题，并且在一定范围内与其他国际法主体缔结国际条约等。

（2）各国与国际组织进行外交往来。随着国际组织（不论是普遍性国际组织还是区域性国际组织）所发挥的作用日益重要，世界各国事实上均已将协调、处理本国与国际组织的相互关系视为自己的一项重要外交活动。它们往往向一些重要的国际组织直接派遣自己的外交代表，并且大都还会制定与一些重要的国际组织直接相关的外交政策。从中国与联合国或欧洲联盟的关系中，就不难发现这一点。

（3）国际组织已经拥有一定的外交地位。国际组织的外交地位实际上早已获得承认。1969年，维也纳会议正式通过决议，肯定国际组织为条约主体，享有缔约权。1975年联合国大会通过的《维也纳关于国家在其对国际组织关系上的代表权公约》规定：“国际组织的常驻代表团及其成员享有外交特权与豁免，参加国际会议的临时观察员所享有的外交特权与豁免原则上与常驻代表相同。”

上述事实证明，国际组织已经广泛地介入了各国的外交活动，外交的外延因此而不可避免地有所扩大。

二、国际组织规范外交的行为

除了国际法可以对各国的外交行为有所规范之外，国际组织在一定程度上亦可对各国的外交行为有所规范。

国际组织对各国外交行为所进行的规范，从总体上讲具有以下主要特点：其一，非强制性，即并非采取强制性措施或由强制性机构推行之；其二，广泛性，即它具体涉及了各国外交行为的方方面面；其三，原则性，即它所提出的主要是一系列具有指导性意义的原则；其四，间接性，即它往往是由国际组织采用某些间接性活动来进行的。

国际组织对各国外交行为所进行的规范，集中地表现在以下两个方面：

一方面，国际组织为各国的外交行为进行立法。在实践中，国际组织通常拥有一定的立法权力。当国际组织正式进行立法之后，这一立法往往会成为国际法，因而对国际社会尤其是其成员国具有一定程度的约束力。国际组织为各国的外交行为立法，尤其是当前最重要的普遍性国际组织——联合国为各国的外交行为立法之后，通常便会对各国的外交行为具有某种不同程度的规范。

另一方面，国际组织对各国的外交行为进行指导。国际组织在一些情况下，往往会对各国的外交行为进行各种形式的间接指导。在国际法上，这种做法叫作国际组织的单方行为。一般而言，国际组织的单方行为大都采用决议、建议、决定等形式。它们对于各国的外交行为，大体上只能够发挥一定的指导作用或进言效力。国际组织的单方行为虽然在形式上不能成为国际法的主要渊源，但是它在实践中对各国的外交行为具有一定的规范作用，并且对习惯法的形成有着自己的不可替代的贡献。

三、国际组织提供了外交的舞台

外交活动需要一定的时空条件。在当今世界，每一个主权国家如果打算与其他一切国家进行外交往来，则不仅需要活动的场所，而且也需要一定的时机。国际组织的存在，客观上为世界各国进行广泛的外交活动创造了条件。正是由于国际组织的广泛出现，各国所进行的外交活动既增添了活动的场所，又增添了活动的时机。完全可以这么说：如果没有这么多的国际组织的存在，如果没有国际组织进行的定期的或不定期的活动，当代外交便难有今日之规模。

随着国际组织对于当代外交作用的日趋重要，多边外交已经成为当代外交的主要特征与主要方式之一。所谓多边外交是相对于双边外交而言的。进行外交活动，至少需要两个国家。两个国家之间所进行的外交活动，即双边外交。“单边外交”实际上从来都是不存在的。对于多边外交，人们有着不同的解释。通常认为：它是由超过两个以上的国家共同协调处理彼此之间的关系，或是就彼此共同关心的国际事务进行磋商。在当代外交中，人们所提及的多边外交，主要是指由主权国家所组建的普遍性或区域性的国际组织，以整个国际组织的名义从事的外交活动，或者是在其内部各个成员之间所进行的外交活动。从某种意义上来说，多边外交在当代的日益活跃，就是国际组织为外交提供广阔而崭新的舞台的一个最为直接的表现。

多边外交对当代外交的影响，主要表现在以下方面：

（1）它为各国同其他国家进行广泛的外交接触创造了机会。联合国作为当代多边外交最重要的国际组织，拥有190多个成员国，其常设机构经常举行活动。这一广泛的国际性接触，是前所未有的。

（2）它为各国创造了一个阐述本国外交政策的绝佳场所。严格地讲，国际组织最重要的作用之一，便是名正言顺地为各国提供了一个宣传、介绍自己的外交政策的讲坛。

（3）它对各国外交产生了深远的影响。多边外交对各国外交产生了双重影响：一方面，各国外交不可能不受到多边外交的某种程度的制约；另一方面，各国外交又不可能永远一意孤行而忽略多边外交的存在。

四、国际组织协调外交的行动

国际组织对于各国外交所产生的重大作用之一，就是它往往可以在某种程度上协调各种形式的外交行动。国际组织的这一重大作用，具体体现在以下方面：

（1）国际组织可以讨论各国的外交事宜。国际组织的日常活动项目之一，就是由其各个成员国就自己所关心的问题进行讨论。各个成员国在国际组织所提供的讲坛上，既可以阐述本国的外交政策，介绍本国的外交努力，又可以对别国的外交发表见解。这种情景有人称为“会议外交”。它虽然通常不会形成一致的结论，但对各国的外交活动实际上必然产生一定的影响。

（2）国际组织可以议决有关的外交事务。对自己所关心的外交事务，国际组织不但可以进行深入的辩论，而且还可以根据自己的章程与程序进行表决。在表决时，各成员国均须根据本国的外交战略、外交策略与外交政策进行投票。这一做法被称为“投票外交”。其表决结果不一定对有关外交事务构成约束，但必然会对其施加轻重不一的国际压力。

（3）国际组织可以规划统一的外交目标。国际组织往往会就自己所关注的重大国际问题进行广泛的磋商，并就其达成一定的协议。在这一类型的协议中，国际组织为了促使各个成员国相互合作、统一行动，大都会为所有的成员国制定统一的外交目标，并且要求各个成员国在本国的对外交往活动中，必须为实现这一统一的目标而作出自己应有的努力。

（4）国际组织可以采取一致的立场和行动。在当今的对外交往中，国际组织采取一致的行动日趋频繁。不论是接触、斡旋、调停、合作还是制裁，不管行动的规模是大是小，国际组织一旦采取统一的行动，通常都会产生一定的效果。

思考与练习

1. 什么是国际组织？国际组织具有哪些特征？
2. 简述国际组织的地位与作用。
3. 国际非政府组织的定义是什么？
4. 我国政府应如何管理国际非政府组织？
5. 简述国际组织与外事工作的关系。

第十五章
国际贸易

【学习重点】
- 国际贸易的概念
- 国际贸易的地位和作用
- 世界贸易组织

第一节 国际贸易概述

一、国际贸易与对外贸易

（一）国际贸易

国际贸易是指世界各个国家（地区）之间商品和劳务的交换活动，是各国之间分工的表现形式，反映了世界各国或地区在经济上的相互依赖与联系。

（二）对外贸易

对外贸易（Foreign Trade）又称进出口贸易，是指一国或地区与其他国家（地区）之间商品和劳务的交换活动。某些海岛国家如日本等国，或某些海岛地区，以及我国台湾等地则将对外贸易称为海外贸易。

世界各国之间货物和服务交换的活动，从一国的角度来看，可称为对外贸易，从国际或世界的角度来看，则可称为世界贸易。

二、国际贸易的产生与发展

（一）国际贸易的产生

国际贸易（对外贸易）属于历史范畴，它是在一定的历史条件下产生和发展起来的。对外贸易的产生必须具备以下两个条件：一是社会生产力的发展产生了可供交换的剩余产品，以及由此促进的商品生产与商品交换规模的扩大；二是国家的形成。即各自为政的社会实体（国家）产生。

因此，从根本上说，社会生产力的发展和社会分工的细化，是对外贸易产生和发展的基础。在人类原始社会初期，由于社会生产力水平极为低下，人类劳动所得的产品仅能维持当时的氏族公社成员最基本的生存需要，没有剩余产品可以用作交换。到了原始社会末期，由于社会生产力的发展，出现了以高级部落从其他部落分离出来为标志的人类社会的第一次大分工。高级部落专门从事难度较高的驯养和繁殖，不仅能使本部落自给自足，还有了部分剩余产品，于是产生了部落与部落之间的交换，也就是两个或两个以上政治实体进行的物的交换。人们把这种交换称为初级对外产品交换。人类社会的第二次大分工是手工业从农业中分离出来，于是也就出现了以交换为目的的商品生产。商品生产的发展及产品交换的扩大，产生了货币，商品交换逐渐变成了以货币为媒介的商品流通。随着商品生产的发展及商品交换规模的扩大，便出现了专门从事贸易的商人，这就是发生在奴隶社会末期的人类社会的第三次大分工。当这种商品流通的规模扩大到封建社会初期已形成了国家的界限时，就产生了对外贸易。由此可见，社会生产力和社会分工的发展引起的商品生产和商品交换的扩大、商人和商品资本的出现，以及国家的形成，是国际贸易产生的必要条件。

（二）国际贸易的发展进程

欧洲在古罗马、古希腊时出现了最初的国际贸易，或确切地讲是“地区间贸易”。16世纪至18世纪的城市手工业发展、地理大发现以及世界市场的初步形成，极大地推动了国际贸易的发展，而国际贸易的发展又极大地推动了资本的原始积累。国际贸易真正出现大发展并开始形成世界市场，则是在资本主义生产关系出现，尤其是在工业革命发生之后。18世纪60年代至70年代（机器大工业时期），国际贸易空前发展。第二次世界大战后，国际贸易又进入新的历史发展时期，尤其是服务贸易、跨国公司和对外投资获得了很大发展。

（三）中国对外贸易的发展历程

中国早在西汉就有与中东、欧洲贸易往来的著名的“丝绸之路”，宋、元时期海上贸易兴盛，明初郑和远洋贸易，后来明、清闭关自守，中国的对外贸易一直徘徊不前。直到19世纪中叶，中国大门被欧美大炮轰开，在西方列强的强迫下对外开放。1949年中华人民共和国成立，中国才摆脱西方列强的控制。随后，由于以美国为首的西方国家对中国实行贸易禁运，中国又继续执行闭关锁国的政策，对外贸易再次陷入停滞徘徊的状态，中国出口占世界出口的比重由1959年的1.9%下跌到1969年的0.8%，再进一步下跌到1978年的0.74%。

1978年后，中国对外经贸进入到迅速增长阶段。1997年跻身全球十大贸易国，2000年至第七位，1978年至2012年，年对外贸易总额由仅为206.4亿美元上升到38 669.8亿美元，年均增长率在15%以上，远远高于其他国家和世界的平均年增长率。2012年，中国成为世界第二大贸易国。

三、国际贸易的几个重要概念

（一）国际贸易额

国际贸易额是指用货币表示的世界各国的对外贸易总额。这是计算和统计世界各国对外贸易总额的指标，由同一种货币单位换算后再相加。但是，在计算国际贸易额时，不是简单地把世界各国的出口额与进口额加在一起。因为一国（或地区）的出口，就是另一国（或地区）的进口，两者相加等于重复计算。在联合国的统计中，通常采用各国出口额相加作为国际贸易额。

同时，这是用货币金额表示一国一定时期内的进出口的规模，是衡量一国对外贸易状况的重要指标。它由一国一定时期内从国外进口的商品总额加上该国同一时期内向国外出口的商品总额构成。一国在一定时期内商品出口总额与进口总额相比而形成的差额，称为对外贸易差额。当出口商品总额超过进口商品总额时，差额部分称为“贸易顺差”，也可称为“贸易出超”；反之，当进口商品总额超过出口商品总额时，差额部分称为“贸易逆差”，也可称为“贸易入超”；如进出口商品总额相等，则叫作“贸易平衡”。

（二）对外贸易量

这是为剔除价格影响，并能准确反映一国对外贸易的实际数量变化而制定的一个指标，它能确切地反映一国对外贸易的实际规模。具体计算是：以固定年份为基期而确定的价格指数去除报告期的出口或进口总额，得到的是相当于按不变价格计算的进口额或出口额，叫作报告期的对外贸易差。其等式为：

报告期对外贸易量＝报告期的出口或进口额/价格指数
固定年份为基期的价格指数＝报告期价格/基期价格

由于计算贸易量可以得出较为正确地反映贸易实际规模变动的情况，所以许多国家和国际组织都采用这种方法计算贸易差。

例：设1991年世界出口值为14 000亿美元，2001年世界出口值为30 000亿美元，设1991年出口价格指数为100，2001年出口价格指数为160。分析2001的年世界出口值、世界出口量相较于1991年的世界出口值的增长变化情况。

1. 按贸易额计算

2001年出口额/1991年出口额＝30 000/14 000 ≈ 2. 14倍

2. 剔除价格上涨因素，按贸易量计算

2001年出口贸易量/1991年出口值
＝2001年出口额/（2001年价格指数/1991年价格指数）/1991年出口值
＝30 000/（160/100）/14 000≈ 1. 34倍

（三）对外贸易依存度

它是指一个国家在一定时期内进出口贸易值与该国同期国民经济生产总值的对比关系，用以衡量一国国民经济对进出口贸易的依赖程度。由于各国经济的发展水平不同，对外贸易政策有差异，国内市场的大小不同，导致各国的对外贸易依存度有较大的差异。

（四）对外贸易条件

对外贸易条件是指一个国家在一定时期内出口商品价格与进口商品价格之间的对比关系，反映该国的对外贸易状况，一般以贸易条件系数表示，即如果该系数大于100，则说明该国的该年度贸易条件得到改善；如果该系数小于 100，则说明该国该年度贸易条件恶化。

（五）国际贸易商品结构

国际贸易商品结构是指一定时期内各大类商品或某种商品在整个国际贸易中的构成，即各大类商品或某种商品贸易额与整个世界出口贸易额的比较，以比重表示。一个国家的对外贸易商品结构，主要是由该国的经济发展水平、产业结构状况、自然资源状况和贸易政策决定的。系数 = 出口价格指数/进口价格指数，当系数 >1 时，对国家经济有利；当系数 <1 时，对国家经济不利。

（六）国际贸易地理方向

国际贸易地理方向，也称国际贸易地理分布，是指一定时期内世界各洲、各国或各个国家经济集团的对外商品贸易在整个国际贸易中所占的比重。观察和研究不同时期的国际贸易地理方向，对于我们掌握市场行情的发展变化，认识世界各国间的经济交换及密切程度，开拓新的国外市场，均有重要的意义。

四、国际贸易的分类

国际贸易活动种类繁多，性质复杂。从不同角度进行科学分类是认识和研究国际贸易中非常重要的基础工作。

（一）按商品（含各种劳动）的移动方向划分

1. 出口贸易

将本国所生产或加工的商品（包括劳务）输往国外市场进行销售的商品交换活动，称为出口贸易或输出贸易。

2. 进口贸易

将外国商品（包括劳务）购买后，输入本国市场进行销售的贸易活动，称为进口贸易或输入贸易。

3. 转口贸易

是指商品生产国与商品消费国不直接买卖商品，而是通过第三国进行商品买卖。交易的货物可以由出口国运往第三国，在第三国经过加工或不经过加工再销往最终进口国；也可以不通过第三国运往，而由出口国直接将货物运送到最终进口国，但出口国与最终进口国之间并不直接发生买卖关系，交易是通过第三国的转口商进行的。对第三国来说，这是转口贸易。

4. 过境贸易

商品生产国与商品消费国之间进行的商品买卖活动，其货物运输过程必须要通过第三国的国境。第三国则对此批货物收取一定的费用，这对第三国来说就构成了该国的过境贸易。

5. 复出口贸易（再出口贸易）

是指对外国商品买进后未经加工又输出到国外的贸易活动。

6. 复进口贸易（再进口贸易）

是指本国商品出口后，在国外未经过加工又重新输入本国国内的贸易活动。

（二）按贸易政策划分

1. 自由贸易

自由贸易一般是指在国家的外贸政策中，不干涉国家间贸易往来，既不对进出口贸易活动设置种种障碍，也不给予各种优待，而是鼓励和提倡市场交易时的自由竞争行为。

2. 保护贸易

保护贸易是指在国家的外贸政策中，广泛地使用各种措施去保护本国的国内市场免受外国企业和商品的竞争，主要是控制各种外国商品的进口；同时，对本国的出口商所从事的出口本国商品的活动给予各种优惠甚至补贴，鼓励其出口。

3. 统制贸易

统制贸易是指一些国家设置专门机构，利用其政权力量，统一组织和管理一切对外贸易活动的行为。

（三）按国境与关境划分

1. 总贸易

总贸易是指以国境为标准划分进口与出口的一种统计方法。总贸易可分为总进口和总出口。凡是进入一国国境的商品一律列入总进口，包括进口后供国内消费的部分和进口后成为转口或过境的部分；凡是离开一国国境的商品一律列入总出口，包括本国产品的出口、外国商品复出口及转口或过境的部分。总进口额加总出口额构成总贸易额。目前采用总贸易统计方法的有美、英、日、加、澳等90多个国家和地区。

2. 专门贸易

专门贸易是指以关境作为标准划分进口和出口的统计方法。专门贸易又可分为专门进口和专门出口。外国商品进入关境并向海关缴纳关税且海关放行后才能列入专门进口；从国内运出关境的本国产品及进口后未经加工又运出关境的复出口商品被列入专门出口。专门进口额加专门出口额构成一国的专门贸易总额。目前采用专门贸易统计方法的有德、意、瑞士、法等80多个国家和地区。

（四）按交易对象的性质划分（按商品形式划分）

1. 有形商品贸易

有形商品贸易是指在进出口贸易中进行的实物商品的交易，因为这些实物商品看得见、摸得着，故称为有形贸易，也叫商品贸易。有形商品的进口和出口都要办理海关手续，并在海关的进出口统计中反映出来，从而构成一个国家一定时期的对外贸易总额。同时，联合国为便于统计，把有形商品分为10类，63条，233组，786个分组和1 924个基本项目，几乎包括了国际贸易所交易的所有商品。

2. 无形商品贸易

无形商品贸易是指在国际贸易活动中所进行的所有非物质形态的商品贸易，主要是指劳务、技术、旅游、运输、金融、保险等。无形贸易通常不需要办理海关手续，在海关的进出口统计中反映不出来，但在国际收支中可以反映出来，是国际收支的重要组成部分。

3. 两者的区别与理解

（1）主要的区别：有形贸易经海关统计，是国际收支统计的重要组成；而无形贸易不经海关统计，但也是国际收支统计的组成部分。

（2）无形贸易≠服务贸易。

（3）有形贸易与无形贸易两者的界限模糊化。

（五）按贸易关系划分

1. 直接贸易

商品生产国与商品消费国不通过第三国而直接买卖商品的经营行为，称为直接贸易。直接贸易的双方直接谈判，直接签约，直接结算，货物直接运输。

2. 间接贸易

商品生产国与商品消费国通过第三国所进行的商品买卖行为，称为间接贸易。此类贸易出于各种原因，出口国与进口国之间不能直接进行洽谈、签约和结算，必须借助于第三国的参加。间接贸易有些是出于政治方面的原因，有些是由于交易双方的信息不通畅而形成的。

（六）按参与贸易国家的多少划分

1. 双边贸易

指由两国参加，双方贸易是以相互出口和相互进口为基础进行的，贸易支付在双边贸易的基础上进行结算，自行进行外汇平衡。这类方式多适用于外汇管制的国家。现在有时也泛指两国间的贸易关系。

2. 多边贸易

是指三个以上国家之间相互进行若干项目的商品交换，相互进行多边清算的贸易行为。此类方式，有助于国家相互贸易时，用对某些国家的出款支付对另一些国家的入款，从而寻求外汇的平衡。当贸易项目的多边结算仍然不能使外汇平衡时，也可用非贸易项目的收支来进行多边结算。

（七）按清偿方式的不同划分

1. 现汇贸易

以现汇的结算方式进行交易的贸易，称为现汇贸易。由于现汇在运用上灵活、广泛，可以自由地交换其他货币，所以，该方式是目前国际贸易活动中最普通的一种。其特色是银行逐步支付货物款项，以结清债权、债务，结算方式以信用证为主，辅以汇票等方式。

2. 记账贸易

是指两国政府同时间签订贸易协定或贸易支付协定，通过记账进行结算的贸易。其特点是在一定时期内（多为一年），两国间贸易往来不用现汇逐步清算，而是到期一次性结清。通过记账贸易获得的外汇称为记账外汇，一般仅用于协定国之间，不能用于同第三国的结算。

3. 易货贸易

易货贸易是指商品交易的双方依据相互间签订的易货贸易协定或易货贸易合同，通过以货物计价作为结算方式，互相交换货物的一种交易行为。此种方式比较适用于外汇不足或出于其他各种原因无法以自由的结汇方式进行相互交易的国家。

（八）按交易方式的性质划分

1. 商品贸易

商品贸易是指以商品买卖为目的的纯商品方式所进行的贸易活动。此种性质的交易方式又包含一些具体的交易方式，如经销（总经销、独家经销、一般经销）、代理（总代理、独家代理、一般代理）、寄售、拍卖、招投标及展卖等。

2. 加工贸易

加工贸易是指利用本国的人力、物力或技术优势，从国外输入原材料、半成品样品或图纸，在本国内加工制造或装配成成品后再向国外输出，以生产加工性质为主的一种贸易方式。加工贸易又可分为进料加工、来料加工和来件装配。

3. 补偿贸易

补偿贸易是指参与两国间贸易的双方，一方是用对方提供的货物购进机器、设备或其他技术，或者是用对方提供的机器、设备或技术进行生产和加工活动，待一定时期后，该方用该项目下的产品或是其他产品，或者是产品销售后的收入去偿还对方的货物或设备技术款项的一种贸易方式。此种方式对解决买方的资金暂时不足的困难，帮助卖方推销商品均有一定的作用。

4. 租赁贸易

租赁贸易的本质是租，它是由租赁公司以租赁方式将商品出售给国外的用户使用，国外用户不交付商品货款而交付商品租金的一种交易方式，因而也称租赁款。这种贸易方式的特点是：出租的商品一般都是价格较为昂贵的设备或交通工具等；租赁公司享有该商品的所有权，并可按期收回稳定的资金；租户可避免积压大量的设备资金，并可及时更新，使用更新的技术。

此种方式在国际贸易活动中发展迅速，并逐渐发展至租购结合，即先租，到一定时期后，该商品所有权即为租户所有，变成了买卖关系。

五、国际贸易与国内贸易的共性与区别

国际贸易与国内贸易的基础不同，既存在共性，又有很大的区别，国际贸易比国内贸易更复杂。

国内贸易的基础是国内的生产条件、国内的社会分工和专业化，国际贸易的基础是国际的生产条件、国际的分工和专业化。世界各国由于各自的生产条件和生产要素组成的情况各不相同，因此生产成本和产品价格也各异。而且，各国执行不同的对外贸易政策，国家与国家之间存在着关税和非关税壁垒及限制移民的法令，各国之间生产要素的流动受到国界的限制，即使在实行自由贸易政策的国家之间，这些限制也不可能完全取消。而在国内贸易方面，由于在一个政权的管辖之下，政策是一致的，各种生产要素相对来说可以自由流动，不存在关税和其他贸易限制，因此通过竞争或市场管理，产品价格可以趋于一致。

（一）共同点

（1）在社会再生产中的地位相同。国际贸易是国家间的商品和劳务的交换，国内贸易是国界内的商品和劳务的交换，虽然活动范围有所不同，但都是商业活动，都处在社会再生产过程中的交换环节，处于社会再生产过程中的中介地位。

（2）有共同的商品流通方式。国际贸易与国内贸易的交易过程大同小异，但商品流通的方式完全一样，商品经营的目的都是通过交换取得更多的经营利润。

(3) 基本职能一样，都受商品经济规律的影响和制约。国际贸易与国内贸易的基本职能都是促成商品交换，即做买卖。其他活动如融资、储存、运输、报关都必须为它服务。同时，都必须遵循商品经济的基本规律，如价值规律、供求规律、节约流通时间规律等。这些规律均会在一定时间和程度上影响到国际和国内的贸易。不管是从事国际的还是国内的贸易，都必须遵循这些经济规律，不得违背。

（二）主要区别

(1) 受语言、法律及风俗习惯影响的程度不同。国际进行贸易活动首先会遇到差异，必须首先克服这些障碍，否则就无法恰当地进行贸易洽谈、签约，处理贸易纠纷，进行市场调研。国内贸易虽然也会遇到一些语言、风俗习惯的差异，但差别要小得多。

(2) 受各国间货币、度量衡、海关等制度影响的程度不同。进行国际商品交换，会遇到须用外币支付且汇率又经常变动，以及各国间度量衡、海关制度均有较大差别等诸多问题，使得国际商品交换活动复杂化。相比之下，国内贸易就简单多了。

(3) 受各国的经济政策影响的程度不同。各个国家的经济政策主要是为本国经济发展起作用的，但又会在一定程度上影响到国际贸易的开展，且很多政策也会因不同的经济形势、不同的执政者而变化，如金融政策、产业政策、进出口管理政策、关税政策等，从事国际商品交换活动必须研究这些政策。国内贸易研究的内容相比要少得多。

(4) 国际贸易的风险大于国内贸易。商品交换离不开竞争，自然存在相当的风险。但相比之下，国际贸易的风险更多也更大，其表现在资信风险、商业风险、价格风险、汇率风险、运输风险以及政治风险等方面。

六、国际贸易的地位和作用

国际贸易是当前国与国之间经济联系的最基本的形式，是世界各国联结社会生产和社会消费的桥梁和纽带，在联结国内生产与国外消费、国外生产与国内消费方面处于特殊的地位。

国际贸易的作用表现在以下四个方面：

(1) 国际贸易是世界各国参与国际分工，实现社会再生产顺利进行的重要手段。

在国际经济联系日益紧密的今天，由于各国的自然条件、生产力水平、经济结构、科学技术水平及管理水平等方面的差异，以及历史和社会等多方面的因素，有些国家生产某些商品的条件不利，劳动耗费较多。此外，任何一个国家也不可能生产自己所需要的一切物品，也不可能完全消费自己所生产的一切物品，这些矛盾只能通过各国参与国际分工，实现相互间的商品交换才能加以解决。通过参与国际分工，各国可以更充分地利用本国的生产力优势、资金优势以及资源优势，发展那些本国生产条件相对优越的产品，从而节约社会劳动时间，促进本国经济的增长。通过积极发展对外贸易，输出那些本国可以生产的、多余的和闲置的物资，购入本国欠缺和急需的、不能生产的物资，通过这样调剂余缺，可以解决社会生产和社会消费需求上的供求矛盾，使本国的资源得到充分的利用，使本国的各类需求得到满足，保证本国的社会再生产得以顺利进行。

(2) 国际贸易是各国间进行新的技术交流的重要途径。

各国的科学技术存在差异，20 世纪下半叶以来，由于科学技术的飞速发展，世界上许多发达国家和一些发展中国家都在依靠科学技术的进步发展其生产力，进而促进国际经济的发展，而且依靠技术进步所实现的经济增长占全部经济增长的比重也越来越大。然而，由于现代科学技术涉及的领域和规模越来越大，科学技术发展所涉及的领域越来越多，研究设计工作越来越复杂，任何国家无论其经济实力和科技水平多高，都不可能在一切科学技术和生产工艺的领域内保持全面的领先地位。如果不吸收别国的先进技术，只埋头从事自己的科学研究，势必造成重复的研究，影响科学技术发展的速度。

此外，在现代科学技术条件下，科学技术越向尖端发展，研究开发费用就越高，各国研究和设计工作的费用都在不断上升，这些都是促使各国积极进行技术交流和技术贸易的因素。

(3) 国际贸易是各国增加财政收入和劳动就业机会的重要渠道。

国家贸易对于提高一国的财政收入，其作用表现在两个方面：一方面是通过国际分工和商品交换可以使各国节约一定的社会劳动耗费，也可以让各国利用引进的技术、设备发展本国的工农业生产，提高社会劳动生产率，节约原材料耗费，创造更多的产值，从而间接地增加一国的财政收入；另一方面是通过对外贸易，各国从事进出口业务的企业上交国家的各种税收，以及国家征收的关税能直接增加国家的财政收入，尤其是能增加国家经济建设与发展过程中急需的外汇收入。有人统计过，在不减免税收和不退税的条件下，我国每出口 1 亿元的工业品，国家可得税利 3 500 万元左右。

劳动力就业问题是当前困扰着许多国家的一个尖锐问题。为此，许多国家把发展对外贸易当作解决劳动力就业的一个重要渠道。由于对从事对外贸易业务的人员有较高的素质要求，目前仅依据它来解决就业问题还有一定困难。但是，一个国家通过发展对外贸易间接提供的就业机会是相当多的。据我国有关方面统计，每出口 1 亿元人民币的工业品，一年就能提供 1.2 万个就业机会。可见，对外贸易对解决劳动力就业问题来说，作用是极为显著的。

(4) 国际贸易是各国进行政治、外交斗争的重要工具。

国际贸易是国与国之间经济战的主要场所，具体表现在：①通过对外贸易来维护本国的国家利益及本国统治集团的利益，维护本国的社会经济制度；②通过对外贸易建立国际或地区间的经济贸易团体，以增强在国际政治斗争和国际经济斗争中的抗衡力量；③通过对外贸易制裁那些违背国际法规、违背《联合国宪章》、实行民族歧视的国家；④通过对外贸易去改善国家间的政治外交关系，改善国际经济环境，为本国经济发展创造良好的外部条件。

第二节　世界贸易组织

一、世界贸易组织的概念

世界贸易组织（简称世贸组织或世贸；英文：World Trade Organization，缩写：WTO）是负责监督成员经济体之间各种贸易协议执行情况的一个国际组织，前身是 1948 年起实施的《关税及贸易总协定》(以下简称《关贸总协定》)。世界贸易组织是具有法人地位的国际组织，在调解成员争端方面具有权威性。

世界贸易组织是多边贸易体制的法律基础和组织基础，是众多贸易协定的管理者，是各成员贸易立法的监督者，是就贸易进行谈判和解决争端的场所。是当代最重要的国际经济组织之一，其成员间的贸易额占世界贸易额的绝大多数，被称为“经济联合国”。

二、世界贸易组织的概况

(一) 世界贸易组织的产生

《关贸总协定》于1947年10月30日在日内瓦签订，并于1948年1月1日开始临时适用。1995年1月1日，世界贸易组织成立，《关贸总协定》与世界贸易组织并存1年。世界贸易组织的成立标志着真正的世界贸易统一规则的确立，与《关贸总协定》相比，世界贸易组织涵盖了货物贸易、服务贸易以及知识产权贸易，而《关贸总协定》只适用于商品货物贸易。

建立世界贸易组织的设想是在1944年7月举行的布雷顿森林会议上提出的，当时设想在成立世界银行（WB）和国际货币基金组织（IMF）的同时，成立一个国际性贸易组织，从而使它们成为两次世界大战后左右世界经济的“货币—金融—贸易”三位一体的机构。1947年，联合国贸易及就业会议签署的《哈瓦那宪章》同意成立世界贸易组织，后来由于美国的反对，世界贸易组织未能成立。同年，美国发起拟订了《关税及贸易总协定》，作为推行贸易自由化的临时契约。1986年《关贸总协定》乌拉圭回合谈判启动后，欧共体和加拿大于1990年分别正式提出成立世界贸易组织的议案，1994年4月在摩洛哥马拉喀什举行的《关贸总协定》部长级会议才正式决定成立世界贸易组织。世界贸易组织与国际货币基金组织、世界银行成为世界经济发展的三大支柱。

世界贸易组织总部设在瑞士日内瓦。世界贸易组织的第一任总干事是意大利前外贸部部长雷纳托·鲁杰罗，第二任总干事是新西兰前总理麦克·穆尔，第三任总干事是泰国前副总理兼商业部长素帕猜，第四、五任总干事是欧盟前贸易谈判代表帕斯卡尔·拉米。现任总干事是罗伯托·阿泽维多。截至2013年12月4日，世界贸易组织共有160个成员。

(二) 世界贸易组织的标识

1997年10月9日，世界贸易组织启用新的标识。该标识由六道向上弯曲的弧线组成，上三道和下三道分别为红、蓝、绿三种颜色。标识意味着充满活力的世界贸易组织在持久和有序地扩大世界贸易方面将发挥关键作用。六道弧线组成的球形表示世界贸易组织是不同成员组成的国际机构。标识久看有动感，象征着世界贸易组织充满活力。标识的设计者是新加坡的杨淑女士，她的设计采用了中国传统书法的笔势，六道弧线带有毛笔书法起笔和收笔的韵律。

WTO OMC

图15-1 世界贸易组织的标识

(三) 世界贸易组织的成员

世界贸易组织的成员分四类：发达成员、发展中成员、转轨经济体成员和最不发达成员。

1995 年 7 月 11 日，世界贸易组织总理事会会议决定接纳中国为该组织的观察员。中国自 1986 年申请重返《关贸总协定》以来，为复关和加入世界贸易组织已进行了长达 15 年的努力。2001 年 12 月 11 日，中国正式加入世界贸易组织，成为其第 143 个成员。中国正式加入 WTO，标志着中国的产业对外开放进入了一个全新的阶段。

2013 年 12 月 4 日，也门正式成为世界贸易组织的第 160 个成员。

（四）世界贸易组织的宗旨

（1）提高生活水平，保证充分就业，大幅度、稳步地提高实际收入和有效需求。

（2）扩大货物、服务的生产和贸易。

（3）坚持走可持续发展道路，促进对世界资源的最优利用，保护环境。

（4）积极努力确保发展中国家，尤其是最不发达国家在国际贸易增长中获得与其经济发展需要相适应的份额和利益。

（5）通过实质性削减关税等措施，建立一个完整的、更具活力的、持久的多边贸易体制。

（6）以开放、平等、互惠的原则，逐步消除各会员国关税与消除非关税贸易障碍，并消除各会员国在国际贸易上的待遇歧视。

（五）世界贸易组织的基本原则

世界贸易组织通过实施市场准入、非歧视性和公平贸易等原则来实现世界贸易自由化的目标，其中，最惠国待遇原则、国民待遇原则和透明度原则是世界贸易组织赖以生存的三大支柱，它们是世界贸易组织遵循的基本原则，其宗旨是建立和维护非歧视的、公开的国际市场。

1. 非歧视性原则

包括“最惠国待遇”和“国民待遇”原则。

（1）最惠国待遇：要求一个成员方给予另一个成员方的货物和服务的优惠待遇不低于向所有其他成员方提供的货物和服务的优惠待遇。

（2）国民待遇原则：国民待遇原则被视为世界贸易组织的基石之一，旨在使国内产品和企业与其他成员方的同类产品和企业在市场竞争中处于平等的地位。

2. 透明度原则

包含两方面的内容：

（1）要求世界贸易组织成员在实施相关的法律、法规前正式公布它们，并且将适用这些法规的条件以及依其所作决定的复议权利公之于众；

（2）成员方有义务向世界贸易组织和其他成员方通知其政府的有关行为。

3. 公平贸易原则

促进各成员开放市场，致力于消除贸易障碍，促进公平的竞争。

4. 鼓励发展和经济改革的原则

给予发展中国家优惠和差别待遇，使它们有较多时间调整和适应。

（六）世界贸易组织成员的权利和义务

1. 权利

（1）能使产品和服务及知识产权在 160 个成员中享受无条件、多边、永久和稳定的最惠国待遇以及国民待遇。

（2）对大多数发达国家出口的工业品及半制成品享受普惠制待遇。

（3）享受发展中国家成员的大多数优惠或过渡期安排。

（4）享受其他世界贸易组织成员开放或扩大货物、服务市场准入的利益。

（5）利用世界贸易组织的争端解决机制，公平、客观、合理地解决与其他国家的经贸摩擦，营造良好的经贸发展环境。

（6）参加多边贸易体制的活动，获得国际经贸规则的决策权。

（7）世界贸易组织成员享受利用各项规则，采取例外、保证等措施促进本国经贸发展的权利。

2. 义务

（1）在货物、服务、知识产权等方面，依世界贸易组织的规定，给予其他成员最惠国待遇、国民待遇。

（2）依世界贸易组织相关协议的规定，扩大货物、服务的市场准入程度，即具体要求降低关税和规范非关税的措施，逐步扩大服务贸易市场的开放。

（3）按《知识产权协定》的规定进一步规范知识产权的保护。

（4）按争端解决机制与其他成员公正地解决贸易摩擦，不能搞单边报复。

（5）增加贸易政策、法规的透明度。

（6）按在世界出口中所占的比例缴纳一定会费。

思考与练习

1. 什么是国际贸易与对外贸易？
2. 国际贸易的分类有哪些？
3. 简述国际贸易的地位和作用。
4. 简述国际贸易与国内贸易的区别与共性。
5. 什么是《关贸总协定》？什么是世界贸易组织？它们的关系如何？
6. 世界贸易组织的基本原则有哪些？
7. 谈谈你对我国加入世界贸易组织的认识。

第十六章 国际会议

【学习要点】

- 国际会议的含义
- 国际会议的分类及特点
- 国际会议的程序规则

在国际交往中，国际会议因其作用日益重要而备受重视。具有现代意义的国际会议起源于 1648 年所举行的威斯特伐利亚会议。尽管国际会议对于外交的影响不容低估，但是对它的研究仍有待深入。国际会议交流日趋频繁，对于外事工作的影响不断扩大，国际会议处理重要国际问题的方式已成为国际生活中的一种正常制度。“会议”之所以能够被誉为“思想的盛宴”，是因为“会议”可以给我们带来观点的碰撞和智慧的交融，能够提升我们的思考力和决断力。因此，“会议”不仅需要参与者具有较高的专业水准，还需要他们拥有不同的社会文化背景，以增大观点碰撞的力度，提升思想交流的质量。国际代表与嘉宾的参与显然可以增加会议交流的正能量。

第一节　国际会议概述

一、国际会议的含义

所谓国际会议，主要是指不同国籍者为解决互相关心的国际问题，协调彼此利益，在共同讨论的基础上寻求合作或采取行动（如通过决议、达成协议、签订条约等）而举行的多边集会。

国际会议在历史上有过许多名称，如公会、代表大会、会议、协商会议和讨论会等，但从其本质上来说并无根本的区别。

19 世纪时，西方国家在外交实践中，常把国际会议分成大会（Congress，按：有的译为公会）和会议（Conference）。当时，凡有国家元首参加，或为缔结和约而召开的会议，通常被称为大会；商讨一些次要的问题，由各国政府派出的一般全权代表或使节参加的代表会晤，则被称为会议。20 世纪以来，除个别情形外，大会这一名称几乎不再使用。例如，1919 年的巴黎和会被称为会议，1946 年的巴黎和会也是同样的情况。

会议外交是外交交涉的一种手段，使一个国家通过参加国际会议，达到实施本国外交政策的目的。当代外交的特点之一，是随着世界上主权国家的增加，世界各国间经济、政治、文化和科技联系日益密切，召开国际会议进行国家之间的多边磋商，往往容易反映和协调有关方的利益，从而有助于外交交涉问题的解决。因此，会议外交非常盛行。

二、国际会议的产生与发展

国际会议是人类社会历史发展到一定阶段的产物，它经历了一个发展、演变的过程。随着人类社会的不断发展，国际会议已成为世界各国进行交往和联系的一种重要形式，在国际社会致力于解决共同关心的问题方面占据越来越突出的地位。

1. 国际会议的历史

国际会议源自古代国家的外交活动，它最初是两个国家的代表会晤以处理彼此关心的事务，后来逐步发展到数个国家以集会的方式解决涉及相关利益的问题。在古代，东西方都有过原始形式的国际会议。

中国春秋战国时期，诸侯国家集会就是典型的代表。例如，公元前 651 年，齐桓公和宋、鲁、卫、郑等国的诸侯在葵丘（今河南商丘）会盟。又如公元前 546 年的“弭兵会盟”，参加的诸侯国有 14 国之多。

古希腊荷马史诗《伊里亚特》中有各方召开会议讨论战争或媾和问题的描述，又有城邦之间的邦际会议，如有名的“近邻同盟”，每年定期召开两次全体会议讨论共同关心的问题，并作出有约束力的决定。但是不论在东方或西方，上述集会都只是国际会议的雏形。

中世纪之后，随着封建君主制的巩固和民族国家的成长，国际会议形式在西方获得了新的发展，北海和波罗的海沿岸一些城市国家，为了繁荣贸易结成了许多大小同盟。据史书记载，同盟最盛时期，结盟的城市有 160 多个，其中以汉萨同盟最为著名。1363 年至 1550 年期间，汉萨同盟共召开过 53 次盟员大会。大会的议程多在会前分发，其议决案须出席会议的盟员多数通过。另外，由罗马教皇多次召开的“万国宗教会议”最能代表这个时期的国际会议的发展特点。来自欧洲各国的僧侣代表、世俗国君的使节不仅讨论宗教问题，还涉及世俗问题，到 15 世纪，宗教会议除讨论那些重大的宗教问题之外，还探讨国际冲突等政治性问题，并影响了当时的国际关系。在这些会议上，国君的使节发挥了重要作用，与会的代表团初步具有了“民族”的性质。可以说，万国宗教会议是国际会议的前身。

具备现代性质的国际会议，是 17 世纪中叶在德国召开的威斯特伐利亚会议，它是欧洲国际性代表会议的开端。这次会议旨在解决欧洲三十年战争（1618 年—1648 年）问题。会议在德国的威斯特伐利亚州首府明斯特和奥斯纳布吕克两处举行，两地之间专门开辟了交通通道。最后的总的和约条款于 1648 年 10 月 24 日在明斯特签订，从而结束了使欧洲大陆饱受战乱之苦的三十年战争。此后的一百多年间，该和约对欧洲大陆的国际关系起了非常重要的作用。威斯特伐利亚会议开启了国家间通过举行大规模国际会议这种形式来解决重大国际问题的先河。这次会议尽管在组织及程序上还不完备，但仍解决了许多技术性问题，如礼宾礼仪规定、代表的位次、代表的全权证书等。会议中出现了大量的磋商和斡旋。威斯特伐利亚会议之后，国际会议的实践不断丰富与发展。

18 世纪初叶，欧洲重要的国际会议当推 1712 年 2 月的乌得勒支（今荷兰境内）会议。这个会议是为结束西班牙王位继承战而召开的和平会议。与会代表经过相当长时间的讨论，结果签订了两项和约，即 1713 年 4 月 12 日的《乌得勒支和约》和 1714 年 3 月 6 日签订的《拉斯塔特和约》。《乌得勒支和约》的第 2 条提出了“通过力量均衡建立基督教世界的和平和安宁”的倡议。这一点一直被后世主张“欧洲均衡”论的一些欧洲资产阶级政治家奉为圭臬。

19 世纪早期的一次重要国际会议，是拿破仑战争后，1814 年 9 月至次年 6 月的维也纳会议，对当时的欧洲国际关系产生了很大的影响。会议召开前，英、俄、普、奥四强国已对拿破仑战争后欧洲善后的一切重要问题都作了秘密决定。所以维也纳会议，不过是以国际会议的形式（实际上并未开过全体会议），迫使欧洲其他中小国家接受欧洲四强对于“欧洲政治改建和领土划分”的强权主张。

继维也纳会议后，欧洲主要大国曾发起召开一系列国际会议，称之为“会议外交”，以处理一些重要的国际政治问题。从维也纳会议后到第一次世界大战爆发，欧洲召开的重要国际会议有 28 次之多。其中比较重要的是 1899 年和 1907 年的两次海牙会议。参加第一次海牙会议的有 26 个国家，参加第二次海牙会议的有 44 个国家，这些国家来自欧洲、亚洲、美洲，不以欧洲国家为限。这意味着 19 世纪末期的国际会议已经突破欧洲的地理范围，具有世界性了。

两次世界大战中间时期重要的国际会议有 1919 年的巴黎和会、1921 年至 1922 年的华盛顿会议、1922 年的热那亚国际经济会议、1925 年的洛迦诺会议、1926 年至 1930 年的国际联盟裁军筹备委员会会议、1932 年至 1934 年的国际联盟裁军会议和 1933 年的世界经济会议。第二次世界大战期间，反法西斯同盟国之间为进行协调合作先后举行了多次会议，如 1941 年的莫斯科三国会议、1943 年的开罗会议和德黑兰会议。1945 年召开了雅尔塔会议、旧金山会议和波茨坦会议等，这些会议对赢得反法西斯战争的胜利，以及对战后国际政治问题的处理，作出了许多外交上的磋商与安排。

第二次世界大战结束以来半个多世纪中，各种国际会议频繁召开，不胜枚举。除国际组织定期举行会议外，重要的国际会议有中、苏、美、英等国与意、罗、保、匈、芬缔结和平条约的 1946 年巴黎和会，制定多瑙河新航行规则的 1948 年多瑙河会议，还有 1949 年日内瓦外交会议、1954 年讨论关于和平解决朝鲜问题和恢复印度支那和平问题的日内瓦会议、1955 年有亚非 29 个国家参加的万隆会议、1959 年日内瓦东西方外长会议、1975 年欧洲安全与合作会议和 1981 年南北国家元首和政府首脑讨论经济合作与发展问题的坎昆会议等。

相对于世界发达国家，我国国际会议的举办起步很晚。出于众所周知的原因，新中国成立之后，在我国基本没有举办过国际会议，有文字记载的是 1964 年 8 月在北京组织过一次北京科学讨论会，来自亚洲、非洲、拉丁美洲和大洋洲 44 个国家和地区的科学家 367 人参加了这个会议，为此还专门在友谊宾馆修建了一座科学会堂。1978 年，我国实行改革开放的政策，打开关闭了 29 年的国门，吸引了世界各界人士的关注和兴趣，也为我国国际会议的举办供了机遇。1980 年 1 月，我国五个部委联合举办了国际粒子物理讨论会，参加会议的代表多达 120 人。那时不管是由我国机构发起的国际会议还是国际组织的国际会议，都能吸引大量的国外代表来华参加，甚至拉家带口，除了参加会议还踊跃参加会议附设的旅游活动。当时对国际会议的统计数据表明，有30%以上的会议代表携带陪同人员，有60%的会议代表参加会议旅游，远高于世界其他国家举办国际会议的比例。进入21世纪之后，我国的经济实力和科学地位快速提升，使一百多年来只轮流在发达国家举办的国际会议也开始选择在中国举办，如2007年在北京举办的第22届国际制冷大会和第26届国际照明大会。

2. 国际会议的现状

第二次世界大战结束以来，国际会议的召开更加频繁，世界上没有一个国家不参加国际会议，国际会议已成为国际社会进行多边交往和解决众多国际问题的一个重要手段。

原因主要有两个方面：

（1）战后新兴的独立国家如雨后春笋般涌现，国际社会随之不断扩大，而交通、通信方面发生的惊人革命又使国际社会的联系更加紧密。世界经济、贸易、科技、文化的巨大发展，使世界各国的关系更加丰富、复杂，互相依赖性不断加深。与此同时，人类社会面临的诸如人口过多、粮食短缺、环境污染、毒品泛滥、恐怖主义猖獗、难民安置以及艾滋病蔓延等一系列问题的威胁不断加剧。这一切都需要国际社会进行持续不断的共同努力，国际会议自然成为世界各国一道致力于解决共同关心的问题和调整相互关系的重要形式之一。

（2）战后国际生活的一个重要发展乃是国际组织大量增加。如同国际会议一样，国际组织也是一个各国从事多边交往的活动场所。然而，国际组织以其具有一定的常设机构而与一般的国际会议不同。国际会议多是临时性的，一旦任务完成，即告结束。国际组织则经常开展活动，定期召开会议。国际组织的产生、发展与国际会议密切关联，同时它又使国际会议的举行经常化、制度化。从某种意义上说，国际组织实际上是一种固定性的国际会议。有人形象地把联合国比喻为常设的外交会议。大量国际组织的涌现，使国际会议更为频繁。事实上，“二战”后，众多的国际会议都是在国际组织的主持下召开或举行的。

如今，起源于欧洲和北美的国际会议已经成为全球性的产业。据世界上最大的会议组织——国际大会与会议协会（International Congress & Convention Association，简称ICCA）的一份报告指出，每年在世界各国举办的各种国际会议多达40万个，会议直接和间接的经济效益超过2 800亿美元。国际会议市场的巨大潜能和会议经济的高额回报，使得许多国家的政府及民间机构加入到国际会议市场竞争的行列中，积极发展本国的国际会议产业。

3. 我国举办国际会议的现状

我国把国际会议定义为：“凡是来自三个或三个以上国家和地区（不含港、澳和台地区）的代表参加以交流为目的的会议统称为国际会议。”改革开放以来，我国政府和有关部门举办的以及受国际组织委托举办的国际会议日益增多。有别于其他国家的是，在我国，举办国际会议属于外事活动，为此，国家主管部门制定了许多相应的政策来对国际会议进行管理。

（1）会议审批。在我国举办任何类型的国际会议都要经过政府的批准。根据会议规模的不同和学科的不同，由国务院和省部级两级批准，省部级以下无权批准国际会议。在没有得到批准前，任何个人和机构都不能在我国筹备和举办国际会议，也不能承诺国外机构在我国举办国际会议。

（2）财政及外汇管理。我国财政部对国际会议的财务管理也有详细的政策，对国际会议的各项收入和支出范围都有明确的规定，外汇管理部门对国际会议的外汇收入也实行严格的管理。对国外代表缴纳给会议的注册费也实行结汇制，当会议要使用外汇时再向银行购买；对发给国外报告人的演讲费和国际旅费，以及上缴给国际组织的会议收入等都有不同的规定。

（3）来华签证。我国人员到国外参加国际会议时，要持有大会主席签发的会议邀请信和有效护照到该国驻华使、领馆办理签证手续。国外人员来我国参加国际会议需要获得外交部统一规定的签证通知表和护照，然后再到我国驻外领事馆办理他们的来华签证手续。

三、国际会议的分类及特点

（一）国际会议的分类

国际会议各式各样，名目繁多，可以划分为许多种类型。

（1）根据与会成员所代表的单位划分，国际会议分为政府间的会议和非政府间的会议。

（2）就经济发展程度而言，可分为发展中国家会议和发达国家会议。

（3）若以会议所涉及问题的范围来定，可分为单一议题会议和多种议题会议。

（4）从地理区域来看，可分为世界性会议和区域性会议。

（5）按参加国家是否属于军事或政治同盟国家来划分，可分为同盟国家会议、中立国家会议和不结盟国家会议。

（6）按与会代表在国家机构所担任的职务划分，可分为首脑会议（国家元首和政府首脑参加）、外交部部长会议、大使会议、专家会议等。

（7）按国际会议本身讨论、解决的问题划分，可以分为：

和平会议。即一场国际战争结束以后，交战国或中立国参加的为缔结和约并处理战后问题的会议，旨在处理善后问题，确定战后安排，进而缔结和约。例如，1814 年的维也纳会议和 1919 年的巴黎和会。这类会议，通常是在一场国际性战争结束之后，由交战国及有关国家参加，往往是战胜国发挥主导作用，决定会议的结果。

政治会议。为讨论国际政治问题和缔结政治性质的条约或协定而举行的会议。如 1925 年的洛迦诺会议、1954 年讨论朝鲜问题和印度支那问题的日内瓦会议和 1989 年关于柬埔寨问题的巴黎国际会议。

军事会议。为制订战时作战计划，决定和平时期的军事政策，或讨论裁军问题而举行的会议。例如，1943 年的德黑兰会议、北约国防部长会议、裁军谈判会议。

外交会议。讨论、缔结涉及国际法问题的条约、公约或协议。如 1961 年签订外交关系公约的维也纳会议、联合国海洋法会议。

经济会议。讨论、解决有关世界经济问题，协调国际经济关系的会议。如 1933 年的世界经济会议。

（8）按与会各国代表的级别，可分为最高级会议（即首脑会议）、部长级会议、大使级会议和专家会议。

（9）按会议召开时间的固定性，可分为专设会议和例行会议。专设会议是针对出现了一定的国际争议，有关国家为达到各自的目的，或谋求协调彼此立场而临时召开的会议，如1962年为解决老挝问题而进行的第二次日内瓦会议。例行会议是为了讨论一定范围的问题，在预定期限内定期召开的会议，例如，1945年至1949年苏、美、英三个反法西斯战争的战胜国大国之间，先后举行的六届外长会议。

（二）两次世界大战后国际会议的变化

（1）国际会议的数量空前增加，除国家政府间举行会议外，半官方或民间的国际会议相当盛行。除政治性的国际会议外，经济、社会、科技和学术性质的国际会议比重大大提高。

（2）国际会议的名称也愈来愈多，如论坛会，甚至鸡尾酒会也可成为国际会议的形式，如1988年东盟国家在印尼邀请柬埔寨和越南等国举行“鸡尾酒会”。会晤也可以是一种国际会议。

（3）国际会议的程序规则日益详细和复杂。经过长期的实践，国际会议的组织和程序日臻完善，形成了许多惯例和规则。要做好会议外交，除对所讨论的问题要完全掌握外，还要对所参加的国际会议的程序规则能够熟悉地运用，否则难以取得交涉上的成功。

（三）国际会议的特点

国际会议是专业性、权威性、思想性的共同体现，与会人员涉及的国家和地区多、参会代表具有广泛性、会议形式多、规模大、信息交流多、信息传递快、专业水平高，因而，规模大、会期长、国外参会者比例高的国际会议对相关产业的经济拉动尤其明显。

国际会议是现代服务业中极具经济、社会叠加效应的产业。全球每年召开的大大小小的国际会议对经济的带动系数达到1∶9。高层次、大规模的国际协会会议，对社会经济的带动效应更为显著。韩国、新加坡等国家的政府部门不遗余力推广会议旅游，有些城市还专门设置会议部、会议局，到国际市场上去“争会”。“会议大使”，就是为一个城市招揽会议的专业人士，聘任“会议大使”已成为国际“争会竞赛”的流行趋势。

四、国际会议工作的环节

（一）国际会议的筹备工作

为保证会议的成功，会前必须做好充分的准备。会议能够顺利召开，关键在于会前的精心策划。会议的准备工作一般包括会议的发起、会议召开的时间和地点的选择、会议的邀请，以及会议议程的拟定、会议文件的准备和有关的技术性问题（如与会各国代表团的座次安排、会议名称的使用等）。周密的准备工作可为会议的成功召开奠定良好的基础。

国际会议在召开前，准备工作必须妥善周密。对于会议的发起、召开会议的时间和地点的选择、邀请哪些国家参加、议程的拟定、条约和决议草案的准备，都须认真和精心地加以设计和筹划。有关会议的事务安排，如会场的布置和装饰、交通工具的提供、与会代表的礼仪席次安排等亦均须尽心竭力，务必妥善得当。

在会议的筹备过程中，会议筹备者常常会因为将与会的国家对会议的政治态度和追逐的目标不同而各执己见以致发生分歧。在这样的情况下，往往需要经过彼此磋商，或一方放弃原有的立场，或各方取得一个妥协的结果。

（1）会议的发起：国际会议可由一国发起，也可由数国联合发起；也有一国倡议、数国发起的情况。不论发起的形式如何，国际会议总是与一定的国际局势相关。在某些情况下，一些国家利用发起、举行国际会议，来提高国际威望，扩大影响。当然，有时过分热衷于发起、召开某一国际会议，则易引起其他国家的猜疑，以致得不到响应。此外，有时即使一些国家倡议召开某一国际会议，并得到了许多国家的支持，但如果遭到主要当事国的反对，同样也会难以举行。

从某种意义上说，会议的发起就是会议的酝酿过程。发起国家常常通过适当的外交途径，事先同其他国家，特别是相关的国家就拟议中的会议交换意见，听取建议，以便对会议的召开达成一致或谅解。会议的议程，开会的地点、时间，参加的国家等，常常是各方讨论、磋商的主要问题。战争之后签订和约所要举行的会议，通常先由交战国之间缔结初步和约或签署停战协议。

国际会议一般由会议所在地国家发出邀请；有时，也由另一国或数国发出邀请。国际会议的邀请书往往附有一份拟议中的程序规则草案、对于代表团的组成的期望和建议、所需全权代表证书样式和关于会议中一些技术问题的若干说明。此外，有时还要让将与会的有关国家政府对会议议程安排进一步提出建议。会议的程序规则草案，须在会议前尽早送至各国代表团。

（2）国际会议的时间和地点的选择：在外交实践中，国际会议的开会地点往往选择在发起国或发起国之一的首都，或在有关各方商定的发起国或非发起国的其他城市举行。近80年来，一些国际会议选择在奉行中立政策的国家的城市，如瑞士的日内瓦、洛桑、洛迦诺，奥地利的维也纳和芬兰的赫尔辛基举行。国际组织所召开的国际会议多在其总部所在地，或轮流在其各成员国首都举行。开会地点的选择虽然属于技术性问题，但由于其往往对会议的结果，特别是对会议的气氛有相当的影响，故常为各方所关注。一些定期举行的国际会议轮流在各参加国举行（如西方七国首脑经济会议）或在有影响的国家举行（如不结盟首脑会议）。一般情况下，举办国际会议对于东道国来说，在一定程度上意味着对其国际地位的肯定，甚至能扩大其国际影响力。

（3）会议的邀请：一旦会议的准备工作停当，有关方面便可着手邀请工作。邀请一般由会议主办国发出，有时由非主办国的发起国发出。在发出邀请信之时，应附有一份拟议中的程序规则草案，并说明对参加会议的要求。邀请信往往要阐明举行会议的目的和希望取得的结果。会议邀请的对象，即会议的参加国，一般应包括与会议讨论的问题有关的所有国家，有时也包括对所讨论之问题有兴趣的或对问题的解决可能发挥重大作用的国家。为了确保会议的圆满成功，保证其结果的公正、合理并能得到普遍承认和遵行，一切直接有关的国家都应该被邀请参加会议。但是，有时某些国家为了达到一定的目的，故意借口阻止某个与会议所讨论的问题有直接关系的国家参加会议。根据国家主权平等和独立自主原则，一国有权自行决定它是否参加某一国际会议，或要求按照某种条件去参加某一国际会议。不邀请与讨论的问题有关的国家参加会议，被视为剥夺该国合法权利的国际侵权行为。该未被邀请参加会议的国家有权提出抗议，并且拒绝承认会议作出的与它有关的任何决议和决定。有时一个国家实际同意参加某一国际会议，但是，或许出于某种政治原因，或者是基于技术问题上的考虑，不派遣正式代表出席，而仅指定观察员出席会议。

（二）国际会议的程序规则

1. 国际会议的开幕

国际会议首先要举行开幕会议。开幕会议往往是该会议的首次全体会议，通常由会议所在地国家的代表来主持，也可能由发起国的代表或者几个发起国所推举的代表来主持。如果是国际组织发起召开的会议，则一般由该组织的负责人或代表主持。国际会议的开幕式除具有典礼意义外，多数情况下还要产生会议的主席和设立会议的各种工作机构，并且讨论和通过会议的程序规则。

2. 确定国际会议的代表

各国按某一国际会议要求的级别来派出自己相应级别的全权外交代表。如果是最高级会议，应由国家元首或政府首脑出席；如为外长级会议，由外长参加；副外长级会议由副外长参加。一些国际会议，也可由对于所讨论的问题具有丰富知识的政府官员或专家出席。出席国际会议的代表应持有其本国政府发给的全权证书。全权证书作为文件证明，证明代表有权进行谈判和签署条约，以及议定其他会议文件。代表人数因会议不同而有区别。有时在会议的筹备期间对各国代表人数已有协议，国际组织召开的国际会议则往往在其章程或议事规则中对代表人数已有限定。凡两人以上代表则组成代表团，倘代表团只有两人，其中一人可为首席代表，倘代表团中有两人以上，可任命一位为代表团团长，还可任命一位副团长。出席联合国会议，除代表团团长外，一般设代表、副代表多人。代表团除代表外，还可以配备其他人员，如顾问、秘书、专家和翻译等来辅助工作。

3. 选定国际会议的主席

国际会议的主席，即会议的主持人，一般由与会国推举产生。推举多是一种形式，常常会前各国即有谅解或已达成协商一致。按照惯例，会议的主席往往由东道国的首席代表担任，有时则由会议的发起国代表出任，如 1899 年的第一次海牙和会，主席是由发起国俄国的代表担任的。在某些情况下，为了保证会议的公正进行，国际会议采取几国轮流举办的方式，如 1954 年的日内瓦会议。出任主席一职的人通常应是在本国政府中担任较高职位并具有丰富经验的官员，如外交部部长或其他部长，也有一国首脑担任该职的情况。

会议主席对会议的进行及其结果的产生具有一定的影响。作为会议主持人，主席应当客观、公正，需要坚定、敏感和灵活，并具有必要的耐心和克制力。主席必须依照议事规则行事，同时又要善于引导会议的进程，例如：给予非正式讨论的时间，在本人参与或不参与的情况下推动讨论的进行，或与个别代表进行磋商，以寻求打开僵局的共同基础。

4. 拟定国际会议的议程

国际会议的议程通常在开会之前，由发起国同其他参加国协商后初步拟定，在开会后提交全体会议讨论通过。由国际组织召开的国际会议，往往由该组织的秘书处等日常执行机构拟定初步议程，其后交会议讨论通过。无论是哪种方式，参加国在开会前或开会时，都有权提议修改或补充议程项目。有时，某一与会国家反对讨论某一问题，而其他参加国却坚持要讨论这一问题，就可能引起外交交涉，或导致某国拒绝参加讨论该问题，甚至中途退出会议。

5. 确定国际会议的组织形式

国际会议因其举行规模及讨论问题的不同，往往有不同的组织形式。有些会议只有全体会议（即大会），许多会议则分为全体会议和小组会议（即各委员会），有时还设立特别委员会。从理论上讲，全体会议为国际会议的最高机构。但在实践中，特别是在历史上，真正起最高机构作用的往往是由少数大国组成的某种形式的委员会。例如，1814年维也纳会议上的英、俄、奥、普四国委员会，1919年巴黎和会上的所谓“四国会议”。在国际会议中，全体会议与小组会议一般交替举行。第一次全体会议具有开端的性质，其任务包括选举主席、通过议事规则、确定议程，并按需要建立相应的下属各委员会以及任命有关的官员（如各委员会主席、报告员等）。在有些会议中，还要举行一般性辩论，即由各代表团团长发表主旨性演讲。会议的具体问题常由各委员会的小组来讨论。小组会议中提出的各种主张和建议，由报告员归纳、综合后，提交全体会议审议和决定。在外交实践中，国际会议会根据不同的情况分为公开性会议和非公开性会议，有时两者兼而有之。

6. 排定国际会议的位次

会议位次按惯例应遵循一般的外交礼节。各国出席会议的全权代表的位次，除非事先已经议定采取特定的位次排列，通常都按参加国家的英文字母的次序排定。按传统方式，通常各国代表的位次依次交替安排在主席的右方和左方。但国际会议中对于位次的安排，可能考虑到许多因素而有不同的安排。如各代表团人数的多少、与会代表的声誉与职务的高低和与会国家之间关系的状况等因素都会影响到位次的安排，要花上一些工夫。有时，对于主席右方首席位次的安排，可以通过抽签或协商决定。有时一个国家，其英文名称有不同的书写表达方式，因而有两种或更多不同位次的排列方法。在和会中，交战双方国家的代表在位次排列上要截然划分开。如1946年巴黎和会，将五个战败国的席位排在会场最后排。

7. 做好国际会议的记录

每次开会时由秘书做会议记录，载明会议的日期、时间和地点，各国代表和工作人员的姓名，记明讨论的经过和所获得的结论，以及会议结束的时间，并附有将提交审议的计划草案和拟定的宣言等。一般有三种类型：①逐字记录，②摘要记录，③决议文本。会议记录应得到各与会国的确认。会议记录有助于弄清哪些问题已经解决、哪些尚待努力，它也可以帮助后人了解会议的进程。

8. 确定国际会议的语言

18世纪以前，西方国家召开国际会议，主要使用拉丁文。后来法文逐渐成为国际会议中的通用语言。1919年以后，西方国家召开或把持的国际会议，又以法文或英文，或法文、英文两种语言并用为会议语言。1945年旧金山会议则以英文、法文、中文、俄文和西班牙文五种语言为会议正式语言。1946年巴黎和会，以英文、法文和俄文为会议的正式语言和工作语言。1954年日内瓦会议以中文、俄文、法文、英文和朝鲜文为会议的正式语言和工作语言。正式语言指刊行会议文件与决议，以及会议讨论问题所使用的语言；工作语言是指讨论或同声传译所使用的语言。近年来，国际会议使用的语言往往由参加会议的国家根据与会国家的具体情况协商决定。现在，在一般的国际会议中，虽然英语被广泛使用，但不存在必须使用何种通用语言的问题。在一般的国际会议上使用何种语言有时受会议条件，特别是翻译力量是否充足的影响。

9. 国际会议的表决程序

表决是一个议程的结束，即会议对于该项议程作出决定。表决是对一项议案作出通过、修正通过或否定决定的一种必要手续。在国际会议中，正式出席会议的国家都有一票表决权。参加会议的观察员或其他人员可以有发言权，但无表决权。国际会议中的表决制度无非有两种，一种为一致表决制，一种为多数表决制。历史上国际会议中曾惯用一致表决制，无论何事非要全体一致同意不可。19 世纪虽有多数表决制的问世，但其应用狭窄。但一致表决制实际上意味着正式参加会议的国家在表决时都握有否决权，这样通过一项决议往往会非常困难，所以，第二次世界大战后多数表决制成为相当普遍的习惯与通则，而一致表决制成为少数例外。多数表决制又分为：普通多数制，指超过半数即获通过；特种多数制，则规定须参加表决国家数目的 2/3 或 3/4 通过。表决的问题通常可分成两类，非程序的实质性问题（或称重要问题）由 2/3 或 3/4 多数通过，程序性问题（或称普通问题）由过半数通过。投票的方式有多种，如举手表决、起立表决、唱名表决、电子器具表决、不记名投票和通信投票等。提案也可以分段表决，须先表决是否对某一提案进行分段表决。分段表决之提案，如各段均遭否决，则整个提案即遭否决。如各部分均分段通过或某些部分通过，应再将提案整体或已通过的各部分集合起来再付表决。

10. 国际会议的选举

一般国际会议中的选举以无记名投票的方式进行，不采用记名的方式。若选举中第一次投票候选人没有得到法定多数票，应进行第二次乃至第三次选举。其具体做法可按该国际会议的程序规则或国际惯例而定。进行选举前，主席可以准许代表就选举问题发言，但每个国家代表团通常以一人为限。

11. 会议结果的产生

通常它是指国际会议的正式声明或者是会议进程的总结。其具体形式往往表现为会议的文件，如决议、协议、声明、宣言、条约、和约或最后文件，也有的会议会一无所获。会议的文件有时在会前就准备好了草案，以便在会议上供各国代表讨论、修改；有时则是在会议讨论的基础上草拟的。文件草案可由一国或数国提出，也可出于与会国的共同意愿而以主席的名义提出。会议文件经过大会的通过方有效。对会议文件表示赞同的国家都应履行其应该承担的义务。国际会议的条约、和约一般须经各国代表签字，并得到法定数量国家批准后才能生效。

12. 国际会议消息的发布

（1）举行发布新闻的专门会议，向新闻界或社会公众介绍会议情况。

（2）鉴于会议属于不公开的性质，只向新闻界或公众介绍会议公报。

（3）由与会国家的代表出面，以记者招待会或其他方式向新闻界发布消息。

第二节　中国举办国际会议的程序及规则

一、筹备与发起

1. 请示

提前半年以上申请有关报批手续，如举办意识形态方面的国际学术研讨会，会议的内容要慎重考虑。主办单位要向自己的上级主管部门写请示，说明举办会议的起因、目的、内容、时间、地点；会议的有关费用来源情况；主办单位与国内外有关单位初步达成了什么意向；拟邀请的国内外代表；会议拟用的中英文名称以及拟用的会议语言；出席会议的代表须何时提供什么样的论文；会议的初步议程；会议的礼宾安排；会议中可能会出现的外交或政治上的敏感问题，如有的会议出席者是来自非建交国家等。一般来说，在我国主办国际会议，不邀请非建交国家的代表参加，若来自非建交国家的学者申请参加国际会议，主办单位应予以婉拒。如该代表确有必要与会，主办单位要报市外事办公室经省外事办公室报外交部审批。请示须逐级报主管部门并经省级政府审核。如需报中央或国务院各主管部门或归口部门审批的，经省委或省政府同意后，由省直主管部门或省外事办公室直接上报中央相应部门审批。待有关上级部门同意后，才能向国内外代表发出邀请以及着手会议各项准备工作。

2. 成立筹备会议的工作班子

成立筹备会议的组织委员会，选定有关负责人任委员会主任或委员，委员会下面根据实际工作需要设立几个有关工作小组。

3. 发出会议邀请

邀请一般由会议主办国发出，有时由非主办国发出。在发出邀请信之时，应附有一份拟议中的会议程序规则草案、会议议程和日程草案、会议注册表、简单的交通图，并说明对参加会议的要求（如是否要交会费、何时交，论文要何时寄到主办单位，会议代表拟下榻何宾馆，何时报到，在何日之前答复主办单位是否要参加会议等）。邀请信要阐明举办会议的目的和希望取得的结果。邀请信一般要在会前 4 个月发出。发邀请的范围原则上要按会议组织原商定好的、我国有关部门批准的范围，不要随意增加，的确需要增加的也须经有关上级部门批准后方能增加。

4. 拟订接待计划

各项筹备工作基本就绪后，制订接待计划报有关部门审批，然后发送给有关单位。接待计划要说明会议的基本情况、接待方针、礼宾规格及各项活动安排。计划内容包括对国内外会议代表的迎送、领导会见宴请、会议议程（尤其是开幕式和闭幕式的议程）、会议代表的食宿行安排、会外参观活动安排、安全警卫、新闻报道、联检礼遇、费用开支来源等。上述各项要在接待计划中说明清楚，并附上会议议程、开幕式议程、闭幕式议程及会议代表名单。

5. 召开协调通气会

如果会议规模比较大，参加会议的人多，需要有关的部门配合协调，主办单位则应召集与本会议有关的单位（如学术部门、联检部门、服务部门、交通部门、公安警卫部门等）开会，通报筹办此会议的有关情况及讨论需要各有关单位相互协调的事情。

二、主办或承办国际会议的前期安排

1. 迎送

接送人员必须准确掌握出席会议的代表抵离的具体日期和时间，以及他们所乘坐的交通工具和进出境的口岸。根据他们的身份安排我方人员前往迎送。如对方是会议主席或者是身份较高的代表（部长、省长、市长），可安排一位有关领导前往迎送。如是一般学者，则安排我方接待人员前往迎送或在各有关口岸设接待站，固定若干辆交通工具迎送，要在机场或火车站人员下落地点设明显的通知牌。

2. 联检礼遇

接待单位要根据接待计划的要求及外宾的身份情况，事先开具有关证明。代表携带来参加会议的文字资料、器材、展品等入境时，要事先与有关联检部门联系好。对于大型的、出席人数较多的国际会议，主办或承办单位须事先召集有关联检部门开一个工作协调会，请边检和海关部门为参加会议的国外代表安排专门通道。

3. 报到

主办单位给出席会议的代表发邀请时要说明清楚或在他们到达之前通知对方有关会议的地点及下榻的宾馆的名称，并附上简明的机场或火车站等到宾馆的交通图。

在下榻的宾馆门口及住房登记处均可设立位置明显的牌子，写明代表报到的具体地点或房号。报到地点一般设在易找到的地方。代表报到时，接待单位应该把为他们准备好的有关材料，如会议代表名单、房号、会议日程和议程、会议其他有关文件、各代表的发言稿或论文、代表证等交给他们。

4. 安排会议的食宿行

安排会议的食宿行要根据会议的实际需要而定。一般来说，住房方面，尽量将会议场地安排在代表下榻的宾馆内或离住地不远的地方；用餐方面，可以在宾馆内专门指定一个地点用餐，最好以自助餐形式，这样可以节约时间和便于代表们相互会谈。对一些有宗教禁忌的代表要予以特殊安排。交通工具上要写明会议名称（一般用简写），以便会议代表辨认。

承办单位要在宾馆内设立联络办公室或对外工作房，二十四小时值班处理各种会议进行中可能会出现的问题。值班人员必须要了解会议的各项情况，值班室要有各种有关单位的电话以及有关负责人的电话，以便遇到特殊情况时，尤其是在出现突发事件的情况下，值班人员能够迅速请示。

承办单位还应在宾馆内设一个商务中心。会议期间会有许多资料要打印，有的代表只携带一两份论文或发言稿，到达后方要打印。有的会议或国际体育比赛，由于中外记者比较多，还须配备新闻中心，提供电脑给记者写作，提供电视给他们看现场直播，同时还可以用来举行新闻发布会。

5. 新闻报道

会议需要国内新闻机构报道的，要及时通知有关新闻单位，并提供简单介绍会议的新闻稿以及重要人物的名单等。

6. 会议场所的设施调试与布置

会议场所里的各种设施均要在开会之前一天全部布置、安装和调试完毕。在会场布置方面，主席台如何布置；主席台后面以什么为背景；场内的横幅如何挂，写什么内容；与会代表座位如何安排，是否按字母顺序等；参加会议的各国代表团团长的桌面上除了放国家名的牌子外还是否需要放小国旗等，这些都需要按照会议的要求摆设。如果是承办单位，则要事先请示主办单位，按照主办单位的要求摆设，并且要在开会之前布置好。国际会议场所布置有严格的要求，尤其是政治会议、联合国或国际组织主办的国际会议。一般来说，以主席台后面的墙为背景，把会议的会徽、会议名称、时间、地点布置在墙上，出席会议国家的国旗分别竖在背景两旁，或者挂在室外。

三、安排开幕式、签署仪式、闭幕式、会见、宴会、招待会

开幕式、签署仪式、闭幕式、会见、宴会、招待会也都是举办国际会议过程中的重要环节，是重头戏，主办或承办单位要精心安排，一般来说都要安排新闻媒体对这些活动进行拍摄报道。同时，要将有关会议的文字材料及书面的中外官员名单提供给记者。

1. 开幕式、签署仪式和闭幕式

要专门为开幕式和闭幕式拟定一个议程，议程中的时间安排要紧凑。主席台上坐什么人、什么领导出席、什么人主持、什么人发言、发言时间限制是多少等都要有交代。开幕式或闭幕式主席台上的人物座位牌（英文）要按座次排好。代表们的座次也要排好。音响设备要事先调试好。开幕式或闭幕式通常由东道国主办单位的负责人主持，邀请与会代表团及其国家驻当地使节参加，邀请东道国有关负责人出席。

开幕仪式一般有如下内容：

主持人宣布会议开始并介绍来宾及出席会议的代表，也有的国家把这项放在开幕过程中的最后一项。

致欢迎词（务必简短，通常每人十分钟左右）。一般由东道国的有关负责人及主办组织的有关负责人（包括来自国际组织总部的、负责地区事务和负责主办国业务的有关负责人）致欢迎词。

主办单位的主要负责人作主旨性发言，即阐述本次会议的意义及会议所要达到的目标。

签署仪式：签署仪式要根据会议的需要而定。会议如果要通过某项宣言的话，需经各国代表团团长签署经过全体会议通过的宣言之后，宣言方能生效。为此，主办单位要有一个议程。一般来说，主办单位要在会场里摆一张长桌，面向与会代表，铺墨绿色的台呢，桌上放置文具文稿，摆一张椅子。桌后竖起与会国的国旗，由主持人宣布代表团团长轮流上去签名。这是一个严肃庄重的场合，要请新闻媒体对此进行报道。签署仪式结束后，会议就到了尾声，接着（或放在下午）就可以进行闭幕仪式。

闭幕式一般包含以下内容：闭幕式一般由东道国的有关负责人及主办组织的有关负责人（包括来自国际组织总部的、负责地区事务和负责主办国业务的有关负责人）致闭幕词。

会议代表发言：主办组织的有关负责人作总结性发言（也可以分别由几个人发言，但时间不能太长），并安排下届会议的主办国代表发言。

2. 会见、宴会或招待会

会见：领导会见外宾是一件很严肃的外事活动，工作人员要事先做好充分的准备。要联系好会见地点，安排好座位。外宾坐在我方主要领导的右手边，中方陪同坐在领导的左手边。翻译坐在主人和主宾的后面。如会议代表太多，则最好安排领导会见各代表团团长。宾主之间的茶几上要备两个麦克风，坐在后面的翻译也要备麦克风。事先要将会议的有关材料及要会见的外宾名单及其职务给出面会见的领导看，也要事先将出面会见的中方领导名单在会见前告诉外宾。

宴会或招待会：宴会或招待会都是会议过程中的重要环节，要特别予以精心安排。要邀请与会代表团及与会国驻当地的使节参加（即出席会议国家驻主办国的大使馆或总领事

馆的大使或总领事出席或派他们的代表出席），需由东道国有关负责人出面宴请。举行宴会或招待会要根据人数而定。人多时举办招待酒会，便于会议代表之间的相互认识和交流，也可避免许多复杂的排位工序，但人少时则按宴会形式。无论是举行宴会或是招待会，一般均应发出请柬。这是礼貌，亦给客人作提醒和备忘之用。

举行酒会之前，要安排会议提早一点结束，让代表有洗脸换衣的时间。

酒会中，除了代表们之间相互交谈外，工作人员、翻译也要积极发挥穿针引线的作用，尤其是当国内代表人数多而外国代表人数少时，要注意把出席的领导和国内代表介绍给国外代表，或把国外代表介绍给出席的领导和国内代表，引导他们进行交谈。特别是当外国代表中有来自发展中国家或不发达国家的代表时更须如此，不要使他们觉得被冷落。

四、做好会外活动

1. 参观安排

会议期间安排参观活动时，除了安排参观名胜古迹、游览市容、观看文娱节目外，要尽量安排与会议有关的参观内容。

2. 做会下工作

会下的活动往往占有重要的地位，会下活动或会外活动（有人称之为走廊外交），一般包括各种形式的磋商、游说、非正式会晤、拉选票等。有人说，重大国际会议中的最重要工作不是在会议上进行的，此话在某种意义上不无道理。在具体实践中，问题的解决、妥协的获得、草案的修改、协议的达成往往都是在会下实现的。游说或做会下工作是在国际会议中常使用的手段。一国为了推动和实现自己的主张或建议，总是会派出自己的代表向有关代表团进行游说、解释本国的立场、说明采取的行动，以寻求其理解并获得在会议上的支持。这种会下外交在国际体育比赛中出现得更多，如争取奥运会的举办权。为此，安排会外活动要更周密和完善一些。

五、会议结束后的特别要求

主办单位一般都安排代表在会议结束后离境，但往往也会出现有的会议代表在会议结束后要求到其他地方旅游的情况，这时，要了解他们想到什么地方旅游，是需要大会安排还是要通过旅行社安排，要通知有关部门做好接待，要检查他们护照的签证期到什么时候。如果是承办单位，则要把情况及时报告主办单位，由主办单位定。

思考与练习

1. 国际会议的含义是什么？
2. 简述国际会议的分类及特点。
3. 简述国际会议的程序规则。
4. 如何筹备国际会议？
5. 在我国主办国际会议要注意什么？

参考文献

1. 吴建民．外交与国际关系：吴建民的看法与思考．北京：中国人民大学出版社，2010.

2. 外交部外交史编辑室．新中国外交风云（第二辑）．北京：世界知识出版社，1991.

3. ［美］亨利·基辛格．白宫岁月——基辛格回忆录（第二册）．陈瑶华等译．北京：世界知识出版社，1980.

4. 刘建明．宣传舆论学大辞典．北京：经济日报出版社，1993.

5. 钱其琛．世界外交大辞典．北京：世界知识出版社，2005.

6. 周启朋，杨闯等．国外外交学．北京：中国人民公安大学出版社，1990.

7. 中华人民共和国外交部，中共中央文献研究室．周恩来外交文选．北京：中共中央文献出版社，1990.

8. 邵津．国际法．北京：北京大学出版社，高等教育出版社，2000.

9. ［英］戈尔·布恩．萨道义外交实践指南．杨立义等译．上海：上海译文出版社，1984.

10. 胡庚申．国际会议交流．北京：外语教学与研究出版社，2013.

11. 文春英，刘新鑫．国际会议策划与筹办：流程·执行·指南．北京：中国传媒大学出版社，2012.

12. ［美］弗雷德里克·马什．国际商务礼仪入门．广州：中山大学出版社，2014.

13. 许祥林．礼行天下：国际礼仪礼宾和旅行．北京：世界知识出版社，2010．

14. 金正昆．外事礼仪概论．北京：中国人民大学出版社，2007.

15. 金正昆．接待礼仪．北京：中国人民大学出版社，2009.

16. ［英］伯纳德·霍夫曼，迈克尔·考斯泰基．世界贸易体制的政治经济学——从关贸总协定到世界贸易组织．刘平等译．北京：法律出版社，1999.

17. 薛敬孝，李坤望，宫占奎．APEC 研究——方式·运行·效果．太原：山西经济出版社，1999.

18. 赵维田．最惠国与多边贸易体制．北京：中国社会科学出版社，1996.

19. 韩立余．美国外贸法．北京：法律出版社，1999.

20. 申艳玲，解青芳．国际贸易理论与实务．北京：清华大学出版社，2014.

21. 林燕凌．我国非政府组织研究——兼论志愿者活动的发展．复旦大学博士学位论文，2005.

22. 苏保忠，张正河．公共管理学．北京：北京大学出版社，2004.

23. 熊李力．专业性国际组织与当代中国外交——基于全球治理的分析．北京：世界知识出版社，2010.

24. 王名，刘培峰．中国民间组织通论．北京：时事出版社，2004.

25. 陈振民．公共管理学．北京：中国人民大学出版社，2003.

26. 邓国胜．非营利组织评估．北京：社会科学文献出版社，2001.

27. 梁宝山．实用领事知识．北京：世界知识出版社，2001.

28. 中国领事工作编写组．中国领事工作．北京：世界知识出版社，2014.

29. 汤秀莲．国际商务谈判．天津：南开大学出版社，2005.

30. 龚荒．商务谈判与推销技巧．北京：清华大学出版社，2010.

31. 徐宪江．哈佛谈判课．北京：中国法制出版社，2014.

32. 杨雪冬．风险社会与秩序重建．北京：社会科学文献出版社，2006.

33. 李强．转型时期的中国社会分层结构．哈尔滨：黑龙江人民出版社，2002.

34. 刘国福．论外国人待遇及外国人管理法的发展变化．北京：法律出版社，2009.

35. 张乃根．国际法原理．北京：中国政法大学出版社，2002.

36. 丁赛尔．外国人入境工作管理：法律和制度选择．北京：法律出版社，2014.

37. 李敏．中国地方政府外事管理研究．济南：济南出版社，2012.

38. 陈志敏．次国家政府与对外事务．北京：长征出版社，2001.

39. 王福春．外事管理学概论．北京：北京大学出版社，2003.

40. 王长喜．秘密的危机与保密的挑战：大众保密漫话．北京：金城出版社，2012.

41. 鲁毅，黄金祺．外交学概论．北京：世界知识出版社，1997.

42. ［美］乔姆斯基．宣传与公共意识．信强译．上海：上海译文出版社，2006.

43. ［美］玛格莱特·苏丽文．政府的媒体公关与新闻发布．董关鹏译．北京：清华大学出版社，2005.

44. 秦德君．领导者公共形象管理．太原：山西人民出版社，2005.

45. 段羡菊．应对舆论做什么：新媒体时代舆论对策 36 篇．北京：新华出版社，2012.

46. 欧亚，王朋进．媒体应对：公共外交的传播理论与实务．北京：时事出版社，2011.

47. 李文洲，李权时．广州国际友好城市．广州：广州出版社，1996.

48. 韩方明．城市外交：中国实践与外国经验．北京：新华出版社，2014.

49. 刘广炬．涉外及涉港澳台民事公证实务．天津：天津人民出版社，2006.

50. 许育红．领事公证认证法律实务．北京：法律出版社，2007.

后　记

年终岁首，在本书即将付梓之际，我心中充满收获的喜悦，它的成书，是我对该课程教学的思考和心得，也算得上自己教书生涯的一个显著的印记。

本书中的框架，是在前辈蒲丽钿教授的《外事工作概论》的基础上完成的，二十多年来，蒲老的书一直是我们文秘专业的教材。作为后辈，我走了一条捷径，站在了前人的肩上，受益匪浅，在此深表感谢！此外，蒲老对我的支持也是我编写此书的动力与自信的来源。

作为21世纪普通高等学校涉外秘书专业系列教材之一，《外事工作实务》得到了学校和中文学院的大力支持，这本书凝聚着同事们的关怀与祝福，我内心的感怀不是只言片语所能表达的。

在该书的写作过程中，谢红桃、施可明、施想、施思、李骊娟和宁婧玮齐心协力查阅资料，给了我许多的帮助，在此一并表示感谢。

我特别感谢我的家人，没有他们的宽容，我无法顺利完成此书的编撰。

另外，感谢暨南大学出版社的苏彩桃、黄斯、陈丽娟老师对本书的辛苦编辑工作。

作为编者，本书只是我对教学心得的归纳整理，一定有不少错讹之处，诚望专家、同行以及读者朋友批评指正。

李惠娟

2014年11月于广州